国家社会科学基金"基于产源视角下浙江安吉龙山 107 号墓（八亩墩）出土绿松石研究"（20BKG030）

中国绿松石矿源研究技术

ZHONGGUO LÜSONGSHI KUANGYUAN YANJIU JISHU

刘 玲 杨明星 姜 炎 李俏俏 著

图书在版编目(CIP)数据

中国绿松石矿源研究技术/刘玲等著．—武汉：中国地质大学出版社，2024.7
ISBN 978-7-5625-5883-5

Ⅰ.①中… Ⅱ.①刘… Ⅲ.①绿松石-矿资源-研究-中国 Ⅳ.①F426.1

中国国家版本馆 CIP 数据核字(2024)第 110035 号

中国绿松石矿源研究技术	刘 玲 杨明星 姜 炎 李俏俏 著
责任编辑：陈 琪 武慧君　　选题策划：张 琰 陈 琪	责任校对：徐蕾蕾
出版发行：中国地质大学出版社(武汉市洪山区鲁磨路388号)	邮编：430074
电　　话：(027)67883511　　传　　真：(027)67883580	E-mail:cbb@cug.edu.cn
经　　销：全国新华书店	http://cugp.cug.edu.cn
开本：787毫米×1092毫米　1/16	字数：323千字　印张：14.75
版次：2024年7月第1版	印次：2024年7月第1次印刷
印刷：湖北金港彩印有限公司	
ISBN 978-7-5625-5883-5	定价：128.00元

如有印装质量问题请与印刷厂联系调换

前 言

PREFACE

绿松石是一种表生矿物，由含铜、磷和铝的岩浆岩或沉积变质岩在地表水和大气降水的作用下经过风化淋滤形成。中国不仅有丰富的绿松石资源，是世界绿松石主要的产地之一，还拥有着深厚的绿松石文化底蕴。矿源研究技术是解决绿松石产地鉴别和出土绿松石资源流通问题的关键点。目前，国外的绿松石产地溯源技术已较为成熟且体系完善，但国内还是以碎片化的研究为主，产地溯源技术仍存在瓶颈，有待突破。

本书以中国 15 个现代矿点、矿化点和古代矿点的绿松石为研究对象，在厘清各个产地绿松石地质背景的基础上，系统研究中国不同产地绿松石的宝石学、矿物学及地球化学特征，总结不同矿点绿松石的矿源特征规律，筛选出具有产地识别意义的关键特征信息，找到准确的矿源示踪物，构建出一套完整的具有中国特色的矿源研究体系，用于解决中国古代绿松石的矿料来源问题，具有重要的学术研究和实际应用价值。研究结果如下。

(1) 中国的绿松石根据赋矿类型可分为沉积变质岩型和岩浆岩型。沉积变质岩型绿松石赋矿地层均为黑色岩系，表面多具有黑色铁线。安徽绿松石赋存于岩浆岩中，表面常具有"白斑"。

(2) 在沉积变质岩型绿松石杂质矿物中均发现了磷钙铝石、磷方沸石、硫磷铝锶石、针铁矿，以及石墨或无定型碳，另外在部分矿点中还可发现黄铁矿、绿泥石、重晶石、磷铝石、自然硒，以及方硒铜矿和红硒铜矿。天湖东绿松石中发现具有产地标识性矿物——氯铜矿。岩浆岩型绿松石中杂质矿物以高岭石+钠长石组合为典型特征，同时安徽马鞍山绿松石中多含黄铁矿。

(3) 沉积变质岩型绿松石中微量元素 Na、Ca、Cr、Zn、Sb、U 的平均含量均大于岩浆岩型绿松石。鄂豫陕矿区绿松石中 Ba、Zn、Zr、Sb、U 含量较高。新疆矿区天湖东绿松石的微量元素 Li、Be、Na、V、Cr、Sr、Ga 含量较高。岩浆岩型绿松石富集 Be、Zn、Sc，其中马鞍山绿松石中 Co 含量相对较高。云盖寺和拐峪绿松石 $^{87}Sr/^{86}Sr$ 比值分别在 0.707 8~0.710 9 之间和 0.717 3~0.724 2 之间，具有产地识别意义。

(4) 采用多证据交叉验证（多措并举）和逐层溯源方法，依次从矿区、矿带、矿点入手，可有效鉴别绿松石的产地，准确率在 99% 以上。通过开展出土绿松石受沁风化研究，并评估受沁对出土绿松石产地溯源结果的影响，以验证矿源研究技术的实用性。研究发现，出土绿松石虽然在墓葬埋葬的过程中经历了物理、化学风化和化学吸附作用，但不影响产地溯源结论，表明本书的矿源研究方法可靠。

(5) 对先秦多个遗址出土的绿松石进行矿源研究发现，良渚文化遗址出土绿松石主要来自鄂豫陕矿区的南矿带。二里头遗址出土绿松石主要来自鄂豫陕北矿带。盘龙城和叶家山遗址出土绿松石均具有多源性的特点，但主要来自鄂豫陕矿区的南矿带，少部分来自北矿带。乔家院墓地出土绿松石来自湖北竹山。先秦的人们以"就地取材"方式开采利用绿松石资源，其中鄂豫陕矿区南、北矿带是主要的开采地。

本书由杨明星和刘玲确定编写大纲，第1、2、3、5章由刘玲编写，第4章由刘玲和李俏俏共同编写，第6章由刘玲和姜炎共同编写，杨明星和刘玲完成统稿工作。书中引用了国内外部分学者的研究成果，同时综合了相关同行老师提出的宝贵意见，在此一并表示感谢。本书的出版得到了国家社会科学基金（项目编号：20BKG030）的资助，在此特别表示感谢！

著 者

2024年5月

目 录

CONTENTS

第 1 章　绪论 …………………………………………………………………… (3)
 1.1　研究背景及意义 ………………………………………………………… (3)
 1.2　国内外研究现状 ………………………………………………………… (4)
 1.3　研究内容与目标 ………………………………………………………… (21)
 1.4　研究方法及技术路线 …………………………………………………… (23)

第 2 章　中国不同产地绿松石成矿地质背景研究 …………………………… (27)
 2.1　鄂豫陕矿区 ……………………………………………………………… (27)
 2.2　新疆天湖东 ……………………………………………………………… (33)
 2.3　安徽矿区 ………………………………………………………………… (37)
 2.4　本章小结 ………………………………………………………………… (42)

第 3 章　中国不同产地绿松石宝石学及矿物学特征研究 …………………… (45)
 3.1　实验样品及方法 ………………………………………………………… (46)
 3.2　鄂豫陕矿区南矿带绿松石宝石学及矿物学特征 …………………… (48)
 3.3　鄂豫陕矿区北矿带绿松石宝石学及矿物学特征 …………………… (75)
 3.4　鄂豫陕矿区中矿带绿松石宝石学及矿物学特征 …………………… (86)
 3.5　新疆绿松石宝石学及矿物学特征 …………………………………… (92)
 3.6　安徽绿松石宝石学及矿物学特征 …………………………………… (103)
 3.7　讨论 ……………………………………………………………………… (111)
 3.8　本章小结 ………………………………………………………………… (115)

第 4 章　中国不同产地绿松石的地球化学特征 ……………………………… (119)
 4.1　实验方法及样品 ………………………………………………………… (119)
 4.2　不同产地绿松石微量元素特征 ………………………………………… (120)
 4.3　不同地质背景绿松石微量元素富集规律及差异性 ………………… (136)
 4.4　不同产地绿松石稀土元素特征 ………………………………………… (140)
 4.5　不同产地绿松石锶同位素特征 ………………………………………… (147)
 4.6　讨论 ……………………………………………………………………… (148)
 4.7　本章小结 ………………………………………………………………… (152)

第 5 章　中国出土绿松石产地溯源关键技术 ………………………………… (157)
 5.1　绿松石产地溯源指纹特征筛选 ………………………………………… (157)

  5.2 基于微量元素和 LDA 方法的绿松石产地溯源研究 ·················· (166)
  5.3 基于 LA-MC-ICP-MS 分析锶同位素在出土绿松石矿源研究中的应用 ··· (168)
  5.4 中国出土绿松石矿源研究体系的构建 ····························· (170)
  5.5 出土绿松石受沁特征及对产地溯源影响评估 ······················ (172)
  5.6 本章小结 ··· (183)
第 6 章 产地溯源技术在先秦出土绿松石矿源研究中的应用 ················ (187)
  6.1 良渚文化遗址出土绿松石 ··· (187)
  6.2 夏商时期出土绿松石 ·· (192)
  6.3 两周时期出土绿松石 ·· (205)
  6.4 矿源视角下先秦绿松石资源流通讨论 ······························ (214)
  6.5 本章小结 ··· (218)
参考文献 ·· (219)

绪 论

1.1　研究背景及意义

绿松石具备重要的历史文化价值。绿松石的使用历史从8000年前一直延续至今,从未间断。在中国历史文化漫长的发展过程中,绿松石被赋予了丰富的装饰、财富、宗教、礼仪、政治等方面的内涵和功能,形成了底蕴丰厚的绿松石文化。

绿松石具有重要的考古学研究价值。自新石器时代中期,古人开始制作绿松石首饰,至青铜时代,绿松石与青铜器结合被用作礼器。在二里头等重要的遗址中出土了较多的绿松石制品。绿松石的矿料具有较好的可追溯性,是研究人类文明变迁及文化交流的重要载体之一,可通过开展绿松石的矿源研究探索绿松石资源的开采、流通。绿松石也可为早期先民之间的贸易往来提供佐证,为文化的交流与互动提供实物证据。

绿松石具有世界性意义[1],从绿松石的视角出发,可以探讨不同文明之间文化的异同。绿松石因其鲜艳的天蓝色,自古便深受不同文化人民的喜爱,在世界各族文化中扮演着重要角色,在古埃及文明、波斯文明[2-3]、中国古代文明[4-5]及玛雅文明[6-9]中均有悠久的文化历史。在不同古代世界文明中,绿松石的使用特点既表现出独特性,又存在共性,尤其在绿松石文化发展的巅峰时期表现尤为突出。各文明中均出现了绿松石镶嵌技术,但所用载体存在差异,绿松石镶嵌制品的风格又存在唯一性。在古埃及文明中绿松石的载体是黄金,中国古代文明和波斯文明中是青铜,如距今5000多年前的埃及皇后木乃伊的手臂上戴了4只镶嵌绿松石的金手镯。中美洲和美国西南部也出土了大量的绿松石镶嵌制品。同时,在不同文明的发展阶段,绿松石资源均存在被上层统治阶层集中管控的现象,是最高权力和地位的象征,这种现象在二里头遗址和美国西南部的查科峡谷中均有出现,因此绿松石的文化内涵和象征意义存在相似性。同时中美洲和中国在绿松石文化的巅峰时期都有铜铃、大量的贝类与绿松石制品一起出现。

绿松石是一种表生矿物,由含铜、磷和铝的岩浆岩或沉积变质岩在地表水和大气降水的作用下经过风化淋滤形成。绿松石矿料来源一直是国内外学界探讨的热点,采用不同的科技手段分析出土绿松石的微量元素、氢、铜同位素,铅、锶同位素地球化学特征,并与现代矿点绿松石对比是研究出土绿松石矿料来源重点采用的方法[10-17]。但目前国内的研究多呈碎片化,缺乏全面系统的研究,样品涉及的产地有限,存在矿源特征零散,研究方法局限、单一、不成体系等问题。因此,笔者以中国不同矿点的绿松石和先秦时期出土绿松石为研究对象,旨在充分搜集国内产出绿松石的产地数据,建立完善的数据库,突破绿松石矿源研究的技术难点,为解决出土绿松石矿源问题、探索先秦绿松石之路提供技术支撑。

1.2 国内外研究现状

1.2.1 世界绿松石资源分布及主要产地研究综述

亚洲绿松石矿床分布在14个国家：阿富汗、中国、埃及（亚洲部分）、印度、印度尼西亚、伊朗、以色列、日本、哈萨克斯坦、蒙古、俄罗斯（亚洲部分）、塔吉克斯坦、土库曼斯坦和乌兹别克斯坦[3]。其中，俄罗斯和乌兹别克斯坦绿松石矿分别位于库拉明山脉和克孜尔库姆地区。

欧洲绿松石矿床分布在20个国家：亚美尼亚、阿塞拜疆、奥地利、比利时、保加利亚、捷克、法国、格鲁吉亚、德国、希腊、匈牙利、爱尔兰、挪威、波兰、葡萄牙、罗马尼亚、俄罗斯、塞尔维亚、西班牙和英国[3]。

北美洲绿松石矿床集中在美国西南部的亚利桑那州、新墨西哥州、科罗拉多州、内华达州和南加利福尼亚州，以及墨西哥北部的索诺拉州[16]。

据悉，澳大利亚、南非、秘鲁等国也有丰富的绿松石资源。其中，世界上绿松石资源主要分布在中国、伊朗、美国、埃及等地。中国是世界绿松石产量最大的产地，埃及的西奈半岛和伊朗的尼沙普尔是世界著名且历史悠久的绿松石产地。中国及邻域绿松石的资源分布见图1.1。

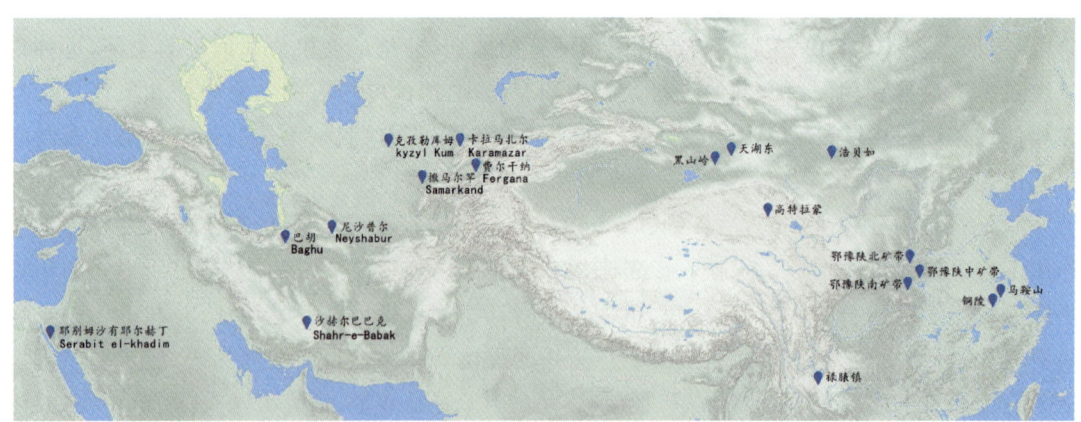

图1.1 中国及邻域绿松石矿点分布

1.2.1.1 中国绿松石

中国绿松石分布在湖北、陕西、河南、安徽、新疆、青海、甘肃、内蒙古、云南等地（表1.1），另外据文献记载，江苏也有绿松石产出。湖北十堰，陕西白河，安徽马鞍山、铜陵是目前的主

表 1.1　中国主要绿松石的产地信息

赋矿类型	矿区	矿带	矿点	类型	开采时间
沉积变质岩型	鄂豫陕	南矿带	白河、竹山、郧西、云盖寺	现代矿点	—
		中矿带	淅川	矿化点	—
		北矿带	河口	古代遗址点	距今 3925～535 年
			拐峪	古代遗址点	两周时期
	青海	乌兰	断层山、高特拉蒙	现代矿点	—
	新疆	哈密	天湖东遗址、黑山岭遗址	古代遗址点	距今 3470～2390 年
	云南	禄腄镇	—		
	甘肃	阿克塞	—		
	内蒙古	阿拉善	浩贝如遗址	古代遗址点	东周时期
岩浆岩型	安徽	马鞍山	笔架山、殿庵山、大黄山	现代矿点	—
		铜陵		现代矿点	—

要采矿区,其中湖北十堰的竹山、郧西、郧县绿松石矿点数量多,产量最大,品质优良,也是目前中国市场上绿松石的主要供给地。青海乌兰也有宝石级绿松石产出。国内的学者主要针对不同产地绿松石的地质成因、成矿特征、宝石矿物学特征、伴生矿类型,以及绿松石的特殊品种,如安徽的假象绿松石、湖北的雨点松和条纹绿松石的谱学特征、化学成分和矿物组成等进行了研究。经过考古学家的调查,陕西、河南、新疆、甘肃、内蒙古、云南等地的绿松石矿均有古人开采的痕迹。

2010—2018 年,考古团队先后在陕西洛南河口[18],河南卢氏[19],新疆天湖东[20]、黑山岭[21],内蒙古阿拉善浩贝如[22]等地开展了考古调查和正式发掘工作,发现 5 处古代绿松石开采遗址,初步确定开采时间主要集中在夏商周时期(表 1.1)。古代绿松石采矿遗址是揭示古代先民获取绿松石资源的直接证据,为研究绿松石资源的开采与利用提供了新的视角。

1. 湖北绿松石

湖北绿松石主要分布在郧西县、郧县及竹山县等地,共 18 个乡镇,55 处矿点[23]。竹山县的 14 个乡镇,46 处矿点均有绿松石产出,是世界绿松石最大的产出地,其中秦古、洞子沟、丫角山、喇叭山均是著名的矿点。郧西县的 2 个乡镇发现 3 个矿点,郧县发现 4 个矿点,分布在 2 个乡镇[23],其中著名的云盖寺绿松石矿点位于郧县的鲍峡镇。

2. 陕西安康绿松石

截至 2016 年底,经地质调查已发现陕西安康有 25 处绿松石矿点。这些矿点主要分布于安康市的白河县、旬阳县、平利县、镇坪县及安康市汉滨区等地。其中白河绿松石矿主要分布在冷水镇,矿点有月儿潭、白龙洞、马虎沟、周家湾;平利县有牛头寨绿松石矿;镇坪县有曾家镇坪子湾绿松石矿[24-25]。学者认为该区(带)绿松石矿床属风化淋滤成因,成矿温度在17~35℃范围内[26]。绿松石在富硫酸根的酸性水体作用下,发生硫酸根对磷酸根的交代作用,其次生产物为磷钙铝矾、纤磷钙铝矾、磷铝矾、微晶或非晶质二氧化硅[27-28]。

湖北、陕西处于秦岭东段武当山复背斜西端。在背斜的南北两翼均有绿松石矿,绿松石矿赋存于下寒武统和下志留统浅变质含碳硅质岩中。武当古陆西缘绿松石矿的找矿标志为寒武系含碳硅质岩层,断裂构造发育,放射性强度高(U含量较高),Cu含量高[29]。秦岭地区铀矿在成矿条件、成矿类型方面与绿松石矿相似,都产于含碳硅质岩中,受构造与岩性控制,后期风化淋滤作用促使两者富集,其中淋滤型铀矿占90%。绿松石也存在于铀矿床中,皆以氧化矿物为主。张健等和涂怀奎均认为U含量高是湖北地区绿松石矿的找矿标志之一[29-30]。

20世纪后期,姜泽春等对云盖寺、郧西尧家坡、马家沟、喇嘛山、月儿潭等地的绿松石进行了调查,并对其热性能进行了分析。结合绿松石的共生矿物组合、矿物的结构构造、地质特征,他们认为陕西和湖北的绿松石矿属于表生的风化淋滤型[31]。王家生等认为云盖寺绿松石矿是低温变质热液充填成因,固态流变构造变形控制了绿松石矿床的一些容矿空间和配矿通道[32]。

学者们对湖北绿松石的研究主要集中在特殊花纹类型、伴生矿物类型、宝石学及谱学特征等方面[33-38]。但近两年,随着政府对绿松石资源的重视,湖北省地质局第八地质大队和湖北省地质调查院对湖北十堰竹山和竹溪等地的绿松石资源开展了地质调查研究,通过探究绿松石成矿的地质条件、矿床成因和控矿因素指导找矿工作[39-40]。

3. 陕西洛南河口遗址绿松石

河口辣子崖采矿遗址开采年代范围在公元前2030~500之间[18]。2010—2016年,北京科技大学和陕西省考古研究院对河口遗址进行了调查,发现了10个古矿洞及大量石锤、陶片、绿松石碎块等[18]。罗远飞等对陕西洛南绿松石的基本宝石学、结构、谱学及微量元素特征进行了研究,发现洛南绿松石中含有石英、伊利石、高岭石等杂质矿物[41-42]。先怡衡等利用热电离质谱仪(TIMS)对洛南河口、白河、郧县、竹山、淅川等地绿松石的Pb和Sr同位素进行研究,发现洛南绿松石的$^{207}Pb/^{208}Pb$数值基本低于0.400[43],$^{87}Sr/^{86}Sr$数值处在0.711 56~0.714 32之间[13]。

4. 河南卢氏竹园沟遗址绿松石

竹园沟绿松石采矿遗址位于陕豫交界处的河南三门峡市卢氏县木桐乡拐峪村[19]。2018—2020年,西北大学文化遗产学院和河南省文物考古研究院对竹园沟遗址进行了两次调查,发现了4个古矿洞和陶片、石锤、兽骨、炭粒、骨制品、绿松石矿料等遗物,判断绿松石矿的开采时间最早可追溯到商周时期[19]。

5. 河南淅川绿松石

目前,淅川绿松石的研究资料相对较少,学者们调查了淅川绿松石的地质背景,并对其结构特征和矿物组合进行了研究[21-22]。淅川绿松石位于大石桥乡刘家坪、黄庄云岭岗、小草峪北及宋家湾一带，属于鄂陕成矿带北支的东延入豫的部分[22]。淅川绿松石产于师岗-荆紫关复向斜南翼的下寒武统底部大沟口组（水井沱组）硅质岩、石煤层内，矿体呈窝状、结核状及不规则状产出[22]。主要由细小的鳞片状、短柱状、板片状微晶集合体组成，可见环带状、结核状、碎粒状结构。常见的矿物有石英、玉髓、铁氧化物、硫磷铝锶石[21]。

6. 新疆绿松石矿

新疆绿松石主要产自天湖东和黑山岭两个矿点，据文献记载和考古学家的野外调查证实，这两处绿松石矿点均为古代采矿遗址，在距今 3300～2400 年间已得到开发[20-21]。另外，资料记载托克逊县等地也曾有绿松石产出[20]。

1981 年，新疆维吾尔自治区地质矿产勘查开发局第六地质大队在哈密地区发现了绿松石矿。该矿位于天山中央隆起带南缘，红柳河大断裂北侧，新疆和甘肃交界处，绿松石产在下寒武统底部碳质硅质岩段中，矿化带长达 2.5km，宽 5～40m，呈东西向分布[44]，属次生淋滤型矿床[45]。2001 年，栾秉璈考察了新疆黑山岭绿松石古矿[46]，证实了黑山岭古矿存在的真实性。刘喜锋等对哈密天湖东地区绿松石的化学及矿物组成、微形貌结构、谱学特征进行了研究，结合 Fe_2O_3/CuO 比值和紫外可见光谱特征讨论了绿松石颜色变化的原因，结果显示新疆哈密绿松石的红外及拉曼光谱特征与其他产地的无明显差异，微晶呈 0.2～3μm 的粒状、针状、长柱状、板状和鳞片状。微量元素分析表明，该地绿松石以富 Cr、V、Ti，贫 Ba 为特征[47]。

黑山岭遗址位于新疆若羌县罗布泊镇，地处哈密市和巴音郭楞蒙古自治州交界的黑山岭山脉东端[21]。黑山岭绿松石产在碳质、硅质岩中，矿化带呈东西向分布，长 7500m、宽 5～40m[21]。绿松石呈蓝色、绿色、黄绿色，不透明且多为蜡状光泽，常含氧化铁，其围岩主要为石英，并含白云母、氧化铁、碳质[21]。

7. 安徽绿松石

安徽绿松石主要产于马鞍山和铜陵两个地区，其中马鞍山地区绿松石主要产在大黄山、丁山、凹山、殿庵山、笔架山、董洱、雨山、超山一带[48-50]。学者们主要对笔架山、大黄山、殿庵山及铜陵等地绿松石的矿床成因、宝石学特征及谱学特征进行了详细研究[48-49,51-54]。此外，马鞍山产出一种具有磷灰石形态的"柱松"，其成因为绿松石交代磷灰石，并保留了磷灰石的形态，因此此类绿松石被学者们称为"假象绿松石"。关于假象绿松石的宝石学、矿物学特征，红外、拉曼光谱特征，热性能及成因等方面的研究颇多[48,55-60]。

1) 马鞍山绿松石

马鞍山绿松石成矿带位于宁芜火山断陷盆地中段，从上侏罗统龙王山组到上白垩统娘娘山组分布有由粗安质-安山质-粗面质组成的火山岩系地层，区内发育北东向和北西向两组断裂[61-62]。马鞍山绿松石矿是磁铁矿矿床的伴生矿床，矿体赋存于磁铁矿矿床顶部的磁铁矿矿体和围岩节理裂隙带内，成矿时间晚于磁铁矿矿床，绿松石矿位于玢岩型磁铁矿矿床顶部的氧化带中[49-50,62]。目前学者认为安徽马鞍山绿松石矿的成因主要有两种：一种是风化淋滤成因[59,63]，另一种是与热液活动有关成因[48-50,62,64]。

(1)笔架山绿松石矿床为火山喷气活动形成的中低温热液蚀变交代(充填)型矿床[49]。成矿流体由大气降水和深部岩浆水混合而成,P来源于磁铁矿中的磷灰石,Cu来源于深部岩浆热液,Al由磁铁矿矿物组合及围岩中的钠长石经过热液淋滤作用提供[49]。区域内的绿松石成矿经过两个阶段:早期为偏碱性中(高)温热液假象绿松石成矿阶段,晚期为中低温热液绿松石成矿阶段(黄铁矿-绿松石-石英-高岭石共生矿物组合)[49]。绿松石矿床中矿石矿物为绿松石,并含少量石英、黄铁矿、高岭石、叶蜡石、褐铁矿和黄钾铁矾等矿物。

(2)大黄山绿松石矿体赋存于断裂破碎带中高岭石化蚀变岩段内的伟晶磁铁矿矿脉和邻近围岩中的裂隙带内,整体处于距地表较近的氧化带内,绿松石主要以柱状、结核状和脉状3种形态产出[48]。假象绿松石产在蚀变的磷灰石-磁铁矿-阳起石伟晶岩脉中[59]。由于假象绿松石的微量元素和稀土元素特征与磷灰石相比较保持了较好的继承性,因而推断假象绿松石中的成矿物质P主要来源于磷灰石。结合成矿地质背景,Al、Fe来源于闪长玢岩围岩和磁铁矿矿物组合的淋滤,而Cu来源于外部流体。大黄山假象绿松石由富Cu、Al、Fe热液原位交代伟晶磁铁矿矿物组合中的磷灰石形成,成因为热液蚀变交代磷灰石成因[48]。

(3)殿庵山绿松石围岩主要是闪长玢岩[52]。绿松石呈结核状及细脉状,学者对其结构特征、红外光谱、紫外可见吸光光谱进行了详细研究,发现绿松石结构以微晶和鳞片状为主,化学成分以贫Si、相对富Fe为特征[52]。

2)铜陵绿松石

铜陵绿松石位于铜陵市枞阳县与合肥市庐江县交界处附近的钱铺、石桥、笋山等地[54],矿山规模较小,在钱铺、毛笼、李思安等铜矿区破碎带中零星有绿松石产出[54]。绿松石因以颗粒细小的他形粒状结构为典型特征,被称为"铜陵籽"。常见的共生矿物有石英、锐钛矿、重晶石,其围岩主要由伊利石、石英、长石、高岭石组成[51]。其红外光谱、紫外可见吸收光谱和X射线衍射谱线均显示典型绿松石的特征,与其他产地基本一致[51,53-54]。

8.青海绿松石

青海绿松石分布在乌兰县高特拉蒙和断层山两地[65-66]。其中,高特拉蒙绿松石矿体赋存于新元古界大理岩、片岩、石英岩赤铁矿透镜体内,或赋存于石英岩、蚀变闪长岩的节理裂隙中。断层山绿松石矿体赋存于新元古界石墨绢云母石英片岩、绢云母绿泥石石英片岩的挤压破碎带及次级构造裂隙中。绿松石呈脉状、块状、结核状、角砾状。

9.内蒙古绿松石

2018年,浩贝如遗址被发现,该遗址位于内蒙古自治区阿拉善右旗北部,年代范围主要在东周时期,年代下限不到两汉[22]。联合考古队共发现采矿坑7处、石构房址7座、石阵30处,并采集了绿松石样品、石器和陶器残片[22]。

1.2.1.2 美国绿松石

美国大部分绿松石矿点位于干旱西南部的铜矿内或周围,该区域至少有28处绿松石矿,并有明确的证据表明存在史前开采活动[15]，但部分采矿遗址已被破坏[67]。亚利桑那州、新墨西哥州和内华达州是美国绿松石的主要产地。另外，加利福尼亚州、科罗拉多州、犹他州、得克萨斯州和阿肯色州也产绿松石。截至20世纪20年代，新墨西哥州一直是美国绿松石的主要产出地。20世纪20年代至20世纪80年代初，内华达州成为美国最大的绿松石产地。目前，产量最大的绿松石产地是亚利桑那州。

1. 内华达州绿松石

19世纪70年代早期，欧洲人在哥伦布附近发现了内华达州的第一块绿松石。内华达州的产区主要有兰德县（Lander County）、奈县（Nye County）和埃斯梅拉达县（Esmeralda County）交界的罗伊斯顿区（Royston），以及克拉克县（Clark County）的新月峰区（Crescent Peak Area）。兰德县是内华达州最重要的绿松石产地，其矿山遍布全县。该州绿松石产量最高的3个矿场依次为卡里科湖的极光矿场、科尔特斯附近的福克斯矿场和罗伊斯顿的皇家蓝矿场。该州绿松石矿床的赋矿岩石为石灰岩、页岩、硅质岩、侵入体或变质火山岩等，产出深浅不一的蓝色、蓝绿色、绿蓝色和绿色绿松石，同时还产出颜色独特的绿松石，包括薄荷色、苹果绿、黄绿色绿松石，表面可以有棕色、黑色、红色或金色的蜘蛛网图案。锌绿松石（Faustite）常产于内华达州绿松石矿床中。

2. 亚利桑那州绿松石

亚利桑那州绿松石矿大多数是大型露天铜矿，是蓝色绿松石的最佳产地，如著名的金曼（Kingman）矿和睡美人（Sleeping Beauty）矿，睡美人绿松石也是世界上最受欢迎的绿松石品种之一。

（1）伊萨卡峰（Ithaca Peak）绿松石矿是史前的采矿遗址，位于亚利桑那州西北部莫哈夫县（Mohave County）金曼矿上方。人们在这里发现了遗留下来的尾矿、古老的工作工具等，包括史前的锤子、镐和木炭[68]。该地区岩石主要为前寒武系片麻岩和片岩，被花岗岩和石英斑岩侵入，且都经历了绢云母化、高岭土化和硅化。

（2）峡谷溪（Canyon Creek）绿松石矿位于亚利桑那州中东部，也是一个古矿遗址，现绿松石资源已基本枯竭，资料显示峡谷溪绿松石开采时间在公元1250—1400年之间[67]。绿松石以小结核状或脉状充填在石英岩的裂隙中，同时还存在微量的准铜铀云母$[Cu(UO_2)_2(PO_4)_2 \cdot 8H_2O]$与绿松石共生[67,69]。美国原子能委员会于1954年在Canyon Creek绿松石矿现场检测到放射性异常。

Welch和Triadan对该矿首次进行详细调查，发现了3个采矿区域[69]。Hedquist等对峡谷溪矿重新进行了调查，新发现一个绿松石采矿区，以及矿区的洞口和石锤工具[67]。根据尾矿的体积估算，当时的现场采矿人力投入至少为15 000人，采石场的规模、设置和结构符合资源开采更为节约的远征模式[67]。

Thibodeau等对Canyon Creek绿松石的同位素地球化学特征进行了研究，Hedquist等发现大多数Canyon Creek绿松石样品具有极强的放射成因Pb同位素特征（即非常高的$^{206}Pb/^{204}Pb$和$^{207}Pb/^{204}Pb$比值），表明Canyon Creek绿松石含有源自地质年代久远的高U/Pb

的Pb,具有独特的同位素指纹特征[17,67]。Welch和Triadan与Hedquist等将来自Canyon Creek矿的绿松石样品和从Grasshopper Pueblo出土的绿松石制品进行对比,推断Canyon Creek绿松石是由亚利桑那州中东部Grasshopper Pueblo的居民在公元13世纪和14世纪开采的,并被运离矿区至少135km。在距离该矿不到30km的Grasshopper Pueblo村庄,发现了原材料和部分成品装饰品。Welch和Hedquist等均认为该矿是美国西南部普韦布洛祖先聚居地绿松石的重要来源[67,69]。

3. 新墨西哥州绿松石

新墨西哥州绿松石矿床分布在新墨西哥州的一个三角区域,从北端的桑塔菲县(Santa Fe County)延伸到南部的奥特罗县(Otero County)、多纳阿纳县(Dona Ana County)和格兰特县(Grant County)。其中,绿松石主要分布在格兰特县的Burro Mountain区和Eureka区,以及奥特罗县的Jarilla区。格兰特县的White Signal区和Santa Rita区、多纳阿纳县的Organ区和林肯县(Lincoln Country)的Nogal区也有少量绿松石矿床分布[70]。

(1)塞里洛斯(Cerrillos)区的矿山是北美最古老且著名的矿山,也是该地区最大的史前采矿活动地点,14—17世纪被大量开采[17]。开采出来的绿松石被加工成珠子、吊坠和马赛克镶嵌物,成为在西南部和墨西哥广泛流通的商品。绿松石以细脉和结核状出现在蚀变二长岩和二长安山岩基质中,颜色从浅蓝色到亮蓝色,再到蓝绿色,再到深绿色,围岩中常见棕色褐铁矿,在绿松石中偶尔发现黄铁矿包裹体[70]。

(2)布罗山(Burro Mountains)区绿松石以细脉和结核的形式广泛分布在花岗岩和石英二长斑岩的断裂带中,高度蚀变为高岭石和绢云母,并伴有次生二氧化硅。绿松石的颜色范围广,有深浅不同的蓝色和绿色。1890—1910年,多处矿区开展了重大采矿活动,包括Azure、Parker和Porterfield(Maroney)矿[70]。

(3)尤里卡(Eureka)区绿松石呈不规则层状,出现在蚀变、断裂和褐铁矿浸染的二长花岗岩中,也有少量赋存于安山岩、砂岩和闪长岩中。绿松石常与黏土矿物和黄钾铁矾共生,表面多有黄色和棕色铁染杂质,与Cerrillos区和Burro Mountains区相比,Eureka区绿松石总产量较小[70]。

(4)奥罗格兰德(Orogrande)区绿松石的开采始于1891年左右,大多矿点绿松石呈脉状充填在花岗岩或火山岩中。该地区主要有Providence和Iron Mask两个矿床,这两个矿床中的绿松石赋存于不同类型的岩石中,伴生矿物的类型和组合也各不相同[71]。其中Providence矿的绿松石主要赋存于蚀变石英二长岩中,伴生矿物主要由高岭石和混合氧化铁(褐铁矿)以及少量石膏组成。二长斑岩中浸染状黄铁矿和黄铜矿的风化导致酸性水溶液的形成,并提供了铜元素的来源。在酸性环境中,长石风化成高岭土,使铝离子得到溶解,同时磷灰石风化也为磷元素提供了来源。含矿溶液沿着裂缝聚集沉淀形成绿松石,剩余溶液在绿松石矿化区边缘沉淀,形成黄钾铁矾、石膏、针铁矿[71]。

Iron Mask矿区的大部分采矿活动都是为了获取铁。沉积变质岩型的绿松石矿,赋存于宾夕法尼亚州Gobbler地层的页岩和石英岩中[72]。绿松石以矿脉填充物和结核的形式出现在拉伯西塔地层(the Laborcita Formation)7m厚的页岩中,大部分绿松石为浅色。在页岩地层外的岩石中未观察到绿松石[71]。典型特征是大量石膏和石盐与绿松石共生,绿松石矿化边缘发现黄钾铁矾,石膏是酸性硫酸盐蚀变的产物,黄钾铁矾和叶绿矾也是黄铁矿氧化的反应产物[71]。其地质背景和矿物组合表明绿松石为表生成因:由浸染状黄铁矿和黄铜矿组成的斑岩铜矿床在溶液中氧化并产生大量硫酸根和铜离子。这些酸性溶液沿着断层和裂缝流动,并与 Gobbler 地层的页岩相互作用。酸性溶液从磷灰石和磷钇矿中浸出磷酸盐,这两种矿物存在于页岩中。当地岩石富含铝,在低 pH 值下,也可提供必要的溶解氧化铝。绿松石和伴生矿物在潜水带表面附近发生中和反应的地方沉淀[72]。

4. 科罗拉多州绿松石

科罗拉多州绿松石主要产于 Cripple Creek 矿、Leadville 矿、Manassa 矿、Villa Grove 矿,Cripple Creek 绿松石主要是金矿开采的副产品。

5. 加利福尼亚州绿松石

加利福尼亚州绿松石矿床位于圣贝纳迪诺县(San Bernardino County)、因里皮尔县(Imperial County)和因约县(Inyo County),其开采历史可以追溯到前哥伦比亚时期。在圣贝纳迪诺县的绿松石矿区发现了史前采矿工具。绿松石以结核状和脉状产出,部分有黄棕色褐铁矿蜘蛛网纹。

1.2.1.3 墨西哥绿松石

墨西哥绿松石主要分布在墨西哥北部的索诺拉省,最著名的绿松石矿是 White Water 矿和索诺拉(Sonoran Gold)矿。墨西哥的索诺拉和扎卡特卡斯(Zacatecas)均发现古代采矿痕迹[17]。

1.2.1.4 伊朗绿松石

伊朗绿松石矿点主要分布在东北部呼罗珊(Khorasan)省的内沙布尔附近,南部科尔曼省(Kerman)的梅杜克(Meyduk)、萨尔切什梅(Sar Cheshmeh),以及中北部的达姆甘(Damghan)。另外,在卡什马尔(Kashmar)西南部的 Zeber-Kuh(伊朗东北部)、塔巴斯(Tabas)(伊朗中部)附近的加祖(Gazu)、鲁尼兹(Runiz)(伊朗南部)附近的 Kuhnemes 也分布有绿松石矿[10]。

目前在伊朗主要开采的 3 个绿松石矿包括尼沙普尔(Neyshabur)矿、塞姆南省南部的巴胡(Baghu)矿和克尔曼省西部的沙赫尔巴巴克(Shahr-e-Babak)矿[2](图 1.1)。其中,Neyshabur 矿是伊朗最著名、产量最大且开采历史最悠久的绿松石矿,Shahr-e-Babak 矿为斑岩型铜矿床的伴生矿床[2],Baghu 矿是一个铜-金-绿松石-电气石复合矿床[73],主要用于开采黄金[2]。

1. Neyshabur 绿松石

Neyshabur 矿以出产颜色和品质独特的绿松石而闻名,Neyshabur 绿松石在历史上被称为"波斯绿松石"[2]。该矿已经挖掘了 4000 多年,可以在矿山周围的大小洞穴中找到古代采矿标志[74]。目前,Neyshabur 矿主要有 3 条开采绿松石的矿道:Main(5103kg)、Dom(6884kg) 和 Zahk(30 315kg),每年产量为 40~42t,仍是伊朗目前最大的绿松石矿料来源[2]。伊朗的宝石学家也会根据绿松石品质(颜色、孔隙率、形状和大小)和经济价值,对绿松石原料进行分类和分级[2,74]。

Neyshabur 绿松石位于 Quchan Sabzevar 岩浆弧的东部末端,赋存于高钾钙碱性成因的火山岩(粗面岩、粗面安山岩和安山岩)和侵入岩(正长岩和二长岩)中,是通过热液作用在新生代火山岩中形成的次生矿脉充填矿物[2,74]。火山和次火山单元的原生矿物包括黄铁矿、磁铁矿、镜铁矿、黄铜矿和斑铜矿;次生矿物为绿松石、辉铜矿、赤铁矿、铜蓝、针铁矿、黄钾铁矾、重晶石、明矾石、方解石和石膏[2,74]。地球化学勘探表明该矿床存在银、砷、钡、锑和钼的多重异常,属于氧化铁铜金矿床(IOCG)。有学者认为该矿床的稀土元素和铀含量较高,是伊朗第一个 IOCG 型铜金铀轻稀土矿床。但也有学者的研究显示绿松石中的铀含量低于标准限值[74]。Neyshabur 绿松石主要产自氧化带中,呈矿脉状、细脉和结核状充填于裂隙中[2]。

2. Shahr-e-Babak 绿松石

伊朗南部克尔曼省的绿松石矿化主要与侵入始新世 Razak 火山杂岩的中新世钙碱性侵入岩中的斑岩铜矿有关[10]。其中 Shahr-e-Babak 绿松石矿也是 Meyduk 斑岩铜矿床的副产品,产出的绿松石质优[75]。

该矿位于火山岩和火山碎屑岩区域,被几个侵入体侵入。该地区的 3 组主要岩石为:①火山岩,主要为安山岩和安山玄武岩;②由灰色凝灰岩和团块岩组成的前碎屑岩;③花岗闪长岩。火山岩和侵入岩都已被伸展区域中的热液流体蚀变[76]。

Meyduk 斑岩铜矿床位于乌鲁木齐-多赫塔尔岩浆弧中,嵌入斑状粗面安山岩主岩中,Meyduk 绿松石与 Neyshabur 绿松石均可呈脉状、细脉、结核状充填在裂隙中,但 Neyshabur 绿松石主要产自氧化带中,Meyduk 绿松石在氧化带和表生带中都有发现。在 Meyduk 矿床中,斜长石和长石是铝的来源,通过硫酸蚀变硫化铜并在含铝矿物中沉淀,高岭石直接转化为绿松石[75]。有学者通过对比电子探针结果分析了 Meyduk 绿松石和 Neyshabur 绿松石的主要成分,以评价区分波斯绿松石产地的可行性[76]。

3. Baghu 绿松石

Kuh Zar Cu-Au 绿松石矿位于塞姆南省(Semnan Province)南部的达姆甘(Damghan)市巴胡(Baghu)村,因此产出的绿松石常称为 Baghu 绿松石矿。该绿松石矿位于中始新世的 Torud Chah Shirin 岩浆弧(始新世中期)内[10,73]。伊朗地质调查局(GSI)在 Kuh Zar 矿区进行现场工作和研究,确定了一系列始新世火山岩和上覆火山碎屑岩,沉积在始新世之前的沉积单元上。安山岩熔岩流是火山单元的主要组成部分,上覆单元由流纹岩凝灰岩、凝灰质砂岩、火山角砾岩和火山凝灰岩组成。始新世火山岩被闪长岩-花岗闪长岩和花岗岩侵入,包括一些次火山英安岩-流纹英安岩[73]。

矿区出露的岩石包括安山岩、英安岩、火山碎屑岩和闪长岩-花岗闪长岩。绿松石矿化有两种产出形式:绿松石与细脉和覆层中的氧化铁(针铁矿-赤铁矿)、石英和电气石共生;在绢云母化-弱高岭土化火山岩中呈小的近圆形结核状[10,73]。在几乎所有的电气石和明矾石出现的矿点都发现了绿松石,电气石和绿松石的罕见组合是该矿床的显著特征[73]。学者们对伊朗 Damghan 市的 Kuh Zar Cu-Au 绿松石矿床水热蚀变岩中的电气石-绿松石组合进行了详细的岩石学和地球化学研究,以确定其成因[73]。其主要矿物组合包括石英、绢云母、黄铁矿、电气石、明矾石、绿松石、黄钾铁矾,Kuh Zar 地区不同的热液蚀变带的蚀变过程相互重叠,导致电气石-绿松石组合的形成。电气石可能是由影响绢英岩蚀变带绢云母的热液形成的。绿松石的矿物反应和稳定同位素数据($\delta^{18}O$ 和 δD)表明,围岩中的水参与了绿松石的矿化,而大气降水则是表生风化过程发生的基本条件[73]。

1.2.1.5　埃及绿松石

1. 埃及绿松石矿点

埃及的绿松石分布在塞拉比特·厄尔卡德姆(Serabit El-Khadim)、盖贝尔·马哈拉(Gebel Maghara)、阿布索拉(Abu Thora)、乌姆博格马(Um Bogma)、比尔纳斯布(Bir Nasb)、格贝尔·阿德迪亚(Gebel Adediya)、乌姆·泰姆(Umm Themâim)、杰贝尔·哈米德(Jebel Ham'd)、瓦迪·谢拉尔(Wadi Shellal)和阿布·哈马德(Abu Hamad)等地[10]。所有这些矿点都位于一个面积约 550km² 的小区域内(图 1.1),赋存于众多峡谷横切形成的强烈断裂的寒武纪-奥陶纪和石炭纪地层。在西奈半岛上有埃及时代(Egyptian Era)进行的大规模的开采遗迹,但这些矿山现已枯竭。其中,西奈半岛西南部的 Serabit El-Khadim 和 Gebel Maghara 被认为是世界上最古老的两处绿松石采矿遗址,是埃及被引用和研究最多、最详细的两处遗址[77],但这些矿山已经枯竭。在 Serabit El-Khadim 和 Maghara Wadi 的绿松石矿点发现了房屋的遗址、大量的铭文、采矿工具和用于生产这些工具的工业设施。在古埃及中、新王国时期,Serabit El-Khadem 是获得绿松石的主要地区,但在古代,Wadi El-Maghara 是最古老的绿松石矿[77]。

埃及绿松石矿产于古生代砂岩、粉砂岩和页岩以及其他次生铜矿物的地层中[10]。在 Serabit El-Khadim 地区,绿松石呈细脉和结核状出现在寒武纪-奥陶纪 Adedia 组顶部高度铁矿化、高岭土化的石英砂岩层中,绿松石的发育以"牺牲"富铝矿物,如明矾石和三水铝石等为代价。而在 Abu Thora 和 Gebel Maghara 地区,在下石炭统 Um Bogma 组底部发现了绿松石,同时在铁锈化、富含高岭石的粉砂岩和砂岩中发现孔雀石和硅孔雀石。这些西奈矿床具有相似的成因背景:绿松石与风化的富铝沉积岩有关,靠近含铜页岩和黏土中的次生铜矿,并受到渗透大气水的影响。

2. 埃及绿松石的开采历史

古埃及人在不同时期对绿松石进行了大量的开采,开采的第一个矿床是 Wadi El-Maghara[78]。在第一个埃及王朝之前,约公元前 5500 年,绿松石就已经在埃及被广泛使用,在史前埃及墓中发现了绿松石珠。最早直接提到"turquoise"的文字是古埃及象形文字,其中"mafkat"一词重复出现。这一术语最初被翻译为孔雀石(malachite),但现在研究认为该词应是指绿松石。在西奈半岛绿松石矿周围的悬崖和纪念碑上有大量石刻的这个词。从第一代埃及王朝到第二十代,绿松石的采矿作业在西奈半岛断断续续地进行[78]。公元前 4887—4757 年,在 Wadi El-Maghara 出现了许多第三王朝最后的采矿活动。Wadi El-Maghara 矿的绿松石开采活动一直持续到佩佩二世统治的第六王朝(公元前 4107—4012 年)[78]。

在第十二王朝的第一位统治者统治期间,Wadi El-Maghara 地区的绿松石矿被再次关注,在距离 Wady Maghareh 矿只有 10mi(1mi≈1.609km)的 Serabit El-Khadem 发现未被开采的矿[78]。考古发现表明,Serabit El-Khadem 绿松石矿至少是在公元前 4500—3500 年开始开采的[77]。

公元前 3341—3303 年,绿松石的需求量变得非常大,以至于塞拉比特·厄尔卡德姆的矿无法满足需求,人们重新关注 Wady Maghareh 地区的绿松石,因此,Wady Maghareh 地区的绿松石再次被大量开采。公元前 3259—3250 年,这两个矿区绿松石的开采力度丝毫没有减弱。在公元前 3200 年,第十三王朝时仍在开采[78]。

然而,在从第十三至第十七王朝长达 1600 年的时间里,塞拉比特(Serabit)或马加里(Maghareh)都没有留下任何纪念碑来记录埃及绿松石矿工的存在。在整个第十八至第二十王朝,在 Serabit El-Khadem 有大量埃及人开采绿松石的活动记录。拉美苏六世(公元前 1161—1156 年)第二十王朝是最后一个记录 Serabit El-Khadem 存在的王朝[78]。

塞拉比特·厄尔卡德姆遗址于 1762 年被丹麦的尼赫布尔发现。拉伯德是第一个近现代在那里发现绿松石的人。Wady Maghareh 矿直到 1845 年才被发现。英国骑兵军官斯姆格拉尔在 Wady Maghareh 矿开采了一批绿松石并带回了英国,在 1851 年伦敦大展上展出。这批绿松石在英国市场上很畅销,利润颇丰。1902 年,一家英国公司从事绿松石开采活动,并肆意破坏了数不清的铭文。从那时起,当地部落重新占有了当地的绿松石矿[78]。

1.2.1.6 乌兹别克斯坦绿松石矿点分布

在乌兹别克斯坦,绿松石开采的考古证据可追溯到公元前 6 世纪[10]。开采活动在公元前 12—14 世纪之间达到高峰。绿松石矿床分布在阿姆河和 Sys Darya 河界定的区域,尤其分布在 Kyzyl Kum 内陆的低山脉中。该地区盛产铜、锌、金、银、铅和其他多金属矿。在 Sultanuizdag、Bukantau、Tamdytau、Kuldjuktau 和 Auminzatau 的山脉中也有古矿分布。据报道,卡拉马扎山脉、撒马尔罕省和费尔干纳省也有其他采矿点,开采绿松石的历史可追溯到公元前 10 世纪[10]。

这些山脉大部分沿卡拉库姆地块和哈萨克斯坦中部北天山地块交叉处的缝合带排列。除了卡拉马扎山脉的几个矿床外,其他矿床都具有相似的地质背景。其中断裂的奥陶系和志留系板岩与砂岩被晚石炭世和早二叠世花岗岩侵入;相反,卡拉马扎山脉中的绿松石存在于被辉绿岩脉切割的蚀变长石斑岩中的块状物和覆盖层及贯穿其中的铁质石英脉中[10]。

1.2.2　中外出土绿松石矿源研究概述

1.2.2.1　美国西南部及中美洲出土绿松石概况

在美国西南部和中美洲的考古遗址中发现了100万~200万件绿松石文物[9,79],绿松石是这两个地区的重要资源[79]。绿松石被制成珠子、吊坠、鼻塞和唇塞,常用做马赛克镶嵌物的一部分[16],在仪式、标志社会地位和装饰中扮演着重要角色[15]。绿松石在美国西南部和墨西哥的许多史前文明社会中都具有很高的价值,考古学家一直想重建美国西南部和中美洲之间的绿松石贸易网络,进一步研究美国西南部与中美洲其他地区的古代社会文化关系[9]。

1. 中美洲绿松石文化脉络

在前哥伦布时代的中美洲社会中,绿松石不仅是珍贵的财产,高贵地位的象征,更是社会和宗教领域生活的象征[80],出现在高等级墓葬中[16]。在中美洲,绿松石最早出现于公元前1800年左右,在墨西哥的Zacatenco也发现少量绿松石碎片[9,80]。

在前古典期(约公元前2000—公元100年)和古典期(公元100—650/700年)的几千年里,翡翠和孔雀石很受欢迎,尤其翡翠一直受到高度重视和广泛传播[16]。

在中美洲的古典时期,即公元100—900年,绿松石开始广泛使用[81],分布范围逐渐扩大,但仍然相对罕见[80]。中古典时期,墨西哥的Alta Vista(Zacatecas)地区是第一个大量使用绿松石的地区[80],发现了迄今为止考古学界公认的最大的绿松石作坊、大量的绿松石碎片和未加工的原料[7],在该时期还出现了北美最早的绿松石嵌片斜切技术[9]。在中美洲古典时期,在该文明的北部边境至少有两个绿松石矿被大量开采[7]。

中美洲最广泛使用绿松石是在后古典时期(公元900—1521年)[16]。后古典时期,随着托尔特克帝国的崛起,绿松石在数量和开发强度上都进入了一个新阶段[81]。绿松石在整个大区域被广泛使用,包括极其精致的绿松石面具、盾牌、镶嵌珠宝、项链、假发、手镯和其他由绿松石镶嵌而成的物品、牌匾、吊坠和珠子[9]。绿松石的使用量急剧增加,几乎呈指数级增长。绿松石的快速流行和大量使用,使其最终取代翡翠,成为墨西哥中部使用范围最广的宝石[7,9]。在后古典时期晚期,阿兹特克人也是绿松石的主要消费者,绿松石被制成盾牌、鼻塞、双头蛇雕像等镶嵌制品[6]。

2. 美国西南部绿松石文化脉络

公元900年左右,美国西南部的居民也开始使用绿松石,但仅限在小范围内,以查科峡谷

(Chaco Canyon)及其周围的人为代表。绿松石成为具有特殊意义的装饰礼仪珍品[80]。公元950—1150年,绿松石使用范围逐渐扩大,但还是集中在几个关键地点。

公元后,西南部绿松石的使用出现准指数增长[7]。公元1050—1180年,查科峡谷的阿纳萨齐人在西南部开始大规模开采绿松石[80]。公元975—1130年,在文化活动的高峰期,美国西南部开始在重要的墓葬和仪式中使用绿松石[80]。这一时期,绿松石嵌片斜切技术也出现在美国西南部,这被认为是中美洲和西南部存在联系的一个有力证据[80]。查科峡谷的人们控制了绿松石资源[80],在绿松石的开采、分配、利用方面起着核心作用,持续垄断绿松石的开采和加工约150年[7]。

查科峡谷是位于新墨西哥州西北部阿纳萨齐地区的主要区域居民点,属于阿纳萨齐文化范围,在查科峡谷发现了超过20万块绿松石,是公元1000—1120年绿松石交换网络的重要组成部分[15]。Hull等认为,绿松石在当时可能已经开始扮演货币的角色了[79]。大部分学者认为查科峡谷的绿松石可能来源于200km外的塞里洛斯山(Cerrillos Hills)矿区。塞里洛斯山矿区位于如今新墨西哥州圣达菲西南约20km处,是北美洲最著名的与史前绿松石采矿有关的地方,至少有10个史前采矿坑,有着跨越1000多年的采矿历史[16],是美国西南部交换系统中绿松石的重要来源[15,79]。

12世纪,查科峡谷失去了对绿松石的垄断,可能是新墨西哥州阿兹特克帝国的崛起导致了查科峡谷的社会衰落。13世纪,随着中美洲的绿松石消费的持续增加[9],西南部绿松石的使用情况也发生了变化,绿松石以前是宗教和统治者的专属财产,后来被大众佩戴[80]。

1.2.2.2 美国西南部及中美洲出土绿松石矿源研究

1. 微量元素

自20世纪70年代以来,为了更好地了解美国西南部古代绿松石的开采和贸易,许多研究人员利用地球化学方法来确定出土绿松石和已知矿点开采的绿松石之间的联系,重建史前绿松石贸易网络[82]。研究人员采用不同的技术表征微量元素和稀土元素区分美国西南部的绿松石来源,方法包括X射线荧光(XRF)[10]、中子活化分析(NAA)[80,81,83]、电子探针分析(EMPA)、原子发射光谱(AES)和质子诱发X射线发射(PIXE)[84-85]。但基于微量元素的技术并没有成功解决美国绿松石产地溯源问题[15,79,82]。他们认为绿松石是一种难示踪的矿物[16],主要原因是:①绿松石复杂的矿物学特性(包括元素替代及杂质矿物)会影响单一区域内微量元素的组成;②其他蓝绿色矿物,如蓝铜矿、孔雀石和硅孔雀石被误认为是绿松石;③绿松石矿床的地质形成过程在物源区之间相似;④绿松石的风化会导致微量元素和稀土元素浓度的变化,从而导致微量元素成分的巨大变化[15,79]。

2. 氢/铜同位素

20世纪末,部分学者开始利用同位素来确定绿松石的产地。2002年,Fayek等首次使用离子探针分析亚利桑那州、科罗拉多州、新墨西哥州和内华达州绿松石的氢和氧同位素,结果显示不同矿点之间的分析结果存在差异[79,86]。

Hull 等采用二次离子质谱(SIMS)分析美国西南部绿松石中的铜和氢同位素,并应用于出土绿松石制品的矿源研究,以探索美国西南部绿松石的贸易网络[15,79,87]。这是一种相对无损,破坏性最小的固体样品微量分析技术,测量范围小至 $50\mu m$,深度为 $2\mu m$,对于考古文物相对来说是非破坏性的[15,79]。该技术基于以下原理:①氢有两种稳定同位素,即氢(^1H)和氘(^2H 或 D)。大气降水(即雨水)中氢的同位素分馏受经纬度和海拔的影响,雨水在不同的地理位置具有不同的氢同位素组成。绿松石是受大气降水影响的一种表生矿物,由于绿松石中的水是结构水,除非条件足以将其转变为另一种矿物,否则绿松石的氢同位素组成很难改变,因而不同地区的绿松石氢同位素组成应存在差异,这也将反映其氢同位素组成的时间和地理变化[15,79]。②过渡金属铜是绿松石的基本组成成分,其稳定同位素可能成为绿松石的第二个同位素指纹特征[79]。

Hull 等对美国西南部 10 个不同产地的绿松石样品进行铜和氢同位素分析,以验证该方法用于绿松石矿源研究的可行性及同一个矿区内同位素的均匀性,发现同一矿山的绿松石具有相对稳定的氢和铜同位素组成,变化范围小,并且每个矿山的值彼此不同,同时同一个矿区(Cerrillos Hills 矿区)的 3 个矿山的绿松石具有相似的氢和铜同位素组成,并组合在一起形成一个集群。同一个矿山不同颜色绿松石的同位素组成也相似,其同位素比率与绿松石的颜色及铜和铁等化学成分的微小变化无关,说明氢和铜同位素值可用于指示美国西南部绿松石的产地特征[15]。

Othmane 等通过 SIMS 建立了绿松石中的氢和铜同位素精确的原位微量分析方法[88]。部分学者对该方法提出了质疑。首先,氢和铜原位稳定同位素分析虽可成功地确定绿松石的产地,但由于绿松石的蚀变影响氢和铜同位素组成,因而无法使用氢和铜同位素对蚀变绿松石人工制品进行可靠的分析和表征[79]。其次,质疑的学者认为该方法仍然是描述性的,因为没有解释绿松石样品 δD 和 $\delta^{65}Cu$ 在不同矿山的地理分布或地质环境方面的差异。最后,Hull 等公布的绿松石矿床同位素指纹特征是根据每个源区的大量样品分析结果或少量样品的多次分析结果确定的,由于氢和铜同位素在绿松石形成的低温表生环境中都可能发生显著分馏,因而需要严格评估整个源区绿松石矿化的 $\delta^{65}Cu$ 或 δD 发生实质性变化的可能性[87]。

3. 铅/锶同位素

1994 年,Young 等使用铅同位素($^{208}Pb/^{206}Pb$)区分美国西南部和新墨西哥州北部 7 个矿区的 26 个绿松石样品,但样品的增加会使矿源界限不清晰,无法给出确定的结果[15]。

美国西南部和墨西哥北部的绿松石通常形成于铜矿的氧化带中,因矿床源区构造地质背景存在大区域上的不同[17],绿松石母岩具有不同的年龄、构造背景和同位素组成,母岩经风化作用后形成绿松石。由于铅和锶同位素不会因风化过程而显著分馏或分离,适合作为风化环境中形成的矿物的示踪剂[16],因而绿松石继承了母岩的铅和锶同位素特征[89],不同地理区域的绿松石矿床同位素的变化也可指示绿松石矿床的地质背景及形成环境的差异[16]。在斑岩型铜矿床和相关长英质火成岩杂岩铅和锶同位素特征区域变化已知的背景下,Thibodeau 等根据铅同位素组成的差异将美国西南部绿松石的矿点划分为 4 个组,同一组的绿松石矿床具有相似的同位素组成,属于同一源区,具有相同的地质背景[17]。

Thibodeau 等根据铅和锶同位素特征成功区分了美国西南部绿松石的产地,证明了祖尼族祖先所使用的绿松石是从 Cerrillos 矿山获得的[17],并表示铅和锶同位素是绿松石的有效示踪剂[17]。由于具有类似同位素特征的绿松石矿床在地理位置上呈现出聚集的现象,即使出土绿松石铅和锶同位素特征与已知矿床不匹配,根据其同位素组成可以找到具有与其铅同位素比值相一致的地质环境,进而推断出土绿松石制品矿源的区域,即使这些区域的采矿遗迹可能已被破坏或者绿松石还没被开采[89],但对于研究出土绿松石的来源也具有重要意义[17]。

基于此,Thibodeau 等在 2018 年重新对中美洲阿兹特克人和米斯特克人所使用的绿松石进行了铅和锶同位素研究,结果显示出土绿松石铅和锶同位素组成与任何已知的绿松石矿床都不匹配,但与中美洲的铜矿床和地壳岩石非常相似[89],证明了阿兹特克人和米斯特克人使用的绿松石不是通过西南部的长途交换获得的,而是可能来自中美洲本地[89]。该项研究也改变了考古学家长期坚持的中美洲出土绿松石是与美国西南部和墨西哥北部邻近地区的群体远距离交换的观点[89]。

分析铅和锶同位素特征虽然是对美国绿松石进行矿源研究的一种有效方法,但测试是破坏性的,不适用于所有考古对象,但可应用于广泛的绿松石矿化研究,允许分析风化、劣质或基质丰富的绿松石[16]。

1.2.2.3 国内绿松石矿源研究现状

1. 国内先秦出土绿松石概述

新石器时代中期,绿松石最早被贾湖先民使用(距今 9000～7500 年),贾湖遗址出土绿松石近千件,而裴李岗文化遗址范围内的裴李岗、长葛石固、郏县水泉、新郑沙窝李遗址均只出土了几件绿松石。新石器时代晚期,绿松石的使用范围不断扩大,先出现在黄河中游地区,后扩大至西北、东北、东南甚至岭南地区。新石器时代晚期,红山文化中开始出现动物题材的绿松石器,如胡头沟遗址的鱼形坠和东山嘴的鸮形器。大汶口中期,绿松石开始被镶嵌于骨雕筒等重要礼器之上。新石器时代末期,管珠状绿松石较多,绿松石镶嵌工艺逐渐成熟,镶嵌绿松石的手镯、骨簪、陶器、漆木器等开始出现。

二里头时期是使用绿松石的巅峰期,绿松石被国家管控,成为王权的象征。二里头和二里岗时期绿松石多用于镶嵌,具有礼仪性,如绿松石铜牌饰、龙形器、嵌绿松石兽面形金器等。殷墟时期,随着玉器工艺变革与文化发展,出现了丰富的以动物和人为题材的绿松石器,如蟾、鸟、鱼、夔龙等造型,同时也流行在象牙、青铜武器、车马器等礼仪性用品上镶嵌绿松石。

两周时期,绿松石逐渐开始被广泛使用,但仍以贵族使用为主。该时期绿松石多镶嵌于青铜、金等贵重材质之上,或与透闪石玉、玛瑙等组合出现。

2. 国内先秦出土绿松石矿源研究综述

关于中国出土绿松石的矿源研究，国内的学者们主要从文献资料论证和科技考古两方面展开讨论。由元代《南村辍耕录》记载可知：回回甸子文理细，河西甸子文理粗，襄阳甸子色变。表明人们当时已经认识到根据绿松石的结构粗细、佩戴是否变色等特征可以区分绿松石的产地。徐良高等认为绿松石具备古代文化传播、交流特性，是长距离贸易标志性物品，并提出"绿松石之路"存在的可能性以及开展相关研究具有重要意义[90]。方辉认为东北地区的绿松石可能来自包括陕西在内的西北地区[91]。庞小霞支持史前绿松石就近取材，本地制作的观点[5]。

我国矿物学家章鸿钊早在几十年前就提出："欲详出土物之来源，当比较波斯甸子与襄阳甸子，或其余各地所产，以化学分析之所得为断，而不当仅以记载所详之先后为衡，今犹未能及此。"他认为产地来源仍需要通过科学的技术手段来判断。自21世纪初以来，国内的学者们开始尝试采用不同的测试技术研究出土绿松石器的谱学、矿物组成、微量元素、稀土元素及同位素地球化学特征，并结合现有产地的绿松石特点，对出土绿松石进行矿源研究。学者们集中对单个遗址或某个地区的部分遗址出土的绿松石制品进行了矿源的科技分析。遗址包括贾湖遗址[92,93]，二里头遗址[12,43]，山西襄汾陶寺、临汾下靳、定襄中霍3处先秦遗址[14]，齐家坪遗址和磨沟遗址[94]，湖北郧县和丹江口墓葬[11]及新疆东部的两处遗址[95,96]。

1) 贾湖遗址出土绿松石矿源研究

中国科学技术大学的学者们从不同角度探索了贾湖遗址出土绿松石的来源[92,93,97]。主要采用XRD、X射线荧光光谱仪、ICP-MS，并结合多元统计的方法，将贾湖遗址出土绿松石与湖北、陕西、安徽的绿松石进行对比，分析其围岩、主要成分、微量元素和稀土元素配分模式，发现贾湖遗址出土绿松石与这三地所产的绿松石存在明显差异。

2) 二里头遗址出土绿松石矿源研究

叶晓红等和先怡衡等分别对二里头遗址出土绿松石和部分现有矿点的绿松石进行了铜同位素和$^{87}Sr/^{86}Sr$同位素分析。基于与现有矿点数据的差异，分别对二里头遗址出土绿松石的来源作出了不同的判断。叶晓红等认为二里头遗址出土的绿松石(5件)来自云盖寺[12]。先怡衡等认为二里头遗址出土的绿松石与河南河口的绿松石关系密切[13]。同时，先怡衡等利用PXRF和LA-ICP-AES定量分析了陕西洛南河口、湖北竹山、河南淅川等5个不同产地绿松石样品的微量元素，建立了主成分分析(PCA)鉴别模型，结合Ba、V、U单元素的投图，尝试建立产地判别的方法[98,99]。

3) 襄汾陶寺、临汾下靳、定襄中霍3处遗址出土绿松石矿源研究

李延祥等收集了河南淅川，陕西白河、辣子崖及湖北喇嘛山、云盖寺5个矿点的36件绿松石样品，利用热电离质谱仪进行铅和锶同位素分析，并以此为基准数据，以$^{207}Pb/^{204}Pb$、$^{87}Sr/^{86}Sr$绘制散点图，对山西3处先秦遗址(襄汾陶寺、临汾下靳、定襄中霍)出土的22件绿松石制品进行矿源分析，结果显示这3处出土绿松石矿源均较复杂，襄汾陶寺遗址的大多数样品矿源未知[14]。

4）湖北出土绿松石矿源研究

佘玲珠等分析了湖北和安徽马鞍山绿松石拉曼光谱的差异，并与两件春秋战国时期郧县和丹江口墓葬中出土绿松石的拉曼光谱进行对比，探讨了拉曼光谱示踪古代绿松石产地的可行性[100]。通过对稀土元素和微量元素进行分析，佘玲珠等认为这两处墓葬出土的绿松石来自鄂西北一带的可能性最大[11]。

5）新疆东部出土绿松石矿源研究

先怡衡等利用 LA-ICP-AES 对新疆哈密巴里坤山北部的西沟墓地和吐鲁番盆地的加依墓地的两处遗址的出土绿松石进行成分研究，两处遗址出土的绿松石均以高硼低钡为特征，并利用主成分分析（PCA）方法对白河、郧县、洛南、竹山、淅川 5 地产出的绿松石建立了产地区分模型，发现这两处遗址出土绿松石的成分与鄂豫陕的相差较大，不太可能是来自鄂豫陕[95]。此外，新疆黑山岭和天湖东绿松石采矿遗址出土的绿松石也符合高硼低钡的特征，且年代与西沟遗址相近，因此西沟遗址出土的绿松石与新疆这两处绿松石采矿遗址关系更为密切[96]。

1.2.3　收获与问题

针对绿松石的矿源研究，国外学者起步较早，主要经历了研究微量元素和同位素两个阶段，20 世纪 70 年代至 20 世纪末，国外的学者一直关注微量元素，并进行了大量的研究，但结果却不理想。21 世纪以来学者开始采用同位素方法，其中氢和铜同位素虽然可有效地区分绿松石的产地，但学术界对该方法是否适用于出土绿松石的矿源研究一直存在质疑。一方面是因为氢和铜同位素组成会受蚀变的影响，影响结果的可靠性；另一方面学者认为该方法始终是描述性的，并没有结合绿松石的地质背景进行讨论。综合上述因素，Thibodeau 等利用铅和锶同位素在美国西南部及中美洲绿松石矿源研究中取得了突破性进展，结果显示墨西哥阿兹特克人和米克斯特克人所使用的绿松石不是通过美国西南部长途交换和远距离贸易获得的，而是来自中美洲本地，并可能就在墨西哥西部[89]。这一研究打破了学术界几十年来持有的"远距离贸易说"，为"本地论"提供了科学有力的证据。

近 20 年来，国内的学者也在不断探索，目前的研究技术主要借鉴了美国的铅和锶同位素方法，但现有的研究仍局限在将出土绿松石与少量矿点绿松石的铅和锶同位素匹配以找出矿源的层次上，产地信息零散、数据量不足，尚未取得突破。

笔者认为 Thibodeau 等研究的成功之处主要体现在两个方面：①结合地质背景讨论，考虑到古代采矿遗址可能已被破坏或溯源结果与已研究的矿点无法建立联系时，基于绿松石与成矿母岩之间铅和锶同位素的继承关系，仍有可能解决古代绿松石矿源研究问题；②在绿松石矿源研究问题上，跳出绿松石矿点在地理位置上的分布限制，提出"铅同位素省""矿区"的概念，不再将出土绿松石与某一个矿点进行匹配，而是采用更广阔的思路。

因此，在解决中国出土绿松石的矿源问题时，需要借鉴国外绿松石矿源研究的方法和思路，并结合中国绿松石的特点，从根源上找到准确的绿松石矿源示踪物，探索出具有中国特色的绿松石矿源研究技术。

1.3 研究内容与目标

1.3.1 研究对象

(1) 中国不同赋矿类型的典型现代矿点、古代开采遗址及矿化点的绿松石。

目前,中国绿松石资源主要分布于湖北、安徽、陕西、河南和新疆。根据赋矿类型可将绿松石矿分为沉积变质岩类型和岩浆岩类型,其中鄂豫陕和新疆矿区的绿松石矿均属于沉积变质岩类型,安徽马鞍山和铜陵的属于岩浆岩类型。

本书以中国不同赋矿类型的15个现代矿点的绿松石、古绿松石及矿化点绿松石为研究对象。鄂豫陕矿区产量最大,矿点分布最多,是先秦时期绿松石的主要产源地,因此是重点研究对象,包括湖北云盖寺、郧西、秦古、洞子沟、文峰、丫角山、喇叭山、陕西白河庙山寨、小东沟9个沉积变质岩型矿点。此外,古代开采遗址及矿化点样品的补充是先秦绿松石矿源研究的突破点。矿化点是指有绿松石形成,但含矿很少,现代没有开采价值的地段。绿松石的矿化点极有可能是先民就地就近的开采点,尤其是在新石器时代的中晚期。因此,本书研究对象涉及的古代绿松石矿点有陕西洛南河口遗址,河南卢氏拐峪,新疆天湖东遗址,淅川大石桥为绿松石的矿化点。另外,还包括以马鞍山、铜陵绿松石为代表的岩浆岩型绿松石。前文虽提及青海、云南、甘肃等地也有绿松石产出,但未在市场上流通,因此未将它们纳入本书的研究中。

(2) 绿松石矿源研究的技术。

结合宝石学、矿物学及地球化学等自然科学的分析方法,利用现代测试技术,建立一套系统完善的绿松石矿源研究技术,突破出土绿松石矿源研究的难题。

(3) 先秦出土的绿松石。

先秦出土的绿松石主要包括反山遗址、钟家港遗址、新地里遗址、皇坟头遗址、玉架山遗址、庄桥坟遗址在内的6个良渚文化遗址出土的绿松石,共40件样品;同时还有二里头遗址、盘龙城遗址、叶家山及乔家院墓地出土的共计91件样品。

1.3.2 研究内容

(1) 中国不同产地绿松石宝石矿物学特征研究。

系统研究各个矿点绿松石的外观特征(颜色、花纹、透明度等)、杂质矿物类型及组合特征、结构等,总结分析不同产地绿松石宝石学谱学及矿物特征差异,有助于初步确定绿松石的产地。

(2)不同产地绿松石地球化学特征研究。

系统研究各个产地绿松石的微量元素、稀土元素及锶同位素特征,总结各个产地绿松石地球化学特征差异。

(3)多元统计(LDA)分析方法在绿松石产地区分中的应用研究。

利用多元统计方法,依次建立新疆、鄂豫陕、安徽绿松石矿区,鄂豫陕南、中、北矿带,以及同一矿区或矿带不同矿点的判别模型,建立不同矿区、矿带和矿点绿松石的区分方法。

(4)出土绿松石的受沁特征研究。

出土绿松石经过几千年的埋藏,由于墓葬环境的影响以及绿松石疏松多孔的特点,出土绿松石的成分和结构可能在长时间的墓葬埋藏的侵蚀过程中受到影响,导致部分元素的流失或者外来元素的沁入,影响产地判别结果。因此,笔者在本书中将对出土绿松石是否有受沁及受沁程度进行评估,保证出土绿松石矿源研究结果的可靠性。

(5)先秦时期出土绿松石的矿源研究。

对先秦代表性遗址出土的绿松石进行研究,研究其产地特征,并与现代产地绿松石数据库对比,基于绿松石矿源研究的技术分析其产地来源,厘清绿松石的传播途径。

1.3.3 研究目标

结合绿松石的宝石学、矿物学、地球化学特征,对比绿松石的产地特征差异,找出能指示绿松石产地的关键特征,建立中国绿松石矿源研究方法,为构建新石器时期绿松石之路奠定研究基础。

(1)完善中国绿松石矿源信息数据库。包括各个产地绿松石样品的基本信息、宝石学特征、谱学特征、微量元素及同位素地球化学特征等。

(2)找出识别各个产地绿松石的指纹特征。对比分析各个产地绿松石的产出状态、颜色、矿物组合、结构构造、微量元素及同位素的差异,找出识别不同矿区、矿带或矿点绿松石的宝石学、矿物学及地球化学的关键指标。

(3)建立绿松石区分模型及溯源方法。利用LA-ICP-MS对绿松石的成分进行测试,获取微量元素数据,结合多元统计(LDA)分析方法建立绿松石产地判别模型。并结合不同产地绿松石宝石学、矿物学特征差异,建立识别不同产地绿松石的方法,将不同产地的绿松石进行有效区分。

(4)探索先秦时期出土绿松石的产地来源。以绿松石矿源研究结果为基础,厘清不同文化之间绿松石的交流与传播关系。

1.3.4 拟解决的关键科学问题

(1)不同地质背景绿松石微量元素富集的规律和差异性。
(2)出土绿松石矿源研究准确性的优化。
(3)出土绿松石在墓葬埋藏过程中的受沁机理。

1.4 研究方法及技术路线

1.4.1 研究方法

1. 野外调查及采样

根据地质资料对绿松石矿区进行实地调查,记录绿松石产出状态、赋存地层、围岩特征等,采集代表性的样品。

2. 实验测试法

采用基础宝石学测试方法、红外光谱(IR)、拉曼光谱(Raman)、扫描电子显微镜(SEM)、X射线粉晶衍射(XRD)等对各个产地的绿松石进行系统的宝石学、谱学、矿物学特征研究。

3. 地球化学法

对样品进行 LA-ICP-MS 测试,获取准确的微量元素及同位素数据,建立绿松石地球化学特征信息数据库,分析其微量元素及同位素地球化学特征,为矿源研究奠定基础。

4. 多元统计法

利用多元统计的方法(如因子分析、聚类分析、主成分分析等)建立产地判别模型,提高判别效率。

5. 对比分析法

将新石器时期出土绿松石的特征、测试数据与各矿点绿松石资料进行对比分析,确定新石器时期出土绿松石的来源。

6. 综合分析

综合各产地绿松石的宝石学、矿物学、地球化学特征建立绿松石产地区分的方法,结合考古学探讨新石器时期各地区绿松石的传播路线。

1.4.2　技术路线

本书的技术路线图如图1.2所示。

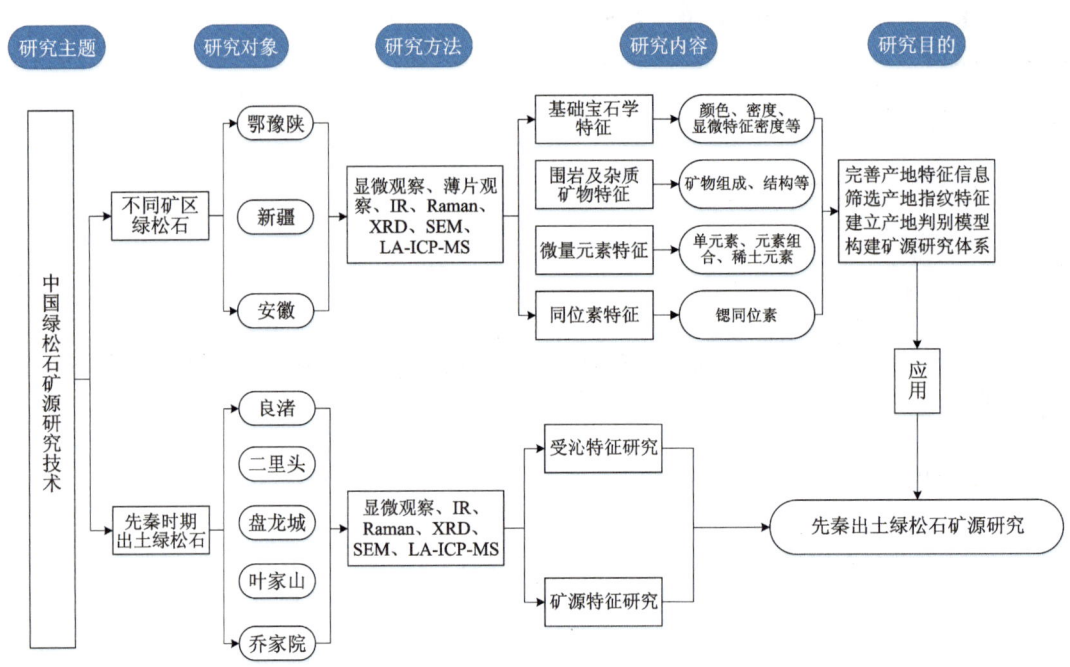

图1.2　技术路线图

第 2 章

中国不同产地绿松石成矿地质背景研究

2.1 鄂豫陕矿区

2.1.1 自然地理位置

鄂豫陕矿区位于中国中部地区,范围跨越湖北、河南、陕西三省,是我国最大的绿松石矿区。根据赋矿地层的差异,鄂豫陕矿区可划分为北带、中带、南带3个矿带。其中,陕西洛南的河口和河南卢氏拐峪为北矿带,河南淅川为中矿带,陕西白河及湖北十堰地区为南矿带。北矿带主要分布于河南驻马店-卢氏-陕西洛南一线,西起陕西商洛-河南卢氏一带,东至河南驻马店、漯河、平顶山等地;中矿带主要位于河南淅川-内乡一带;南矿带西起陕西旬阳-白河一带,东至湖北竹山地区。矿区西部以秦岭山地为主,东部为黄淮海冲积平原,整体地势西高东低(图2.1)。

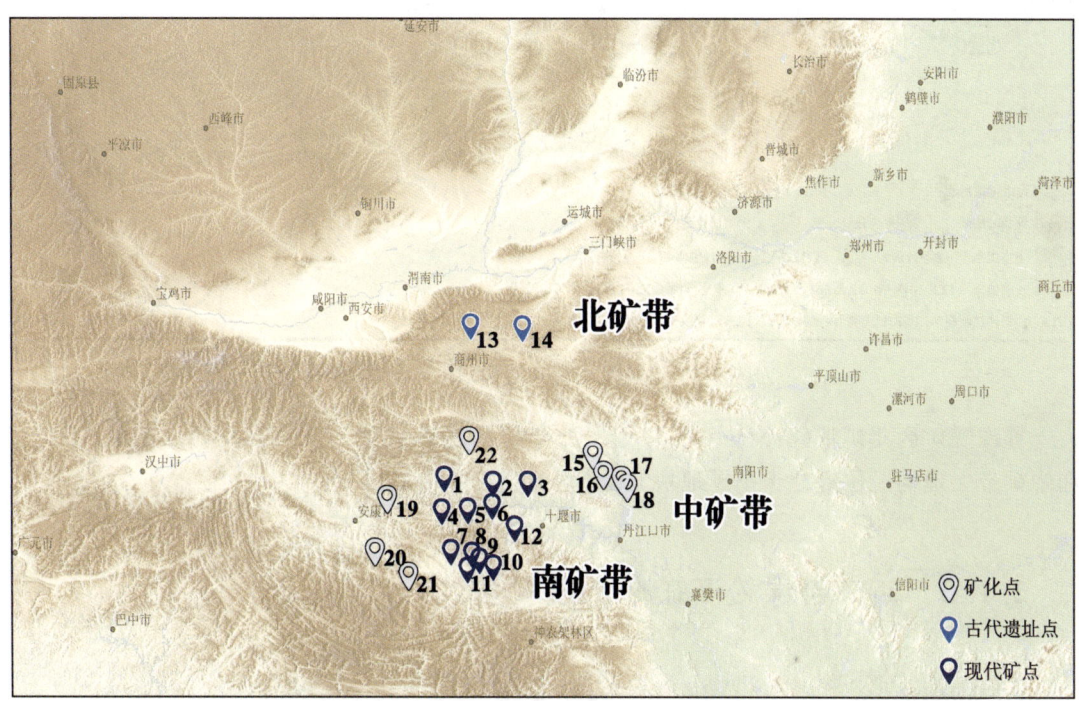

1—冷水镇;2—涧池;3—上阳坡;4—周家湾;5—庙山寨;6—云盖寺;7—秦古;8—喇嘛山;9—丫角山;10—文峰;11—洞子沟;12—火烧寺;13—河口;14—拐峪;15—大石桥;16—宋湾;17—云岗寺;18—小草峪;19—段家河;20—牛头寨;21—跛子湾;22—煤炭沟。

图2.1 鄂豫陕矿区绿松石矿点分布地理位置图

2.1.2 区域地质概况

鄂豫陕矿区位于秦岭造山带的东段。秦岭造山带是一个经历了多期、多阶段复杂演化最终形成的复合型大陆造山带[101],具有复杂的物质组成和结构构造,是中国华北与扬子两大陆块的分界线[102]。该造山带以商南-丹凤板块缝合带(简称南丹缝合带)为界,可分为北秦岭和南秦岭两个构造带。北秦岭经历了早古生代(加里东)造山作用,南秦岭经历了中生代(印支)造山作用[101]。秦岭造山带整体呈东西向狭长分布,区域大地构造主要为"三块两带"的格局,由北向南依次为华北地块南缘、商丹构造结合带、秦岭地块、勉略构造结合带、扬子地块北缘[103](图 2.2)。

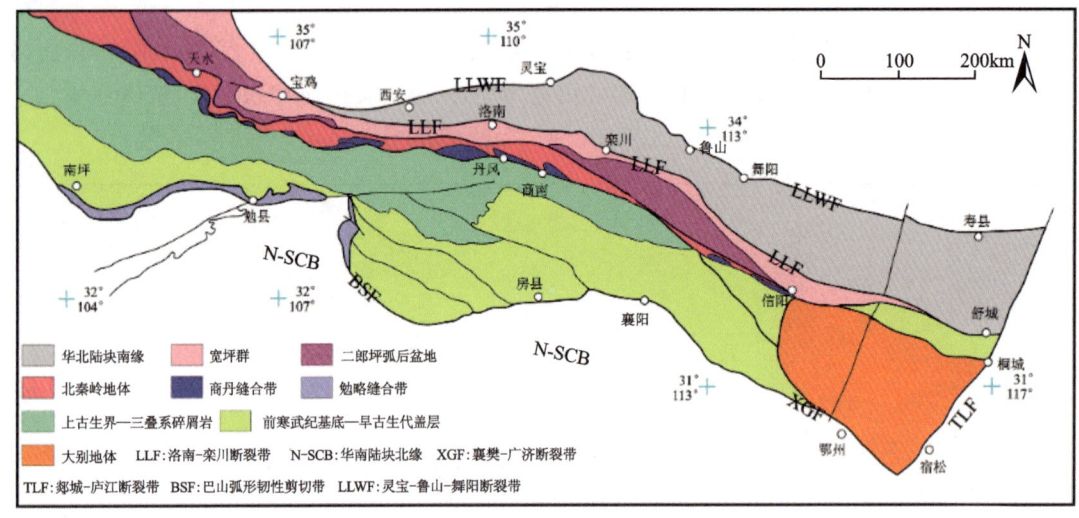

图 2.2 秦岭造山带构造简图[104](有修改)

鄂豫陕矿区北矿带(洛南-卢氏)位于华北陆块南缘褶皱带,南临洛南-栾川断裂;南矿带和中矿带大地构造位置处于扬子地块北缘,商丹缝合带以南。

2.1.3 南矿带绿松石矿床地质背景

1. 区域地层

南矿带的区域地层属于华南地层大区大巴山-大别山地层区的十堰-随州地层分区之武当地层小区[40]。南矿带出露的地层由老到新依次有南华系武当(岩)群和耀岭河组火山-陆源碎屑岩,震旦系江西沟组和霍河组碳硅质岩,碳酸盐岩夹黑色碎屑岩,寒武系—奥陶系杨家堡组、庄子沟组和竹山组碳硅质及陆源碎屑沉积组合、志留系大贵坪组和梅子垭组、白垩系寺沟组陆相碎屑岩[40]。

绿松石矿点主要赋存于寒武系庄子沟组的地层中[40]。庄子沟组主要为一套灰黑色碳质板岩、含碳硅质板岩夹粉砂质板岩及薄层状硅质岩,局部见磷、锰结核及重晶石条带或者团块[40]。庄子沟组的黑色岩系地层富含绿松石成矿所需的铜、磷、铁等必要元素[40],为绿松石成矿提供了物质来源,同时也是赋矿载体[39-40]。庄子沟组依据岩性变化可分为三段,绿松石矿体主要赋存于庄子沟组二段中。区内含绿松石矿建造以碳质泥质硅质板岩建造为主[40](图2.3)。

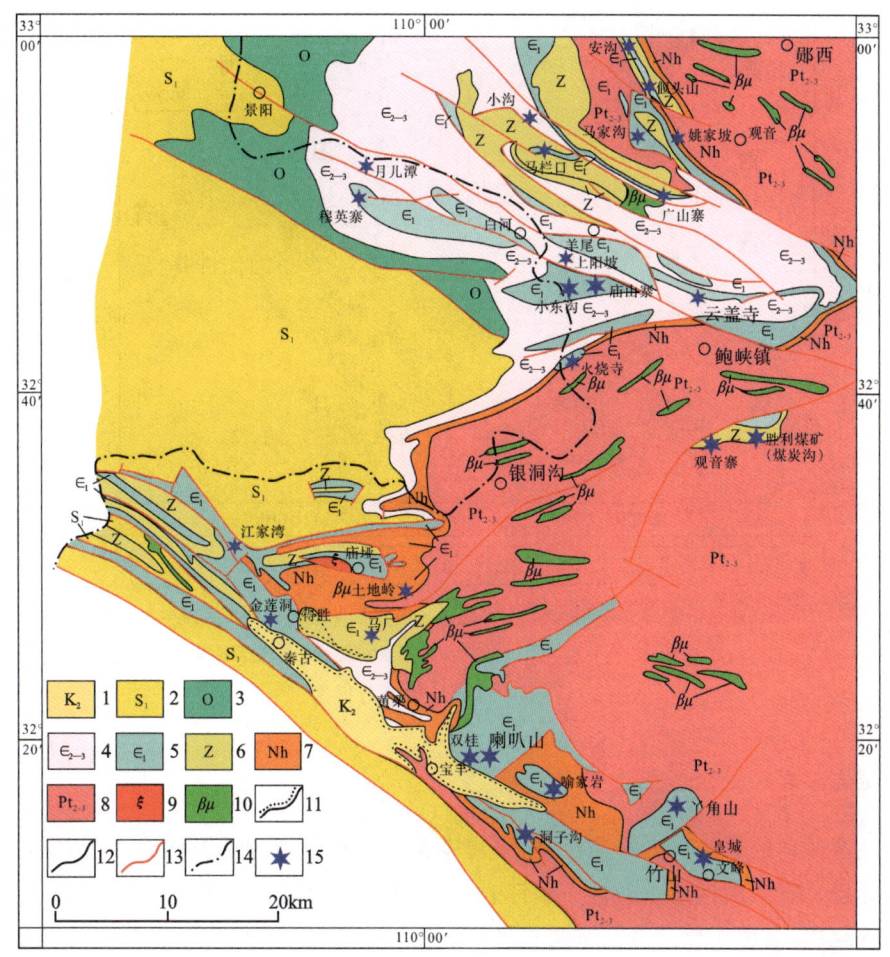

1—上白垩统;2—下志留统;3—奥陶系;4—中上寒武统;5—下寒武统;6—震旦系;7—南华系;8—中-新元古界;9—正长岩;10—辉绿岩;11—角度不整合地质界线;12—地质界线;13—断层;14—省界;15—绿松石矿点。

图2.3 鄂豫陕矿区南矿带地质简图[40](有修改)

2. 区域构造

南矿带断层及褶皱构造发育,断层以北西向为主,其次为北东向[40]。区内主控构造格架由两郧断裂(F_1)、白河公路断裂(F_2)、两竹断裂(F_3)、兵房街断裂(F_4)、青峰断裂(F_5)组成。

其中,两郧断裂、白河公路断裂、两竹断裂是南矿带绿松石矿床的重要控矿断裂构造。郧西、郧县、白河绿松石矿点均分布在两郧断裂以南(图2.4)。两郧断层主要形成于印支期—燕山期,走向为315°～290°[105]。其中,白河和郧县的绿松石矿床沿白河公路断裂两侧分布,而郧西绿松石矿点则分布在白河公路断裂以北、两郧断裂以南。白河公路断裂由多期次的构造运动形成,呈北西西向展布[105]。竹溪绿松石矿化点和竹山绿松石矿点则分布在两竹断裂附近。

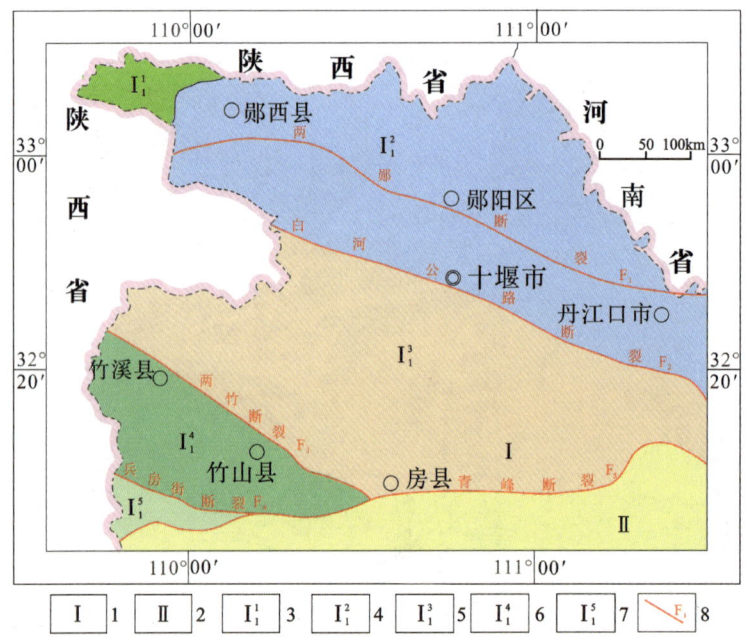

1—南秦岭造山带;2—扬子板块;3—湖北口—白亮被动陆缘;4—北武当构造亚带;
5—武当构造亚带;6—两竹裂谷带;7—兵房街陆缘斜坡;8—断裂及编号。

图2.4　南矿带大地构造分区图[105]

3. 区域岩浆岩

鄂西北区域内的岩浆岩分布广泛,主要集中在武当复背斜核部及西缘[105],侵入岩包括基性—超基性岩,中性、酸性及偏碱性—碱性岩类,其中以基性岩最为发育[105],主要为灰绿色—深灰色变辉绿岩,主要矿物组成为阳起石、绿泥石、长石等[40]。中性、酸性岩类较为少见[105]。

4. 绿松石产状

绿松石矿体分布于下寒武统庄子沟组地层中[40],矿区地层内部断裂、褶皱发育,同时叠加的节理、裂隙及层间破碎带等构造[39]有利于绿松石含矿溶液的迁移、沉积,为绿松石成矿提供了有利的条件。绿松石主要呈脉状、块状、板状、结核状、薄膜状等出露于构造裂隙中,具蜡状光泽、土状光泽等。绿松石矿体的围岩可见硅化、黄铁矿化、明矾化、磷酸盐化、绢云母化蚀变特征[40](图2.5)。

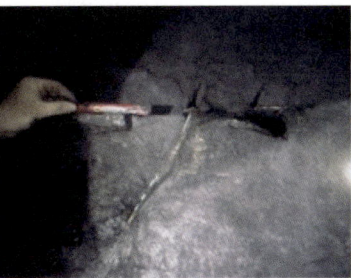

图 2.5　南矿带绿松石产出形态

2.1.4　中矿带绿松石矿床地质背景

1. 区域地层

中矿带的绿松石矿点位于河南淅川一带，属于扬子地块北缘。上覆地层为震旦系陡山沱组、灯影组和寒武系—石炭系等，分布在淅川断裂南侧；下伏地层主要为古元古界陡岭岩群大沟岩组、中元古界武当岩群上岩组、新元古界耀岭河组下岩段，分布在淅川断裂以北[106,107]。其中北部寒武系出露地层分别为下寒武统水沟口组、中寒武统岳家坪组和上寒武统蜈蚣丫组[106-107]。淅川大石桥矿点出露于下寒武统水沟口组，为一套含钒矿碳硅质—粉砂质泥岩建造，岩性为黑灰色含磷碳质硅质岩、白云岩、灰岩（图 2.6）。

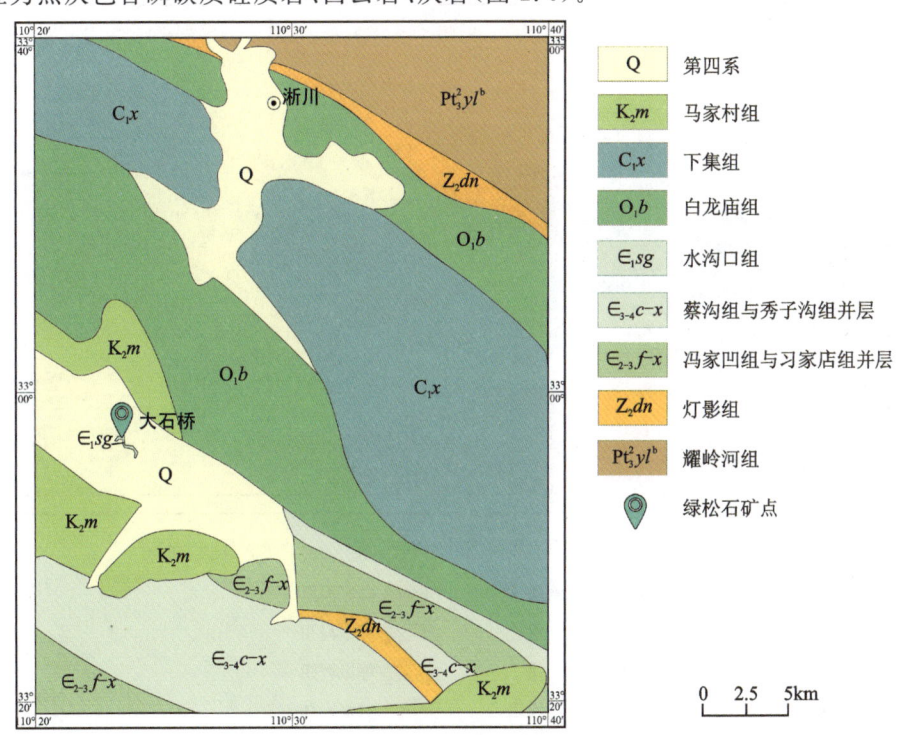

图 2.6　鄂豫陕矿区中矿带地质简图

2. 区域构造

区内主控构造格架由荆紫关-师岗复向斜及两翼的一系列次级小褶皱组成，近东西向的淅川断裂是区内的主要断裂构造，以大规模逆冲为界[106-107]。

3. 区域岩浆岩

区内侵入岩主要分布在淅川断裂带以北，以元古宙二长花岗岩和石英闪长岩类为主，分布在淅川与西峡之间；在蒲堂-毛堂一带还分布有燕山晚期斑岩、爆破角砾岩小岩体[106-107]。

2.1.5 北矿带绿松石矿床地质背景

1. 区域地层

北矿带区域地层属于华北地层区，北侧为晋冀鲁豫西地层分区，南侧则为秦祁昆地层区，南、北两侧以卢氏-栾川断裂为界划分。北侧地层分区分布于栾川断裂以北，基底由太古宙岩石构成，盖层由长城系熊耳群，蓟县系高山河群、官道口群，新元古界栾川群，震旦系罗圈组、东坡组，古生界寒武系辛集组、朱砂洞组、馒头组、张夏组、寒村组-下楼村组、陶湾群及以上地层组成。区内黑色岩系地层分布在北侧的晋冀鲁豫西地层分区内，主要出露煤窑沟组、白术沟组等（图2.7），该地层与绿松石成矿有关。白术沟组地层主体为一套浅海相陆源碎屑岩-

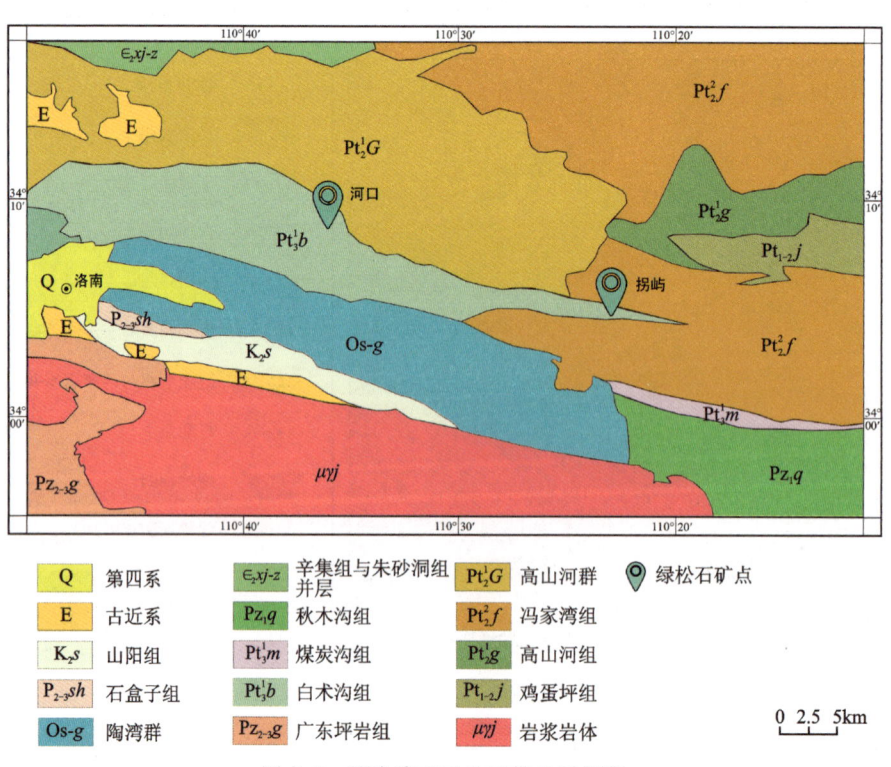

图2.7 鄂豫陕矿区北矿带地质简图

碳酸盐岩沉积建造,主要岩性为灰黑色碳质板岩,上部有少量灰色绢云母石英板岩。煤窑沟组主要分布于华北地台南缘,为变质细砂岩、片岩、大理岩互层,上部以含叠层石白云质大理岩为主,夹片岩、碳质板岩和石煤,中部主要为白云石大理岩,下部为石英岩夹千枚岩[108]。

2. 区域构造

区域内主要构造断裂从北到南有马超营断裂、赵村-拐河断裂、栾川断裂,黑色岩系主要受马超营断裂控制,主要褶皱有仙河-民湾向斜、唐岭背斜、楼房村-梧桐倒转背斜、铜花草向斜、庄沟背斜及刘家沟背斜。

3. 区域岩浆岩

栾川断裂带北侧地区岩浆侵入活动较弱,以酸性岩和中性岩类为主,并以栾川断裂为界划分为北侧的伏牛山岩浆岩亚带和南侧的二郎坪岩浆岩亚带。区内火山岩不发育,岩性以粗面质火山熔岩为主,主要分布在栾川群大红口组中。其中,对区内黑色岩系影响较大的岩体主要为八宝山岩体、夜成长坪岩体等。

2.2 新疆天湖东

2.2.1 自然地理位置

哈密天湖东绿松石矿区位于中国西北地区新疆天山哈密地区,距离哈密市南东直线距离约180km。矿区中心地理坐标为:北纬41°36′07″,东经94°36′03″。矿区在天湖火车站北东东方向20km处,天湖铁矿在矿区西北方向约8km,向北距G30国道约30km,从哈密市通过国道经简易公路可达矿区,交通较为便利。矿区地处新疆北山山脉戈壁荒漠剥蚀丘陵区,地形起伏不大,山脉总体走向呈北东-南西向,局部东西向展布,区内海拔1186～1444m,属典型的大陆型极端干旱气候类型。

2.2.2 区域地质背景

天湖东绿松石矿处于那拉提-红柳河结合带西侧的中天山多期复合陆缘岩浆弧南缘,毗邻北山北带早古生代裂谷。区内发育多期构造-岩浆活动,侵入岩发育,地层变形强烈。

1. 区域地层特征

区域上地层单元隶属塔里木地层大区塔北缘-北山地层区的北山地层分区,主要出露地层有元古宇天湖岩群、寒武系破城山组、下志留统黑尖山组、蓟县系平头山组、下二叠统双堡堂组、上二叠统红岩井组、中—上更新统洪积物及更新统冲洪积物,地层整体呈东西向展布。矿区主要在寒武系破城山组中产出(图2.8)。寒武系破城山组($\in p$),依据岩石组合大致可分为上、下两个岩性段。下段主要为一套硅质岩夹碳酸盐岩的岩石组合,岩性主要为浅灰色—灰色片理化硅质岩及灰色—深灰色硅质岩夹灰白色—浅灰色片理化结晶灰岩,底部以硅质岩为主。上段主要为一套细碎屑岩夹碳酸盐岩及硅质板岩、硅质岩的岩石组合,岩性主要为灰色片理化粉砂岩夹灰色薄层粉砂质页岩、灰褐色钙质粉砂岩、深灰色硅质岩及少量浅灰黄色硅化结晶灰岩。硅质板岩中有黄铁矿化和褐铁矿化出现。该组受到两期褶皱挤压作用,又受到后期断裂影响,地层挤压变形强烈。

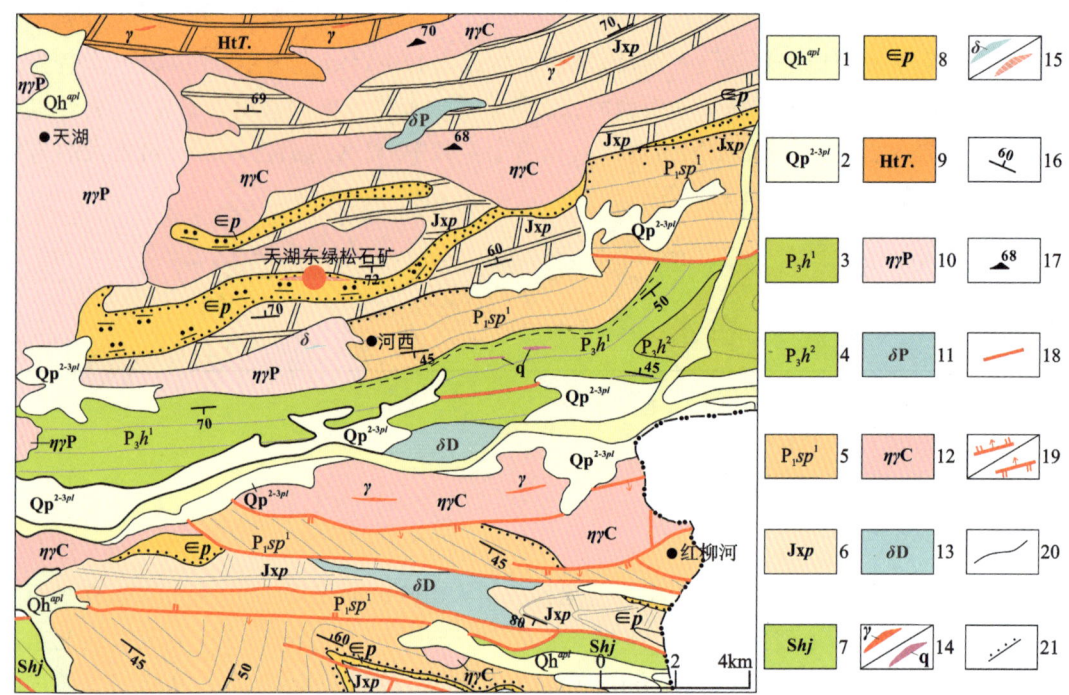

1—更新统冲洪积物;2—中上更新统洪积物;3—上二叠统红岩井组下段;4—上二叠统红岩井组上段;5—下二叠统双堡堂组一段;6—蓟县系平头山组;7—下志留统黑尖山组;8—寒武系破城山组;9—元古宇天湖岩群;10—二叠纪二长花岗岩;11—二叠纪闪长岩;12—石炭纪二长花岗岩;13—泥盆纪闪长岩;14—花岗岩岩脉/石英脉;15—闪长岩脉/矿化带;16—产状;17—侵入岩流动构造产状;18—断层;19—正断层/逆断层;20—界线;21—不整合界线。

图2.8 天湖东绿松石矿一带区域地质略图

2. 区域岩浆岩特征

区域岩浆岩活动频繁,火山-沉积岩不发育,主要为海西期中酸性岩浆岩,发育大量石炭纪和二叠纪侵入体,有少量泥盆纪侵入体。岩石类型主要有二长花岗岩及闪长岩,岩体多呈带状或岩株状,有少量呈脉状分布的花岗岩、石英脉。岩浆岩整体呈北西西—近东西向展布。岩浆岩形成次序为泥盆纪闪长岩(δD)→石炭纪二长花岗岩($\eta\gamma C$)→二叠纪闪长岩(δP)→二叠纪二长花岗岩($\eta\gamma P$)。

3. 区域构造特征

区域大地构造位置属塔里木板块库鲁克塔格-星星峡大陆碰撞带尖山子隆起中部[109]，呈北东东向延伸分布于尖山子大断裂与红柳河深大断裂之间。

矿区构造以区域性东西向尖山子大断裂和红柳河大断裂中间的矿床及变质岩层（走向NE60°～75°）的单斜构造为骨架[110]，两者具有长期活动的特点，控制着区内地层展布以及区内构造和岩浆活动。矿区地层构造在表现形式上均以层间纵向断层为主[110]，呈北东向、北东东向延伸，少数近南北向，并伴随多组次级断裂，个别为环形断裂构造，反映了多期次构造活动特征。

4. 区域变质特征

区内热力接触变质作用主要是岩浆岩与围岩接触，围岩以发生变质结晶、重结晶作用为主要特征。按有无交代作用的发生，区内热力接触变质作用可划分为热接触变质作用及接触交代变质作用两类。经热接触变质作用，岩石组合为绿帘石角岩、角岩化细砂岩、碳酸盐化角岩化石英砂岩等；经接触交代变质作用，岩石组合为条带状夕卡岩化大理岩、硅化夕卡岩化含绿帘石大理岩等。

2.2.3 矿区特征

天湖东绿松石矿区赋矿地层为寒武系破城山组，绿松石主要赋存于中厚层石英岩中（图2.9），风化面呈黄褐色，新鲜面为灰白色，石英含量在90%左右，不规则断口，具有油脂光

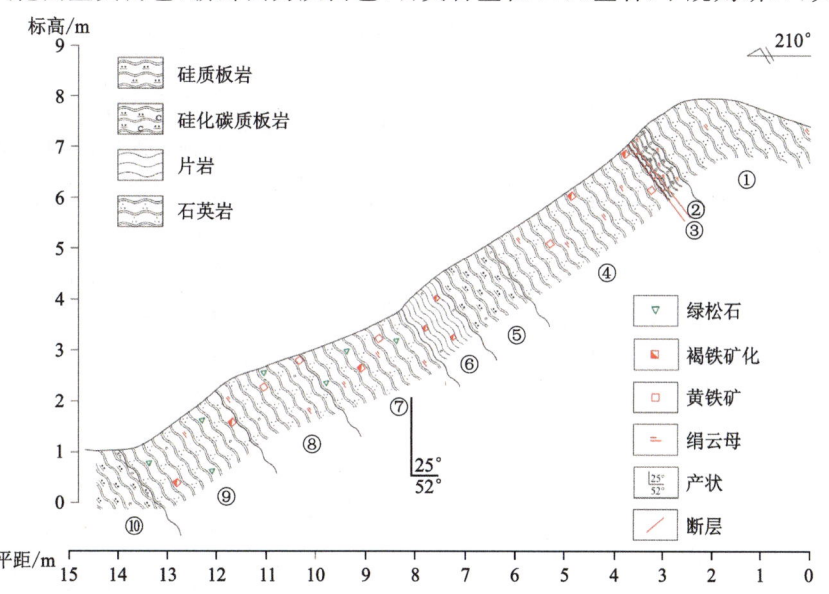

1—硅质板岩；2—硅化碳质板岩；3—片岩；4—石英岩；5—绿松石/褐铁矿化；6—黄铁矿/绢云母；7—产状/断层。

图2.9 天湖东绿松石剖面实测图

泽,细粒结构,分选中等,磨圆中等,明显可见 0.5～5cm 不等的层理,裂隙中有褐铁矿化充填。碳质页岩风化面呈土黑色,新鲜面为黑色,泥质结构,发育层理,碎屑成分主要为泥质、黏土矿物,含碳质(表 2.1)。

表 2.1 哈密天湖东绿松石矿区剖面岩石特征

层号	编号	颜色	室内定名	特殊矿物	备注
1	HMWY-1	灰色	石英岩	铁质 0.2%,绢(白)云母 0.2%,黄钾铁矾 0.1%	岩石受构造作用,裂隙发育,裂隙定向分布,裂隙内充填黄钾铁矾及泥质,泥质已重结晶为白云母,分布于岩石裂隙中
2	HMWY-2-1	灰色	硅化碳质板岩	绢(白)云母 25%,碳质 5%	岩石受构造作用,裂隙发育,被次生石英和白云母充填。该岩石原岩为碳质页岩,低级变质,最后发生硅化
3	HMWY-2-2	灰色	碎裂石英岩	铁质 2%,泥质 2%,绢(白)云母<1%,碳质 0.2%	岩石受构造作用发生碎裂,裂隙发育,原岩分割成大小不等的碎块,相邻碎块可拼接,裂隙内有铁质、泥质及碳质充填,呈不规则状分布
4	HMWY-3	灰色	石英岩	褐铁矿 0.2%,绢(白)云母 0.2%,黄铁矿 0.1%	岩石受构造作用,裂隙发育,裂隙内充填石英、褐铁矿及绢云母
4	HMWY-4	灰色	石英岩	绢(白)云母 0.2%,黄铁矿 0.2%,褐铁矿 0.1%	岩石受构造作用,裂隙发育,被铁质和细粒石英充填
4	HMWY-5	灰色	石英岩	绢(白)云母 0.2%,黄钾铁矾 1%	岩石受构造作用,裂隙发育,裂隙内充填铁质、黄钾铁矾及绢云母,定向分布
5	HMWY-6	灰黑色	硅质板岩	黄钾铁矾 15%,碳质 5%	黏土矿物呈显微鳞片状,被碳质渲染,镜下不易区分,呈条带状定向分布

续表 2.1

层号	编号	颜色	室内定名	特殊矿物	备注
6	HMWY-7	灰黑色	片岩	褐铁矿5%,黄钾铁矾6%,碳质5%	碳质、铁质呈隐晶状,相互混杂,呈网脉状分布于白云母、石英颗粒间,杂乱分布
7	HMWY-8	灰褐色	石英岩	黄铁矿<0.1%,褐铁矿<1%,绢(白)云母0.2%	岩石孔洞发育,部分褐铁矿、石英呈栉节状分布
8	HMWY-9	灰色和灰白色	石英岩	绢(白)云母<5%,黄铁矿0.5%,碳质0.2%	碳质呈质点状,不均匀定向分布,岩石呈层理构造
9	HMWY-10	灰褐色	石英岩	绢(白)云母8%,褐铁矿0.2%,碳质<1%	岩石受构造作用,裂隙发育,被铁质、碳质及泥质充填,碳质呈质点状,零散定向分布

2.3　安徽矿区

2.3.1　区域地质概况

安徽绿松石矿区地处长江中下游成矿带内,大地构造位置上位于华北板块和秦岭-大别山造山带南侧,扬子板块北缘,北西方向有襄樊-广济断裂和郯城-庐江断裂,南东有阳新-常州断裂[111](图2.10)。区内主要出露地层为震旦纪—侏罗纪沉积地层,零星出露前震旦纪沉积变质岩[112]。区内构造特征复杂、岩浆-成矿作用强烈,形成了断隆区和断凹区的次级构造格局,构成了7个矿集区,发育有200余处铁、铜、金等多金属矿床[113],并同时形成了多个火山盆地[114]。马鞍山绿松石矿点分布在宁芜盆地,其中笔架山绿松石矿位于马鞍山市花山区霍里镇。铜陵绿松石样品的采矿点位于铜陵市枞阳县障岩与鹿狮口之间,区域上属于庐枞盆地内。宁芜盆地和庐枞盆地均位于郯城-庐江断裂带东侧,是典型的火山断陷盆地(断凹区)[113]。

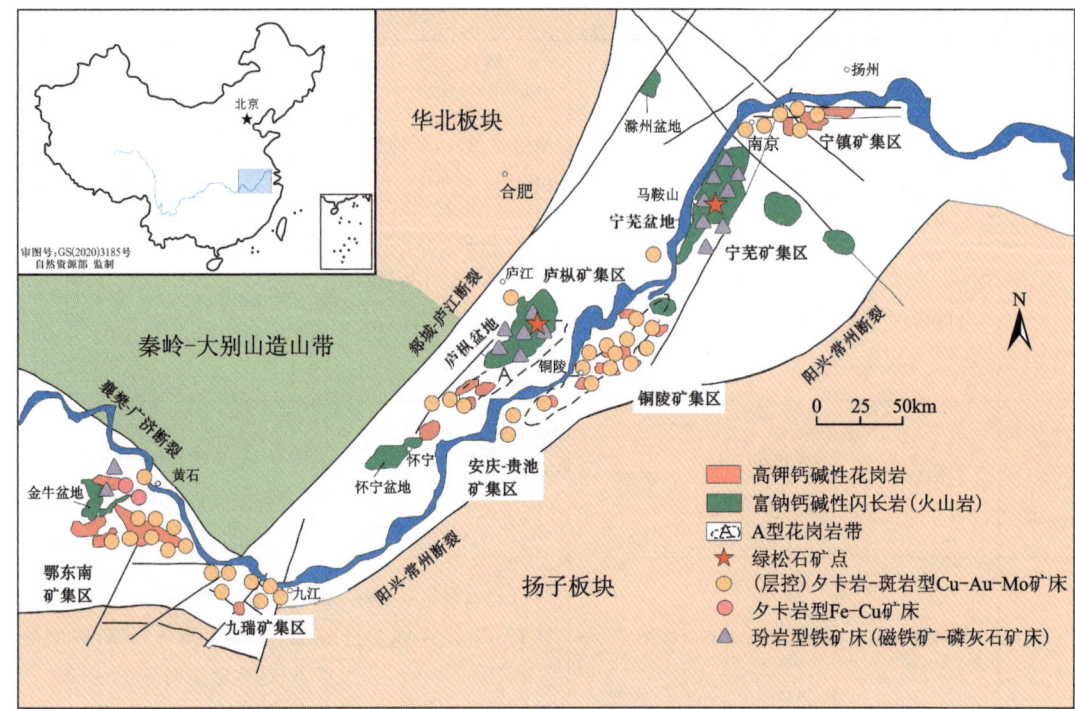

图 2.10 长江中下游多金属成矿带矿产分布简图[111](有修改)

2.3.2 笔架山绿松石矿床地质背景

1. 地层和构造

笔架山绿松石矿带位于宁芜盆地中段,处于扬子地层区的下扬子地层分区的芜湖-石台地层小区,由北至南依次分布有笔架山、殿安山-丁山-大黄山、董洱、超山-雨山矿点(图2.11)。区内断裂和褶皱构造发育,主要由印支期和燕山期的造山运动形成。绿松石矿床分布在笔架山、奥山铁矿、尚桥铁矿和黄梅山铁矿玢岩型铁矿床附近,属于铁矿伴生矿床[62]。

宁芜盆地内出露的地层主要有三叠系、侏罗系、白垩系和第四系[62]。盆地边部出露的碎屑岩地层由下三叠统黄马青组、上三叠统范家塘组、下侏罗统磨山组、中侏罗统罗岭组等构成,盆地中部发育的火山岩依次为上侏罗统龙王山组,下白垩统大王山组、姑山组和上侏罗统娘娘山组4组火山旋回,各组火山旋回经历了爆发→溢流→火山沉积的演化过程[62]。第四系主要为一套残积、坡积、洪积、冲击相沉积物[62]。

与笔架山绿松石相关的地层为第四系和下白垩统大王山组。大王山组可分为上段、中段和下段,上段主要岩性为火山凝灰岩、凝灰质粉砂岩,中段为火山安山岩,下段为安山质粗角砾岩、火山凝灰岩夹集块岩。绿松石主要出露于大王山组中段的安山岩中[62]。第四系主要为棕红色、棕黄色、灰黄色的粉砂岩至粗砂岩[62]。笔架山矿区内未见大断裂构造,小型节理裂隙发育,节理裂隙延北西向发育,长数米至十几米[62]。

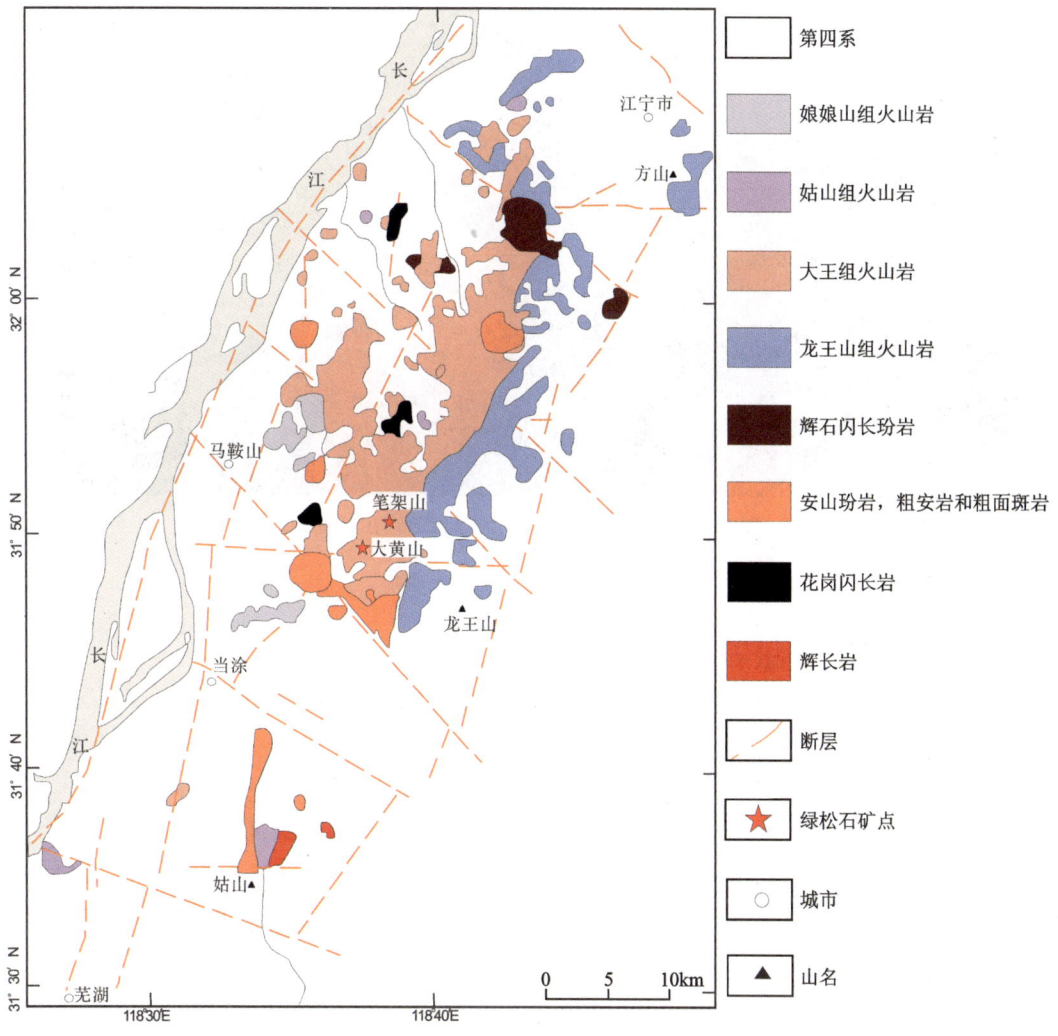

图 2.11 马鞍山绿松石矿带地质简图[49](有修改)

2. 岩浆岩

笔架山绿松石矿区岩浆岩为大王山旋回的(辉石)闪长玢岩和花岗闪长岩[62]。(辉石)闪长玢岩风化后呈灰白色,(变余)斑状结构,块状构造。花岗闪长岩为斑状结构,块状构造[62]。

3. 绿松石产状

绿松石矿体主要赋存于氧化带中的蚀变磁铁矿脉和闪长玢岩的节理裂隙带中[62],绿松石呈脉状、结核状、块状和磷灰石假象产出。另外,在地表也有片状和块状绿松石零星出露(图 2.12)。围岩主要为土黄色或灰白色,土状光泽;绿松石颜色可见天蓝色、蓝绿色及蓝白色等,蜡状光泽。

图 2.12 笔架山绿松石矿区绿松石产出特征

2.3.3 铜陵绿松石矿床地质背景

1. 地层

铜陵绿松石矿点位于庐枞盆地中南部的马口铁矿附近,区域地层属扬子地层区下扬子地层分区和县-安庆地层小区(图 2.13)。庐枞火山岩盆地外围北部盛桥-东顾山地区主要出露地层为寒武系—奥陶系碳酸盐岩及碎屑岩。盆地内部主要由早白垩世陆相火山岩覆盖,自下而上分别为龙门院组、砖桥组、双庙组和浮山组[112]。

马口铁矿区出露的地层以双庙组玄武粗安质火山岩和第四系残坡积物为主。双庙组火山岩地层与下伏砖桥组呈不整合接触,以粗面玄武质火山岩、粗安质火山岩、粗面质火山岩为主[115],可分为 3 段:下段主要为紫红色粉砂岩(含钙质结核)、凝灰质粉砂岩、凝灰角砾岩、集块岩;中段主要为灰色粗面玄武岩、紫红色凝灰质粉砂岩、含角砾粗面玄武岩、粗面玄武质角砾熔岩、粗面岩,局部夹橄榄粗面玄武岩;上段主要为灰黑色粗面玄武岩、玄武粗安岩,夹凝灰质粉砂岩[115]。

2. 构造

庐枞盆地内的构造格架受长江中下游地区在印支期—燕山期发生强烈地壳运动后形成的构造格局和燕山期强烈的火山-岩浆活动共同控制,断裂活动是区域内的主要构造活动[116]。庐枞盆地被 4 组大断裂所控制,构造线以北东-南西及北西-南东方向为主,北北西-南南东方向次之,基底为一坳断型构造[116]。盆地内火山岩地层中的褶皱构造不发育,规模很小。火山构造较多,有破火山口、层状火山残余、穹隆状火山、侵出穹隆、岩颈、火山口、爆发岩筒、火山穹隆及裂隙喷发带等[116]。

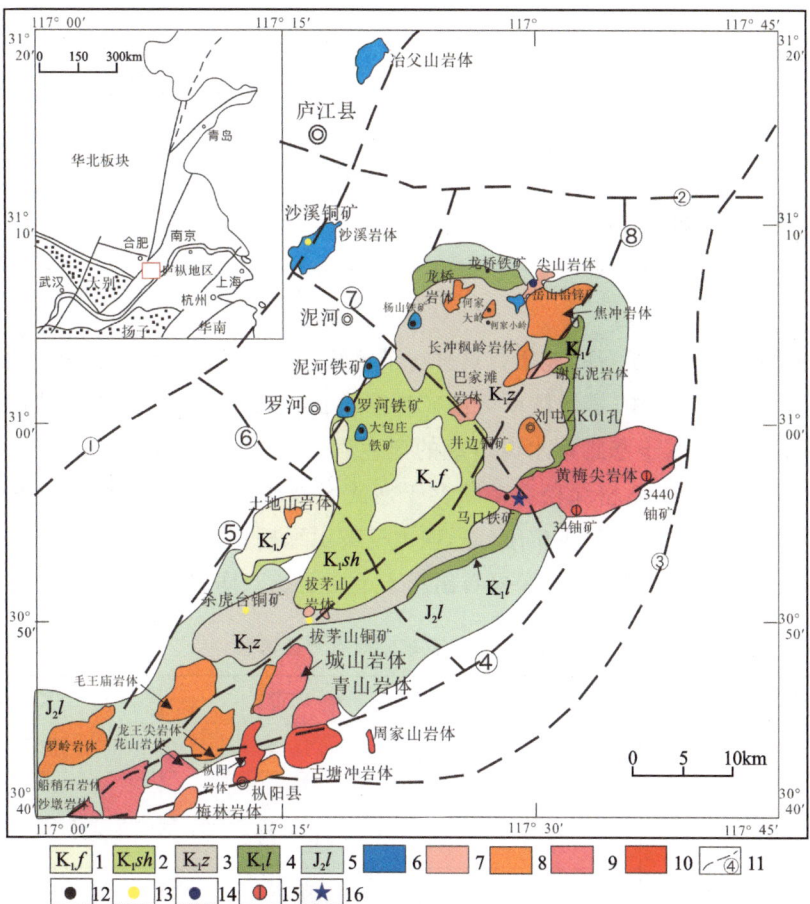

1—早白垩世浮山旋回;2—早白垩世双庙旋回;3—早白垩世砖桥旋回;4—早白垩世龙门院旋回;5—中侏罗统罗岭组;6—闪长岩类;7—二长岩类;8—碱性正长岩类;9—具A型花岗岩特征的正长岩类;10—钾长花岗岩类(具有A型花岗岩特征);11—推测的基底断裂及编号;12—铁矿床;13—铜矿床;14—铅锌矿床;15—铀矿床;16—绿松石矿。①—滁河断裂;②—庐江-皇姑闸-铜陵拆离断层;③—沿江断裂带;④—陶家湾-施家湾断裂;⑤—罗河-缺口断裂;⑥—义津-陶家巷断裂;⑦—塘家园-砖桥断裂;⑧—枞阳-黄屯断裂。

图2.13 庐枞地区绿松石矿床地质略图[117-118](有修改)

3. 岩浆岩

庐枞盆地是一个中生代形成的断陷式陆相火山岩盆地,伴随着燕山期的构造活动,庐枞地区有着强烈的火山喷发和岩浆侵入作用,并形成了一套橄榄粗安质岩石[116]。火山岩层呈半环形,由老到新,从盆地北、东和南部向盆地西部及中心地区依次分布。每一个火山旋回均以爆发相开始,溢流相逐渐增多,以火山沉积相结束[116]。

庐枞盆地中生代岩浆的侵入活动主要集中在早白垩世,活动起止时间为134～124Ma,大量的侵入岩岩体分布在盆地内部及其周边地区,单个岩体出露面积介于0.1～50km²之间,可分为早晚两期,早期主要为二长岩和闪长岩类;晚期侵入岩又可分为正长岩类和A型花岗岩[116]。马口铁矿是与正长岩类侵入岩有关的氧化物-铜-金（铀）矿床，矿石发育磷灰石-阳起石-磁铁矿矿物组合，与宁芜"玢岩型铁矿床"十分相似，与成矿有关的岩浆岩是正长岩—花岗岩类岩石，而宁芜"玢岩型铁矿床"与成矿有关的岩浆岩是（辉石）闪长玢岩或闪长岩[118]。

2.4 本章小结

本章对中国各产地绿松石的地质背景进行了系统的梳理（表2.2）。沉积变质岩型绿松石赋矿载体为黑色岩系。其中，鄂豫陕矿区南矿带绿松石矿赋存于庄子沟组的碳质泥质硅质板岩中，中矿带绿松石出露于寒武系水沟口组的黑色岩系中，北矿带绿松石出露于寒武系白术沟组和黑色碳质板岩中。哈密绿松石矿赋存于寒武系破城山组的硅质岩中。安徽绿松石矿成因与岩浆岩相关，属于铁矿伴生矿床。马鞍山笔架山绿松石出露于下白垩统大王山组火山安山岩中，根据地理位置推测，铜陵绿松石出露于下白垩统双庙组。

表2.2 绿松石矿床地质背景信息

赋矿类型	矿区	矿带	赋矿地层
沉积变质岩型	鄂豫陕	南矿带	庄子沟组
		中矿带	水沟口组
		北矿带	白术沟组
	新疆	哈密	破城山组
岩浆岩型	安徽	马鞍山	大王山组
		铜陵	双庙组

第 3 章

中国不同产地绿松石宝石学及矿物学特征研究

不同赋矿类型、矿区、矿带和矿点的绿松石,由于其成矿母岩、成矿条件、赋存环境的差异,具备不同的产地特征,主要表现在围岩、杂质矿物、颜色、结构、构造等方面。绿松石的产地特征不仅对鉴别和区分绿松石的产地具有重要作用,同时也是出土绿松石矿源研究的关键。

岩浆岩型与沉积变质岩型绿松石的产地特征差异较为明显,容易区分。沉积变质岩型绿松石围岩多呈黑色,鄂豫陕矿区绿松石赋存于黑色岩系中,含有较多的碳质。如湖北所产的绿松石以常伴有黑色的铁线(图3.1A)为特征。若铁线细且分布均匀,可形成较为美观特殊的图案,称为"蛛网纹""水草纹"(图3.1B);若颜色为深蓝色,铁线细而均匀且呈网脉状分布,则可称为"乌兰花"(图3.1C),是极为罕见且珍贵的品种。而岩浆岩型绿松石则不具备这种特征(图3.1D、E),如安徽马鞍山绿松石赋存于闪长玢岩中,其围岩常呈土黄色。带有黑色围岩或铁线是沉积变质岩型绿松石的典型特征,因此可以作为产地区分的证据之一。

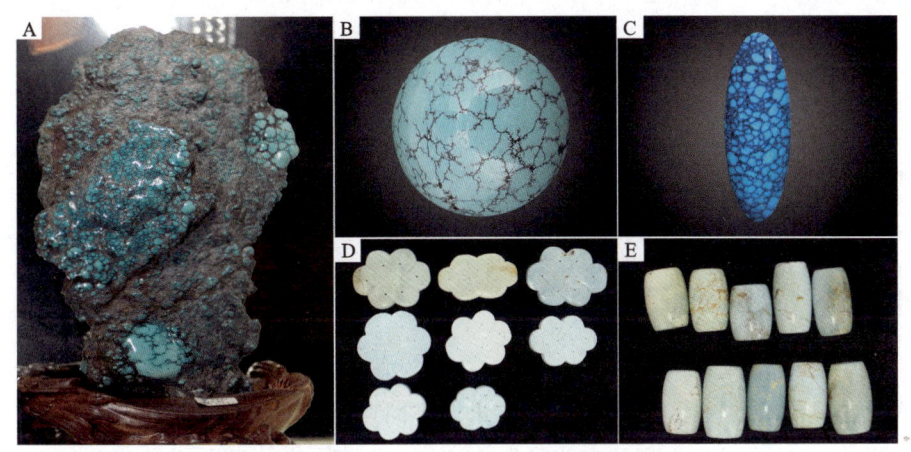

图 3.1 岩浆岩型和沉积变质岩型绿松石
A:湖北带黑色围岩和铁线的绿松石;B:"水草纹"绿松石;C:"乌兰花"绿松石;D和E:安徽绿松石

先秦时期出土的绿松石中也常见带黑色围岩或铁线的绿松石制品(图3.2),文献中常描述为黑色"石皮"或"石纹"。如北方地区的东山嘴遗址、胡头沟遗址、牛河梁遗址,仰韶文化的龙岗寺遗址,黄河上游的宗日遗址,大汶口文化的王因遗址、大溪遗址、凌家滩遗址,山西临汾下靳墓地,河南西峡老坟岗等出土的绿松石制品均具有一面是绿松石,一面为黑色石皮的特征。黑色石皮和黑色铁线属沉积变质岩型而非岩浆岩型的特征,据此可确定这些遗址出土绿松石均属沉积变质岩型,可初步排除其产地与安徽绿松石产地相关。因此,带黑色石皮这一特征对判断出土绿松石的产地也具有重要价值。

目前,针对中国不同产地绿松石的研究,主要集中于单独的某一矿点或其中的部分产地特征,存在绿松石产地样品不全面,产地特征信息零散,研究不完善、不系统的问题。因此,本章拟从宝石学和矿物学角度出发,全面系统地对中国各个产地绿松石在围岩、微观特征、颜色、结构、矿物组成等方面的特征进行研究,科学提取各个矿点绿松石的产地特征信息,形成中国绿松石产地特征数据库的基础资料,为解决宝石学领域所关注的绿松石产地鉴别,以及考古学领域所关注的出土绿松石的矿源研究奠定扎实的基础。

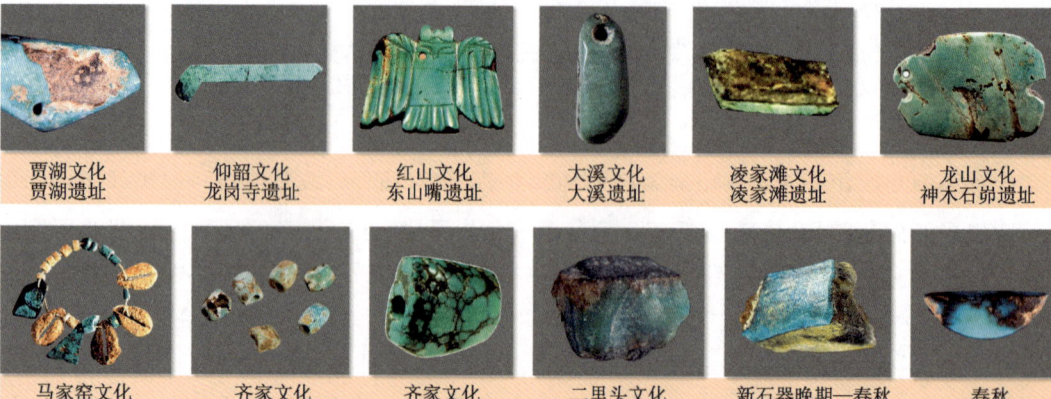

图 3.2 先秦时期带有黑色石皮和石纹的出土绿松石制品

3.1 实验样品及方法

3.1.1 实验样品及来源

选取来自现代矿点、古代开采遗址和矿化点不同形态、颜色及质地的代表性绿松石样品进行分析测试,所有样品均为野外实地采集,产地来源可靠,为 A 类样品。现代矿点主要包括湖北竹山喇叭山、文峰,陕西白河庙山寨、小东沟,安徽笔架山、铜陵。古代矿点包括河南卢氏拐峪、陕西洛南河口、新疆哈密天湖东 3 个古代开采遗址,此外将河南淅川矿化点也纳入研究。分析样品共计 663 件,详情见表 3.1。

表 3.1 实验样品信息

赋矿类型	矿区	矿带	矿点	样品数/件	类型	样品来源
沉积变质岩型	鄂豫陕	南矿带	喇叭山	80	现代矿点	实地采样
			文峰	94		
			庙山寨	96		
			小东沟	102		
		中矿带	淅川	64	矿化点	实地采样
		北矿带	河口	62	古代遗址点	实地采样
			拐峪	42		
	新疆	哈密	天湖东	43	古代遗址点	实地采样

续表 3.1

赋矿类型	矿区	矿带	矿点	样品数/件	类型	样品来源
岩浆岩型	安徽	马鞍山	笔架山	65	现代矿点	实地采样
		铜陵	铜陵	15		
合计:				663		

3.1.2 实验方法及测试条件

1. 基础宝石学测试

采用电子天平、静水称重法和紫外灯(长波 365nm,短波 254nm)等记录样品质量、相对密度、荧光等基本信息,利用 Leica M205A 高分辨体式显微成像系统对样品进行观察并拍照,记录绿松石的显微特征及杂质矿物特征。

2. 岩石薄片观察

将不同产地的绿松石围岩制成标准的光薄片,利用 Nikon E600 研究级偏光显微镜在单偏光下和正交偏光下对薄片进行观察,记录围岩薄片的镜下特征。

3. 显微激光拉曼光谱

测试仪器为 Bruker Senterra R200L 激光拉曼光谱仪和 HORIBA LabRAM HR Evolution 显微共聚焦拉曼光谱仪。Bruker Senterra R200L 激光拉曼光谱仪的测试条件为:激光器 532nm,测量范围 $45\sim4450cm^{-1}$,光斑 $50\mu m$,分辨率 $9\sim12cm^{-1}$,积分时间、积分次数、激光能量均根据样品的测试情况进行调整。HORIBA LabRAM HR Evolution 显微共聚焦拉曼光谱仪的测试条件为:激光器 532nm,功率衰减片 100%,光栅 600(500nm),测量范围 $100\sim4000cm^{-1}$,采集时间 5s,累计次数 10 次,实时采集曝光时间 1s。

4. 扫描电子显微镜

选取中国各个产地不同形态、颜色及质地的代表性天然样品,利用扫描电子显微镜对其新鲜断面进行测试,观察对比各个产地绿松石的微观形貌特征,总结差异。分析样品见表 3.2。测试仪器为德国 ZEISS Sigma 300 型高分辨率场发射扫描电子显微镜(FESEM),并配备一台 Bruker XFlash 6-60 型 X 射线能谱仪(EDS)。测试前对样品进行喷铂处理。实验条件为:加速电压 10kV,高真空模式,形貌观察采用二次电子探测器(SE2),成分分析采用背散射电子探测器(HDBSD),物镜光阑 $60\mu m$,保持"High Current"模式。

表 3.2　中国各个产地绿松石显微形貌测试的样品

产地	矿点	样品数/件	样品特征描述
鄂豫陕	喇叭山	8	蓝白色、蓝绿色(结核状)、蓝色、天蓝色
	文峰	10	蓝色、浅蓝色等
	庙山寨	7	灰蓝色、浅蓝色、蓝绿色、蓝色
	小东沟	8	浅蓝色、浅蓝绿色、深蓝绿色、蓝色、深蓝色
	河口	6	天蓝色、蓝色、浅蓝绿色
	拐峪	3	天蓝色、蓝色
	淅川	6	蓝白色、浅蓝色、蓝色等
新疆	天湖东	5	浅黄绿色、蓝绿色、蓝色、浅绿色
安徽	笔架山	10	浅蓝色、蓝色、浅绿色、绿色、蓝绿色等
	铜陵	4	浅蓝色、蓝色及蓝绿色铜陵籽
总计		67	

5. X 射线粉晶衍射

采用德国 Bruker D8 Advance 的 X 射线粉晶衍射仪对绿松石的部分杂质矿物进行分析。测试条件为：工作电压 40kV，工作电流 40mA，使用 Cu 靶，步长 0.02°，停留时间 0.1s，扫描速度 10°/min，角度范围 5°～90°。

3.2　鄂豫陕矿区南矿带绿松石宝石学及矿物学特征

3.2.1　喇叭山绿松石

样品采自湖北竹山县喇叭山矿点，共 80 件，质量为 0.12～8.79g。喇叭山绿松石原石形态可见薄片状、板状、结核状及块状，板状和结核状绿松石多夹杂或包裹在围岩中，颜色有蓝色、蓝绿色、蓝白色、绿色及褐黄色(图 3.3)。

喇叭山绿松石围岩多为灰黑色，含碳质，污手(图 3.4A—C)，主要有 3 种类型(表 3.3)。第一种为碎裂状碳质石英片岩(图 3.4A)，主要由石英(45%～50%)、白云母(10%～15%)和不透明矿物组成(15%～20%)。岩石局部破碎呈角砾状(15%～20%)，角砾之间被石英充填。石英多呈他形粒状或定向拉长状，粒径多小于 0.2mm，多呈波状消光(图 3.4D)；白云母多呈他形片状集合体，片径多小于 0.3mm，多在石英颗粒之间呈定向分布(图 3.4E)；不透明

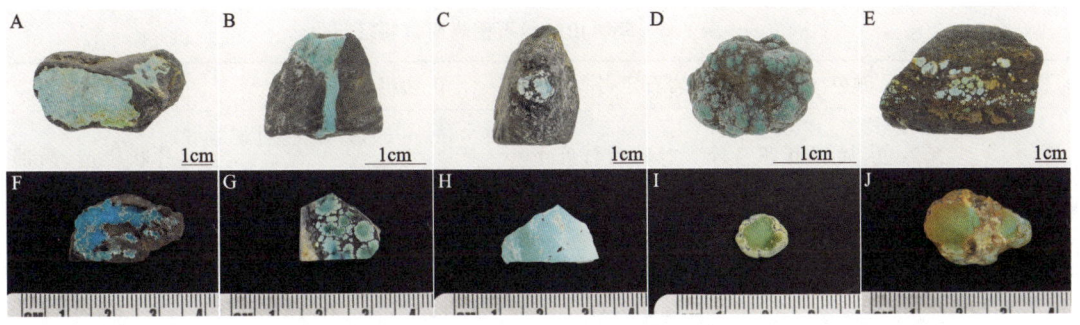

图 3.3 喇叭山绿松石样品原石特征

A:薄片状绿松石;B:板状绿松石夹在围岩中;C—E:结核状绿松石;F—J:不同颜色的绿松石

矿物主要是碳质矿物,为粉末状集合体或条带状集合体,定向分布;岩石局部可见不规则角砾,大小为1~2mm,角砾成分同岩石主体成分,角砾之间充填着石英。岩石为片状粒状变晶结构,片状构造,局部呈角砾状构造。

第二种为碳质硅质板岩(图3.4B),岩石呈板块状,表面风化呈褐黄色。岩石主要由硅质(55%~60%)、碳质(25%~30%)、绢云母(1%~2%)和少量残余泥质矿物(8%~10%)组成(表3.3)。岩石为鳞片状粒状变晶结构、变余泥质结构,板状构造。

第三种为碳质板岩和碳质石英片岩,两者呈条带状互层,有灰白色平行的条带状石英脉(图3.4C)。岩石主要由石英(60%~65%)、白云母(3%~5%)和不透明矿物(30%~35%)组成(表3.3)。岩石为片状粒状变晶结构,条带状构造。

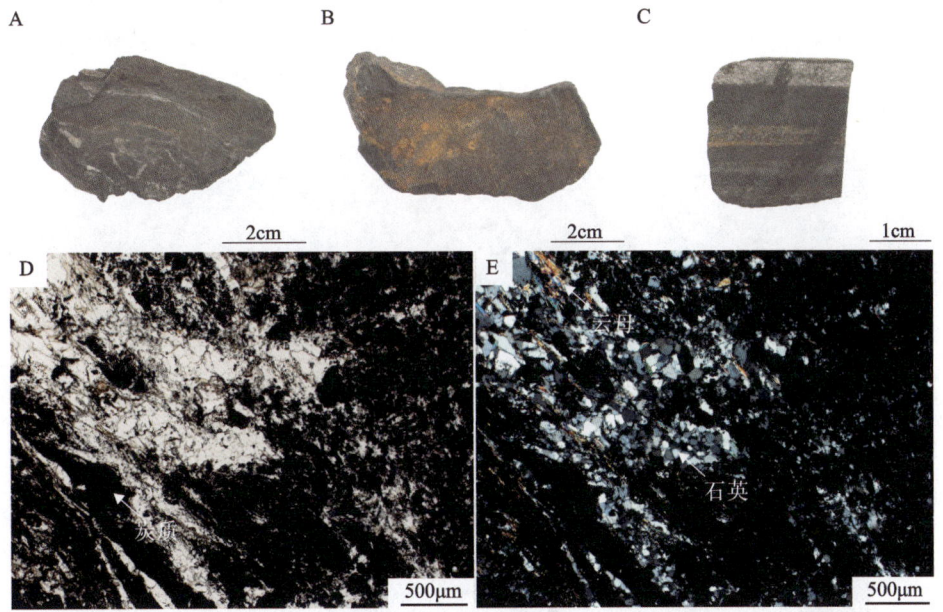

图 3.4 喇叭山绿松石围岩类型及薄片镜下观察特征

A:LBS20006样品;B:LBS20013样品;C:LBS20024样品;D和E:分别为LBS20006样品单偏光和正交偏光下岩石薄片照片

表 3.3 喇叭山绿松石围岩薄片特征

样品号	颜色	岩石定名	矿物组成及含量	结构和构造
LBS20006	灰黑色,局部有灰色脉	碎裂状碳质石英片岩	石英 45%～50%,不透明矿物 15%～20%,角砾 15%～20%,白云母 10%～15%	片状构造、局部呈角砾状构造
LBS20013	灰黑色,表面风化呈黄褐色	碳质硅质板岩	硅质 55%～60%,碳质 25%～30%,泥质 8%～10%,绢云母 1%～2%	鳞片状粒状变晶结构、变余泥质结构,板状构造
LBS20024	灰黑色,有灰白色平行的条带状石英脉	条带状碳质板岩/碳质石英片岩	石英 60%～65%,不透明矿物 30%～35%,白云母 3%～5%	片状粒状变晶结构,条带状构造

3.2.1.1 喇叭山绿松石基础宝石学特征

样品相对密度在 2.04～2.98 之间(部分含围岩),紫外荧光灯下无荧光。样品的显微特征见图 3.5,部分样品表面可见乳白色杂质矿物(图 3.5A、B),可见大小不同的球状绿松石呈丘疹状(图 3.5B),球状绿松石的横截面可呈同心环带结构(图 3.5C)。样品表面还可见次生的褐黄色杂质,颜色斑杂,分布不均匀(图 3.5D)。此外还可见呈褐红色、蓝色、蓝绿色及褐黄色等多种颜色组合的圆形环带绿松石(图 3.5E)。样品表面可见褐黄色或黑色的杂质呈网脉状,粗细不均匀(图 3.5F、G),同时部分样品中也可见极细小的褐黑色斑点状杂质包裹在绿松石中(图 3.5H)。大部分绿松石不透明,另有少量绿松石微透明(图 3.5I)。

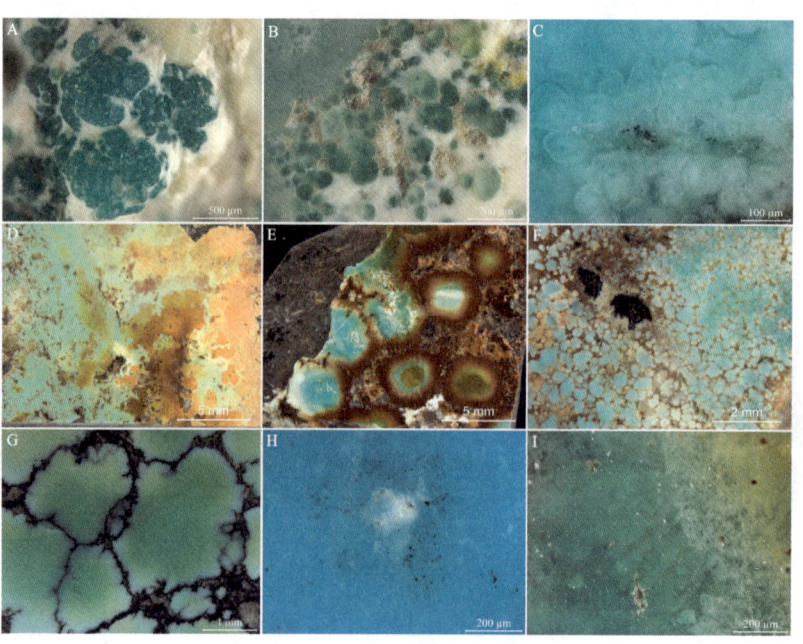

图 3.5 喇叭山绿松石显微特征

3.2.1.2 喇叭山绿松石杂质矿物特征

喇叭山绿松石样品杂质矿物丰富(图3.6),主要有重晶石、磷灰石、银星石、石英、自然硒、红硒铜矿、黄钾铁矾、蓝铜矿、针铁矿、赤铁矿及磷方沸石等。

1) 重晶石

重晶石是喇叭山绿松石中最常见的矿物。在样品中也发现一件有重晶石的样品,样品呈绿色、绿白色,颜色部分不均匀,绿色部分半透明,呈鳞片状(图3.6A)。重晶石常为无色至淡黄色、半透明—透明,呈不规则块状或大小不等的长柱状,分布于针铁矿或绿松石中(图3.6B—D)。重晶石的拉曼光谱峰主要位于988cm^{-1}、451cm^{-1}、461cm^{-1}、617cm^{-1}(图3.7A)。此外,通过拉曼光谱测试发现还有重晶石与石英的混合谱峰及重晶石与绿松石的混合谱峰(图3.7B),绿松石和重晶石混合物呈细小的蓝色团块状或网脉状分布在浅蓝色绿松石中(图3.6E),不易与绿松石区分。

图3.6 喇叭山绿松石中杂质的显微特征

A—D:重晶石;E:绿松石和重晶石混合呈细小的团块状和网脉状分布;F:绿松石和磷灰石混合呈细小的斑点状;G—H:银星石呈放射状或环带结构;I—K:自然硒呈点状或絮状;L:自然硒和红硒铜矿;M:黄钾铁矾;N、O:赤铁矿;P:蓝铜矿

2)磷灰石

磷灰石在喇叭山绿松石中不常见,磷灰石和绿松石的混合物呈细小的斑点状包裹在绿松石中,常出现在绿松石向围岩过渡的边界处(图3.6F)。可通过拉曼光谱识别绿松石与磷灰石的混合谱峰,磷灰石的拉曼主峰位于961cm^{-1}处(图3.7C)。

3)银星石

喇叭山绿松石中的银星石[$Al_3(PO_4)_2(OH)_3$]颜色呈淡黄色至浅灰白色,半透明,中间呈放射状,部分银星石具有环带结构(图3.6G、H)。其拉曼光谱峰主要位于208cm^{-1}、277cm^{-1}、312cm^{-1}、352cm^{-1}、408cm^{-1}、546cm^{-1}、633cm^{-1}、1018cm^{-1}、1145cm^{-1}、3418cm^{-1}、3504cm^{-1}(图3.7D)。

4)自然硒和红硒铜矿

部分蓝色绿松石样品经过放大观察,可见大量极细小的黑色点状物呈斑点状或絮状密集分布在绿松石中,形态不规则(图3.6I—K)。通过拉曼光谱测试发现,黑色的点状物为单质硒,单偏光下为褐红色,此外仍可见部分金属光泽的矿物与单质硒混合(图3.6L)。其中单质硒的拉曼光谱峰主要位于235cm^{-1}和143cm^{-1}处(图3.7E),具金属光泽矿物的拉曼光谱峰除了具有单质硒的谱峰外,在258cm^{-1}、441cm^{-1}、461cm^{-1}也有较弱的拉曼光谱峰(图3.7F),为硒单质和红硒铜矿(Cu_3Se_2)的混合拉曼光谱峰。

5)黄钾铁矾

黄钾铁矾主要呈褐黄色,不规则形态(图3.6M)。其拉曼光谱峰主要位于139cm^{-1}、221cm^{-1}、300cm^{-1}、354cm^{-1}、433cm^{-1}、453cm^{-1}、574cm^{-1}、625cm^{-1}、1007cm^{-1}、1101cm^{-1}、1154cm^{-1}、3414cm^{-1}(图3.7G)。

6)赤铁矿和针铁矿

部分样品中大量的赤铁矿密集分布,使绿松石呈褐红色,单偏光下具有金属光泽(图3.6N、O),其拉曼光谱峰主要位于219cm^{-1}、291cm^{-1}、405cm^{-1}、504cm^{-1}、657cm^{-1}、1318cm^{-1}(图3.7H)。通过拉曼光谱还发现样品含有针铁矿,其拉曼光谱峰主要位于297cm^{-1}、402cm^{-1}、680cm^{-1}处(图3.7I)。

7)蓝铜矿和磷方沸石

蓝铜矿[$Cu_3(CO_3)_2(OH)_2$]与浅绿色矿物伴生,出现在围岩表面(图3.6P)。其拉曼光谱峰主要位于139cm^{-1}、179cm^{-1}、248cm^{-1}、331cm^{-1}、402cm^{-1}、539cm^{-1}、767cm^{-1}、835cm^{-1}、935cm^{-1}、1097cm^{-1},另外在1418cm^{-1}、1456cm^{-1}、1577cm^{-1}也有拉曼峰(图3.7J)。磷方沸石的拉曼光谱峰主要位于191cm^{-1}、263cm^{-1}、340cm^{-1}、470cm^{-1}、610cm^{-1}、988cm^{-1}、1021cm^{-1}、1103cm^{-1}处(图3.7K)。

3.2.1.3 喇叭山绿松石显微形貌特征

选取代表性的样品(图3.8),利用扫描电子显微镜对其显微形貌进行观察,发现喇叭山绿松石可呈板状、片状、菱形板状、螺旋状或球粒状集合体等结构。

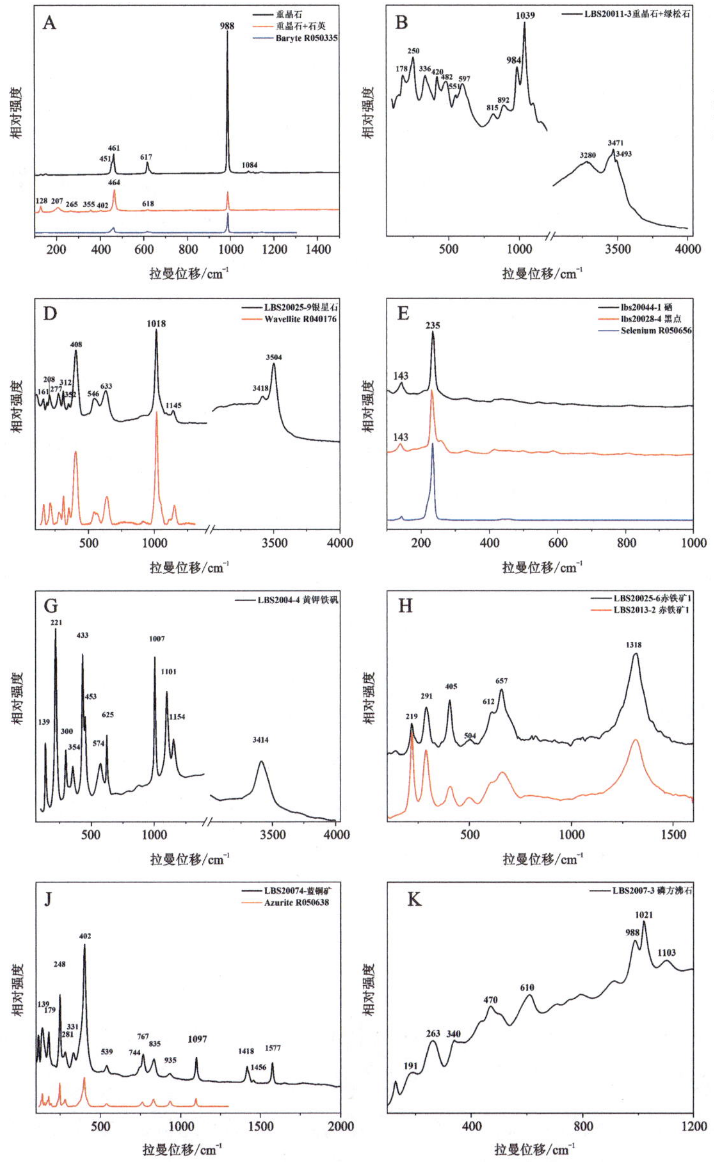

图 3.7 喇叭山绿松石中杂质矿物的拉曼光谱

A:重晶石和石英；B:重晶石和绿松石；C:绿松石和磷灰石；D:银星石；E:硒；F:自然硒和红硒铜矿；G:黄钾铁矾；H:赤铁矿；I:针铁矿；J:蓝铜矿；K:磷方沸石

图 3.8 喇叭山的 SEM 测试样品

A:LBS200LB 样品；B:LBS20005 样品；C:LBS20019 样品；D:LBS200SL 样品

1. LBS200LB 蓝色鲕粒状样品

疏松蓝白色的绿松石样品(图 3.8A)可见长板状结构,板状微晶结晶程度和自形程度好,轮廓清晰,颗粒排列无明显规律,颗粒间隙明显,孔隙度大,晶粒杂乱无序松散地堆积在一起(图 3.9A—C)。板状颗粒长约 $3\mu m$,宽 $0.7\sim 0.8\mu m$,部分板状颗粒宽可至 $1.2\mu m$,板状微晶的厚度多数在 $0.3\mu m$ 左右。此外,放大观察可见更细小的短柱状微晶颗粒吸附在板状微晶表面,且微晶颗粒大小不等,排列方式不一致,部分板状微晶呈现弯曲变形(图 3.9B、C)。

2. LBS20005 蓝色鲕粒状样品

显微镜下观察,该样品由大量形态不规则的鲕粒状集合体颗粒组成,颗粒边缘及颗粒间隙颜色较深,透明度较好。在扫描电子显微镜下,可见样品呈片状及薄板状结构,片状及薄板状微晶排列有序,局部定向排列形成弯曲状,宽度约为 $9\mu m$(图 3.9D—F)。

3. LBS20019 浅蓝球粒状样品

该样品颜色为浅蓝色,放大观察显示样品由大小不等的球粒状颗粒密集组成,且球粒状颗粒边缘为蓝色,中间为浅蓝色。扫描电子显微镜下,该样品中的绿松石呈"麦穗"状,可见菱形板状微晶,且结晶程度和自形程度好,形态完整,棱角分明,轮廓清晰(图 3.9G、H)。菱形板状微晶大小及厚度均匀,厚度平均值为 $0.25\mu m$,个别菱形板状微晶厚度可达 $0.4\mu m$。菱形板状微晶排列有序,呈叠瓦状交错堆积,且可见绿松石菱形板状微晶呈螺旋式堆叠,形成螺旋状集合体,直径为 $15.5\sim 16.7\mu m$(图 3.9I)。菱形板状微晶间隙较小,而由菱形板状微晶组成的集合体之间可见较大的孔隙。

4. LBS200SL 致密天蓝色样品

在扫描电子显微镜下,结构致密的天蓝色样品由片状及板柱状微晶紧密堆积组成,微晶颗粒间无明显孔隙。局部可见大量的球粒状集合体紧密堆积在一起,大小不等,直径在 $35\sim 43\mu m$ 之间(图 3.9J、K)。球粒状集合体横截面显示"核-边"结构,放大观察,球粒状集合体的"核心"由片状微晶紧密堆积形成,长片状微晶排列有序,沿集合体中心的片状微晶边缘呈圆弧形或放射状定向分布,组成球粒状集合体的"边",长度在 $11\sim 19\mu m$ 之间。球状集合体表面可呈鱼鳞状或蜂巢状(图 3.9M),进一步放大观察显示球状集合体的"边"是由排列有序的最小单元的细长条片状微晶组成二级单元的板状或板柱状集合体,板状集合体再次定向分布组合成球状集合体的"边"。细长条片状微晶大小均匀,宽度为 $0.16\sim 0.34\mu m$(图 3.9L)。二级单元的板状或板柱状集合体大小不等,厚度介于 $0.3\sim 3\mu m$ 之间(图 3.9M、N)。球状集合体间孔隙较大,二级单元的板状或板柱状集合体之间可见较小的孔隙。此外,局部可见弯曲形变的微晶(图 3.9O)。

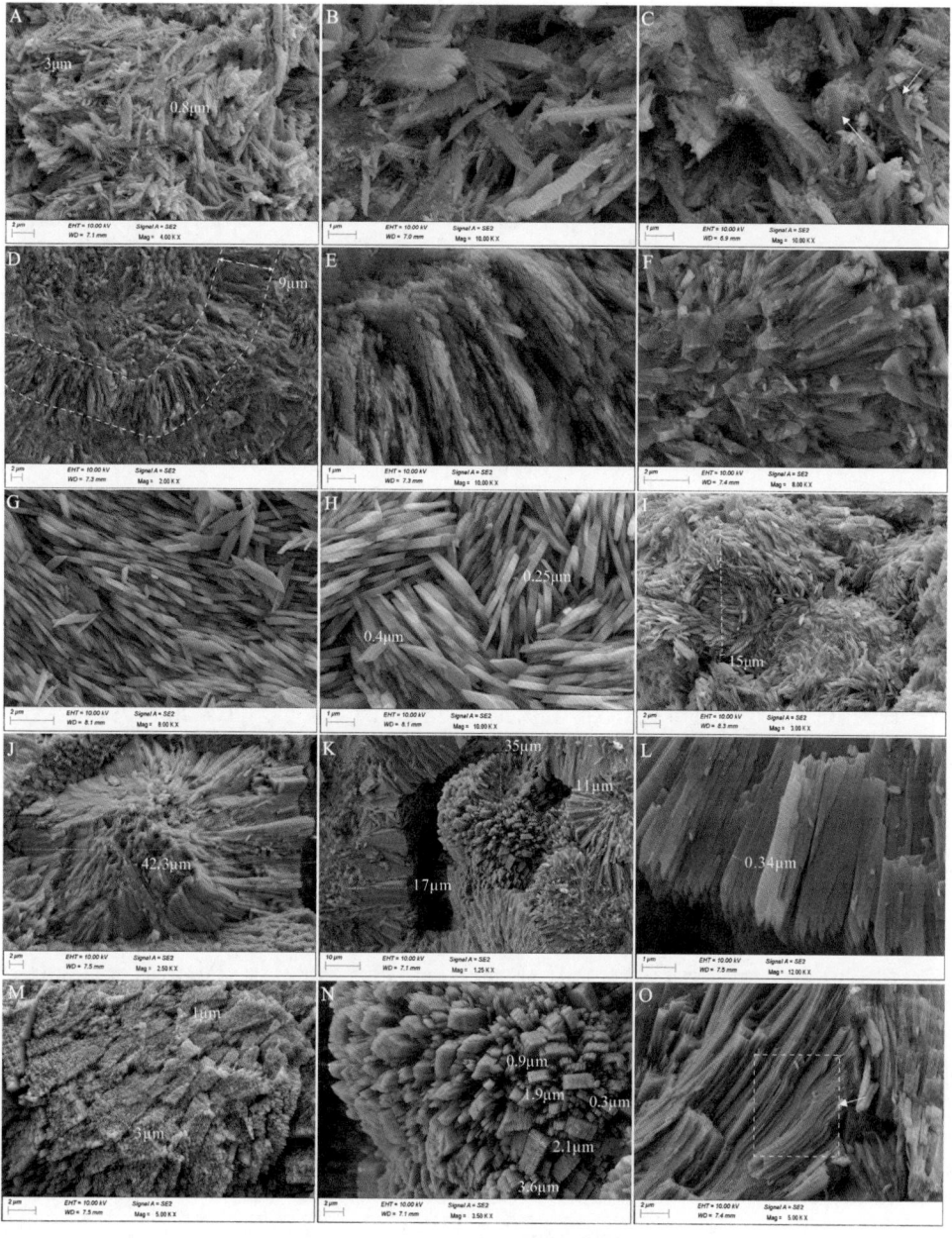

图 3.9 喇叭山绿松石的微形貌特征

3.2.2 文峰绿松石

样品采自湖北竹山县文峰矿点,共 94 件样品(图 3.10)。样品原石形态可见块状、片状及结核状,结核状绿松石多夹杂在黑色围岩中,质地坚硬(图 3.10A),片状绿松石生长于围岩的表面(图 3.10B、C),或以脉状充填在围岩裂隙中,并且绿松石表层常伴有褐铁矿化薄层(图 3.10B)。

绿松石有蓝色、蓝白色、蓝绿色或浅绿色等,表面常有较多的杂质。

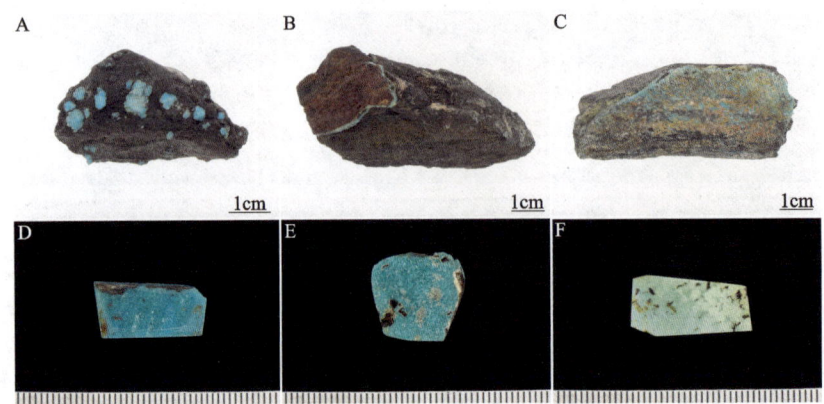

图 3.10　文峰绿松石样品原石特征

3.2.2.1　文峰绿松石围岩特征

文峰绿松石围岩均为石英片岩,具片状粒状变晶结构,片状构造(表 3.4)。

第一种为含绿泥石碳质石英片岩,呈灰黑色,块状(图 3.11A),主要由石英(60%～65%)、绿泥石(10%～15%)、白云母(1%～2%)和不透明矿物(15%～20%)组成(图 3.11D—F)。

第二种为黑云母石英片岩,呈灰褐色,板状(图 3.11B),主要由石英(70%～72%)、黑云母(20%～25%)和不透明矿物(5%～8%)组成。黑云母多呈他形片状集合体,片径多小于0.5mm,表面多析出呈黄褐色的铁质矿物,多呈定向分布,局部呈褶曲状;不透明矿物主要是碳质和铁质矿物,碳质呈粉末状,铁质多数为黑云母析出的氧化铁质。

第三种为碳质石英片岩,呈板状或块状,灰黑色,污手。部分围岩中局部可见黄铁矿零星分布(图 3.11C),主要由石英(70%～75%)和黑色不透明矿物(20%～25%)组成,其次还有少量白云母(1%～2%)和红柱石。红柱石多呈他形粒状零星分布。

表 3.4　文峰绿松石围岩薄片特征

样品号	颜色	岩石定名	矿物组成及含量	结构和构造
WF20002	灰黑色	含绿泥石碳质石英片岩	石英 60%～65%,绿泥石 10%～15%,不透明矿物 15%～20%,白云母 1%～2%	片状粒状变晶结构,片状构造
WF20014	灰褐色	黑云母石英片岩	石英 70%～72%,黑云母 20%～25%,不透明矿物 5%～8%	片状粒状变晶结构,片状构造
WF20015	灰黑色	碳质石英片岩	石英 70%～75%,不透明矿物 20%～25%,白云母 1%～2%,红柱石少	片状粒状变晶结构,片状构造

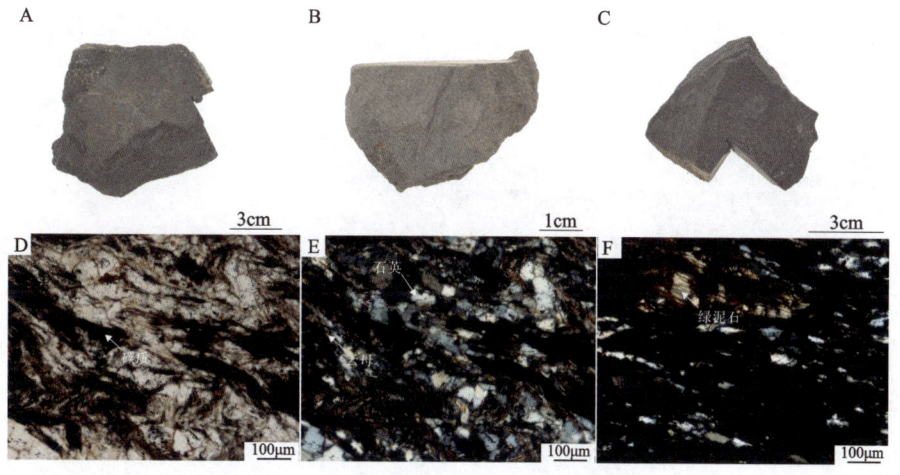

图 3.11　文峰绿松石围岩及薄片特征
A:WF20002 样品;B:WF20014 样品;C:WF20015 样品;D、E:分别为单偏光和正交偏光下岩石薄片特征,可见他形粒状石英、黑色碳质粉末及云母;F:绿泥石

3.2.2.2　文峰绿松石基础宝石学特征

文峰绿松石样品相对密度在 2.21～2.99 之间(部分含围岩),大部分微透明,紫外荧光灯下无荧光。样品的显微特征见图 3.12,样品表面可见较多的杂质及孔洞,在孔洞及裂缝处部分样品可见大量的球状颗粒(图 3.12A、B)。经切磨抛光的样品放大观察,表面可见部分绿松石是由大量近椭球状和球状颗粒聚集堆积而成,颗粒大小不等,长径在 0.34～0.84mm 之间,部分颗粒横截面还具有环带结构(图 3.12C、D)。

此外,绿松石呈不规则形态的蠕虫状或脉状结构也是文峰绿松石最典型的一个特点(图 3.12E—H)。图 3.12E 中深蓝色的细脉状绿松石呈弯曲的形态,具有似蠕虫状结构,脉宽为 1.15～0.4mm,且脉状间隙质地疏松,存在较大的孔洞,颜色较浅。图 3.12F 中,可见浅蓝的弯曲脉状绿松石分布在颜色稍深的绿松石中,浅蓝色脉宽约 1.4mm,粗细较均匀,颜色不均匀,蓝色和浅蓝色交替变化。经放大观察,在浅蓝色脉内部,蓝色细小的细脉弯曲分布在浅蓝色绿松石中(图 3.12G)。

除上述颗粒状结构和蠕虫状结构外,文峰绿松石中还可见白色微透明杂质分布在颗粒间,也可见大量极细小的褐黑色点状物包裹体,且部分样品中褐黑色点状物沿绿松石脉定向分布(图 3.12J、K)。此外,在少量样品中可见褐黄色杂质矿物呈团块状分在绿松石中,褐黄色杂质矿物为土状光泽,易开裂,表面可见裂隙(图 3.12L)。

3.2.2.3　文峰绿松石杂质矿物特征

文峰绿松石样品杂质矿物丰富,通过拉曼光谱测试发现主要有磷铝石、重晶石、黄铁矿、针铁矿、磷方沸石、石英、自然硒等(图 3.13)。石英也是文峰绿松石中常见的杂质矿物,可见

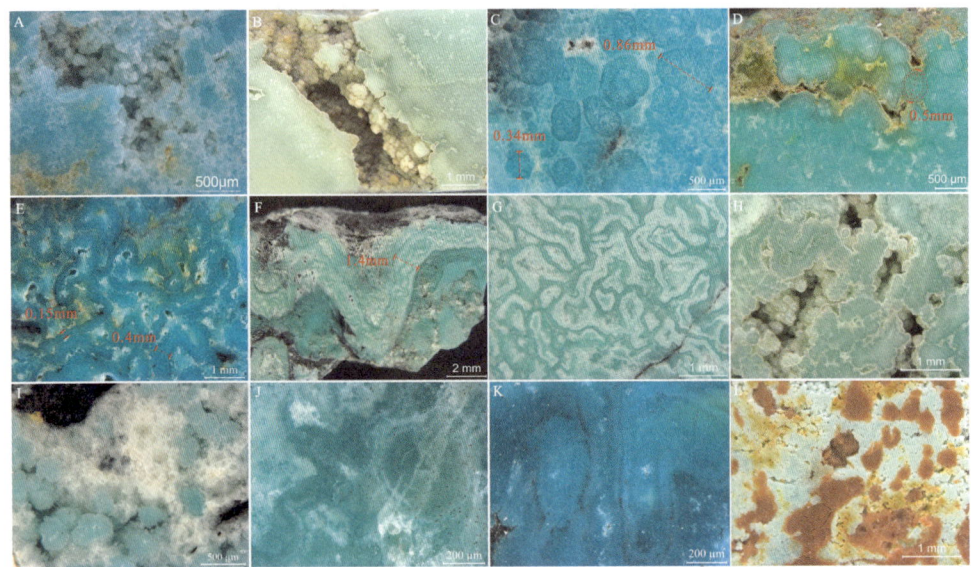

图 3.12 文峰绿松石显微特征

自形程度较好的石英颗粒被包裹在绿松石中(图3.13A)。自然硒呈黑色细小的点状,可以包裹体的形式密集分布在绿松石和磷铝石的混合物中,沿着脉状或环带状的绿松石和磷铝石分布,也可呈零星的点状分散在绿松石中,也可见大量的自然硒聚集在一起,呈絮状物或脉状分布在绿松石中(图3.13B、C)。

1) 磷铝石

磷铝石是绿松石中最常见的矿物,颜色为白色、无色、浅黄色、蓝色等,透明至半透明。磷铝石与绿松石共生,可以呈点状包裹体出现在绿松石中,同时常出现在绿松石球状颗粒边缘及间隙(图3.13D、E),也可与绿松石完全混合,呈微透明至半透明(图3.13F),不易与绿松石区分。

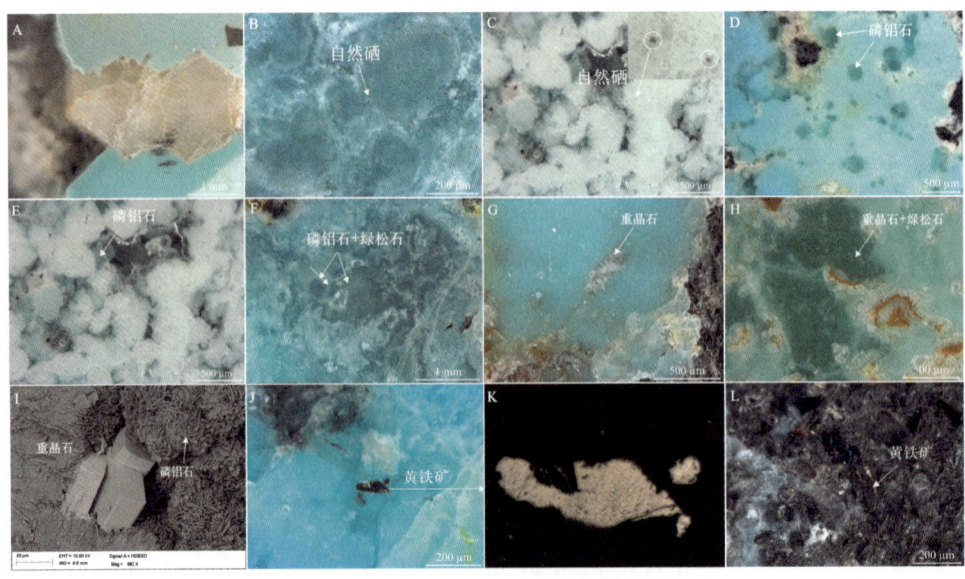

图 3.13 文峰绿松石中杂质矿物特征

在扫描电子显微镜下,磷铝石多呈球粒状集合体(图3.14A),出现在绿松石的孔洞内,经放大观察,球状集合体表面由大小均匀的片状微晶堆积组成,片状微晶定向有序排列,结晶程度和自形程度好,形态完整,轮廓清晰,微晶颗粒间可见明显的孔隙。部分球状集合体片状微晶排列方向一致,也有部分片状微晶在局部排列方式一致,形成二级集合体单元,二级集合体单元再交错堆积成球粒状集合体(图3.14B)。球状集合体横截面显示阶梯-放射状结构,由片状磷铝石微晶以圆弧形定向有序排列组成,呈阶梯式生长(图3.14C),片状微晶大小均匀,片状微晶间无明显孔隙,堆积紧密。也可见半球形和贝壳形集合体,表面似由更小的肾状单元堆积组成,并且大小不一的肾状单元呈圆弧形定向排列,交替堆积,形成结构环带(图3.14D)。部分磷铝石球粒状集合体断面显示内部为放射状结构,由薄板状微晶沿中心向外生长形成,薄板状微晶间无明显孔隙(图3.14E、F),表面可见粒状微晶和片状微晶(图3.14G、H)。

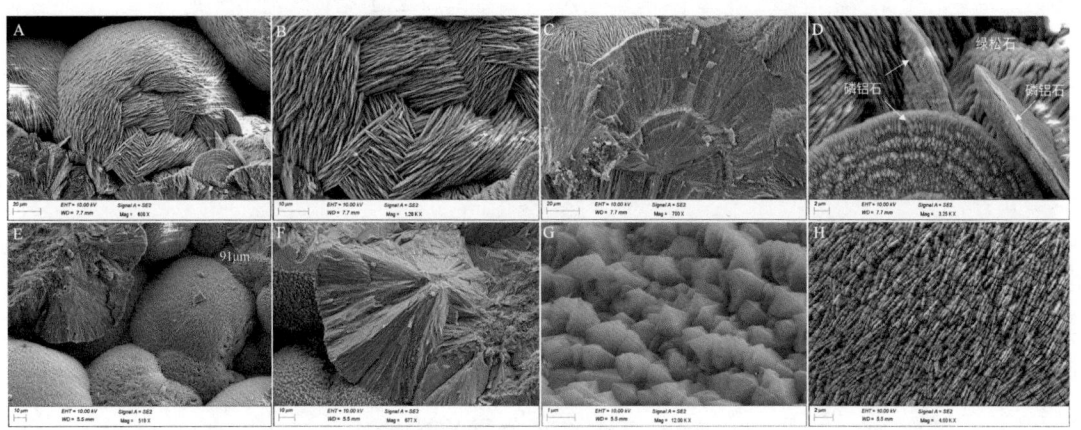

图3.14 文峰绿松石中磷铝石的显微形貌特征

2)重晶石

文峰绿松石中也可见重晶石,重晶石常以无色透明长柱状出现在绿松石中(图3.13G),也可见重晶石生长于针铁矿的空腔内,被针铁矿包裹,两者同时出现在绿松石中。此外,通过拉曼光谱还发现绿松石可与重晶石共生形成混合物,呈蓝绿色颗粒状或不规则形态,微透明(图3.13H)。在扫描电子显微镜下,绿松石样品的孔隙内发现重晶石和磷铝石伴生,重晶石微晶呈厚板状,结晶程度和自形程度完好,形态完整,棱角尤为分明,轮廓清晰(图3.13I)。

3)黄铁矿

文峰绿松石样品中还可见黄铁矿,具金属光泽,多在围岩中,同时也发现有少量黄铁矿被包裹在绿松石中(图3.13J—L)。黄铁矿的拉曼光谱峰主要位于$343cm^{-1}$、$380cm^{-1}$、$433cm^{-1}$(图3.15E)。

3.2.2.4 文峰绿松石显微形貌特征

选取代表性样品(图3.16),利用扫描电子显微镜对显微结构进行观察,发现文峰绿松石样品可见片状、板状、针状、"核-边"结构的球状、肾状、结核状等集合体。

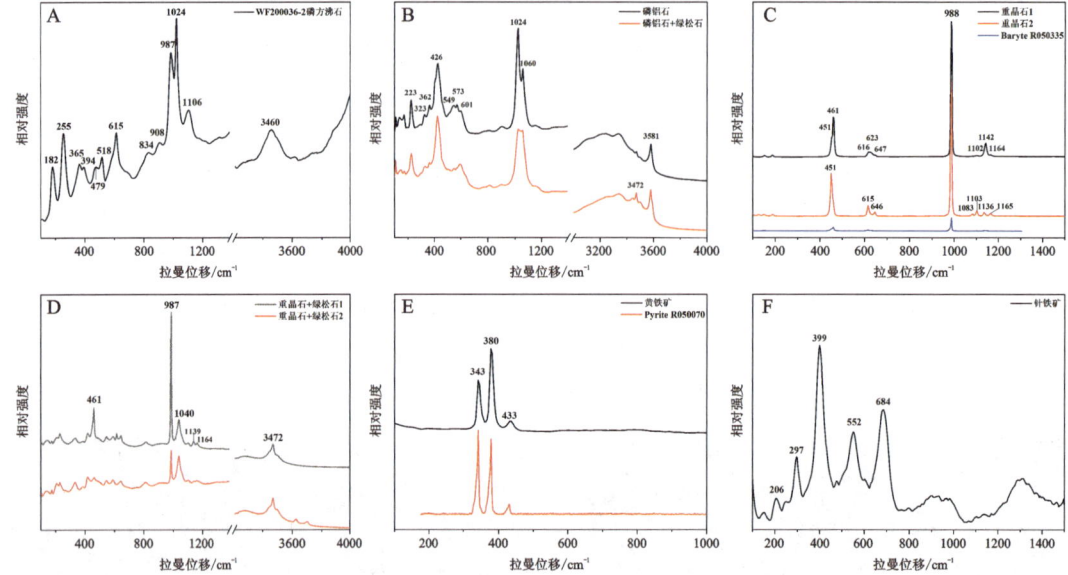

图 3.15 文峰绿松石中杂质矿物的拉曼光谱

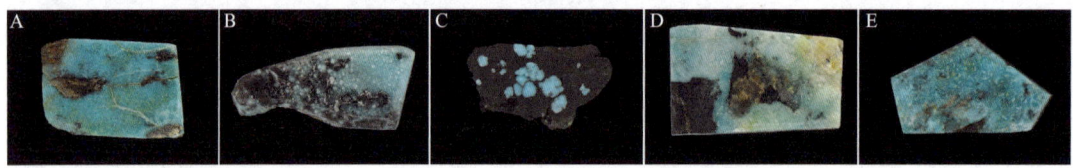

图 3.16 文峰绿松石的 SEM 测试样品
A:WF20001 样品；B:WF20027 样品；C:WF20007 样品；D:WF20010 样品；E:WF20014 样品

WF20001 样品均为蓝色(图 3.16A)，样品在透射光下均微透明。扫描电子显微镜下样品由大量大小不等的球状、肾状、鲕粒状集合体紧密堆积组成，样品局部孔洞内可见完整形态的集合体，集合体之间可见明显的孔隙，部分球状集合体直径约 49μm，肾状集合体的长径可达 179μm，短径可达 82μm，(图 3.17A、B)。集合体的横截面均显示由板状或片状微晶组成的"核-边"结构，集合体"核"和"边"部分的微晶均紧密堆积，"边"的宽度均匀，宽约 17μm(图 3.17C)。放大观察，集合体表面均由大量细小的长菱形板状微晶密集堆积排列组成，板状微晶颗粒间隙可见明显的孔隙，但孔隙相对较小(图 3.17D)。长菱形板状微晶结晶程度和自形程度好，轮廓清晰，形态完整，大小均匀，厚度约为 0.8μm。长菱形板状微晶的长边边缘平整，短边参差不齐(图 3.17E)。扫描电子显微镜下，在 WF20027 样品的孔洞内边缘及内部可见结晶程度和自形程度好的片状微晶，大小均匀，片状微晶的长边边缘不平整，呈锯齿状(图 3.17F、G)。在致密蓝色的绿松石(WF20007 样品；图 3.17C)中可见薄板状结构，板状微晶紧密堆积在一起，排列无明显规律，局部呈纤维交织状(图 3.17H)。

此外，WF20010 和 WF20014 样品可见条带状或蠕虫状结构。在扫描电子显微镜下，可见 WF20010 样品中的条带是由片状微晶弯曲定向排列形成的细脉，脉宽可达 35μm(图 3.17I)。在 WF20014 样品中可观察到蠕虫状部分呈弯曲的脉状，与显微镜下观察结果一致，蠕虫状部分结构致密,由薄板状及片状微晶紧密交织堆积形成,微晶间隙仅可见少量孔隙,且孔隙较小,局部可见微晶堆积呈螺旋状(图3.17J)。而非蠕虫状部分结构相对疏松,可见较大的孔洞,孔洞内的微晶结晶程度和自形程度好,轮廓清晰,可见由片状微晶交错堆积形成的鲕粒状集合体及针状微晶形成的长柱状集合体(图3.17K、L)。

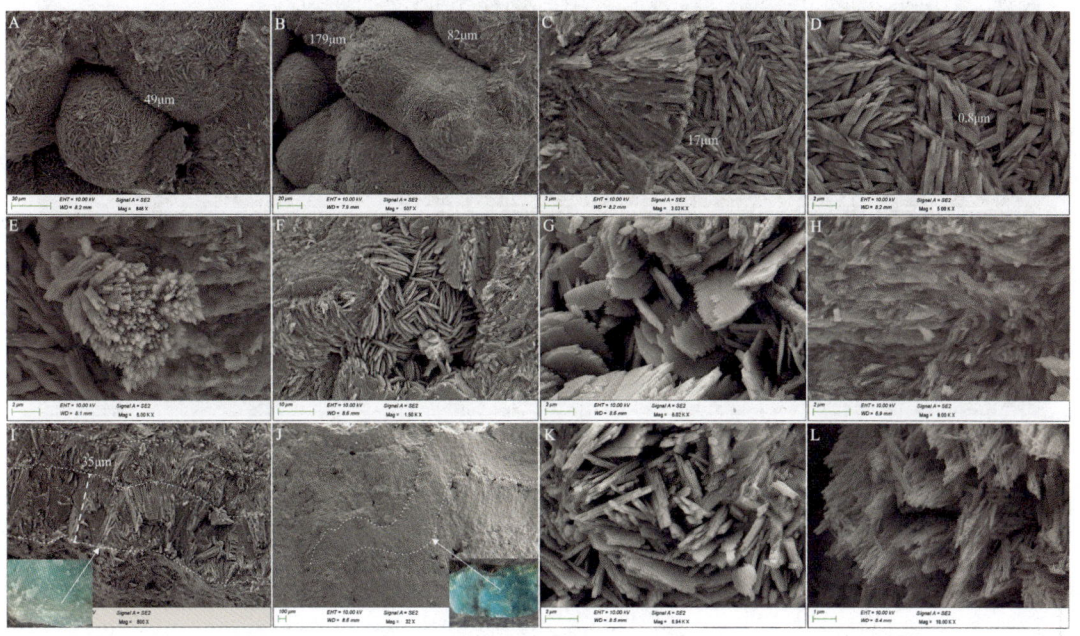

图3.17 文峰绿松石的微形貌特征

3.2.3 庙山寨绿松石

样品采自陕西白河县庙山寨矿点,共计96件,均为原石样品(图3.18A)。样品围岩多为灰黑色,含碳质,污手,且表面可见褐黄色铁质矿物、白色疏松的黏土矿物及灰白色透明石英(图3.18B—D)。庙山寨绿松石原石形态为块状、板状、片状及结核状,板状、片状绿松石多夹杂在黑色围岩间,质地坚硬(图3.18E—G)。部分原石样品表面可见白色风化皮及带状层理(图3.18H)。此外,在灰蓝色的样品中分布有大量密集的褐黑色点状物(图3.18J),导致样品呈灰色,这也是庙山寨绿松石样品的一个典型特点。

3.2.3.1 庙山寨绿松石围岩特征

庙山寨绿松石围岩主要有3种类型。第一种为碳质砂质板岩,黑色,污手(图3.19A),局部可见黄铁矿零星分布。原岩可能是杂砂岩或碳质粉砂岩,经变质作用部分矿物发生重结晶,岩石主要由石英、碳质、泥质、白云母和黄铁矿组成。岩石为鳞片状、粒状变晶结构,板状构造。第二种为含石英脉碳质砂质板岩,呈块状或板状,黑色或灰黑色(图3.19B、C),局部可见

图 3.18 庙山寨绿松石样品原石特征

石英宽脉(图 3.19E、F)。第三种为(砂质板岩)角砾岩,岩石表面风化,含铁矿物呈棕褐色(图 3.19D)。岩石原岩可能为碳质砂质板岩,可能受到构造应力的作用整体发生比较强烈碎裂,形成若干角砾,岩石主要由角砾和填隙物组成(图 3.19G、H)。角砾主要由定向分布的石英、云母和碳质组成,多呈棱角状,大小一般为3~8mm;分布在角砾之间的填隙物主要是红褐色氧化铁质、微晶泥质和隐-微晶硅质。岩石为角砾状结构,块状构造(表 3.5)。

图 3.19 庙山寨绿松石围岩及薄片特征

A:MSZ19002 样品;B:MSZ19004 样品;C:MSZ19003 样品;D:MSZ19006 样品;E、F:分别为单偏光和正交偏光下岩石薄片特征,可见他形粒状石英及黑色粉末状或细小颗粒状碳质分布在石英颗粒之间;局部可见石英脉;G、H:分别为单偏光和正交偏光下岩石薄片特征,可见棱角状角砾、他形粒状石英及黑色粉末状或细小颗粒状碳质分布在石英颗粒之间

表 3.5 庙山寨绿松石围岩薄片特征

样品号	颜色	岩石定名	矿物组成及含量	结构和构造
MSZ19002	黑色	碳质砂质板岩	石英85%,不透明物质10%,黏土矿物5%,云母少	鳞片状、粒状变晶结构,板状构造
MSZ19003、MSZ19004	灰黑色	含石英脉碳质砂质板岩	石英90%,不透明物质5%,黏土矿物5%	鳞片状、粒状变晶结构,板状构造
MSZ19006	灰褐色	(砂质板岩)角砾岩	石英65%,不透明物质10%,菱铁矿15%,黏土矿物10%	角砾状结构,块状构造

3.2.3.2 庙山寨绿松石基础宝石学特征

绿松石样品的颜色有灰蓝色、蓝色、蓝白色、绿色、黄绿色及褐黄色,部分样品颜色分布不均匀(图3.20A)。样品相对密度在2.26～2.81之间(部分含围岩),紫外荧光灯下无荧光,大部分样品不透明,另有两件绿松石样品呈微透明,如图3.20B所示,该样品为微透明,透过绿松石可见石英的晶体形态。样品表面均有较多的杂质,可见黑色"铁线"及褐黄色网脉状花纹。部分样品绿松石呈颗粒胶结状(图3.20C、D),且颗粒边缘具有可见环带结构(图3.20D—F)。此外,部分样品可见颜色深浅不一,或不同颜色分布的弧形环带(图3.20G、H)。图3.20H中的样品可见黄绿色环带,经过放大观察,环带内分布有大量黄绿色点状物,背散射电子图像显示点状物具有更亮的灰度,与绿松石成分差异明显(图3.20I)。

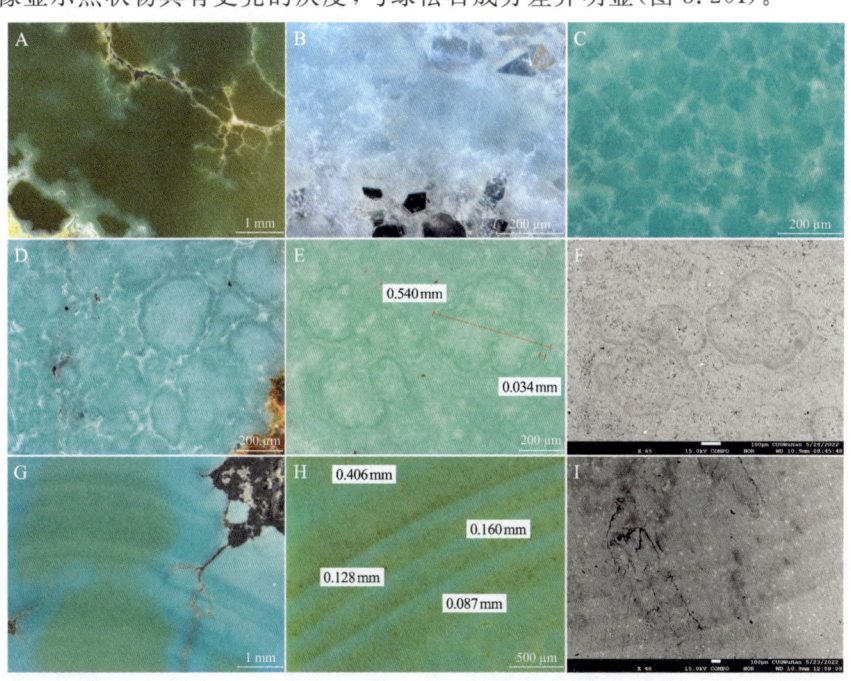

图 3.20 庙山寨绿松石显微特征

3.2.3.3 庙山寨绿松石杂质矿物特征

庙山寨绿松石样品杂质矿物丰富,通过拉曼光谱发现有自然硒、方硒铜矿、红硒铜矿、石英、石墨、明矾石、磷钙铝石、磷铝石、叶蜡石、黄钾铁矾、黄铁矿及针铁矿等(图3.21)。

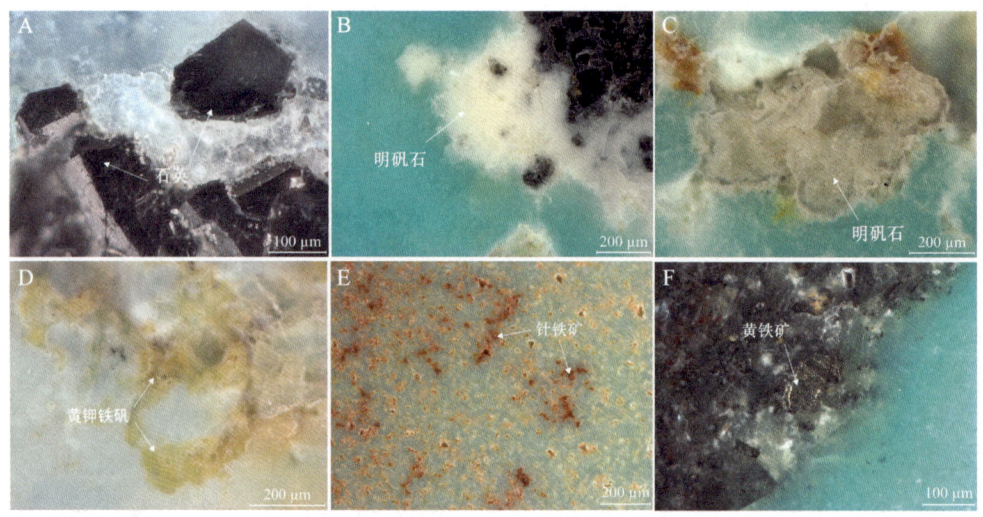

图 3.21 庙山寨绿松石中杂质矿物的形态特征
A:石英;B 和 C:明矾石;D:黄钾铁矾;E:针铁矿;F:黄铁矿

庙山寨绿松石中的石英为自形程度较好的石英颗粒,呈灰色(图3.21A)。同时还可见石墨,其拉曼光谱峰位于 $1341cm^{-1}$、$1576cm^{-1}$、$2702cm^{-1}$、$2948cm^{-1}$(图3.22A)。明矾石主要出现在黑色围岩与绿松石间,以及绿松石的孔洞中,颜色呈浅黄白色至浅灰白色,微透明至不透明,形态不规则(图 3.21B、C),其拉曼光谱峰主要位于 $161cm^{-1}$、$234cm^{-1}$、$345cm^{-1}$、$384cm^{-1}$、$483cm^{-1}$、$507cm^{-1}$、$653cm^{-1}$、$1024cm^{-1}$、$1079cm^{-1}$、$1190cm^{-1}$、$3480cm^{-1}$、$3501cm^{-1}$(图 3.22B)。黄钾铁矾呈浸染状出现在绿松石中,形态不规则,颜色为淡黄色,微透明(图 3.21D)。在褐黄色或褐红色样品中可见针铁矿(图3.21E)和赤铁矿。此外,在庙山寨样品的围岩中可发现较多的黄铁矿,具较强的金属光泽(图3.21F)。此外,还可发现白云母,其拉曼光谱峰位于 $215cm^{-1}$、$263cm^{-1}$、$419cm^{-1}$、$701cm^{-1}$、$3614cm^{-1}$(图3.22F)。

1)自然硒、方硒铜矿和红硒铜矿

自然硒是庙山寨绿松石中最常见的矿物,常呈大小不等的灰黑色和棕红色斑点密集分布在绿松石中,呈零星点状,使绿松石整体呈灰蓝色或深灰蓝色。自然硒颗粒形态不规则,具金属光泽,大小从数微米至 $80\mu m$ 不等(图3.23A—D)。此外,部分样品中可见极细小的硒颗粒密集聚集,呈絮状或网脉状(图3.23E、F)。其拉曼光谱峰主要位于 $143cm^{-1}$、$234cm^{-1}$,另外在 $441cm^{-1}$、$461cm^{-1}$ 有较弱的拉曼散射峰(图3.22C),与单质硒和方硒铜矿(理想化学式为 $CuSe_2$)的拉曼光谱峰一致。此外,通过拉曼光谱还可鉴别出少量的红硒铜矿(理想化学式为 Cu_3Se_2)与单质硒混合出现在黑色点状物中,红硒铜矿在单偏光下具有更强的金属光泽。其拉曼位移主要位于258cm^{-1}、522cm^{-1}(图3.22D)。

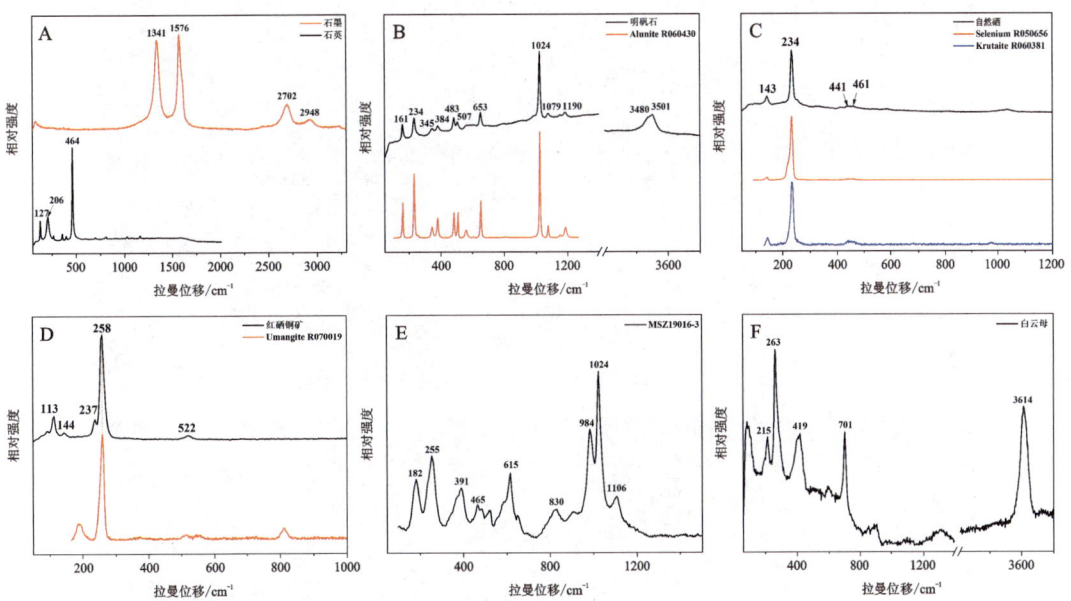

图3.22 庙山寨绿松石中杂质矿物的拉曼光谱
A:石墨和石英；B:明矾石；C:自然硒和方硒铜矿；D:红硒铜矿；E:磷钙铝石；F:白云母

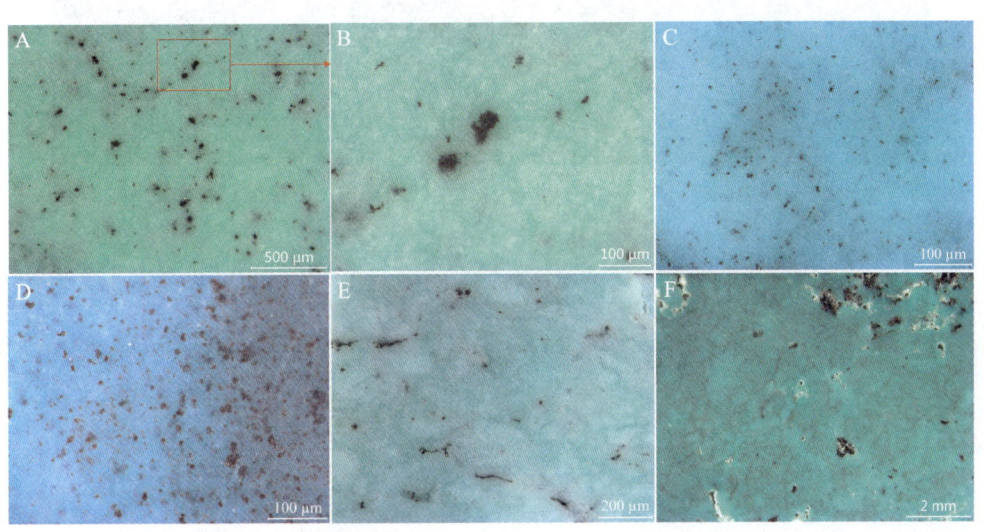

图3.23 庙山寨绿松石中自然硒和方硒铜矿的显微特征

在背散射电子图像中,自然硒和方硒铜矿与绿松石衬度差异明显(图3.24A—G),浅色衬度的为自然硒和方硒铜矿,深色衬度的为绿松石。在背散射电子图像中较难识别自然硒和方硒铜矿,通过能谱的成分测试结合面扫显示Se元素和Cu元素的含量分布与方硒铜矿的形态基本一致(图3.24H、I)。因此,黑色点状物主要为自然硒,但混有少量的方硒铜矿。其中自然硒中Se含量为97.059%,另外含有少量的Cu、Fe、Mg、S(表3.6)。方硒铜矿中Se的含量为69.446%,Cu的含量为29.413%,由此计算出的方硒铜矿的化学式为$(Cu_{1.03}Fe_{0.03})_{\Sigma=1.06}Se_{1.95}$。

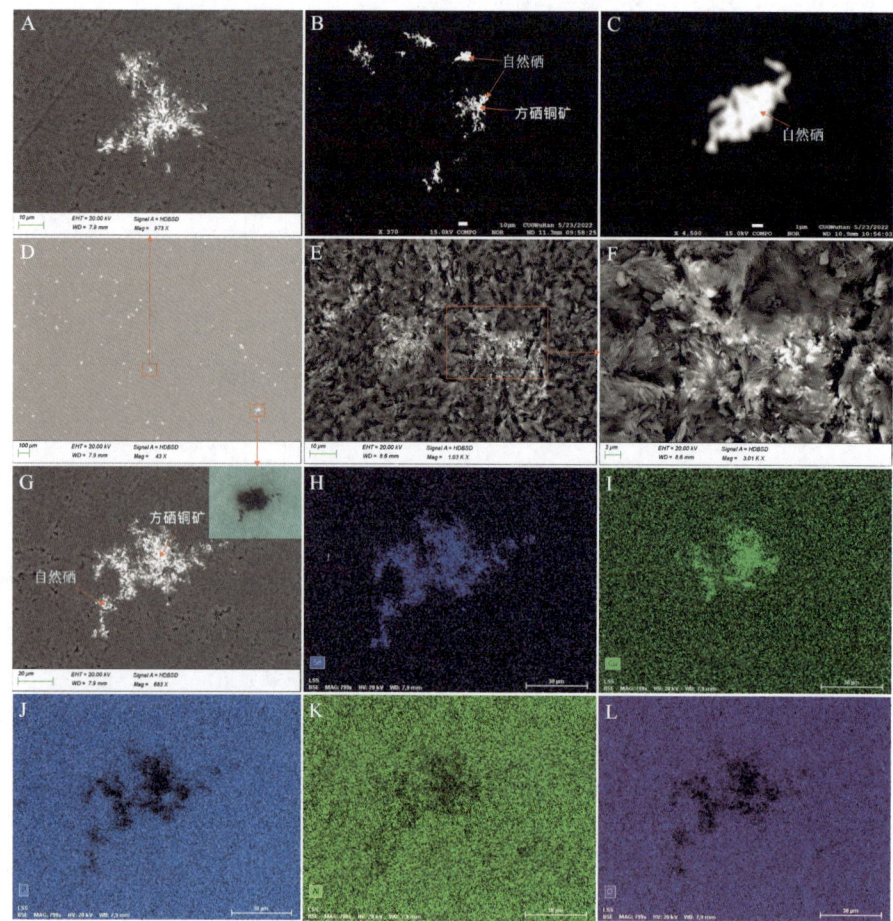

图 3.24　庙山寨绿松石中自然硒和方硒铜矿的背散射电子图像及元素面扫分布图

表 3.6　庙山寨绿松石中自然硒和方硒铜矿不同元素电子探针分析结果　　　　单位:%

元素	Cu	Fe	Mg	Se	S	总计
自然硒	0.769	0.617	0.06	97.059	0.012	98.517
方硒铜矿	29.413	0.637	0.028	69.446	0.004	99.528

2)磷铝石

庙山寨绿松石中的磷铝石呈绿色、蓝绿色或浅灰蓝色,半透明至微透明,形态不规则,混在绿松石中,与绿松石共生(图 3.25A、D)。背散射电子像中,磷铝石为深灰色,绿松石为浅灰色(图 3.25B、C、E 和 F),同时也可见少量的单质硒分布其中(图 3.25F)。结合成分测试,还可发现绿松石与磷铝石的混合物(图 3.25E)。其中,磷铝石的主要成分为 Al_2O_3(41.21%～43.28%)、P_2O_5(52.67%～56.07%)和 FeO(1.44%～4.05%)(表 3.7)。

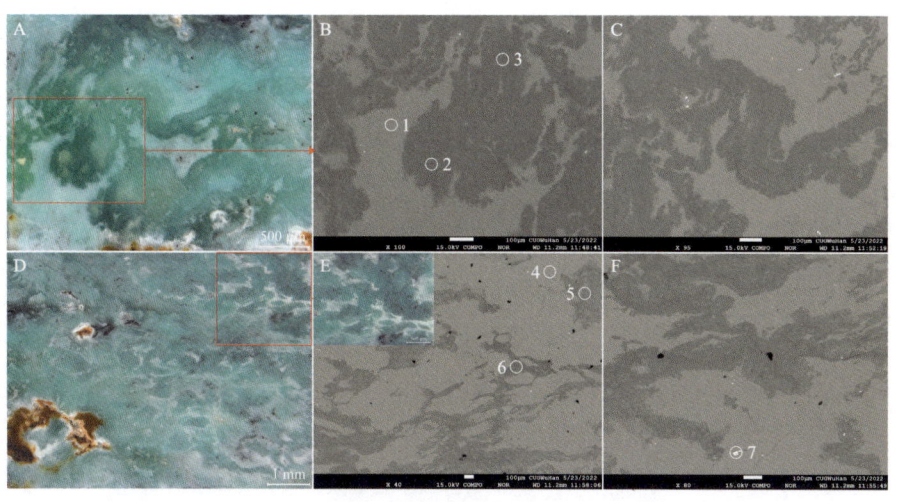

1和4为绿松石;2、3和6为磷铝石;5为绿松石和磷铝石的混合物;7为单质硒。

图 3.25　庙山寨绿松石中磷铝石的显微特征

表 3.7　庙山寨绿松石中磷铝石的 EPMA-EDS 分析结果　　　　　　　　　　　　单位:%

测试点	Al_2O_3 含量	P_2O_5 含量	SO_3 含量	FeO 含量	CuO 含量	总计
测试点 1(绿松石)	45.11	38.20	0.55	5.63	10.51	100.00
测试点 2(磷铝石)	43.28	52.67	0	4.05	—	100.00
测试点 3(磷铝石)	41.21	55.42	0	3.37	—	100.00
测试点 4(绿松石)	46.94	38.58	0.55	3.67	10.27	100.00
测试点 5(磷铝石+绿松石)	42.75	49.84	0	3.02	4.39	100.00
测试点 6(磷铝石)	41.95	56.07	0.54	1.44	—	100.00

3)磷钙铝石

庙山寨绿松石中的磷钙铝石主要出现在绿松石的孔洞中,常伴有针铁矿。颜色呈无色,半透明至微透明,形态不规则(图 3.26A—C)。背散射电子图像显示其衬度较绿松石浅(图 3.26D、E),同时也可分布在石英颗粒边缘(图 3.26F)。能谱分析测试显示其主要成分为 Al_2O_3(36.78%~42.80%)、P_2O_5(25.24%~31.37%)、SO_3(3.50%~7.05%)、CaO(5.84%~12.46%)、BaO(6.99%~8.75%),另外还有少量的 FeO、MgO、SiO_2、K_2O、SrO(表 3.8)。其拉曼光谱峰主要位于 $182cm^{-1}$、$255cm^{-1}$、$391cm^{-1}$、$465cm^{-1}$、$615cm^{-1}$、$830cm^{-1}$、$984cm^{-1}$、$1024cm^{-1}$、$1106cm^{-1}$(图 3.22E)。

3.2.3.4　庙山寨绿松石显微形貌特征

选取代表性的 3 件样品(图 3.27),利用扫描电子显微镜观察其显微形貌特征,庙山寨绿松石可见片状、板状、长柱状、放射状球状集合体。

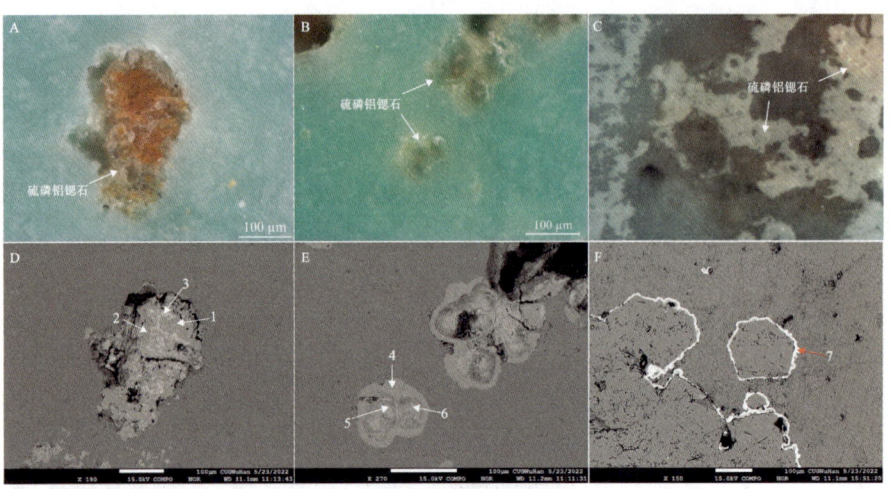

1—7 为磷钙铝石。

图 3.26 庙山寨绿松石中磷钙铝石的显微特征

表 3.8 庙山寨绿松石中磷钙铝石的 EPMA-EDS 分析结果　　　　　　　　单位:%

氧化物	MgO 含量	Al_2O_3 含量	SiO_2 含量	P_2O_5 含量	SO_3 含量	K_2O 含量	CaO 含量	FeO 含量	SrO 含量	BaO 含量	总计
1	0	42.20	—	29.47	6.36	0.77	11.59	0.85	—	8.75	100.00
2	0.36	42.80	—	30.07	5.72	0.39	12.36	0.64	—	7.66	100.00
3	0	36.78	—	25.24	7.05	0.90	5.84	7.22	—	—	100.00
4	0	42.73	—	29.08	6.67	—	12.00	1.16	—	8.35	100.00
5	0.39	41.46	2.03	29.70	5.43	—	10.86	1.29	1.84	6.99	100.00
6	0.37	39.26	7.48	26.61	4.93	—	10.22	3.47	—	7.64	100.00
7	0	42.75	1.99	31.37	3.50	—	12.46	0.74	—	7.17	100.00

图 3.27 白河庙山寨的 SEM 测试样品
A:MSZ19001 样品;B:MSZ19002 样品;C:MSZ19007 样品

在扫描电子显微镜下,疏松的蓝白色绿松石(图 3.27A)中可见柱状及片状微晶杂乱无序松散地堆积在一起,颗粒间隙明显,孔隙度大(图 3.28A、B)。微晶结晶程度和自形程度好,形态完整,轮廓清晰,可见长柱状微晶,长径可达 4~5μm,部分颗粒细小破碎(图 3.28C)。

致密的绿松石样品(图3.27B)中可见柱状及薄板状两种结构。柱状及薄板状微晶结晶程度和自形程度好,形态完整,棱角分明,轮廓清晰(图3.28D—F)。薄板状微晶呈叠瓦式堆叠,结构致密,孔隙度小(图3.28D)。柱状微晶长可达5μm左右,排列具有一定的方向性,局部可见弯曲形变(图3.28E、F)。

部分样品呈球粒状(图3.27C),在扫描电子显微镜下,可见完整的球粒状微晶簇堆积在一起(图3.28G)。微晶簇呈放射状和球状集合体,形态完整,大小为5~12μm,可见明显的间隙。观察球粒状集合体的横截面,其边缘为柱状微晶,大小基本一致,部分长约3μm(图3.28H);中心为紧密堆积的板状微晶,直径为4~9μm。柱状微晶沿中心核的周围紧密有序地堆积在一起,排列有序,整体形成"核-边"结构(图3.28I)。

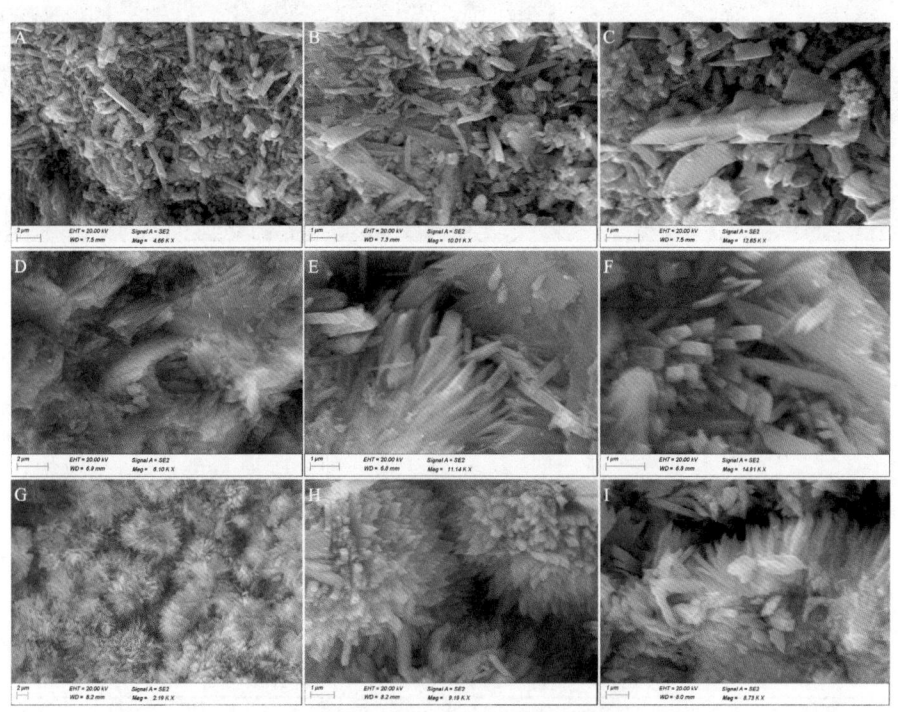

图3.28 庙山寨绿松石的微形貌特征

3.2.4 白河小东沟绿松石

样品采自陕西白河县小东沟矿点,共102件样品。样品围岩呈棕褐色(图3.29A)。小东沟绿松石可呈细脉状、团块状充填在围岩裂隙中,也可呈薄片状或结核状(图3.29A—E)。结核状绿松石表层可见蓝白色、黄绿色或褐黄色风化皮,且内部与表层颜色差异明显(图3.29E—H),同时也可见绿松石被棕褐色的铁质矿物包裹,局部有铁质矿物浸染,颜色呈褐黄色(图3.29I)。此外,绿松石中可见褐红色、土黄色、灰黑色的网脉状花纹(图3.29J—L)。样品的颜色有蓝色、蓝白色、蓝绿色、黄绿色及褐黄色等。

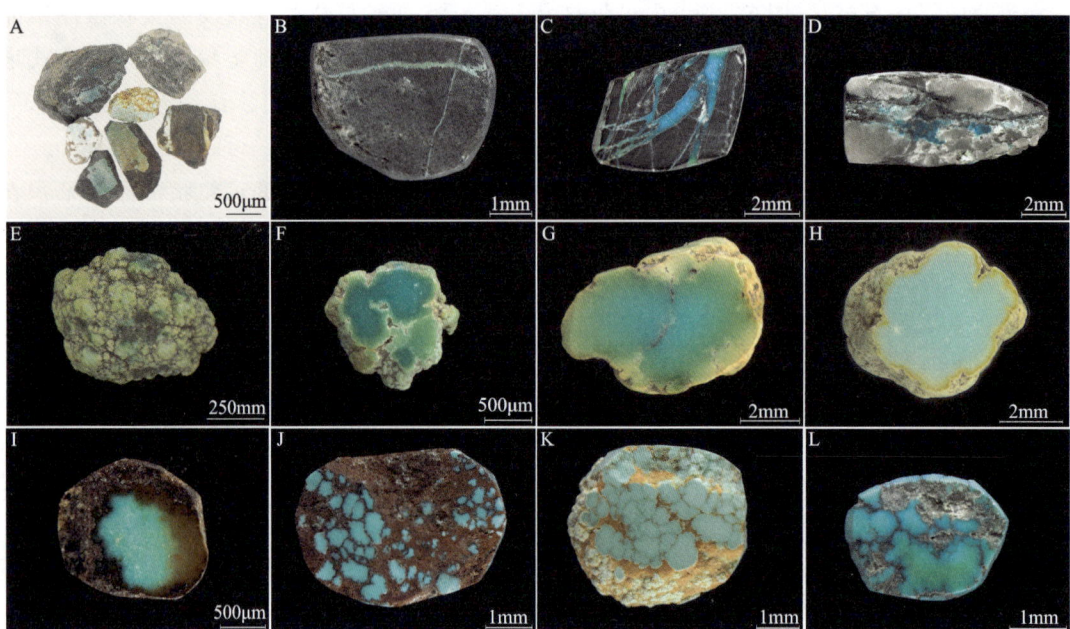

图 3.29 小东沟绿松石样品特征

3.2.4.1 小东沟绿松石围岩特征

小东沟绿松石围岩主要有 3 种类型（表 3.9）。第一种为碳质石英片岩，呈板块状，局部可见石英脉（图 3.30A）。岩石主要由石英、白云母、碳酸盐矿物和黑色不透明物质组成，岩石发生碎裂，裂隙较发育。不透明物质主要是碳质和少量铁质，铁质主要是黄铁矿和赤铁矿。岩石为片状粒状变晶结构，片状构造。

表 3.9 小东沟绿松石围岩薄片特征

样品号	颜色	岩石定名	矿物组成	矿物含量	结构构造
XDG20092	灰黑色	碳质石英片岩	石英、白云母、碳酸盐矿物和黑色不透明矿物	石英 55%～60%，脉体 15%～20%，白云母 10%～12%，不透明矿物 8%～10%，碳酸盐矿物<1%	片状粒状变晶结构，片状构造
XDG20095	黑色	含黄铁矿碳质石英片岩	石英、白云母、绿泥石和黑色不透明矿物	石英 45%～50%，碳质 20%～25%，白云母 15%～20%，黄铁矿 3%～5%，绿泥石 2%～3%	片状粒状变晶结构，片状构造
XDG20096	棕褐色	碎裂角砾岩	硅质，少许黏土矿物和不透明矿物	角砾：石英 50%～55%，碳质 8%～10%，白云母 1%～2%。填隙物：铁质 10%～15%，石英碎屑 8%～10%，碳酸盐矿物 8%～10%	角砾状结构，块状构造

第二种为含黄铁矿碳质石英片岩,黑色,污手,局部可见黄铁矿零星分布,(图 3.30B)。岩石主要由石英、白云母、绿泥石和黑色不透明物质组成(图 3.30D、E)。绿泥石多呈他形片状或片状集合体,多同白云母伴生且具有相同的定向性(图 3.30E);不透明物质主要是碳质和铁质,铁质主要是黄铁矿。岩石结构为片状粒状变晶结构,片状构造。

第三种为碎裂角砾岩(图 3.30C),岩石表面风化,含铁矿物呈棕褐色,矿物组成主要为硅质,含少许黏土矿物和不透明矿物(图 3.30F)。硅质主要为隐晶硅质,少许粉晶硅质,黏土矿物呈隐晶状,主要填充在裂缝中。不透明矿物填充在裂缝中,零星分布。岩片中发育大量杂乱裂缝,为角砾状结构,块状构造。岩石角砾的矿物组成为石英 50%～55%,碳质 8%～10%,白云母 1%～2%。填隙物组成为铁质 10%～15%,石英碎屑 8%～10%,碳酸盐矿物 8%～10%。

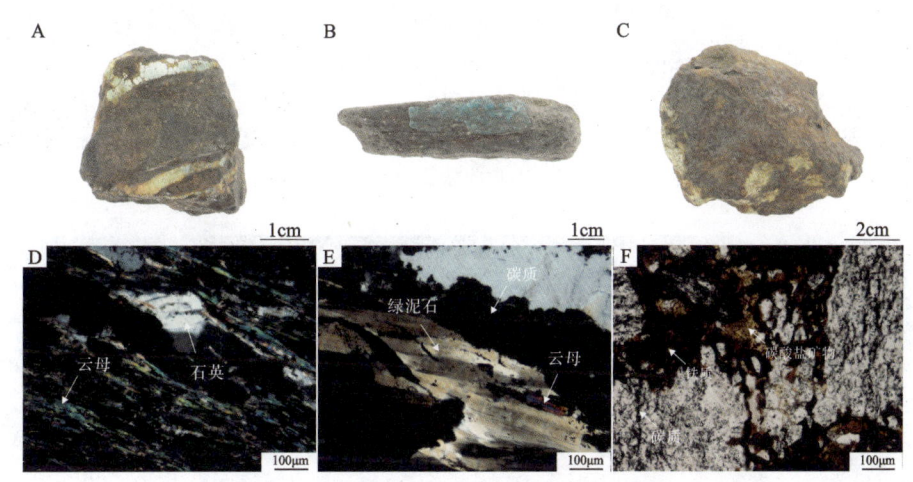

图 3.30　小东沟绿松石围岩及薄片特征
A:XDG20092 样品;B:XDG20095 样品;C:XDG20096 样品;D—F:样品的薄片特征

3.2.4.2　小东沟绿松石基础宝石学特征

样品相对密度为 2.12～2.89(部分含围岩),紫外荧光灯下无荧光,样品可呈土状光泽、蜡状光泽及玻璃光泽,大部分样品不透明,少量样品中绿松石微透明(图 3.31A)。放大观察,样品中可见绿松石呈球粒状,横截面显示同心环带结构(图 3.31A)。样品结构由疏松到致密,部分绿松石中可见明显的孔洞,颜色不纯净(图 3.31B),可见黑色斑点状物(图 3.31C)及浅黄色杂质矿物呈团块状分布(图 3.31D),以及褐黄色铁质矿物呈浸染状分布在绿松石中(图 3.31E),此外还可见无色透明的杂质矿物(图 3.31F)。

3.2.4.3　小东沟绿松石杂质矿物特征

小东沟绿松石样品杂质矿物丰富(图 3.32),通过拉曼光谱测试发现主要有石英、石墨、云母、孔雀石、蓝铜矿、绿泥石、重晶石、石膏、磷铝石、磷方沸石、自然硒、黄钾铁矾、黄铁矿、地开石、赤铁矿及针铁矿等。

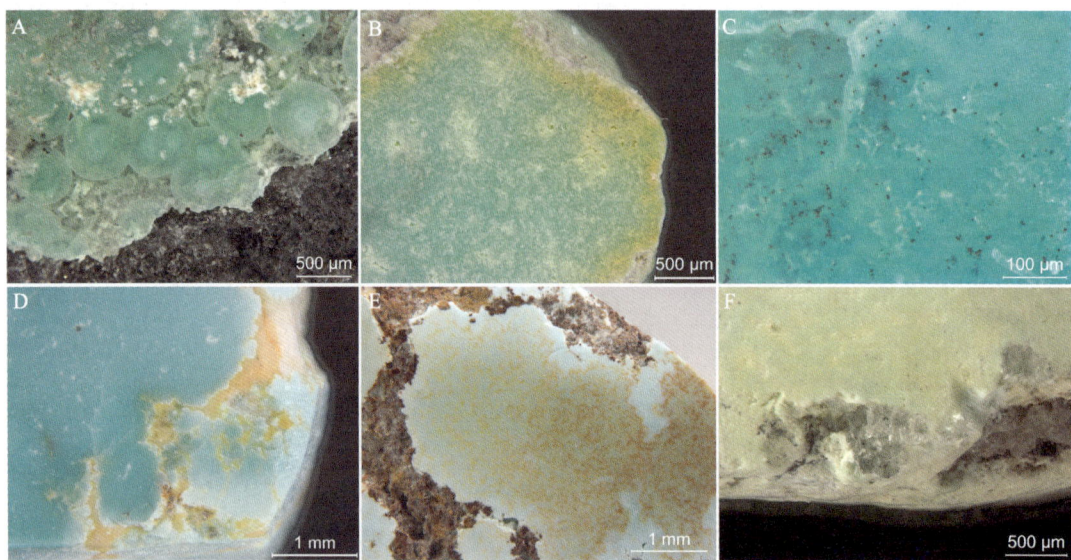

图 3.31　小东沟绿松石显微特征

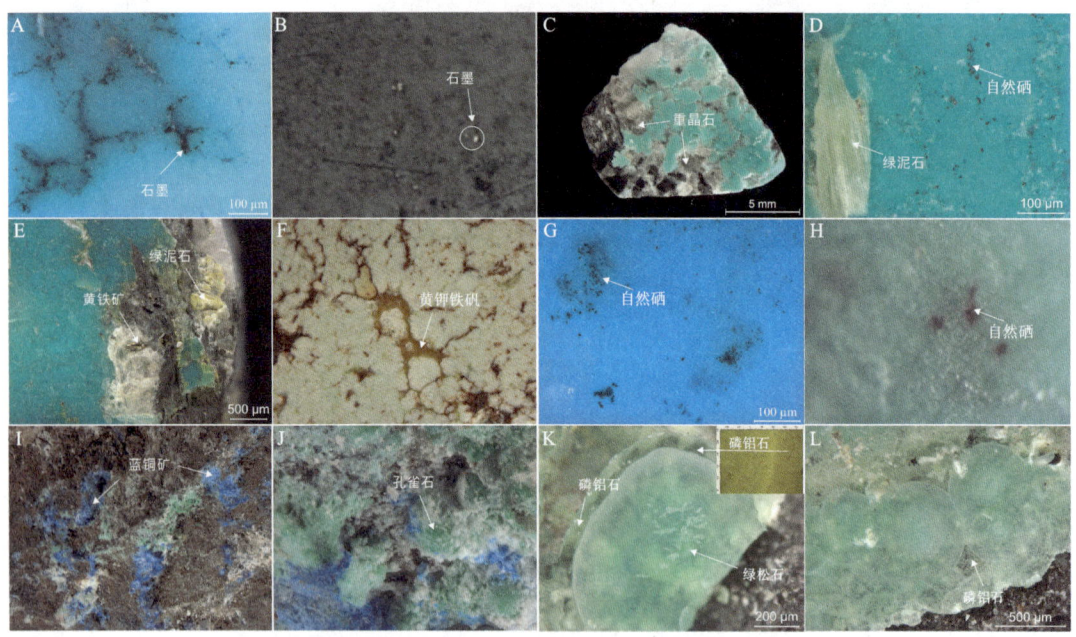

图 3.32　小东沟绿松石中杂质矿物特征

少数小东沟绿松石中也可见大量黑色的点状物呈网脉状分布在绿松石中(图 3.32A、B),拉曼光谱结果显示其为石墨(图 3.33A)。在一件结核状绿松石的间隙中有橙黄色不透明蜡状光泽的矿物,该矿物中可见较多的裂隙,经过 XRD 测试该矿物为白云母(图 3.34)。通过拉曼光谱可发现石英、石墨、云母及其混合峰(图 3.33A)。同时还可发现金云母[Phlogopite,$KMg_3(Si_3Al)O_{10}(OH)_2$]呈片状,其拉曼光谱峰位于 194 cm^{-1}、283 cm^{-1}、360 cm^{-1}、681 cm^{-1}、1038 cm^{-1}、3678 cm^{-1} 和 3713 cm^{-1}(图 3.33B)。

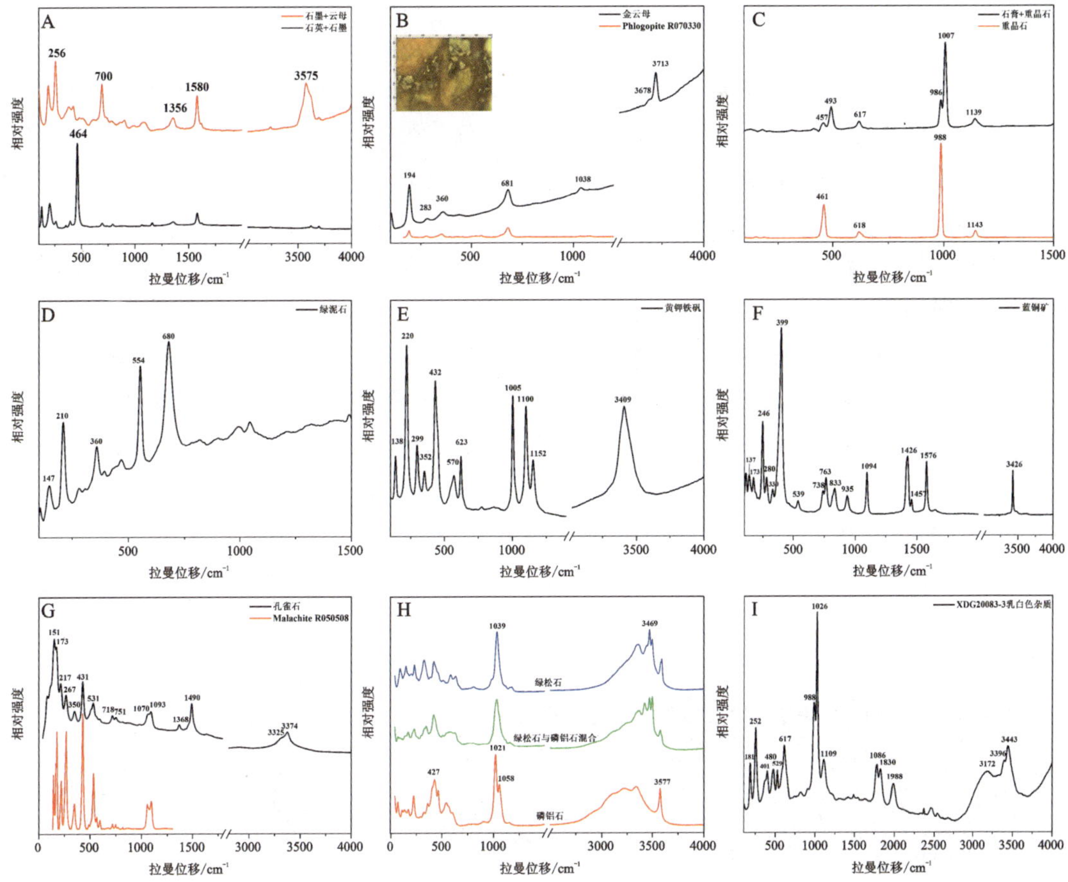

图 3.33 小东沟绿松石杂质矿物的拉曼光谱
A:石墨、云母及石英;B:金云母;C:重晶石及重晶石和石膏;D:绿泥石;E:黄钾铁矾;F:蓝铜矿;G:孔雀石;H:磷铝石;I:磷方沸石

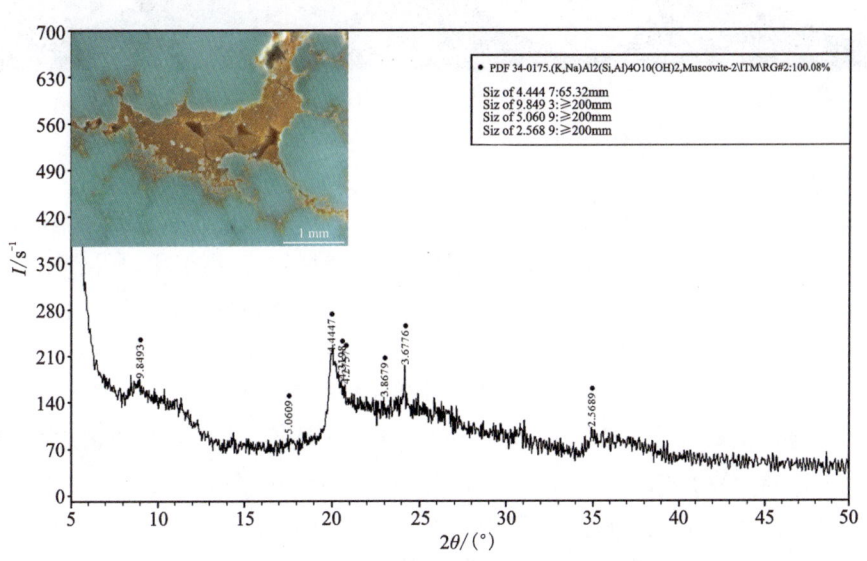

图 3.34 小东沟绿松石中白云母的 XRD 衍射图谱

小东沟绿松石中也有乳白色的重晶石(图3.32C),拉曼光谱测试还可发现重晶石和石膏的混合谱峰,其中重晶石的拉曼光谱峰主要位于461cm^{-1}、618cm^{-1}、988cm^{-1}、1143cm^{-1},而石膏的拉曼光谱峰主要位于617cm^{-1}、1007cm^{-1}(图3.33C)。在样品中也可发现绿泥石呈纤维片状,颜色为浅黄色或浅黄绿色(图3.32D),多与黄铁矿存在于围岩中(图3.32E),绿泥石的拉曼光谱峰主要位于147cm^{-1}、210cm^{-1}、360cm^{-1}、554cm^{-1}、680cm^{-1}(图3.33D)。小东沟绿松石中的黄钾铁矾为褐黄色,常与褐红色铁质矿物一起呈浸染状分布在绿松石中(图3.32F)。少数样品中也可见大量自然硒呈点状密集分布在绿松石中,颜色为灰黑色,颗粒极细小,部分颗粒较大(图3.32G、H)。

小东沟样品中可发现蓝铜矿与孔雀石共生。蓝铜矿为纯正的蓝色,形态不规则(图3.32I),其拉曼光谱见图3.33F。孔雀石[$Cu_2CO_3(OH)_2$]为蓝绿色,结核状(图3.32J),其拉曼光谱峰主要位于151cm^{-1}、217cm^{-1}、267cm^{-1}、350cm^{-1}、431cm^{-1}、531cm^{-1}、718cm^{-1}、751cm^{-1}、1070cm^{-1}、1093cm^{-1}、1368cm^{-1}、1490cm^{-1}、3325cm^{-1}、3374cm^{-1}(图3.33G)。

少量样品中可发现绿松石与磷铝石共生,绿松石由鲕粒状小球聚集而成,鲕粒状小球边缘为无色透明的磷铝石(图3.32K、L)。通过拉曼光谱测试分析发现鲕粒状小球中心为绿松石,从中心至边缘,矿物逐渐从绿松石过渡为磷铝石(图3.33H)。

3.2.4.4 小东沟绿松石显微形貌特征

选取4件代表性的样品(图3.35),利用扫描电子显微镜观察其显微形貌特征,样品可见片状、板状、柱状、厚板状结构,放射状的球状集合体。

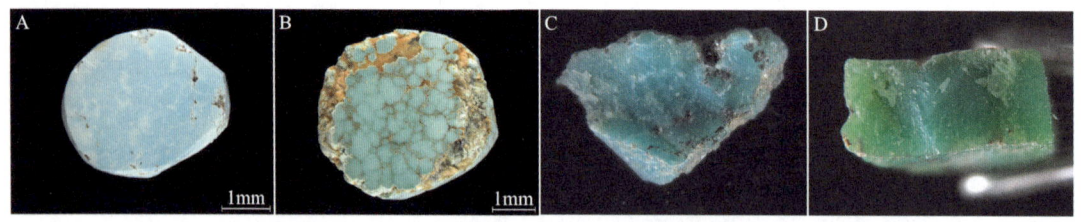

图3.35 小东沟绿松石的SEM测试样品
A:XDG20082样品;B:XDG20081样品;C:XDG200L1样品;D:XDG200LG样品

在扫描电子显微镜下,浅蓝色绿松石样品(图3.35A)为柱状结构,柱状微晶杂乱无序,松散地堆积在一起,颗粒间隙明显,结构疏松,微晶形态为长柱状,大小不均匀,长可达3μm左右,自形程度好,形态完整,轮廓清晰(图3.36A、B)。蓝绿色且质地较好的绿松石样品(图3.35B)为厚板状结构。板状微晶粗大,厚度不均匀,为1~3μm,板状微晶交错堆积在一起,颗粒间隙可见较小的孔隙,结构较致密,局部可见板状微晶弯曲变形(图3.36C、D)。

深蓝色质地优质绿松石样品(图3.35C)中可见片状结构,片状微晶紧密堆积,基本不可见微晶之间的间隙,结构致密(图3.36E)。此外,在样品的孔洞内可见大量的球状集合体堆积在一起,球状集合体之间可见较大的孔隙(图3.36F)。球状集合体外观呈放射状(图3.36C),表面由长柱状和板状微晶呈放射状堆积形成,长柱状微晶长可达5μm左右,厚约0.35μm,宽约0.4μm,板状微晶厚度可达0.43μm(图3.36G、H)。在颜色浓郁、质地优良的蓝绿色样品的孔洞内也可见大量的球状集合体(图3.36I),表面由板状微晶组成,大小均匀,厚度约为0.33μm(图3.36J)。球状集合体横截面均显示"核-边"结构(图3.36K),核内部由薄板状及片状微晶组成,结构致密。集合体的"边"宽度约为5.8μm,较均匀,由片状微晶组成(图3.36L)。

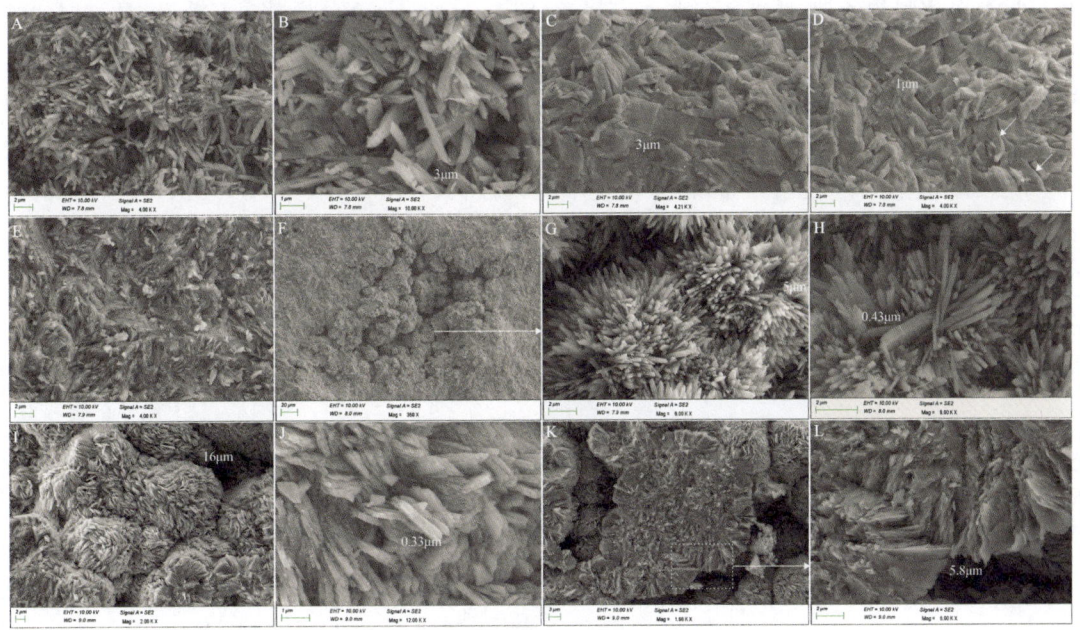

图3.36 小东沟绿松石的微形貌特征

3.3 鄂豫陕矿区北矿带绿松石宝石学及矿物学特征

3.3.1 洛南河口绿松石

样品采自陕西洛南县河口遗址,均为原石样品。样品围岩多为灰黑色和灰褐色,且表面掺杂褐黄色铁质矿物及疏松的黏土矿物,原石呈块状、板状、片状充填于围岩裂隙及孔洞中(图3.37)。

图3.37 河口绿松石样品特征

3.3.1.1 河口绿松石围岩特征

河口绿松石围岩主要有两种类型,见表3.10。第一种为碳质粉砂质板岩,灰黑色,部分样品可见黑白相间的条带,局部颜色为浅灰褐色(图3.38A、B),部分样品含石英脉,具纹层状结构。岩石主要成分为石英、碳质、泥质和绢云母,部分矿物相对富集,呈纹层状(图3.38E、F)。第二种为硅质板岩,灰色块状或板状(图3.38C、D)。岩石中主要成分为硅质、碳质、泥质、绢云母和少量铁质。硅质主要是隐-微晶石英,多呈带状分布,碳质多呈粉末状或浸染状零星分布,绢云母多呈鳞片状定向分布,铁质多呈不规则粒状,零星分布(图3.38G、H)。岩石均为鳞片状粒状变晶结构,板状构造。

表3.10 河口绿松石围岩薄片特征

样品号	颜色	岩石定名	矿物组成	矿物含量	备注
HK20005	黑色	纹层状含石英脉碳质粉砂质板岩	石英、碳质、泥质、绢云母	基质:黏土矿物90%,云母5%,不透明物质3%,石英2% 脉体:石英90%,云母10%	部分矿物相对富集,呈纹层状,石英、碳质呈带状分布
HK20030	黑色	碳质粉砂质板岩	石英、碳质、泥质和绢云母	基质:黏土矿物90%,云母5%,石英2%,不透明物质3%。 脉体:石英90%,云母10%	部分矿物相对富集,呈带状,石英、碳质呈带状分布
HK20031	灰色	硅质板岩	硅质、碳质、泥质、绢云母和少量铁质	基质:黏土矿物85%,石英10%,云母3%,不透明物质2%。 脉体:石英90%,云母10%	硅质多呈带状或脉状集合体分布;碳质多呈粉末状或浸染状
HK20033	灰褐色	硅质板岩	硅质、碳质、泥质、绢云母和少量铁质	石英72%,黏土矿物20%,不透明物质5%,云母3%	硅质多呈带状分布;碳质多呈粉末状或浸染状

3.3.1.2 河口绿松石基础宝石学特征

河口绿松石的颜色有蓝色、浅蓝色、蓝绿色及褐黄色。样品相对密度范围为2.30~2.90(部分含围岩),紫外荧光灯下无荧光。样品多呈脉状充填于围岩裂隙中,且绿松石与围岩中

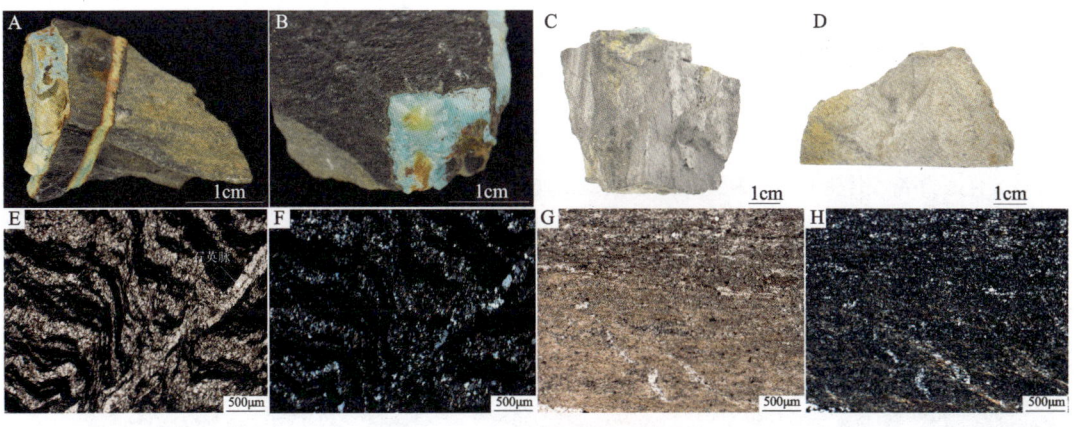

图 3.38 河口绿松石围岩类型

A:HK20005 样品;B:HK20030 样品;C:HK20031 样品;D:HK20033 样品;E、F:分别为 HK20005 样品单偏光和正交偏光下的岩石薄片特征,矿物相对富集,呈纹层状,可见石英脉;G、H:分别为 HK20033 样品单偏光和正交偏光下的岩石薄片特征

间常夹杂着一层褐色的铁质矿物(图 3.39A—C),部分样品中也可见绿松石呈球状颗粒(图 3.39D—F),部分颗粒横截面呈花瓣状(图 3.39F)。此外,样品表面均有较多的杂质,除黑色团块围岩杂质外,绿松石中常混有褐黄色、褐红色、乳白色等杂质矿物,样品外观颜色斑杂(图 3.39E—H)。图 3.39H 中大量的乳白色微透明矿物充填在绿松石球状颗粒间隙。大部分绿松石样品不透明,另有部分样品绿松石呈微透明(图 3.39I)。

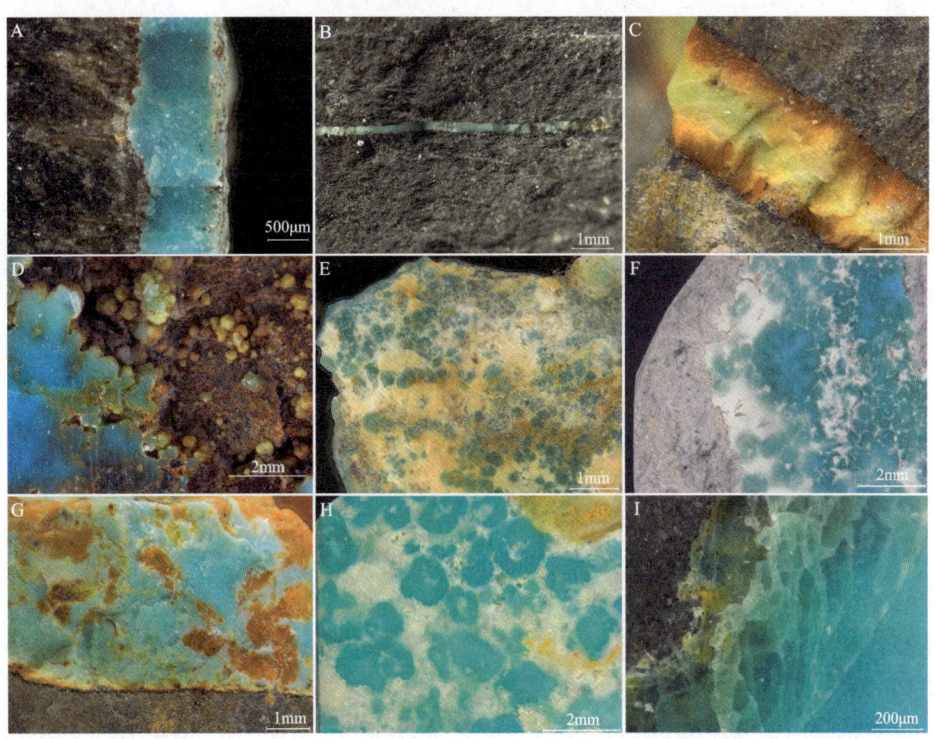

图 3.39 河口绿松石显微特征

3.3.1.3 河口绿松石杂质矿物特征

河口绿松石样品杂质矿物丰富(图3.40),通过拉曼光谱测试发现主要有石英、石墨、明矾石、磷铝石、石膏、银星石、黄钾铁矾、针铁矿、地开石、纤蛇纹石及磷方沸石等(图3.41)。

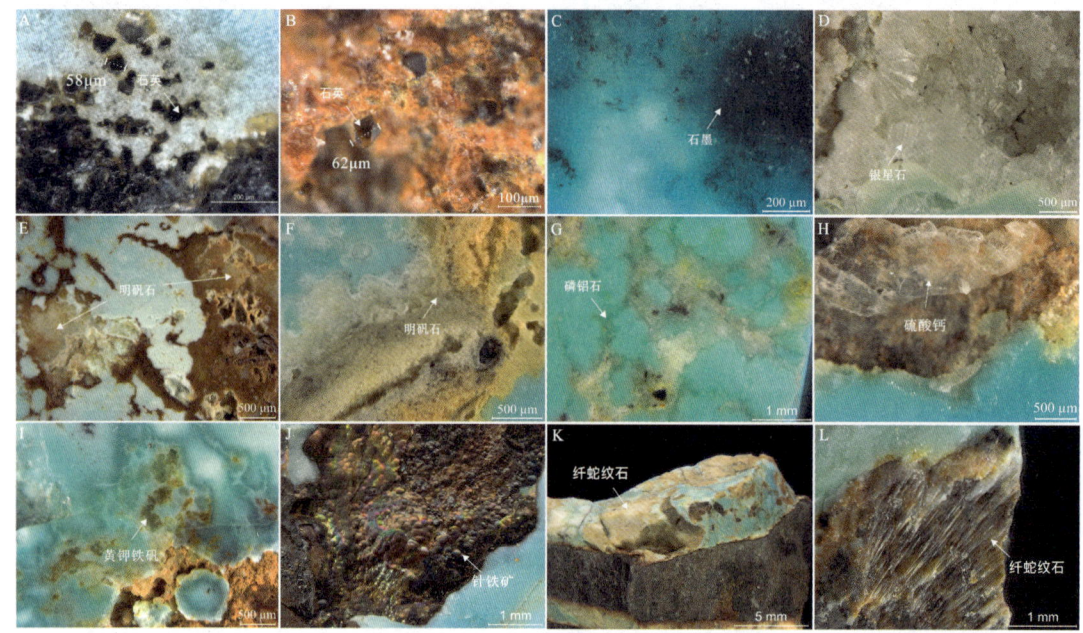

图3.40 河口绿松石中杂质矿物特征

石英和石墨是河口绿松石中最常见的矿物,石英为无色或深灰色,自形程度好,呈细小的颗粒状,宽58～62μm(图3.40A、B)。部分样品中可见大量的黑色石墨包裹体混在绿松石中,呈烟雾状(图3.40C)。通过拉曼光谱发现大部分石英中混有石墨,还可发现石墨分别与绿松石、云母的混合峰,其中石墨的拉曼峰强而尖锐,显示石墨具有较好的结晶度(图3.41A)。河口绿松石中的银星石呈放射状与绿松石混杂在一起,或出现在围岩中,无色透明(图3.40D)。其拉曼光谱峰主要位于210cm^{-1}、280cm^{-1}、313cm^{-1}、355cm^{-1}、399cm^{-1}、470cm^{-1}、541cm^{-1}、623cm^{-1}、1021cm^{-1}、1145cm^{-1}、3071cm^{-1}、3314cm^{-1}、3507cm^{-1}(图3.41B)。

明矾石为浅黄色或乳白色,不透明,形态不规则(图3.40E、F)。磷铝石呈浸染状分布在绿松石中,颜色为淡蓝色,微透明(图3.40G)。同时,在围岩与绿松石中还可发现无色透明、形态不规则的石膏(图3.40H),拉曼光谱峰主要位于177cm^{-1}、412cm^{-1}、491cm^{-1}、616cm^{-1}、669cm^{-1}、1006cm^{-1}、1134cm^{-1}、3409cm^{-1}、3497cm^{-1}(图3.41D)。河口绿松石中黄钾铁矾为黄绿色(图3.40I),常与赤铁矿共生。针铁矿主要夹杂在绿松石和围岩中间,呈肾状、结核状或皮壳状,断面呈放射状,颜色为褐色,且表面具有较强的锈色(图3.40J)。

在河口部分样品中可见绿松石与其他乳白色、褐黄色等杂质矿物混合在一起,呈斑杂状(图3.40K),局部可见褐色与乳白色混杂的矿物呈纤维状,具有丝绢光泽(图3.40L)。通过XRD测试发现矿物为纤蛇纹石[$Mg_6Si_4O_{10}(OH)_8$](图3.42)。

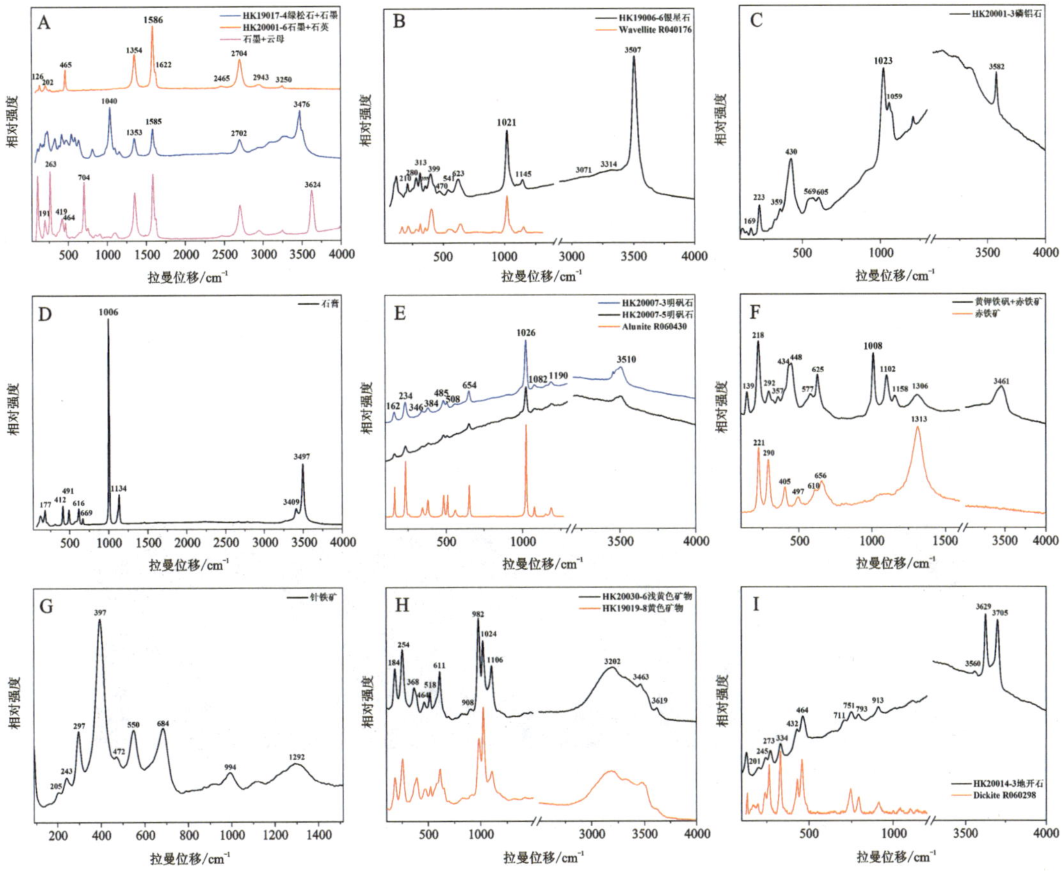

图 3.41 河口绿松石中杂质矿物的拉曼光谱

A:石墨与石英、绿松石、云母混合;B:银星石;C:磷铝石;D:石膏;E:明矾石;F:黄钾铁矾和赤铁矿;G:针铁矿;H:磷方沸石;I:地开石

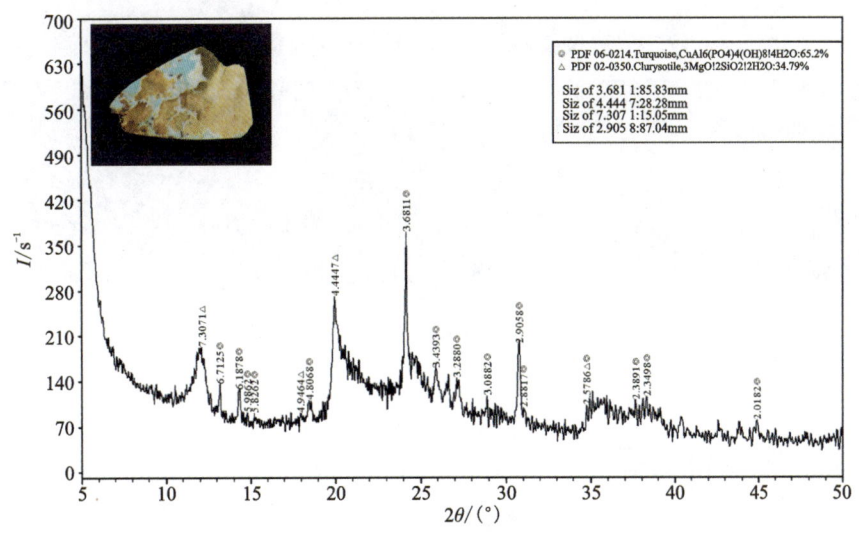

图 3.42 河口样品中绿松石和纤蛇纹石的 XRD 衍射图谱

3.3.1.4 河口绿松石显微形貌特征

选取3件不同颜色及致密程度的样品(图3.43),利用扫描电子显微镜观察其表面微观形貌特征,可见片状、板状结构。

扫描电子显微镜下,蓝色样品(图3.43,A)微晶颗粒主要为板状结构。板状微晶交错堆积,颗粒间可见孔隙,结构较致密(图3.44A)。板状微晶结晶程度和自形程度好,棱角分明,轮廓清晰,形态完整,颗粒粗大,厚度相对较均匀,为 0.6~0.75μm,部分板状微晶厚度可至 1.1μm(图3.44B、C)。致密天蓝色微透明样品(图3.43B)也可见板状微晶紧密堆积交织在一起,颗粒间几乎无孔隙,结构致密,板状微晶厚度可在 0.17~0.8μm 之间变化(图3.44D、E)。蓝色微透明样品(图3.43C)可见片状结构,局部可见片状微晶排列局部有序,颗粒间基本不可见明显的孔隙(图3.44F)。

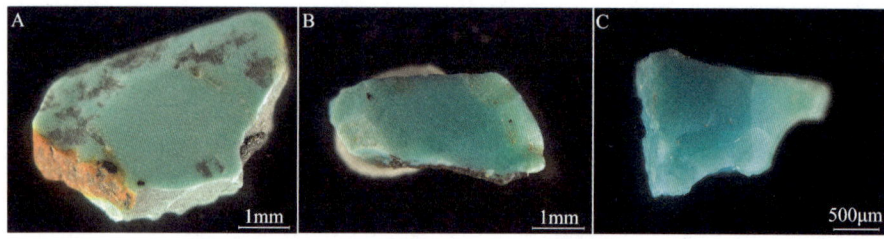

图 3.43　河口绿松石的 SEM 测试样品
A:HK20018 样品;B:HK20034 样品;C:HK20000 样品

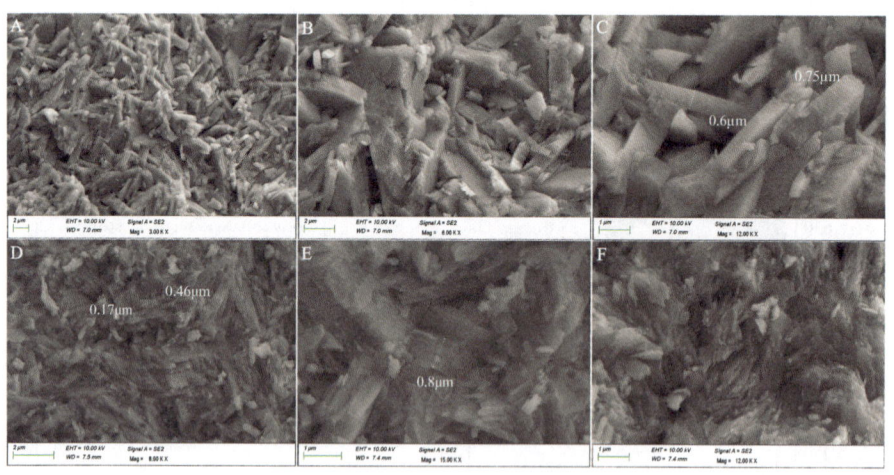

图 3.44　河口绿松石的显微形貌特征

3.3.2　拐峪绿松石

样品采自河南省卢氏县拐峪矿点,均为原石样品。样品围岩多为灰黑色和灰褐色(图3.45

A—C），拐峪绿松石主要呈薄片状赋存于围岩的裂隙或表面（图 3.45E—H），颜色可见天蓝色、蓝绿色及绿色。

图 3.45　拐峪绿松石样品特征

3.3.2.1　拐峪绿松石围岩特征

拐峪绿松石围岩主要有 3 种类型，见表 3.11。第一种为碳质硅质板岩，手标本上具有灰色团块分布，且可见灰黑相间的波状条带（图 3.46A）。岩石主要成分是硅质、碳质、泥质、绢云母和少量铁质。第二种为硅质碳质板岩（图 3.46B），黑色，易污手。岩石主要成分是硅质、碳质、泥质、绢云母和少量铁质；硅质主要是隐-微晶石英，硅质和碳质多呈条带状定向分布（图 3.46D,E），泥质多与碳质混杂分布，绢云母多呈鳞片状定向分布（图 3.46F），铁质多呈不规则粒状，零星分布。第三种为硅质板岩，呈灰褐色板状，表面风化局部呈橘红色（图 3.46D）。岩石主要成分是硅质、碳质、泥质、绢云母和少量铁质。围岩均为鳞片状粒状变晶结构，板状构造。

表 3.11　拐峪绿松石围岩薄片特征

样品号	颜色	岩石定名	矿物组成及含量	结构和构造
GY20001	灰黑色，局部灰褐色	碳质硅质板岩	基质：石英 75%，黏土矿物 20%，菱铁矿 4%，云母 1%。 脉体：石英 90%，云母 10%	鳞片状粒状变晶结构，板状构造
GY20010	黑色	硅质碳质板岩	黏土矿物 50%，石英 49%，云母 1%	鳞片状粒状变晶结构，板状构造
GY20021	灰色	硅质板岩	基质：黏土矿物 50%，石英 45%，云母 2%，菱铁矿 2%，不透明物质 1%； 脉体：石英 90%，云母 10%	鳞片状粒状变晶结构，板状构造

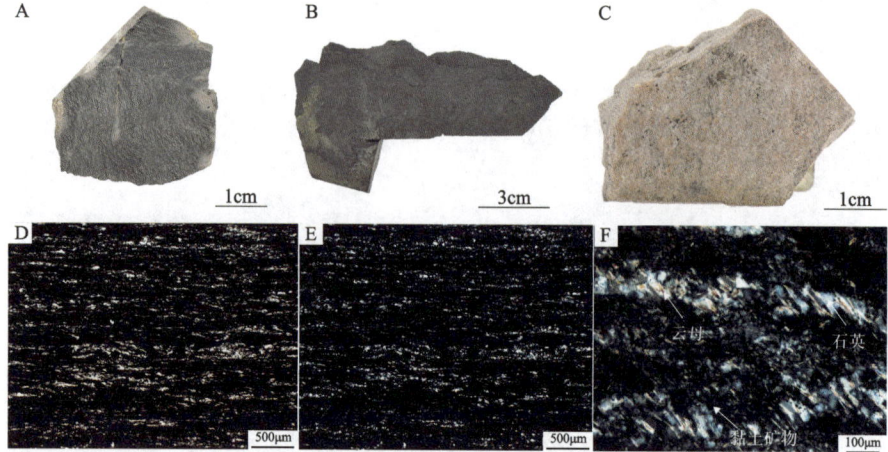

图 3.46 拐峪绿松石围岩类型
A:GY20001 样品;B:GY20010 样品;C:GY20021 样品;D、E:分别为 GY20010 样品在单偏光和正交偏光下岩石薄片特征,硅质呈带状分布,可见石英、云母、菱铁矿黏土矿物与碳质混合;F:鳞片状绢云母定向分布

3.3.2.2 拐峪绿松石基础宝石学特征

拐峪绿松石样品相对密度范围为 2.30～2.69(部分含围岩),紫外荧光灯下无荧光,部分样品不透明,部分蓝色样品呈微透明。在大部分样品中,绿松石以薄片状赋存于围岩表面,厚约 0.611mm(图 3.47A),表面均有较多的杂质,可见褐黄色及白色点状物(图 3.47B),同时部分绿松石样品表面附着一层褐色铁质矿物(图 3.47C)。放大观察样品的部分孔洞,可见绿松石呈细小的球粒状堆积成结核状集合体(图 3.47D)。球粒状绿松石颗粒断面具有环带结构,颜色分布不均匀(图 3.47E—I)。

3.3.2.3 拐峪绿松石杂质矿物特征

拐峪绿松石样品杂质矿物主要有石英、石墨、黄钾铁矾、针铁矿、银星石、磷灰石、磷钡铝石、锐钛矿、磷铜铁矿等(图 3.48)。

石英和石墨主要发现于褐黑色团块状杂质及围岩中。石墨的拉曼光谱峰尖锐,显示石墨具有较好的结晶度,常与石英混合(图 3.49A)。此外,通过拉曼光谱测试还可发现云母与石英和石墨的混合峰(图 3.49B)。黄钾铁矾呈细小的亮黄色透明颗粒,聚集成团块状分布于绿松石表面及围岩中(图 3.48A)。针铁矿主要呈棕褐色不规则斑块状(图 3.48B)。

磷灰石为蓝白色—浅蓝绿色,微透明—半透明,外观形态为结核状或鲕粒状,呈团块状或弯曲的脉状分布(图 3.48C、D)。其拉曼光谱峰主要位于 271cm^{-1}、312cm^{-1}、430cm^{-1}、446cm^{-1}、581cm^{-1}、898cm^{-1}、965cm^{-1}、1074cm^{-1}(图 3.49F)。银星石为无色—浅灰色,透明(图 3.48E、F)。

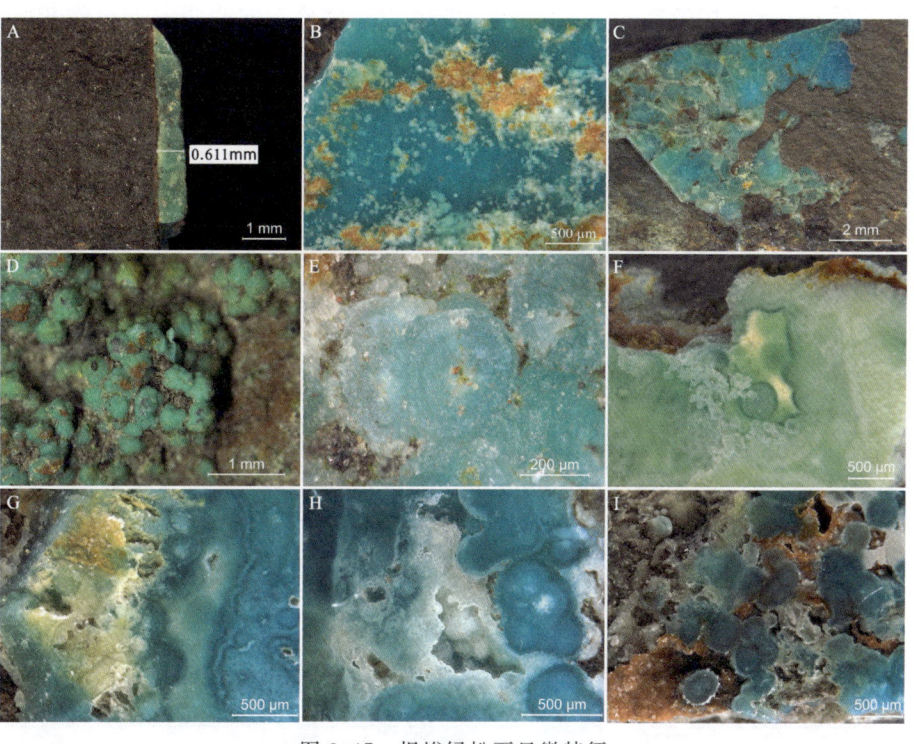

图 3.47 拐峪绿松石显微特征

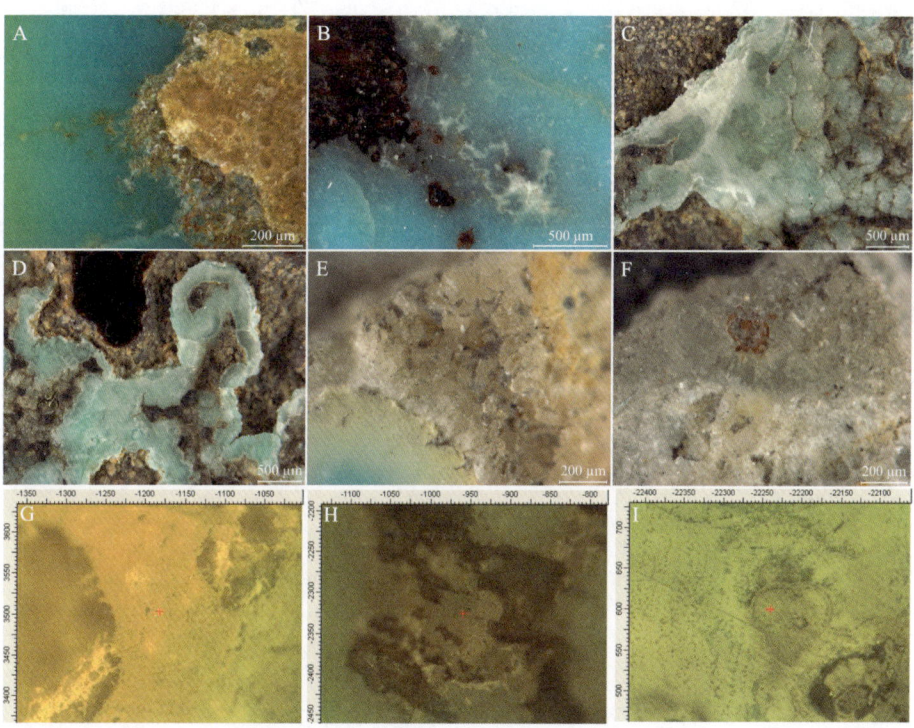

图 3.48 拐峪绿松石杂质矿物特征

A:亮黄色透明的黄钾铁矾附着在绿松石表面;B:棕褐色针铁矿;C、D:蓝绿色半透明磷灰石呈球粒状或脉状分布;E、F:无色透明的银星石;G—I:磷钡铝石呈球粒状出现在磷灰石中

磷钡铝石主要出现在黑色围岩与绿松石中间,以及绿松石的孔洞中。颜色可见灰褐色、黄色,半透明—透明,形态不规则,部分呈球粒状或结核状(图3.48G—I)。其拉曼光谱峰主要位于181cm^{-1}、254cm^{-1}、366cm^{-1}、394cm^{-1}、463cm^{-1}、518cm^{-1}、557cm^{-1}、610cm^{-1}、906cm^{-1}、984cm^{-1}、1024cm^{-1}、1104cm^{-1},不同样品中984cm^{-1}和1024cm^{-1}的拉曼位移和相对强度存在差异,3000~3800cm^{-1}范围内拉曼位移也会随之变化(图3.49G)。

此外,在拐峪绿松石的围岩杂质中还可发现锐钛矿,其拉曼光谱峰主要位于151cm^{-1}、392cm^{-1}、509cm^{-1}、630cm^{-1}(图3.49H)。样品中还发现磷铜铁矿,呈浅绿色,其拉曼光谱峰与绿松石存在略微差异,在1012cm^{-1}处出现拉曼肩峰(图3.49I),其FeO含量较高,在12.242%~15.769%范围内变化(见表3.12)。

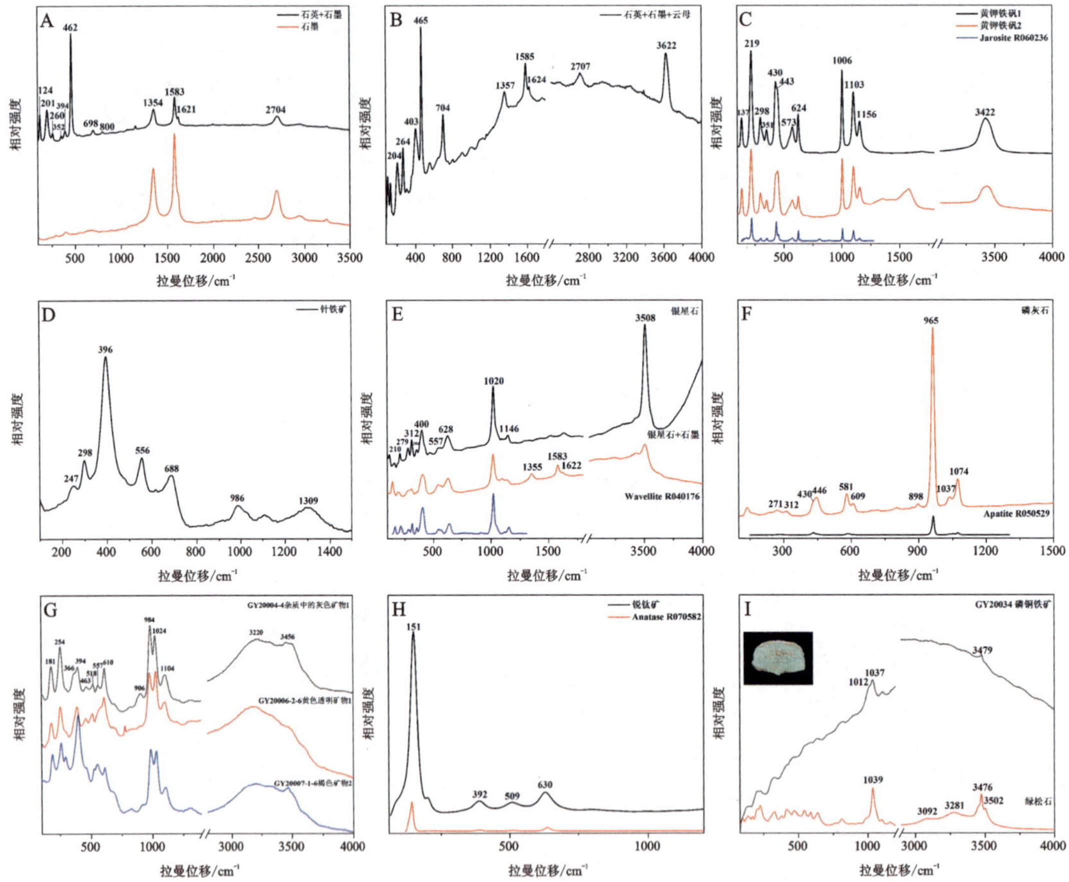

图3.49 拐峪绿松石中杂质矿物的拉曼光谱图
A:石英和石墨;B:石英、石墨和云母;C:黄钾铁矾;D:针铁矿;E:银星石;F:磷灰石;G:磷钡铝石;H:锐钛矿;I:磷铜铁矿

表 3.12　拐峪磷铜铁矿的电子探针测试数据　　　　　　　　　　　　　　　　单位：%

样品编号	化学成分												
	Al_2O_3	CaO	CuO	P_2O_5	Na_2O	BaO	FeO	SiO_2	MgO	ZnO	K_2O	Cr_2O_3	总计
GY20034-1	27.111	0.29	7.604	32.754	0.064	0.092	14.687	0.085	0.026	0.103	0.131	0	82.948
GY20034-2	28.599	0.265	7.89	33.077	0.029	0.095	12.242	0.043	0.024	0.082	0.084	0.001	82.431
GY20032-1	27.368	0.331	7.645	31.051	0.047	0.05	14.471	0.137	0.038	0	0.098	0.019	81.256
GY20032-2	26.486	0.459	7.924	28.867	0.051	0.067	15.336	0.212	0.056	0	0.097	0.042	79.597
GY20032-3	25.573	0.362	7.303	29.867	0.044	0.118	15.769	1.596	0.129	0.137	0.278	0.037	81.212

3.3.2.4　拐峪绿松石显微形貌特征

选取 2 件拐峪不同颜色的样品，观察其微观形貌特征（图 3.50）。拐峪绿松石可见柱状、板状及片状结构。

扫描电子显微镜下，蓝色的绿松石样品（图 3.50A）中同时可见柱状和板状微晶，微晶颗粒间可见少量的孔隙，结构较致密（图 3.50B、C）。微晶排列具有一定的方向性，局部可见柱状放射状堆积（图 3.50B）。此外，可见弯曲形变的柱状微晶（图 3.50D）。在天蓝色微透明的样品（图 3.50D）中可见板状、片状、柱状 3 种结构，结构较致密，孔隙度小，且微晶结晶程度和自形程度好，形态完整，棱角分明，轮廓清晰（图 3.50F—H）。板状微晶厚约 0.13μm，宽约 0.7μm（图 3.50F）。片状微晶呈平行叠瓦式堆叠，断口呈参差状（图 3.50G）。样品局部可见片状微晶呈螺旋状紧密堆积（图 3.50H）。

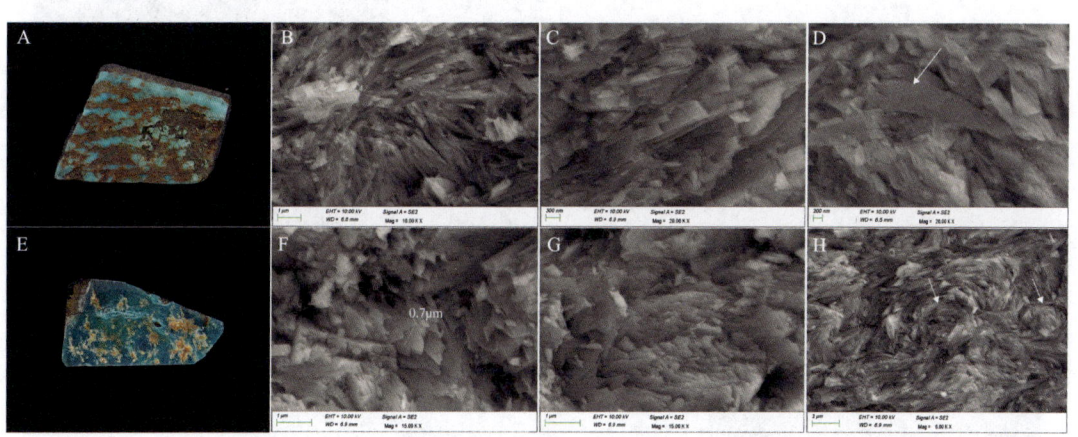

图 3.50　拐峪绿松石的 SEM 测试样品及微形貌特征

3.4 鄂豫陕矿区中矿带绿松石宝石学及矿物学特征

3.4.1 淅川绿松石

样品采自河南淅川大石桥矿点,均为原石样品。绿松石呈结核状、脉状及浸染状,赋存于中—薄层灰色硅质岩层间缝隙的褐黄色和褐红色泥质中(图 3.51A—F)。绿松石主要呈浅蓝色和蓝色。样品相对密度范围为 2.28~2.67(部分含围岩),紫外荧光灯下无荧光,样品不透明。样品表面可见褐黄色和褐红色网脉状花纹,以及白色至乳白色微透明的矿物(图 3.51G—I),且该矿物易失水开裂脱落。此外,少量样品中可见颜色较深的蓝色点状物(图 3.51I)。

3.4.1.1 淅川绿松石围岩特征

淅川绿松石围岩主要有 3 种,颜色分别为灰褐色(图 3.51C)、褐红色及土黄色(图 3.51F、G),

图 3.51 淅川绿松石显微特征

均为碎裂化硅质岩(见表3.13)。岩片中发育大量杂乱裂缝,矿物主要为硅质,有少许黏土矿物和不透明矿物。硅质主要为隐晶硅质,少许粉晶硅质,硅质碎裂严重,黏土矿物和不透明矿物填充在裂缝中(图3.52)。岩石结构为隐-微晶结构、碎裂化结构,块状构造。岩石的矿物组成为硅质90%~92%,黏土矿物5%~8%,不透明矿物2%~3%。

表3.13 淅川绿松石围岩薄片特征

样品号	颜色	岩石定名	矿物组成及含量	结构和构造
XC19001	土黄色	碎裂化硅质岩	硅质90%,黏土矿物8%,不透明矿物2%	隐-微晶结构、碎裂化结构,块状构造
XC19002	砖红色	碎裂化硅质岩	硅质90%,黏土矿物8%,不透明矿物2%	隐-微晶结构、碎裂化结构,块状构造
XC19006	褐灰色	碎裂化硅质岩	硅质92%,黏土矿物5%,不透明矿物3%	隐-微晶结构、碎裂化结构,块状构造

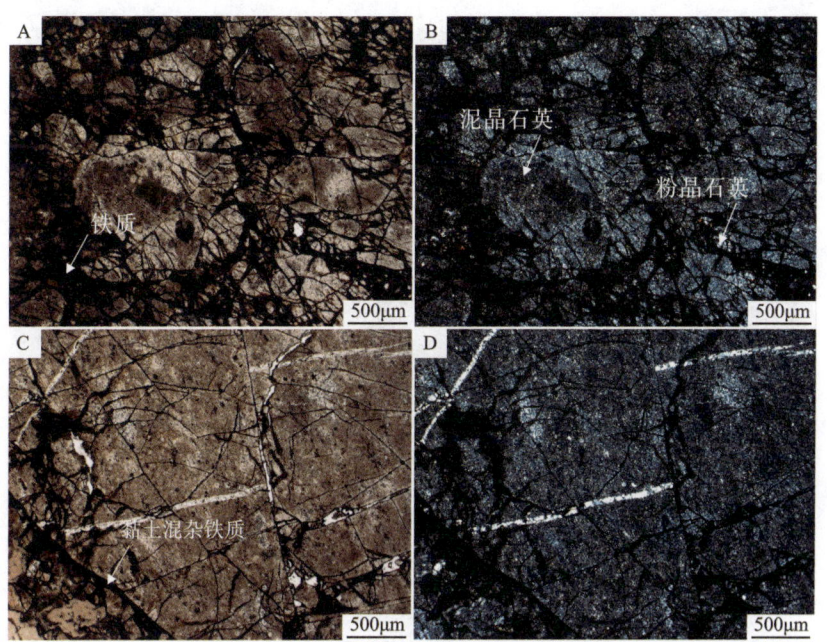

图3.52 淅川样品围岩薄片镜下观察特征
A、C:单偏光下岩石薄片特征;B、D:正交偏光下岩石薄片特征;硅质主要为隐晶石英,少量粉晶石英,黏土矿物混杂铁质填充在裂缝中

3.4.1.2 淅川绿松石杂质矿物特征

淅川绿松石杂质矿物主要为多水高岭石、磷钡铝石、硫磷铝锶石等。

1)多水高岭石

多水高岭石是淅川绿松石中最常见的矿物,乳白色、不透明—微透明,常呈结核状产出,与绿松石共生,表面易开裂(图 3.53A—C)。背散射电子像中,显示衬度和矿物组成存在差异,说明多水高岭石中混有其他矿物(图 3.53)。结合电子探针的能谱测试结果,灰色部分主要为多水高岭石(图 3.53D),其主要成分为 Al_2O_3(44.96%~45.49%)和 SiO_2(51.11%~51.86%),并含少量的 BaO(1.7%~1.93%)和 CaO(0.7%~0.73%)(表 3.14 中测试点 1 和测试点 2)。而浅灰色部分较灰色部分 Al_2O_3(43.53%)和 SiO_2(48.73%)的含量相对较低,而 BaO(4.3%)和 CaO(1.24%)的含量相对较高,并含有少量的 SO_3(1.33%)(表 3.14 中测试点 3),推测该矿物为磷钡铝石。

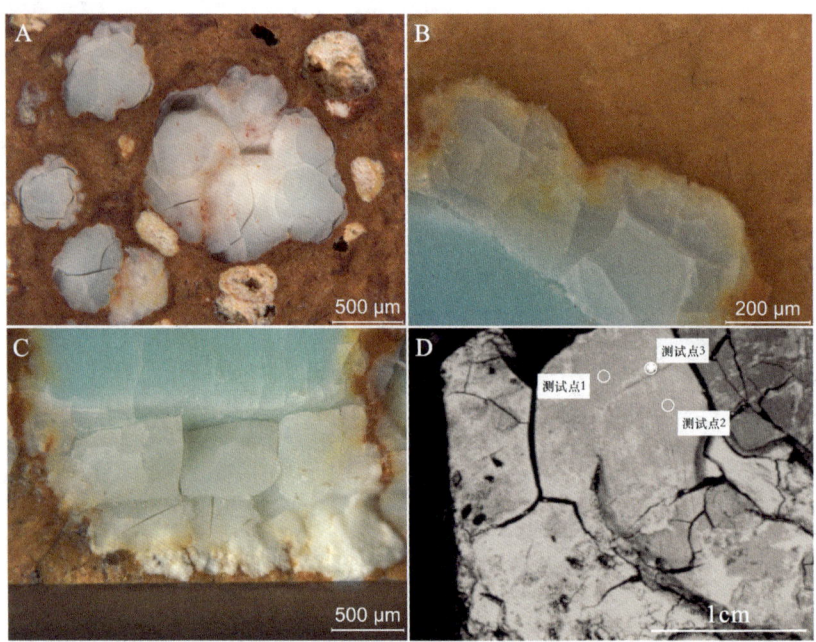

图 3.53 淅川绿松石中的多水高岭石和磷钡铝石混合

A—C 中乳白色微透明物为多水高岭石磷钡铝石的混合,含较多的裂隙;D 为背散射电子图,显示其成分不均匀,其中浅灰色部分中磷钡铝石较灰色部分含量高

表 3.14 多水高岭石及磷钡铝石与绿松石混合的 EPMA-EDS 结果　　　　单位:%

氧化物	含量					
	测试点 1	测试点 2	测试点 3	测试点 4	测试点 5	测试点 6
MgO	0.52	0.45	0.38	0.42	0.46	0.42
Al_2O_3	44.96	45.49	43.53	45.65	45.51	45.85
SiO_2	51.86	51.11	48.73	27.72	25.34	28.49
P_2O_5	0	0	0	19.75	21.88	19.73
SO_3	0	0	1.33	0	0	0

续表 3.14

氧化物	含量					
	测试点1	测试点2	测试点3	测试点4	测试点5	测试点6
CaO	0.73	0.7	1.24	0.57	0.64	0.77
FeO	0	0.55	0.5	0.66	0	0
CuO	0	0	0	4.38	4.81	3.79
BaO	1.93	1.7	4.3	0.86	1.36	0.96
总计	100	100	100	100	100	100

2）多水高岭石和绿松石的混合物

在淅川绿松石中，也可见高岭石和绿松石的混合物呈近圆点状分布在绿松石中，圆点状混合物的大小在 127～208μm 范围内变化（图 3.54）。电子探针的能谱测试结果显示其成分主要为高岭石和绿松石的混合成分，主要包括 Al_2O_3（45.51%～45.85%）、SiO_2（25.34%～28.49%）、P_2O_5（19.73%～21.88%）和 CuO（3.79%～4.81%），并含少量的 BaO（0.86%～1.36%）、CaO（0.57%～0.77%）和 MgO（0.42%～0.46%）等（见表 3.14，测试点 4～6）。

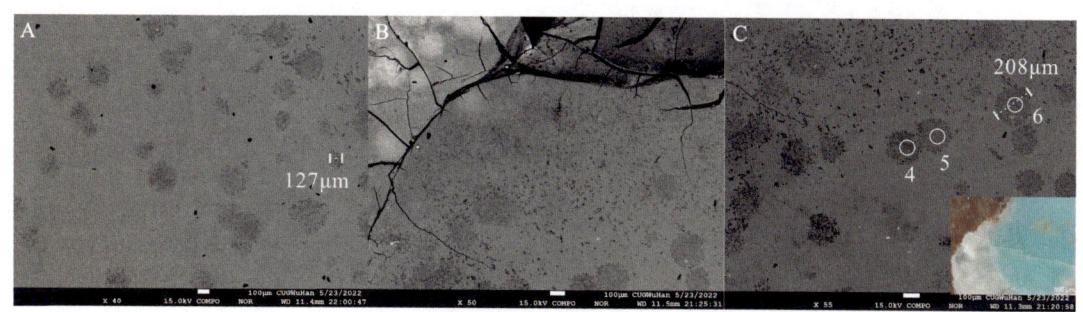

图 3.54　淅川绿松石中的多水高岭石和绿松石混合呈圆点状

3）硫磷铝锶石

在蓝色样品中还可发现硫磷铝锶石，在背散射电子图像中，硫磷铝锶石呈不规则团块状分布在绿松石中，深灰色部分为绿松石，浅灰色部分为硫磷铝锶石和绿松石混合（图 3.55A）。扫描电子显微镜下，硫磷铝锶石为叶片状结构，形态较完整，片状微晶交错堆积，可见明显的孔隙，结构疏松，部分片状微晶表面可见孔洞（图 3.55B—D）。

能谱数据显示其主要成分除了 Al_2O_3（41.47%～43.39%）、P_2O_5（30.3%～33.84%）和 CuO（2.57%～5.34%）外，还含有 SiO_2（3.57%～3.75%）、SrO（7.8%～9.46%）和 CaO（4.94%～8.23%），同时还有少量的 SO_3（0.63%～1.09%）、MgO、V_2O_5、ZnO 和 BaO 等（表 3.15）。

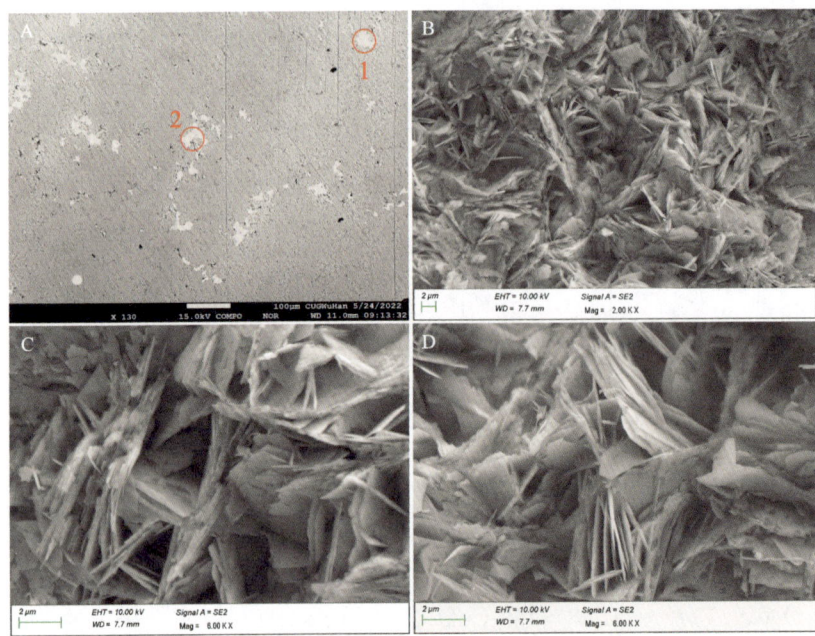

图 3.55 淅川绿松石中硫磷铝锶石的背散射电子图像及微观形貌特征
A:浅灰色不规则形态部分为硫磷铝锶石和绿松石的混合,暗色部分为绿松石;1 和 2 为 EPMA-EDS 测试点;B—D:硫磷铝锶石显微形貌特征

表 3.15 硫磷铝锶石和绿松石混合物的 EPMA-EDS 结果 单位:%

氧化物	含量	
	测试点 1	测试点 2
MgO	0	0.48
Al_2O_3	41.47	43.39
SiO_2	3.75	3.57
P_2O_5	30.3	33.84
SO_3	1.09	0.63
CaO	8.23	4.94
V_2O_5	1.13	—
CuO	2.57	5.34
ZnO	0.86	—
SrO	9.46	7.8
BaO	1.14	—
总计	100	100

3.4.1.3 淅川绿松石微形貌特征

选取 3 件淅川不同颜色及致密程度的样品(图 3.56),利用扫描电子显微镜观察其微观形貌特征,可见片状、板状、柱状结构。

图 3.56 淅川绿松石的 SEM 测试样品
A:XC19045 样品;B:XC19005 样品;C:XC190QL 样品

扫描电子显微镜下,天蓝色绿松石(图 3.56A)可见柱状和板状两种结构,晶粒紧密堆积在一起,孔隙度小,结构较致密,局部可见自形程度好、形态相对完整、轮廓较清晰的柱状及薄板状微晶有序排列(图 3.57A)。板柱状晶粒长可达 1.6~5μm,厚可达约 1μm,板状晶粒厚可达 0.3~0.42μm(图 3.57B、C)。浅蓝色样品中可见板柱状微晶,部分晶粒表面有孔洞及裂痕,晶粒间可见一定的孔隙(图 3.57D)。

淅川浅蓝色样品微晶结晶程度和自形成程度较差,颗粒细小破碎,微晶形态不完整、轮廓不清晰,颗粒排列无明显规律(图 3.57E、F)。样品局部可见少量的板柱状、板状、片状颗粒,板柱状长达 3.3~3.6μm,厚为 0.18~0.4μm(图 3.57G、H)。

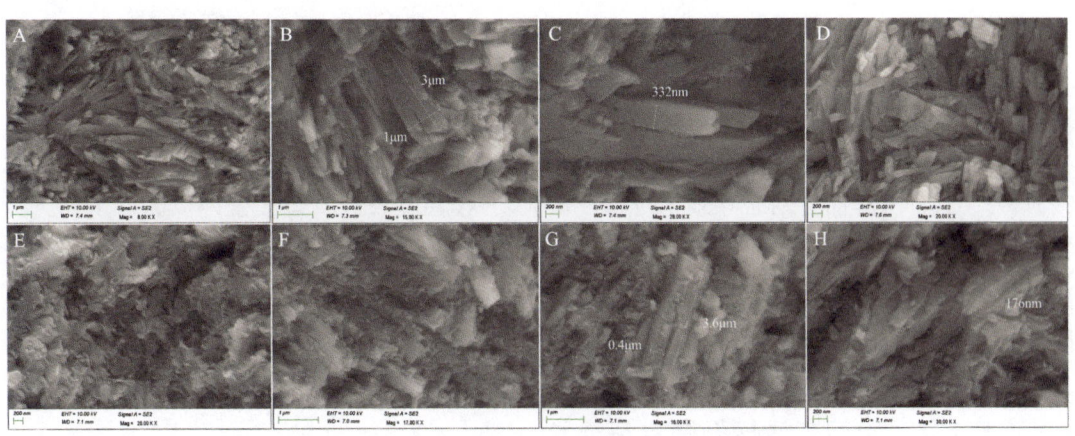

图 3.57 淅川绿松石样品的微形貌特征

3.5 新疆绿松石宝石学及矿物学特征

3.5.1 哈密天湖东绿松石

样品采自新疆哈密天湖东,共42件原石样品,将这些样品加工成厚度为0.5~0.8mm,质量为1.14~8.79g的样片,部分样品如图3.58所示,样品围岩多为灰黑色或灰白色的石英岩,绿松石多呈细脉状(脉宽0.6~7.0mm)充填在围岩裂隙中,也可见少量结核状(图3.58A、B)。

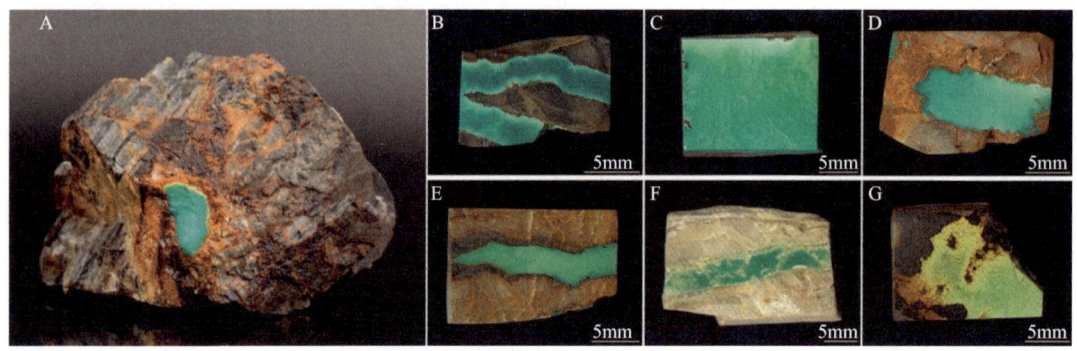

图3.58 天湖东绿松石样品特征

3.5.1.1 天湖东绿松石基础宝石学特征

绿松石样品的颜色有蓝色、蓝白色、蓝绿色、浅绿色及褐黄色。样品的相对密度范围为2.51~3.04(部分样品含围岩导致相对密度偏大)。样品在长波及短波紫外荧光灯下均无荧光,基本不透明,质地坚硬,原石表面较干。在围岩和绿松石中常见褐色的铁质矿物及绿色或灰褐色矿物,呈现带状外观(图3.59A—D)。此外,在部分样品表面可见大量密集的点状物呈网脉状分布(图3.59E、F)。

3.5.1.2 天湖东绿松石围岩特征

1. 剖面岩石类型和岩相学特征

在天湖东绿松石矿区剖面共采集12个样品,在野外观察的基础上,对天湖东矿剖面的岩石样品开展镜下鉴定,结果表明该矿点剖面的主要岩石类型有石英岩、硅化碳质板岩、硅质板岩和片岩。4种典型岩石的岩相学特征如下(图3.60)。

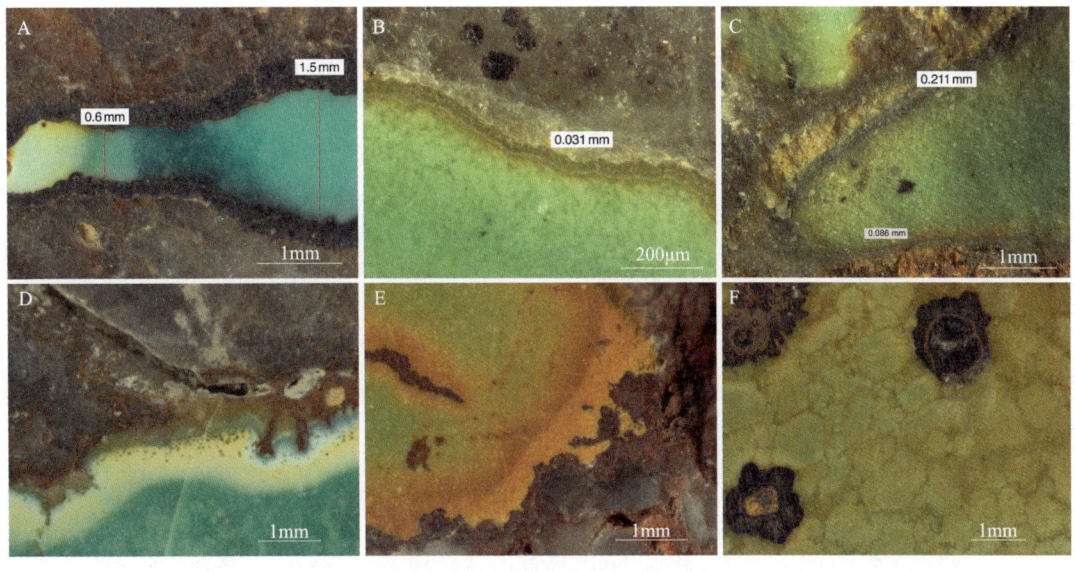

图 3.59 天湖东绿松石显微特征

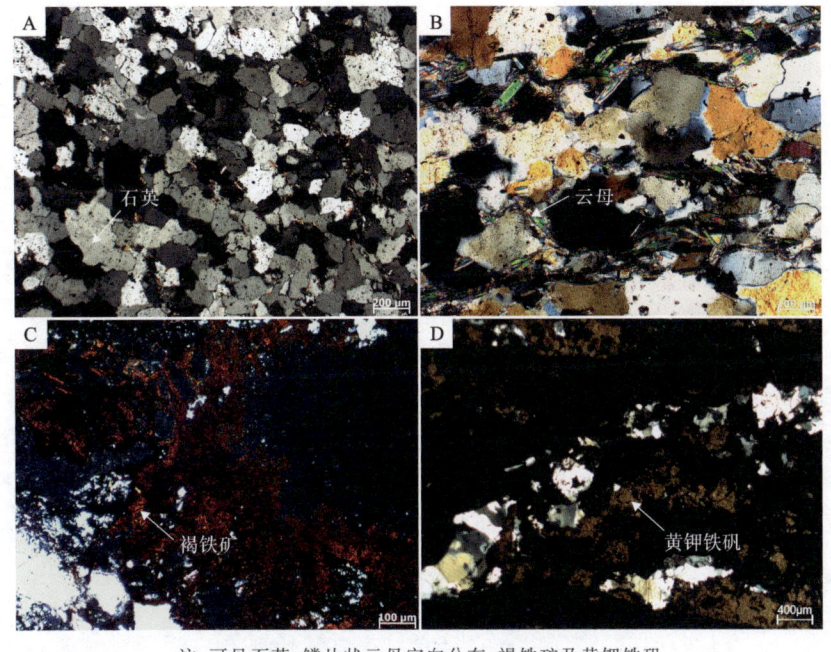

注：可见石英，鳞片状云母定向分布，褐铁矿及黄钾铁矾

图 3.60 天湖东绿松石矿剖面岩石镜下特征

石英岩，具粒状变晶结构，块状构造，岩石主要由石英组成，石英含量大于90%，含少量白云母。岩石受构造作用，裂隙发育且定向分布，裂隙内充填黄钾铁矾及泥质，泥质已重结晶为白云母，分布于岩石裂隙中。

硅化碳质板岩，具鳞片粒状变晶结构，块状构造，岩石主要由石英、绢（白）云母及碳质等组成。岩石受构造作用，裂隙发育，裂隙被次生石英和白云母充填。该岩石原岩为碳质页岩，经低级变质后发生硅化。

硅质板岩，具粒状变晶结构，定向构造，岩石主要由石英、黄钾铁矾、碳质及黏土矿物组成。石英不均匀分布，含量为65%。黄钾铁矾呈细粒状，含量为15%。黏土矿物呈显微鳞片状，被碳质渲染，镜下不易区分，呈条带状定向分布，含量为15%。

片岩，具片状粒状变晶结构，片状构造，岩石主要由白云母、石英、铁质及碳质组成。碳质、铁质呈隐晶状，相互混杂，呈网脉状分布于白云母、石英颗粒间，杂乱分布。

2. 岩石矿物组成

XRD测试结果显示石英岩中的矿物以石英为主（87%以上），含少量的白云母。硅质板岩、碳质板岩等黑色岩系中的矿物主要有石英、云母、黄钾铁矾、针铁矿、蒙脱石及高岭石。剖面岩石各矿物的组成见图3.61及表3.16。

通过拉曼光谱和电子探针测试发现，在石英岩和黑色岩系中均发现细小的粒状黄铁矿。磷灰石分布在不规则状、蠕虫状物的边缘，部分呈齿状，形态不完整，也可呈细小的颗粒状弥散在硅化碳质板岩中（图3.61）。此外，黑色岩系中还发现石墨、金红石、锆石、铁锰质矿物等（图3.61）。

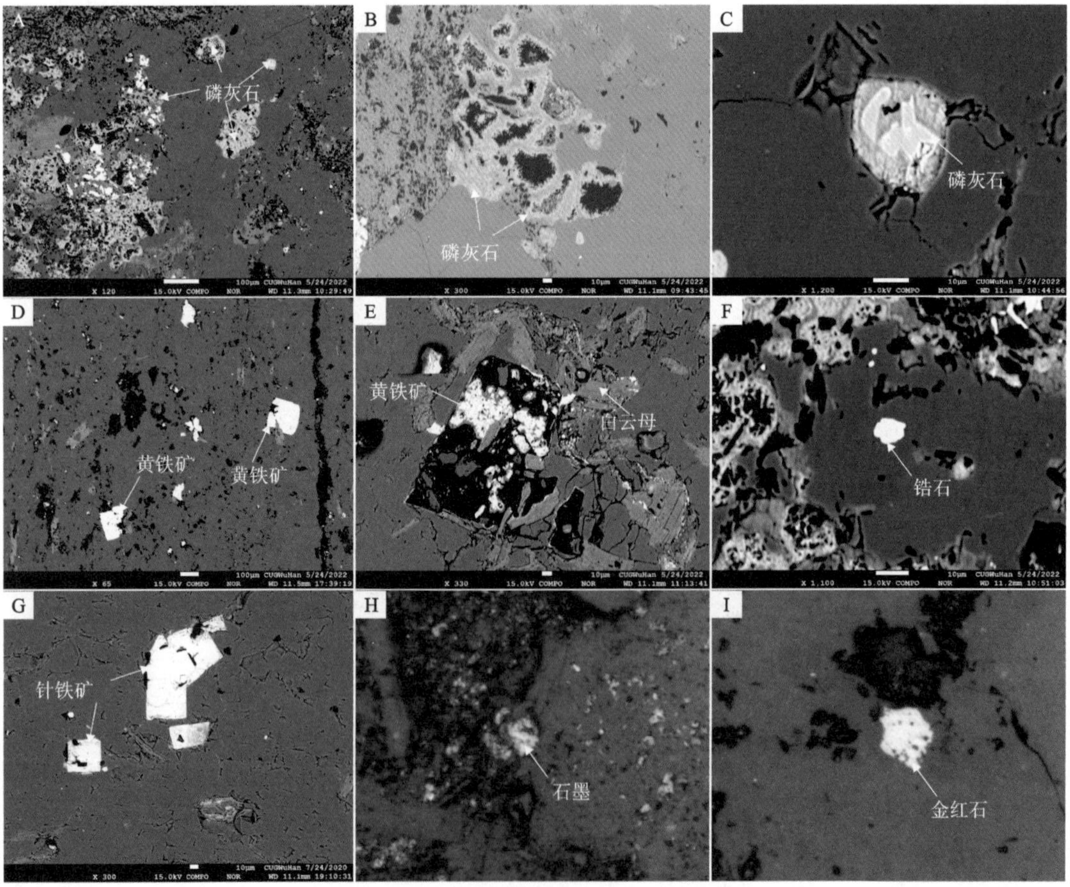

图3.61 天湖东绿松石矿剖面岩石中矿物的特征

A、B：磷灰石位于蠕虫状物边缘，部分呈齿状；C：部分磷灰石呈细小不规则粒状；D：黄铁矿呈立方形态；E：残留的黄铁矿及鳞片状白云母；F：粒状锆石；G：呈黄铁矿假象的针铁矿；H：粒状石墨；I：金红石

表 3.16 天湖东剖面岩石样品中磷灰石、云母和黄铁矿电子探针结果

化学成分	含量/%		化学成分	含量/%		化学成分	含量/%
	Ap-1	Ap-2		Mca-1	Mca-2		Py-1
P_2O_5	41.023	41.154	K_2O	10.956	10.399	Ga	—
CaO	55.477	55.104	CaO	0.024	—	Cu	0.013
SrO	—	—	FeO	0.617	0.609	Sb	0.015
FeO	—	—	SiO_2	49.48	49.416	In	0.018
Na_2O	—	0.048	Al_2O_3	30.609	31.213	Cd	0.024
MgO	—	0.033	MgO	3.067	3.36	Bi	—
F	5.931	5.955	Na_2O	0.063	0.079	S	53.06
SiO_2	0.176	0.18	F	0.02	0.16	Pb	0.007
Cl	0.005	0.01	TiO_2	0.222	0.307	Fe	46.91
SO_3	0.003	0.024	Cr_2O_3	0.035	0.103	Co	0.082
MnO	0.069	0.07	Cl	0.002	0.011	Ni	0.025
Ce_2O_3	0.095	—	MnO	0.059	0.023	Zn	0.039
总计	100.281	100.069	总计	95.146	95.611	总计	100.2

3.5.1.3 天湖东绿松石杂质矿物特征

结合拉曼光谱及电子探针的分析测试结果,天湖东绿松石样品杂质矿物丰富,主要有针铁矿、石英、氯铜矿、磷灰石、硫磷铝锶石、黄钾铁矾、三水胆矾、白云母、赤铁矿、石膏、无定形碳等(图3.62)。

1)针铁矿

针铁矿通常分布于绿松石表面,厚度为0.232~1.383mm(图3.63A、B)。放大观察,针铁矿常呈鲕粒状。在背散射电子图像中,鲕粒状针铁矿呈同心圆状的韵律环带(图3.63C、D),显示其元素含量的分带性。电子探针的面扫结果显示:鲕粒状针铁矿晶体外部在背散射图像中呈浅灰色,Fe、V、Cu和P元素含量相对较高的;相反,针铁矿晶体内部,即背散射图像中深灰色的部分,Fe、V、Cu和P元素含量相对较低,而Al、S和Si的含量较高。针铁矿中Zn含量较低,Zn元素分布无明显差异。

2)石英

石英是天湖东绿松石中最常见的矿物,通常为无色—灰黑色,透明,最大可至1.865mm。可见发育的自形石英晶体,同时可见石英的生长横纹(图3.64A—F)。

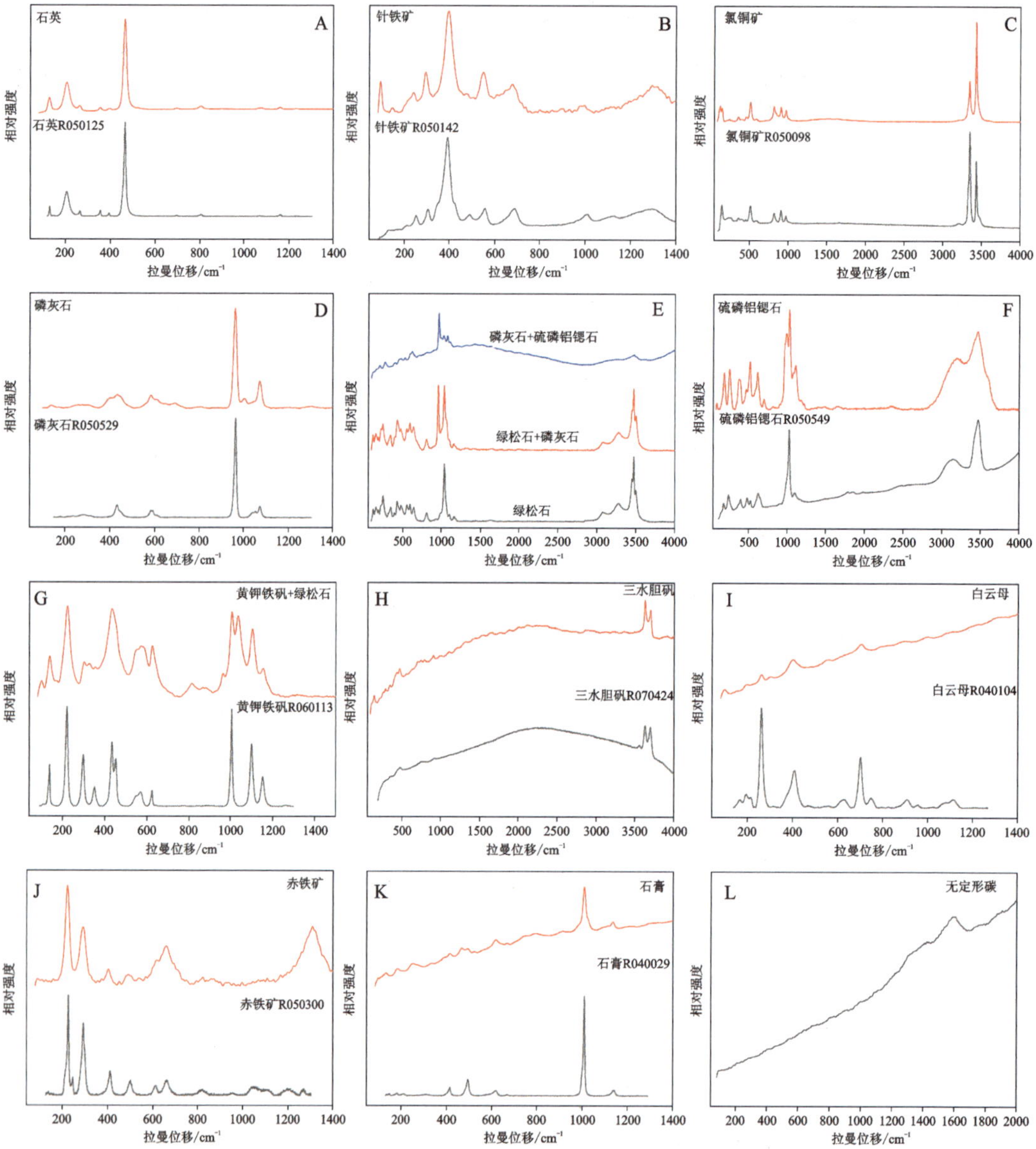

图3.62 天湖东绿松石中杂质矿物的拉曼光谱

3)氯铜矿

在绿松石及其围岩中均可发现翠绿色透明的氯铜矿[$Cu_2Cl(OH)_3$],呈长柱状或不规则粒状形态,最大可至3.134mm(图3.64G—I)。其拉曼光谱峰主要位于511cm^{-1}、818cm^{-1}、909cm^{-1}、972cm^{-1}、3346cm^{-1}、3431cm^{-1}(图3.62C)。电子探针测试结果显示其主要成分CuO的含量为70.68%~71.59%,Cl的含量为12.84%~12.99%(表3.17)。

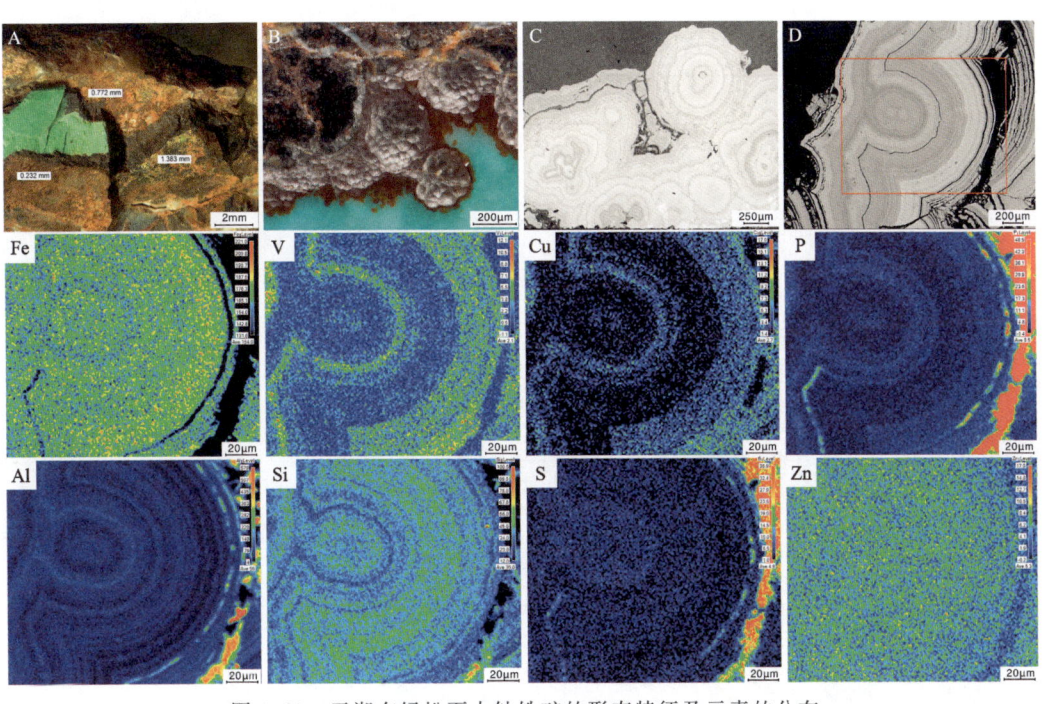

图 3.63 天湖东绿松石中针铁矿的形态特征及元素的分布

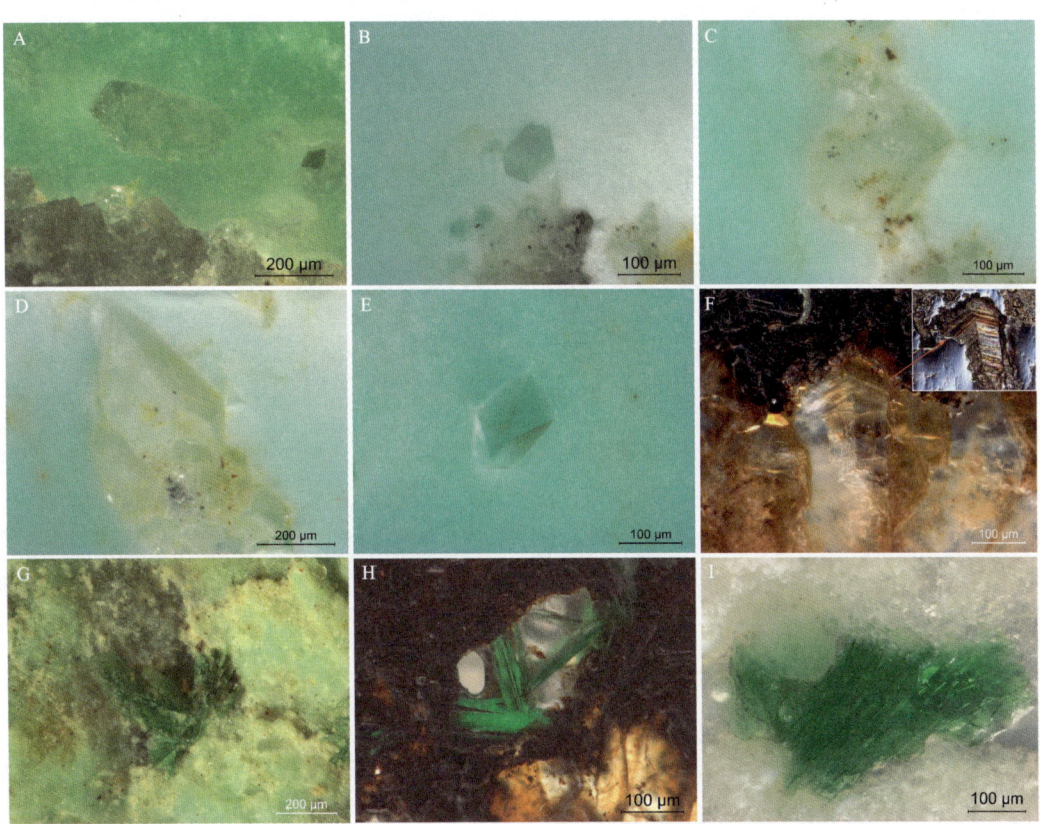

图 3.64 天湖东绿松石中石英和氯铜矿的形态特征

表 3.17 氯铜矿和磷灰石与绿松石混合的 EPMA 测试结果　　　　单位:%

化学成分	氯铜矿			绿松石＋磷灰石		检出限
	1	2	3	透明部分	不透明的部分	
Al_2O_3	—	—	—	31	32.95	0.020~0.021
SiO_2	—	—	—	0.37	0.23	0.031
CaO	—	—	—	8.09	5.43	0.016~0.018
P_2O_5	—	—	—	34.21	35.51	0.031~0.040
F	—	—	—	0.91	0.46	0.150~0.152
Na_2O	—	—	—	0.22	0.14	0.017~0.019
CuO	71.59	71.17	70.68	6.73	7.18	0.039~0.064
FeO	—	—	—	0.66	0.76	0.032
TiO_2	—	—	—	0.23	0.18	0.028~0.031
Cr_2O_3	—	—	—	0.36	0.39	0.005
Cl	12.84	12.99	12.92	—	—	0.006
总计	84.44	84.16	83.6	82.78	83.22	—

注:所有价态的 Fe 均以 FeO 表示。

4)磷灰石

天湖东绿松石中的磷灰石可见不规则形态(宽约 306μm),以及六方板状(宽约 11μm)和蠕虫状(宽约 40μm,长为 231~384μm),此外磷灰石还充填在针铁矿的裂隙中,为 21~41μm(图 3.65A—F)。其拉曼光谱峰主要位于 432cm^{-1}、583cm^{-1}、963cm^{-1}、1073cm^{-1}(图 3.62D)。电子探针的面扫结果显示 Ca 和 P 元素的浓度最高,其元素分布特征与磷灰石的形态一致,此外还有少量的 Na、S 和 Sb 元素,与 Ca 和 P 元素的分布特征一致,与 Al、Si 和 Fe 元素的浓度分布相反(图 3.65)。

5)磷灰石与绿松石的混合物

在绿松石和围岩接触的边缘,可见密集的圆点状物分布在绿松石中,其颜色可为蓝色、蓝绿色、褐黄绿色,圆点状物直径可在 10~139μm 范围内变化,肉眼不易识别(图 3.66A—D)。样品被制成探针片时,圆点状物部分透明,部分不透明(图 3.66D、E)。拉曼光谱结果显示透明部分和不透明部分为绿松石和磷灰石的混合物(图 3.62E)。电子探针测试结果显示,透明部分和不透明部分主要成分均含有 CaO、Al_2O_3、CuO 和 P_2O_5,且均含有少量的 F、Na_2O、SiO_2、Cr_2O_3、TiO_2(表 3.17)。其中透明部分 CaO 的含量为 8.09%,Al_2O_3 的含量为 31%,CuO 的含量为 6.73%,P_2O_5 的含量为 34.21%。不透明部分 CaO 的含量为 5.43%,Al_2O_3 的含量为 32.95%,CuO 的含量为 7.18%,P_2O_5 的含量为 35.51%。相较于不透明部分,透明部分含有较多的 CaO 和 F。面扫结果显示圆点状物部分 Ca、P 和 F 元素的浓度相对于非圆点状物部分高,且圆点状物的透明部分相对于不透明部分 Ca、P 和 F 元素较高(图 3.66)。因此结合电子

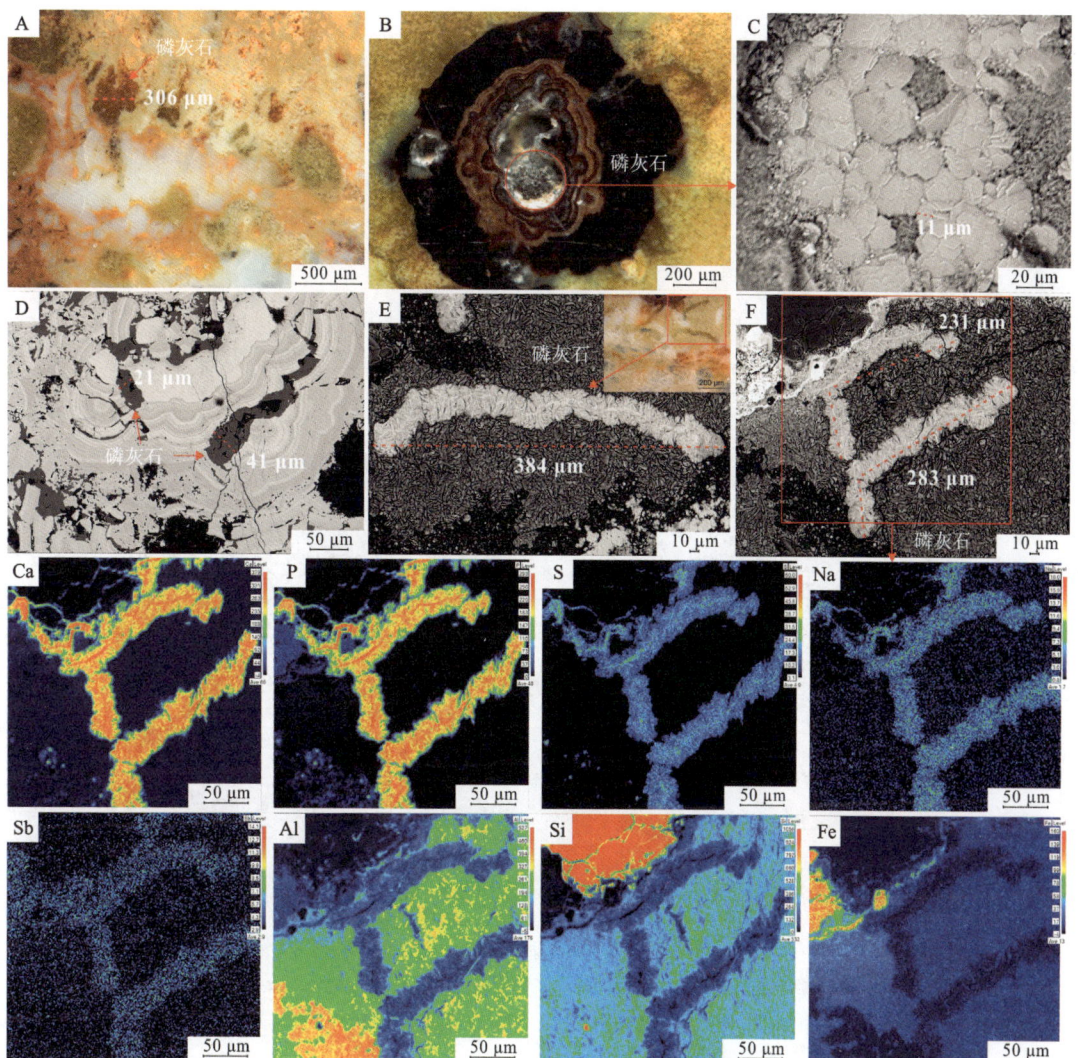

图 3.65 天湖东绿松石中磷灰石的形态特征及蠕虫状磷灰石的元素分布

探针和拉曼光谱分析结果可知,圆点状物为绿松石和磷灰石的混合,且圆点状物中磷灰石和绿松石分布比例不均匀,圆点状物透明部分磷灰石含量相对较高。

6) 硫磷铝锶石

天湖东绿松石中硫磷铝锶石 $[SrAl_3(PO_4)(SO_4)(OH)_6]$ 颜色可见乳黄白色、褐黄色、蓝白色,常与绿松石、石英、针铁矿、磷灰石共生(图 3.67A—D)。其拉曼光谱峰主要位于 $518cm^{-1}$、$616cm^{-1}$、$988cm^{-1}$、$1026cm^{-1}$、$1108cm^{-1}$、$3189cm^{-1}$、$3465cm^{-1}$(图 3.62F)。能谱测试结果显示其主要成分 Al_2O_3 的含量为 42.17%,P_2O_5 的含量为 26.23%,SO_3 的含量为 8.11%,CaO 的含量为 10.95%,SrO 的含量为 10.12%,FeO 的含量为 1.75%(表 3.18)。

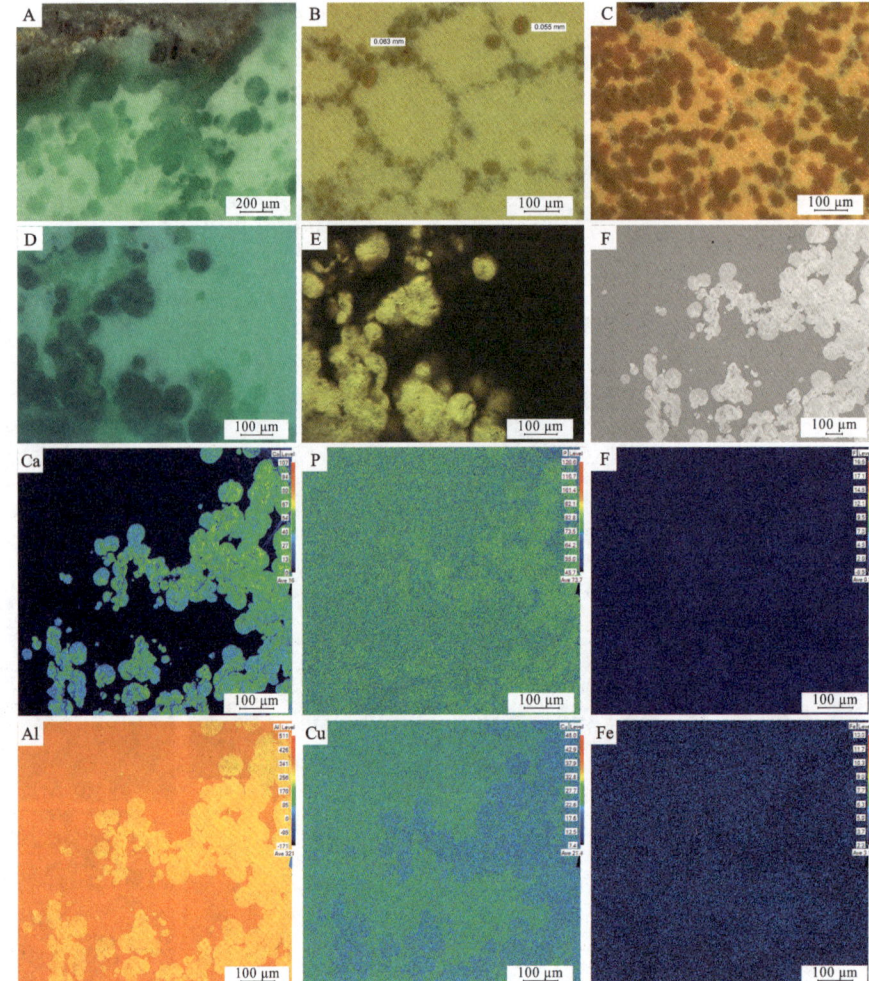

图 3.66　天湖东绿松石中圆点状物的形态特征及元素的分布

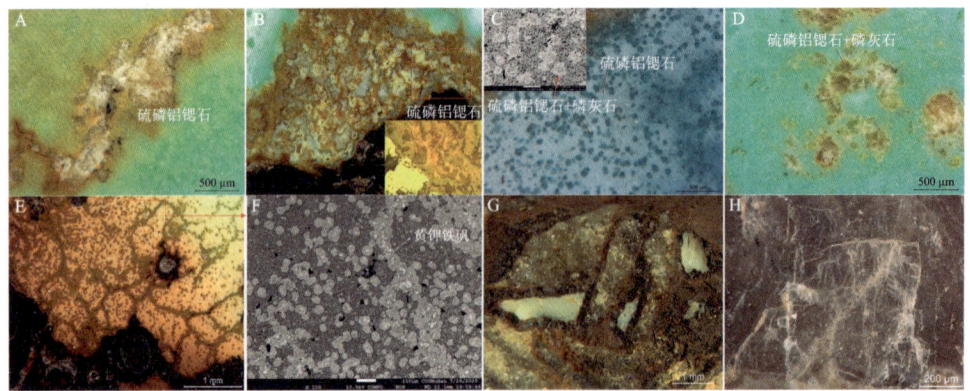

图 3.67　天湖东绿松石中杂质矿物的显微特征

A－D:硫磷铝锶石;E:褐黄色绿松石样品中黄钾铁矾分布在网脉中;F:背散射电子图像中黄钾铁矾呈浅灰色;G:三水胆矾充填在针铁矿的孔洞中;H:云母

此外，在绿松石、硫磷铝锶石、针铁矿中还可见硫磷铝锶石与磷灰石的混合物，呈点状、脉状、不规则颗粒状分布。其拉曼光谱可显示硫磷铝锶石和磷灰石的混合峰(图 3.62E)，结合能谱和拉曼光谱的测试，也可发现绿松石与硫磷铝锶石的混合物，以及硫磷铝锶石、绿松石和磷灰石三者的混合物(表 3.18)。

表 3.18　天湖东绿松石中杂质矿物的 EPMA-EDS 分析结果　　　　　　单位：%

氧化物	含量					
	硫磷铝锶石	磷灰石+硫磷铝锶石	硫磷铝锶石+绿松石	磷灰石+绿松石+硫磷铝锶石	黄钾铁矾+绿松石	
Al_2O_3	42.17	11.59	36.93	35.66	25.7	27.1
SiO_2	—	1.21	4.84	2.64	—	—
P_2O_5	26.23	32.06	25.09	25.88	21.61	24.8
SO_3	8.11	3.94	4.01	4.8	15.95	14.06
K_2O	—	—	—	—	4.49	3.65
CaO	10.95	45.38	7.48	9.21	0.85	0.39
V_2O_5	0.67	—	—	—	0.58	—
Cr_2O_3	—	—	—	—	0.51	—
FeO	1.75	0.53	0.97	0.67	24.93	22.69
CuO	—	0.96	5.15	4.67	5.38	7.3
SrO	10.12	4.33	15.53	16.46	—	—
总计	100	100	100	100	100	100

7) 黄钾铁矾

黄钾铁矾出现在褐黄色或褐红色样品中(图 3.67E)。在背散射电子图像中，黄钾铁矾与绿松石混合在一起，且呈现出较亮的灰度(图 3.67F)。其拉曼光谱峰主要位于 $222cm^{-1}$、$433cm^{-1}$、$624cm^{-1}$、$1006cm^{-1}$、$1103cm^{-1}$、$1154cm^{-1}$(图 3.62G)。电子探针能谱分析测试结果显示，除了 Al_2O_3、P_2O_5 和 CuO 外，SO_3 的含量为 14.06%～15.95%，K_2O 的含量为 3.65%～4.49%，FeO 的含量为 22.69%～24.93%(表 3.18)。

8) 三水胆矾

绿松石原石样品中的针铁矿孔洞和脉状裂隙，常被一种乳白色矿物充填，长约 2mm(图 3.67G)。该矿物不透明，具有油脂光泽。经拉曼光谱测试，该矿物为三水胆矾(图 3.62H)。

9) 白云母

白云母常出现在绿松石围岩中，无色透明，具完全解理(图 3.67H)。其拉曼光谱峰主要位于 $260cm^{-1}$、$400cm^{-1}$、$703cm^{-1}$(图 3.62I)。

此外，通过拉曼光谱测试还可在绿松石中发现赤铁矿、石膏、无定形碳等杂质矿物(图 3.62 J—K)。

3.5.1.4 天湖东绿松石显微形貌特征

选取4件新疆天湖东不同颜色及致密程度绿松石样品(图3.68),利用扫描电子显微镜观察其微观形貌特征。新疆天湖东样品可见片状、板状、柱状、针状以及菱形板状结构(图3.69)。

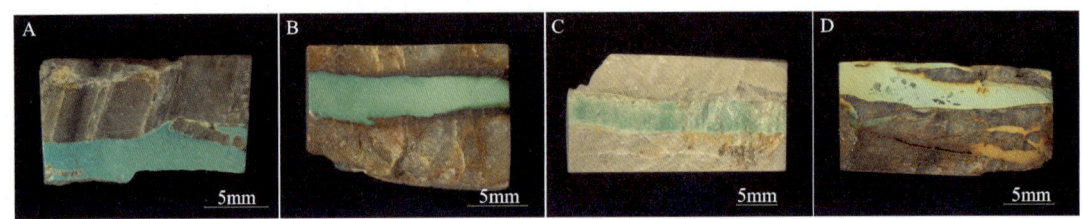

图3.68 天湖东绿松石的显微形貌测试样品
A:HM17034样品;B:HM17002样品;C:HM17014样品;D:HM17025样品

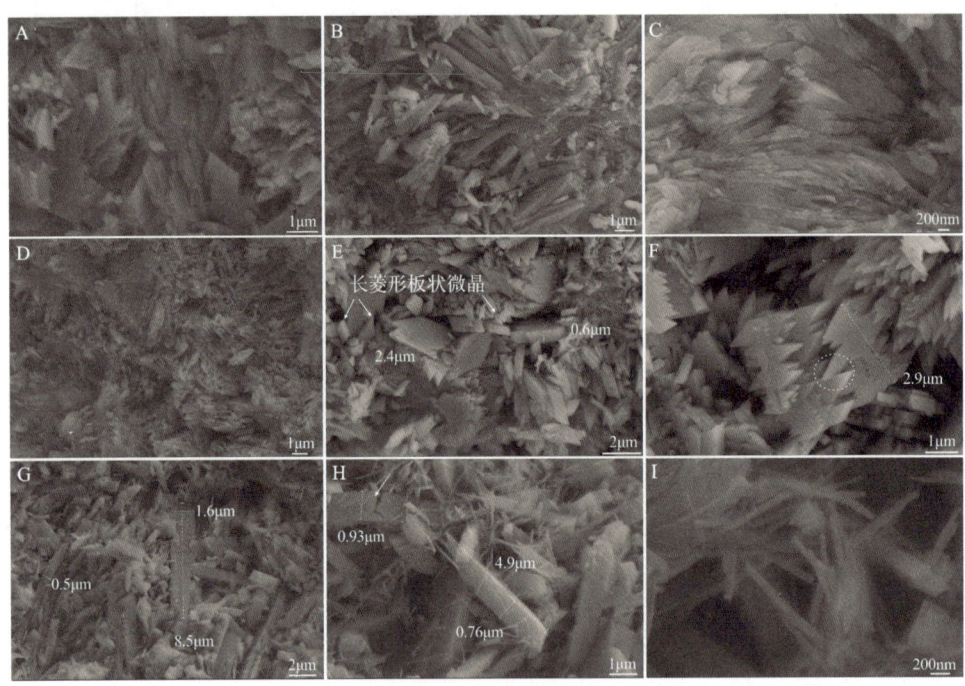

图3.69 天湖东绿松石的微形貌特征

扫描电子显微镜下,致密的蓝色样品中(图3.68A)的绿松石为板状结构。板状微晶紧密堆积在一起,颗粒间隙仅可见少量较小的孔隙,结构致密(图3.69A)。在蓝绿色样品(图3.68B)中可见长柱状微晶局部呈放射状堆积(图3.69B)。在浅绿色样品中(图3.68C)可见板状、片状及菱形板状等多种形态的微晶(图3.69C—F)。其中菱形板状微晶可见两种不同的形态:一种为菱形板状,另一种为长菱形板状(图3.69E、F)。两种形态的板状微晶杂乱无序堆积,结晶程度和自形程度非常好,形态完整,棱角尤为分明,轮廓清晰。晶粒间可见明显的孔隙,结构较疏松,局部可见晶粒交互生长(图3.69F)。菱形板状微晶大小不同,棱长在0.6~

2.4μm之间,厚度约为0.38μm(图3.69E)。长菱形板状微晶颗粒形态大小各异,边缘呈锯齿形且锯齿的长短不一(图3.69F)。

在相对疏松的浅黄绿色样品中(图3.68D)可见两种生长期次的绿松石结构,一种为长柱状,另一种为细长的针状。两种微晶结晶程度和自形程度好,形态完整,棱角分明,轮廓清晰(图3.69G—I)。长柱状微晶排列无明显规律,颗粒间隙明显,孔隙度大,偶见柱状微晶歪曲折断的现象(图3.69H)。长柱状微晶大小不一致,一般长为4~8μm,宽为0.5~1.6μm,部分颗粒长可达13μm(图3.69G、H)。放大观察,可见大量细长的针状微晶吸附在颗粒粗大的长柱状微晶表面,部分针状微晶成团堆积,部分稀疏杂乱无序地分布,针状微晶粗细基本一致,平均在80nm,长一般在1.5μm以内(图3.69H、I)。

3.6 安徽绿松石宝石学及矿物学特征

3.6.1 马鞍山绿松石

样品采自安徽马鞍山笔架山,共64件样品。马鞍山绿松石原石形态可见结核状、块状、片状、板状及六方柱状(磷灰石假象),围岩可见灰白色及土黄色,质地疏松(图3.70)。绿松石主要为天蓝色、蓝色、蓝绿色、蓝白色、褐黄色等。

图3.70 安徽马鞍山绿松石样品原石特征

A:结核状绿松石(219g,6.5cm×4.5cm×2.5cm);B:块状绿松石(166g,6cm×3cm×2.5cm);C:板片状绿松石(120g,5.5cm×5.5cm×1cm);D—H:不同颜色的马鞍山绿松石

3.6.1.1 马鞍山绿松石基础宝石学特征

马鞍山绿松石样品相对密度范围为 2.07~2.74(部分含杂质),紫外荧光灯下无荧光。样品结构为致密—疏松,可见土状光泽、玻璃光泽、蜡状光泽,大部分样品不透明,少量样品微透明。样品的显微特征见图 3.71,绿松石的颜色主要为天蓝色、蓝色、蓝绿色、蓝白色、褐黄色等,其中天蓝色样品色调纯正,似天空之色(图 3.71F、H、I),且大部分样品表面不纯净,蓝色、蓝绿色等样品中均混有"白斑",如图 3.71A—C 所示。部分样品颜色分布不均匀,可见线状、弯曲状和流动状的色带(图 3.71B—E),且样品表面多见孔洞及土黄色、乳白色、灰褐色等杂质。同时少量样品表面可见颜色较深的蓝色网脉状花纹和密集的点状物分布(图 3.71F、G)。放大观察,发现部分样品由大量大小不一的球状颗粒聚集组成,常见白色或土黄色的杂质矿物充填(图 3.71I—L)。部分球状绿松石的横截面可见环带结构(图 3.71K),同时部分样品结构疏松,颗粒松散,颗粒间可见明显的孔隙(图 3.71L)。

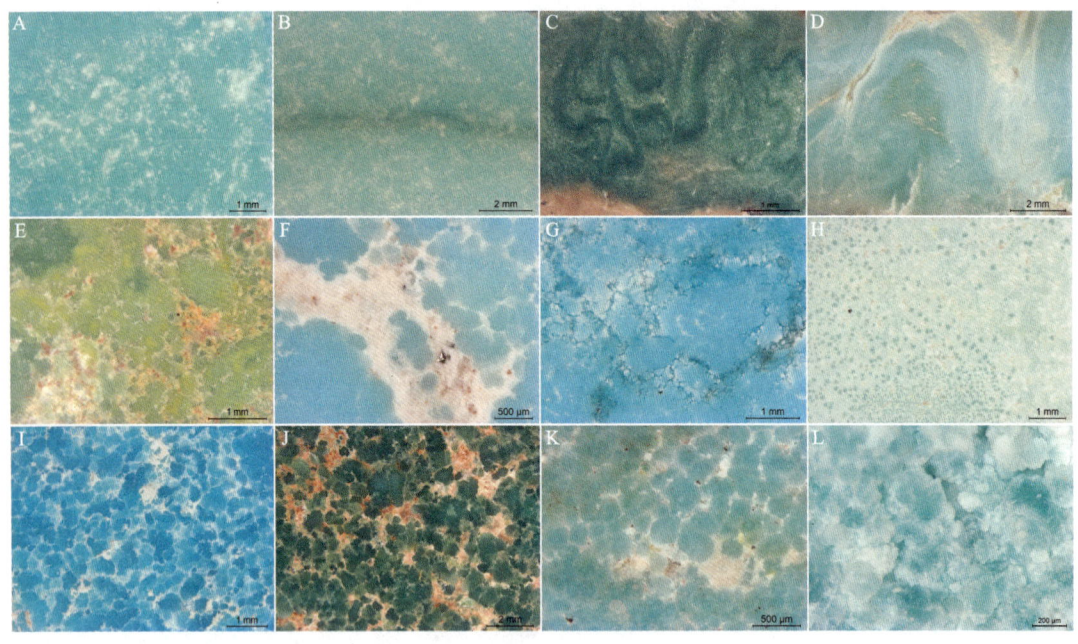

图 3.71 马鞍山绿松石显微特征

3.6.1.2 马鞍山绿松石围岩特征

马鞍山绿松石围岩为土黄色,颜色斑杂,风化严重。选取两个样品(图 3.72A、B)进行测试,发现两者均为闪长玢岩(表 3.19)。岩石发生比较强烈的蚀变和碎裂化,矿物破碎蚀变较强烈,显微裂隙发育,多被碳酸盐矿物和铁质矿物充填。岩石具斑状结构,由斑晶和基质组成(图 3.72C、D)块状构造、气孔状构造。斑晶主要是斜长石和蚀变的暗色矿物,蚀变暗色矿物多被黑云母和碳酸盐矿物集合体交代,表面有铁质矿物析出,可能是角闪石或黑云母(图 3.72E、F)。

基质呈半自形粒状结构,主要是斜长石和碳酸盐矿物,碳酸盐矿物多呈微晶集合体,表面有铁质矿物析出;气孔多呈不规则状,边缘多被碳酸矿物和燧石充填。

图 3.72　马鞍山绿松石围岩及薄片特征
A:MAS15001 样品;B:MAS15002 样品

表 3.19　马鞍山绿松石围岩薄片特征

样品号	颜色	岩石定名	矿物组成及含量	结构和构造
MAS15001	土黄色	蚀变气孔状安山岩(闪长玢岩)	斑晶(主要是斜长石):10%～15%。 基质(主要是斜长石和碳酸盐矿物):60%～65%。 气孔:20%～25%	斑状结构,基质呈半自形粒状结构;块状构造、气孔状构造
MAS15002	土黄色	蚀变气孔状安山岩(闪长玢岩)	斑晶(主要是斜长石和蚀变的暗色矿物):8%～10%。 基质(斜长石和碳酸盐矿物):70%～75%。 气孔:15%～20%	斑状结构,基质呈半自形粒状结构;块状构造、气孔状构造

3.6.1.3　马鞍山绿松石杂质矿物特征

马鞍山绿松石样品杂质矿物丰富(图 3.73),通过拉曼光谱测试发现有高岭石、黄铁矿、赤铁矿、黄钾铁矾、石英、钠长石、磷铝石、银星石、锐钛矿、金红石、红磷铁矿、硫铜钴矿、针铁矿等。

马鞍山绿松石中常见白色或土黄色杂质矿物,经 XRD 测试杂质矿物为钠长石和高岭石的混合物(图 3.74)。高岭石常呈白色—乳白色粉末状(图 3.73A)。钠长石常呈黄色或乳白色(图 3.73B、C)。大部分样品中可发现不规则粒状、八面体及立方体形态的黄铁矿(图 3.73B、D),常与石英和高岭石等同时出现在绿松石及其围岩中,具有强金属光泽。黄钾铁矾与赤铁矿共生,主要呈褐黄色浸染状出现在绿松石中(图 3.73E)。赤铁矿也是马鞍山绿松石常见的杂质矿物之一,可呈深褐色的团块状,或以细小的黑色及褐红色斑点状出现在绿松石及围岩中(图3.73F、G)。在绿松石的孔洞内,可发现红磷铁矿[$Fe^{3+}(PO_4)\cdot 2H_2O$],呈浅黄色或白色不规则形态,透明—半透明(图3.73H、I)。磷铝石常与绿松石混合呈细脉网状充填在绿松石中,颜色较绿松石深,且呈微透明(图3.73J)。

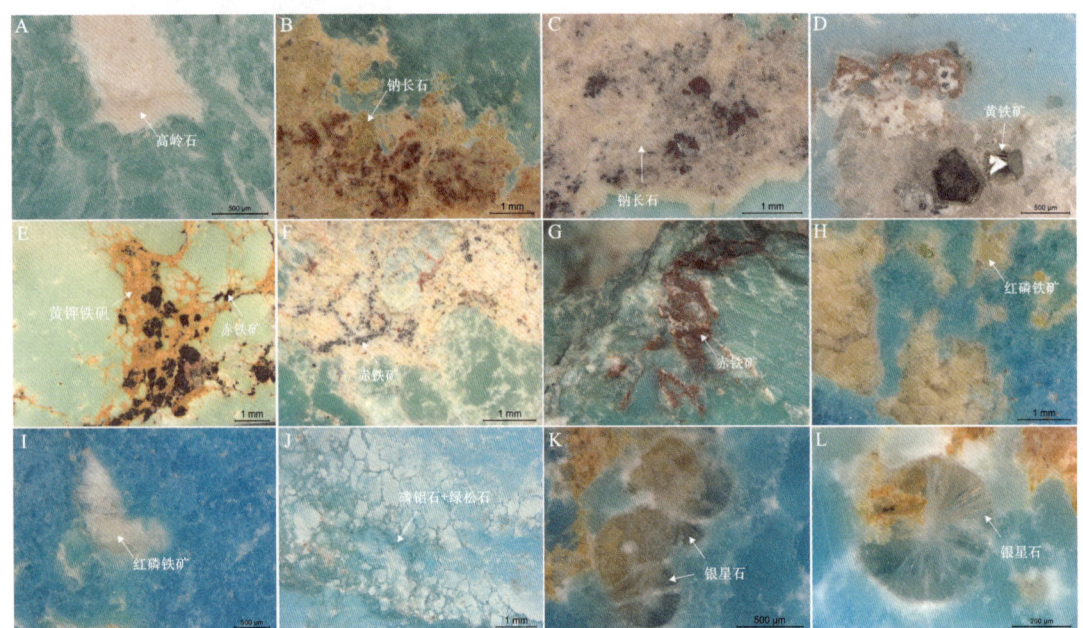

图3.73 马鞍山绿松石杂质矿物特征

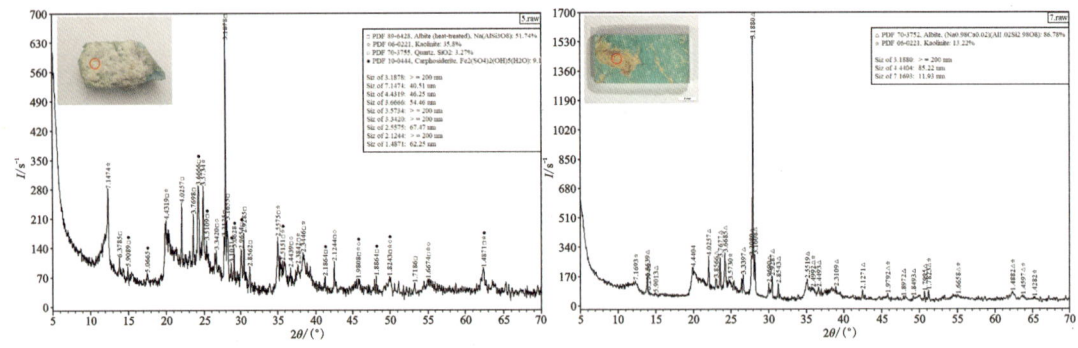

图3.74 马鞍山绿松石中钠长石和高岭石的XRD衍射图谱
左:AHBJS15018样品;右:AHBJS15024样品

少量样品中可发现鲕粒状无色透明的银星石包裹在绿松石中,其横截面显示放射状结构(图3.73K、L)。扫描电子显微镜下,可见由板柱状微晶呈放射状紧密堆积形成的球粒状集合体(图3.75A—C)。集合体中可见裂缝,经过放大观察,裂缝内发育自形程度极好的短柱状、长柱状、板柱状及片状银星石微晶,晶体形态完整,可见斜方双锥和斜方单锥的晶体形态,斜方柱和平行双面发育,表面可见平行的柱面纵纹(图3.75D—H)。同时局部可见晶体的交互式生长(图3.75G)。通过能谱测试发现除了主量元素Al(23.07%～29.22%),P(16.72%～

22.71%)和 O(48.07%~54.89%)外,另外还含有少量的 F(2.34%~5.85%)。银星石的成分中常有少量的 OH 被 F 替代[Fluorwavellite, $Al_3(PO_4)_2(OH)_2F \cdot 5H_2O$][119],通过计算 $Al^{3+}:P^{5+}$ 的比例在 1.48~1.62 之间(表 3.20)。

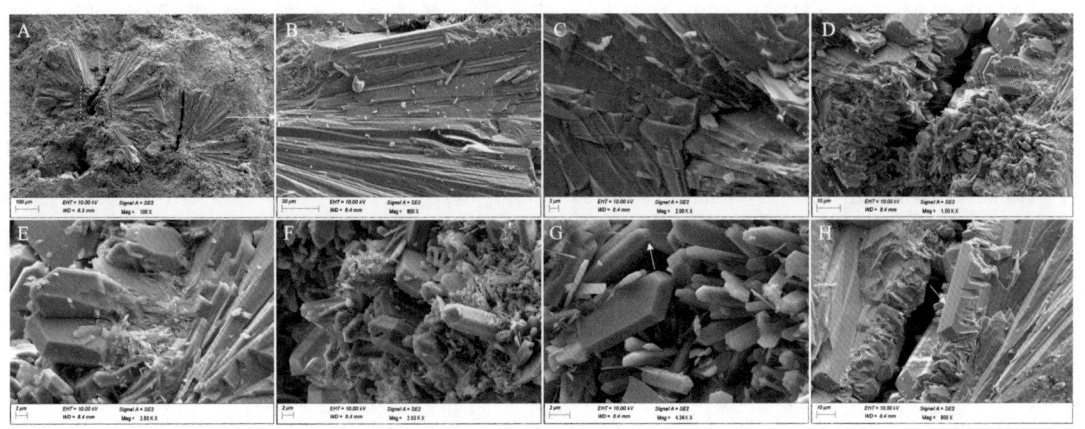

图 3.75 马鞍山绿松石中银星石的显微形貌特征

表 3.20 马鞍山绿松石中银星石的 SEM-EDS 成分数据

元素	含量/wt.%									
	1	2	3	4	5	6	7	8	9	10
O	49.44	48.07	53.60	54.89	54.05	54.21	51.95	52.37	52.00	51.23
F	2.34	—	3.57	4.97	4.08	5.48	4.64	5.85	5.65	5.64
Al	27.26	29.22	24.47	23.07	24.37	23.59	24.86	24.12	24.19	25.00
P	20.97	22.71	18.35	17.06	17.50	16.72	18.55	17.65	18.16	18.13
总计	100.00	100.00	100.00	100.00	100.00	100.00	100.00	100.00	100.00	100.00
apuf										
F^-	0.12	—	0.19	0.26	0.21	0.29	0.24	0.31	0.30	0.30
Al^{3+}	1.01	1.08	0.91	0.86	0.90	0.87	0.92	0.89	0.90	0.93
P^{5+}	0.68	0.73	0.59	0.55	0.57	0.54	0.60	0.57	0.59	0.59
$F^-:P^{5+}$	0.18	0.00	0.32	0.48	0.38	0.53	0.41	0.54	0.51	0.51
$Al^{3+}:P^{5+}$	1.49	1.48	1.53	1.55	1.60	1.62	1.54	1.57	1.53	1.58

3.6.1.4 马鞍山绿松石微形貌特征

选取 5 件不同颜色及致密程度的样品(图 3.76),利用扫描电子显微镜观察其微观形貌特征,样品中可见片状结构,板状结构,球状、鲕粒状、肾状以及花簇状集合体。

扫描电子显微镜下,在质地较好的蓝色样品(图 3.76A)中可见片状微晶交错紧密堆积,颗粒间可见少量孔隙，结构较致密（图3.76A）。在蓝白色样品（图3.76B）中可见片状及板状结构（图3.77B、C）。板状及片状微晶杂乱无序堆积，晶粒间可见明显的孔隙，结构较疏松，局部可见弯曲变形的板状微晶（图3.77B）。

AHBJS15053和AHBJS15039样品均为天蓝色，由大量的蓝色颗粒组成，颗粒间隙为浅蓝色（图3.76C、D）。扫描电子显微镜下，样品均由大量大小不等的鲕粒状集合体组成，鲕粒状集合体由片状微晶紧密堆积组成，结构致密；鲕粒状集合体之间孔隙大，且可见大量的鲕粒状或肾状集合体小球堆积在一起（图3.77D—F）。AHBJS15053样品中集合体表面由细长的片状微晶交错堆积组成，片状微晶大小均匀，长约5μm，宽约1μm，边缘呈锯齿形，片状微晶间可见明显的孔隙（图3.77E—G）。AHBJS15039样品肾状及鲕粒状集合体表面由长菱形板状微晶交错堆积组成，形态完整，轮廓清晰，边缘平整，大小均匀，宽约0.7μm，长约0.3μm，微晶间也仍可见明显的孔隙（图3.77I、J）。

AHBJS15045浅蓝色样品是由大量的鲕粒状颗粒组成，结构松散，容易脱落（图3.76E）。在扫描电子显微镜下，样品由细长的片状微晶颗粒组成的"花簇状"集合体组成，可见大量的孔隙，组成集合体的片状微晶大小较均匀，局部排列有序，沿中心向外定向排列组成"花簇状"集合体（图3.77K、L）。

图3.76 安徽马鞍山扫描电子显微镜测试样品
A：AHBJS15027样品；B：AHBJS15056样品；C：AHBJS15053样品；D：AHBJS15039样品；E：AHBJS15045样品

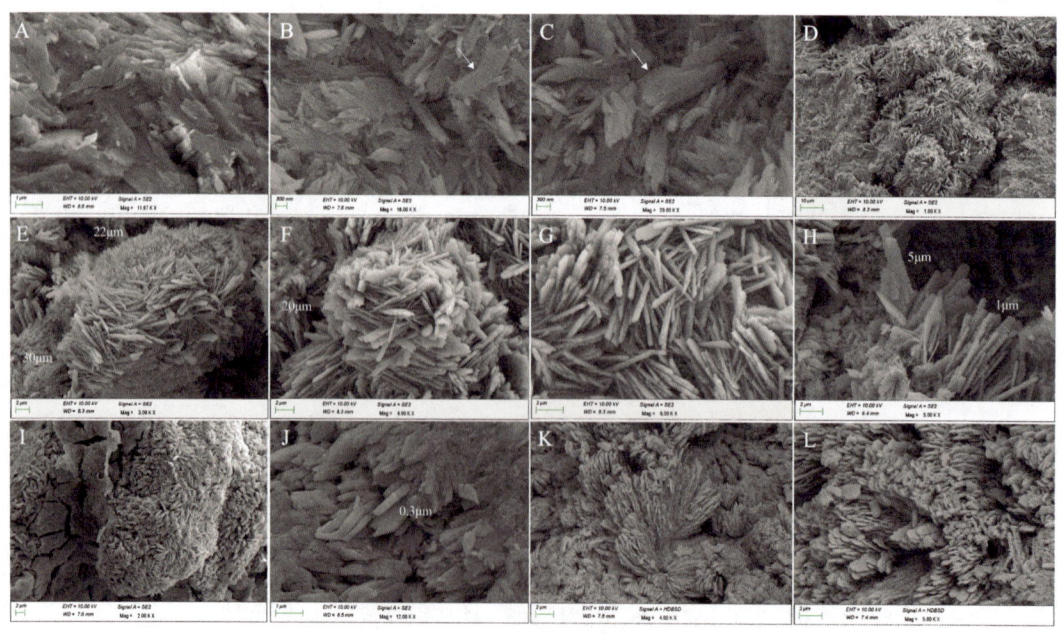

图3.77 马鞍山绿松石微形貌特征

3.6.2 铜陵绿松石

样品采自安徽铜陵,共 15 件原石样品(图 3.78)。样品可见绿松石以片状、板状、脉状或结核状颗粒(俗称"铜陵籽")形式夹杂在灰白色围岩中(图 3.78F、G)。绿松石颜色有天蓝色、蓝白色、蓝绿色等,铜陵籽样品颜色较为纯净且质地较好,样品表面常伴有较多孔洞及白色疏松的杂质矿物。

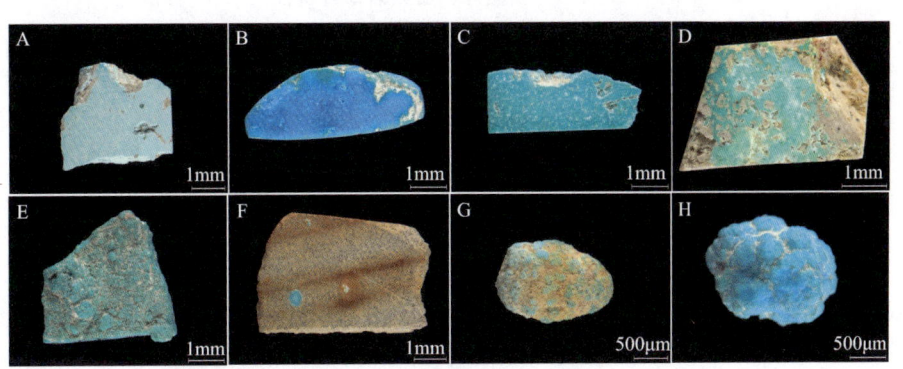

图 3.78 铜陵绿松石样品特征

3.6.2.1 铜陵绿松石围岩特征

铜陵绿松石围岩主要有 3 种,第一种为灰白色(图 3.79A),质地疏松;第二种为土黄色(图 3.79B),夹杂褐黄色的脉;第三种灰白色(图 3.79C),有气孔,质地坚硬。岩石均为强蚀变安山岩(表 3.21)。

图 3.79 铜陵绿松石围岩及薄片镜下观察特征

发生较强烈蚀变,为变余斑状结构,主要由斑晶和基质组成。斑晶多发生比较强烈的土化、绢云母化和硅化,保留着柱状晶形,可能是原岩中暗色矿物被完全交代形成,斑晶大小一般为1~1.5mm(图3.79)。基质为间粒结构,主要是斜长石、白云母和磁铁矿,基质矿物多小于0.5mm。斜长石多呈半自形板柱状,表面发生较强烈土化、绢云母化和硅化,保留着斜长石板柱状晶型,呈交代假象,杂乱分布;白云母多呈他形片状或片状集合体,片径多小于0.3mm,可能是由交代原岩中的暗色矿物蚀变形成;磁铁矿多呈不规则粒状,黑色不透明,矿物粒径多小于0.1mm,分布在斜长石颗粒之间。岩石具块状构造。

表3.21 铜陵绿松石围岩薄片特征

样品号	颜色	岩石定名	矿物组成及含量	结构构造
TL20021	灰白色	强蚀变安山岩	斑晶:3%~5%。 基质:斜长石80%~85%,白云母3%~5%,磁铁矿3%~5%。 裂隙:2%~3%	变余斑状结构,基质呈间粒结构;块状构造
TL20022	土黄色	强蚀变安山岩	斑晶:1%~2%。 基质:斜长石75%~80%,白云母10%~15%,磁铁矿3%~5%	变余斑状结构,基质呈间粒结构;块状构造
TL20023	灰白色	强蚀变安山岩	斑晶:3%~5%。 基质:隐—微晶85%~90%,碳酸盐3%~5%,磁铁矿1%~2%	变余斑状结构,基质呈间粒结构;块状构造

3.6.2.2 铜陵绿松石杂质矿物特征

铜陵绿松石样品杂质矿物主要有重晶石、石英、钠长石、高岭石、伊利石[51]。

3.6.2.3 铜陵绿松石微形貌特征

选取4件铜陵不同颜色及致密程度的样品,利用扫描电子显微镜观察其微观形貌特征。铜陵样品可见片状结构、板状结构,以及由片状及板状微晶组成的球状集合体。

扫描电子显微镜下,浅蓝色样品(图3.78A)中绿松石为板状结构。板状微晶杂乱无序堆积,颗粒细小,形态大小不均匀,晶粒间可见明显的孔隙,结构较疏松(图3.80A)。典型的蓝色"铜陵籽"样品(图3.78H)为板状结构,板状微晶紧密堆积,局部可见板状微晶堆积呈螺旋状(图3.80B),晶粒间基本不见孔隙,结构致密。TL20002样品为天蓝色、结构致密,但表面局部可见较大的孔洞(图3.78B),扫描电子显微镜下样品为片状结构,片状微晶局部排列有序,呈叠瓦式紧密堆积,微晶间见少量孔隙(图3.80C)。样品孔洞内可见长板状微晶及明显的孔隙,长板状微晶自形程度好,边缘呈锯齿状(图3.80D—G)。

鲕粒状结构的蓝色样品(图3.78C)由大量大小不等的鲕粒状集合体组成,鲕粒状集合体间可见明显的大孔隙以及大小不等的球状集合体堆积在一起,部分球状集合体直径约26μm(图3.80H、I)。球状集合体是由板状微晶以不同的堆积及排列方式组成的"核-边"结构,球状集合体的"边"长约8μm(图3.80J、K)。表面的板状微晶大小不等,长约3μm,宽约2μm,厚度在0.2~0.6μm之间(图3.80K、L)。

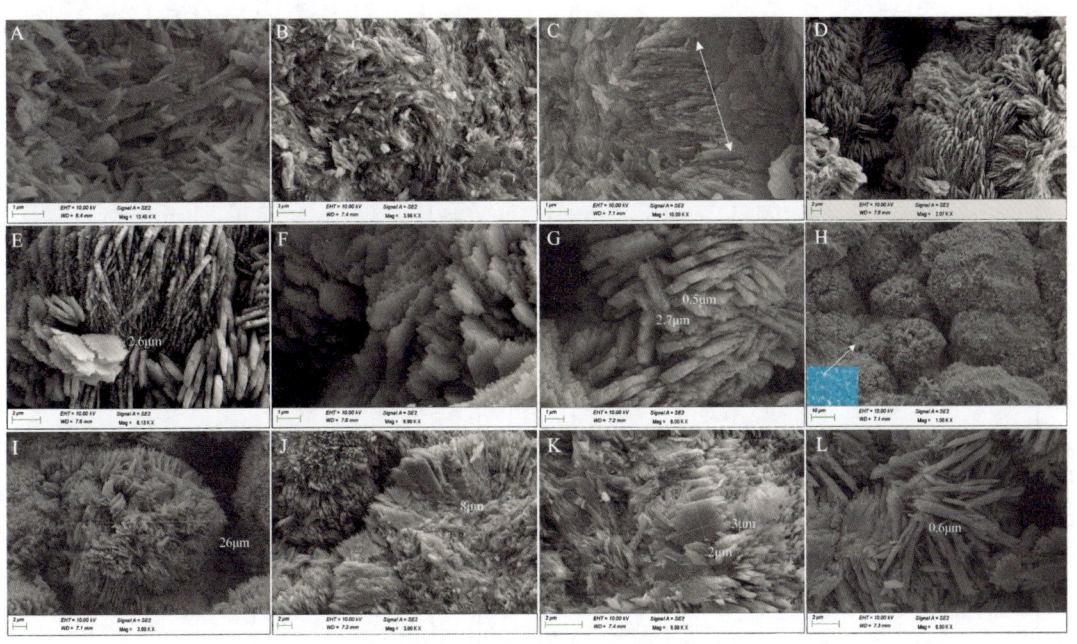

图3.80 铜陵绿松石微形貌特征

3.7 讨 论

3.7.1 不同产地绿松石中杂质矿物差异对比讨论

总结世界各国主要产地绿松石中出现的杂质矿物(表3.22),可以发现石英、针铁矿、赤铁矿是绿松石中最常见的杂质矿物,且在大部分矿点中均有发现。在安徽马鞍山[120]、新墨西哥州[15,72]、伊朗Neyshabur[73]矿点中发现磷灰石,笔者在鄂豫陕和新疆矿区中也发现了磷灰石,磷灰石均可与绿松石混合呈点状分布,呈现雨点状外观[121]。

表 3.22 世界主要产地绿松石的杂质矿物汇总

产地	矿点	杂质矿物（本书测）	前人文献
鄂豫陕[a]	喇叭山	重晶石、石英、自然硒、红铜矿、蓝铜矿、黄钾铁矾、针铁矿、赤铁矿、磷灰石、银星石及针铁矿、磷铝石	（湖北陕西一带）多水高岭石、褐铁矿、重晶石、黄钾铁矾、明矾石、石膏、高岭石、铜铀云母、钙铀云母、孔雀石、绢云母、铜蓝、磷铜铁矿、钒钾铀矿、钒钙铀矿、石英、水铝英石、黄铁矿、乳石英、埃洛石、准埃洛石、磷钙铝石、白水铝矿、磷钙铝石、玉髓、磷钙铝石、粉红磷铁矿、白云石、磷铝矾、磷方沸石、玉髓[27,28,30,31,125,133]
	文峰	磷铝石、重晶石、石英、黄铁矿及针铁矿、磷方沸石、自然硒	
	庙山寨	自然硒、方硒铜矿、红硒铜矿、石英、石墨、明矾石、黄钾铁矾、叶蜡石、黄铁矿及针铁矿	
	小东沟	石英、石墨、云母、孔雀石、蓝铜矿、绿泥石、重晶石、石膏、磷铝石、磷方沸石、自然硒、地开石、黄钾铁矾、赤铁矿及针铁矿	
	河口	石英、石墨、明矾石、磷铝石、石膏、黄钾铁矾、针铁矿、地开石、纤蛇纹石及磷方沸石	石英、玉髓、褐铁矿、高岭石、伊利石[42]
	拐峪	石英、石墨、黄钾铁矾、银星石、磷灰石、磷钡铝石、锐钛矿、磷铜铁矿	—
	淅川	多水高岭石、磷钡铝石、硫磷铝锶石	硫磷铝锶石、石英、玉髓、钛氧化物[134]
新疆	天湖东	石英、针铁矿、氯铜矿、石膏、磷灰石、黄钾铁矾、白云母、赤铁矿、无定形碳	—
安徽[b]	马鞍山	高岭石、钠长石、黄铁矿、赤铁矿、黄钾铁矾、石英、磷铝石、银星石、锐钛矿、金红石、红磷铁矿、硫铜钴矿、针钴矿、磷铜铁矿	磷灰石[120]、（殿庵山）高岭石[52]、（大黄山）独居石[48]、（笔架山）石英、黄铁矿、高岭石、叶蜡石、褐铁矿和黄钾铁矾、钠长石[49]
	铜陵	—	石英、锐钛矿、重晶石、钠长石、高岭土、伊利石[51]

续表 3.22

产地	矿点	杂质矿物（本书测）	前人文献
美国	亚利桑那州	Canyon Creek Mine[b]	准铜铀云母[66]
	新墨西哥州	Castillian Mine, Cerrillos Hills Mining District[b]	磷灰石、铁氧化物、石英、黏土矿物[15]
		Santa Fè, S. Miguel and Los Cerrilloscounties[b]	磷铝石、准磷铝石、绿钾铁矾、冰长石[126]
		Iron Mask Mine[a]	石膏、绢云母、高岭石、磷铜铁矿、氯铜矿、孔雀石、明矾石、黄钾铁矾、针铁矿、磷钇矿、磷灰石[72]
埃及	西奈半岛[a]	—	锌绿松石、纤磷钙铝石、磷锶铝石、石英[126]
德国	萨克森州	Messbach	磷铜铁矿、磷铝石[126]
法国	克勒兹省	Montebras	土绿磷铝石、磷铝石、银星石[126]
伊朗	Khorasan	Neyshabur[a]	土绿磷铝石、石英、氟磷灰石、绿泥石、纤磷钙铝石[126]
	Damghan	Baghu[a]	电气石、明矾石、绢云母、石英、绿泥石、绿帘石、高岭石、黄钾铁矾、针铁矿、赤铁矿[73]

注：a. 属沉积变质岩型。
b. 属于岩浆岩型。

笔者首次在新疆绿松石中发现了氯铜矿,该矿物目前仅出现在新墨西哥州的 Iron Mask Mine 中[72],而在其他矿点绿松石中均未发现。氯铜矿是铜矿床氧化带的一种表生矿物[122,123],在温度高、温差大、缺乏水分的干旱气候条件下形成[124]。在新疆哈密地区的斑岩型铜矿中曾经发现氯铜矿,它可以作为找铜矿的一种指示性矿物[124]。天湖东绿松石矿位于新疆戈壁滩,这是一个极度干旱、白天温度高且昼夜温差大的区域,有利于氯铜矿的形成。由于氯铜矿形成环境的特殊性,且在中国其他矿点绿松石中尚未发现氯铜矿的存在,因而氯铜矿可以作为识别新疆哈密地区绿松石的标志性矿物。

同时笔者在鄂豫陕矿区的绿松石中发现了石墨、磷钙铝石、明矾石、石膏、云母、磷方沸石、硫磷铝锶石、高岭石、蓝铜矿等矿物,这与前人的研究结果一致[27,28,30,31,125]。笔者发现安徽绿松石以高岭石+钠长石+黄铁矿的矿物组合为典型特征,与前人研究结果匹配[49,51]。此外,在鄂豫陕矿区南矿带绿松石中均发现了硒的独立矿物,目前这种矿物尚未在其矿带和矿点中有过报道。

3.7.2 鄂豫陕矿区南矿带绿松石中硒矿物来源及成因讨论

硒在自然界中的赋存状态主要有 3 种类型:①以类质同象的形式存在于硫化物的晶格中,硒的地球化学性质与硫相似,可以替代硫形成含硒的硫化物[126],如含硒黄铁矿和含硒黄铜矿等;②形成独立的硒矿物,如硒化物、硒硫盐及含氧酸盐等[126];③被有机碳或黏土矿物吸附[127],可赋存于含碳的地层(如黑色岩系)或石煤中[128]。硒矿床可以分为独立硒矿床和伴生硒矿床[127]。我国独立的硒矿床有湖北恩施的鱼塘坝硒矿床,产于富碳质硅质岩及碳质页岩中[128],属于沉积型矿床。伴生硒矿床有多种类型,包括岩浆岩型、夕卡岩型、斑岩型、热液型、火山沉积型和沉积型[127]。

硒在黑色岩系中富集[127,129],尤其在富含有机碳的黑色页岩中富集[129]。陕西和湖北两地均分布着富硒的碳质板岩、碳质页岩等地层,为合理利用硒资源,两地分别推出富硒的矿泉水[130]和富硒农产品[131]等。其中陕西的安康、湖北的郧西-郧县和竹山-竹溪分布大量富硒的黑色岩系地层[131],是硒矿物出现在鄂豫陕矿区南矿带绿松石中的关键原因。

根据湖北省地质科学研究院调查研究显示,寒武系是湖北富硒岩层面积分布最广的地层,在牛蹄塘组、庄子沟组、鲁家坪组、剪竹坝组和杨家堡组的地层中均有分布,富硒岩石以碳质页岩、碳质板岩、硅质岩、碳质硅质岩及含碳页岩为主[131],其中庄子沟组地层中硒含量约为 30ug/g[131]。结合湖北绿松石矿的地质背景,可以发现分布在郧西、郧县和竹山的寒武系庄子沟组的黑色岩系既富集硒,也有绿松石产出,为硒矿物和绿松石的共存提供了空间条件。

硒在氧化淋滤的风化作用下可以发生活化、迁移[127]、重新结晶[132]。因此绿松石中的自然硒、方硒铜矿和红硒铜矿推测是碳质板岩、硅质岩等黑色岩系中原生的自然硒或硒矿物在表生环境条件下发生了氧化还原作用后,溶解于绿松石的含矿溶液中,随着含矿溶液迁移、聚集、沉淀,新形成的自然硒和硒化物,以包裹体的形式出现在绿松石中。

3.8 本章小结

本章系统地研究了各个产地绿松石的基础宝石学特征,围岩特征和杂质矿物特征。可得出以下结论。

(1)沉积变质岩型的绿松石围岩为变质岩,包括碳质板岩、碳硅质板岩、片岩、硅质岩及石英岩等。鄂豫陕矿区南北矿带绿松石可呈脉状、片状、板状、结核状赋存于深色的围岩中;新疆哈密绿松石多以细脉状或块状充填在浅灰色的石英岩中;而岩浆岩型的安徽绿松石围岩为灰白色的安山岩或闪长玢岩。鄂豫陕矿区的南北矿带绿松石中常见黑色的铁线及点状物;新疆矿区的绿松石中未见黑色铁线,结构致密,质地坚硬;安徽矿区的绿松石中常见浅色的杂质,表面多具有"白斑"和孔洞。

(2)不同产地绿松石既存在相同的杂质矿物,又有各自的独特性。喇叭山绿松石中杂质矿物以重晶石最为常见;文峰绿松石中最常见的杂质矿物是磷铝石;庙山寨绿松石中最常见的杂质矿物是硒的独立矿物,以自然硒为主,还有方硒铜矿和红硒铜矿;小东沟绿松石中的杂质矿物以石英、石墨、云母等为主,同时发现绿泥石,该矿物尚未在其他产地绿松石中发现。河口绿松石中最常见的矿物有石英、石墨、针铁矿、纤蛇纹石及磷方沸石。拐峪绿松石中常见石英、石墨、银星石、磷灰石和磷钡铝石。淅川绿松石中的杂质矿物以水高岭石、磷钡铝石、硫磷铝锶石为主,天湖东绿松石中最常见石英、针铁矿、磷灰石、硫磷铝锶石,此外在天湖东绿松石中还发现了具有产地识别作用的关键性矿物氯铜矿,该矿物尚未在中国其他产地的绿松石中发现。安徽马鞍山绿松石中最常见的矿物有高岭石、钠长石、石英、黄铁矿、赤铁矿,同时还有硫钴铜矿、金红石。铜陵绿松石中的常见矿物也有钠长石、高岭石、石英,同时还有重晶石、伊利石[51]。

(3)综合各个产地不同颜色和质地绿松石的微形貌特征,文峰、喇叭山、庙山寨、小东沟、马鞍山、铜陵等地绿松石样品的孔洞内均可发现具有"核-边"结构的球状、肾状或结核状集合体。对比各个产地绿松石微晶的自形程度差异发现,淅川绿松石的结晶度最差,微晶颗粒细小,而其他产地的绿松石微晶均具有中等—好的自形程度。

第 4 章

中国不同产地绿松石的地球化学特征

采用不同的地球化学分析手段对不同产地绿松石进行微量元素和锶同位素测试，总结归纳各个产地绿松石微量元素和同位素特征规律，对比不同赋矿类型、矿区、矿带、矿点绿松石地球化学特征差异。

4.1 实验方法及样品

利用激光剥蚀电感耦合等离子体质谱仪（LA-ICP-MS）对绿松石进行原位分析测试。测试前利用红外光谱仪对样品进行测试，剔除非绿松石样品。LA-ICP-MS 测试仪器中的 GeolasPro 激光剥蚀系统（LA）由 COMPexPro 102 ArF 193nm 准分子激光器和 MicroLas 光学系统组成，ICP-MS 型号为 Agilent 7700e。激光剥蚀过程中采用氦气作载气，氩气为补偿气以调节灵敏度，两者在进入 ICP 之前通过一个 T 形接头混合，激光剥蚀系统配置信号平滑装置。激光束斑和频率分别为 $44\mu m$ 和 $5Hz$，能量为 $80mJ$。采用玻璃标准物质 BHVO-2G、BCR-2G 和 BIR-1G 进行多外标无内标校正。

原位锶同位素的测定利用激光剥蚀多接收杯电感耦合等离子体质谱（LA-MC-ICP-MS）完成。激光剥蚀系统为 Geolas HD（Coherent，德国），MC-ICP-MS 为 Neptune Plus（Thermo Fisher Scientific，德国）。8 个法拉第杯（从 L4 到 H3）被同时用于接收 Kr、Rb、Er++、Yb++ 和 Sr 信号的离子信号。Jet+X 锥组合被采用以提高仪器灵敏度。激光剥蚀系统使用氦气作为载气。分析采用单点模式，激光束斑大小根据样品 Sr 信号强度调节，一般为 $60\sim120\mu m$。激光剥蚀速率为 $8\sim15Hz$。激光能量密度固定在 $10.0J/cm^2$ 左右。两个天然长石标样，YG0440（钠长石）和 YG4301（钙长石），作为未知样品监控原位微区长石锶同位素校正方法的可靠性。一个天然单斜辉石标样，HNB-8（$Sr=89.2\mu g\cdot g^{-1}$），作为未知样品监控原位微区单斜辉石锶同位素校正方法的可靠性。两个天然磷灰石标样，Durango 和 MAD，作为未知样品监控原位微区磷灰石锶同位素校正方法的可靠性。分析样品信息见表 4.1。

表 4.1 本章研究的样品信息

赋矿类型	矿区	矿带	矿点	微量元素测试点数	锶同位素测试点数
沉积变质岩型	鄂豫陕	南矿带	喇叭山	64	6
			文峰	69	4
			丫角山	55	—
			秦古	156	17
			洞子沟	77	17
			云盖寺	183	35
			郧西	114	—

续表 4.1

赋矿类型	矿区	矿带	矿点	微量元素测试点数	锶同位素测试点数
沉积变质岩型	鄂豫陕	南矿带	庙山寨	104	—
			小东沟	81	—
		中矿带	淅川	67	23
		北矿带	河口	150	9
			拐峪	105	26
	新疆	哈密	天湖东	75	28
岩浆岩型	安徽	马鞍山	笔架山	146	4
		铜陵	铜陵	48	—
共计				1494	169

4.2 不同产地绿松石微量元素特征

4.2.1 鄂豫陕矿区绿松石微量元素特征

4.2.1.1 南矿带绿松石微量元素特征

1. 喇叭山绿松石

喇叭山绿松石中的微量元素主要有 Na、K、Ca、V、Cr、Zn、Sr、Mo、U、Sb 和 Ba 等,其丰度值见表 4.2。Na 的含量为 $(28.5 \sim 853) \times 10^{-6}$,平均值为 328×10^{-6};K、Ca、V、Cr 元素含量变化较大,K 的含量为 $(117 \sim 1249) \times 10^{-6}$,平均值为 635×10^{-6};少量样品中 Ca 的含量低于检出限,最大值可达 1881×10^{-6},平均值为 527×10^{-6};V 的含量为 $(26.7 \sim 2280) \times 10^{-6}$,平均值为 295×10^{-6};Cr 的含量为 $(18.8 \sim 2443) \times 10^{-6}$,平均值为 299×10^{-6};Zn 的含量较高,在 $(490 \sim 28\,489) \times 10^{-6}$ 之间变化,平均值为 5650×10^{-6};Ba 的含量为 $(560 \sim 4260) \times 10^{-6}$,平均值为 1649×10^{-6};U 的含量为 $(14.0 \sim 734) \times 10^{-6}$,平均值为 107×10^{-6}。其中 Sr 含量的平均值为 35.0×10^{-6},Mo 含量的平均值为 40.3×10^{-6},Sb 含量的平均值为 39.5×10^{-6}。

经大陆上地壳标准化后的微量元素多元素分布见图 4.1A。与大陆上地壳相比较,喇叭山绿松石样品富集 U、Mo、Zn、Ba、Be,U 和 Zn 富集系数均大于 2,为强烈富集元素。U 的平均富集系数为 38,Zn 的平均富集系数为 80。

表 4.2 南矿带各矿点绿松石中微量元素含量的范围及平均值

单位：×10⁻⁶

微量元素	喇叭山 (n=64)	文峰 (n=69)	丫角山 (n=55)	秦古 (n=156)	洞子沟 (n=77)	云盖寺 (n=183)	郧西 (n=114)	庙山寨 (n=104)	小东沟 (n=81)
Li	bdl~119 (19.2)	bdl~8.33 (2.08)	0.21~17.2 (6.65)	0.596~24.4 (9.49)	bdl~30.0 (3.07)	0.002~57.6 (4.01)	bdl~42.0 (5.79)	0.77~8.46 (3.95)	bdl~49.1 (4.34)
Be	1.63~32.8 (8.57)	0.36~24.3 (6.63)	2.15~11.9 (7.08)	1.08~41.7 (13.1)	1.76~16.4 (6.81)	0.79~34.2 (10.0)	2.39~25.9 (11.5)	7.74~32.4 (15.6)	1.69~24.4 (6.57)
Na	28.5~853 (328)	16.2~2024 (342)	49.4~1266 (371)	76.0~2686 (348)	52.6~610 (169)	155~7704 (1264)	49.1~5409 (1254)	55.5~1129 (218)	20.4~3897 (436)
Mg	bdl~726 (66.4)	bdl~111 (21.2)	2.27~1068 (214)	5.55~686 (53.6)	2.36~867 (77.6)	1.81~560 (55.9)	2.38~604 (139)	0.89~305 (23.8)	1.11~225 (25.0)
K	117~1249 (635)	236~1841 (770)	171~1677 (1019)	274~2270 (683)	143~2540 (388)	264~3405 (902)	359~5610 (1513)	411~1499 (953)	200~2814 (702)
Ca	bdl~1881 (527)	bdl~2098 (422)	251~2439 (1241)	25.6~2150 (488)	14.7~14377 (1383)	454~12367 (2401)	155~7718 (1727)	240~941 (491)	11.3~1322 (392)
Sc	0.18~72.5 (6.50)	bdl~106 (13.2)	1.77~47.8 (11.2)	1.39~79.0 (10.9)	0.34~100 (12.2)	0.25~114 (10.9)	0.58~33.7 (6.26)	1.56~35.0 (8.28)	bdl~45.8 (5.63)
Ti	bdl~1000 (78.2)	4.55~9223 (1541)	30.6~7612 (1200)	0.873~1256 (220)	bdl~428 (65.8)	bdl~2277 (104)	bdl~2856 (281)	3.43~1457 (216)	bdl~469 (43.5)
V	26.7~2280 (295)	22.0~1565 (337)	114~858 (454)	101~2122 (359)	51.5~1482 (205)	27.4~3374 (444)	39.6~1566 (586)	235~913 (595)	38.6~1238 (241)

续表 4.2

微量元素	喇叭山 ($n=64$)	文峰 ($n=69$)	丫角山 ($n=55$)	秦古 ($n=156$)	洞子沟 ($n=77$)	云盖寺 ($n=183$)	郧西 ($n=114$)	庙山寨 ($n=104$)	小东沟 ($n=81$)
Cr	18.8~2443 (299)	15.1~2727 (964)	166~4187 (2017)	138~5293 (1582)	96.3~2751 (653)	5.88~6438 (614)	43.3~5281 (825)	345~5833 (2344)	6.10~2117 (298)
Co	bdl~16.2 (1.59)	0.07~73.7 (7.68)	0.43~41.8 (14.7)	0.115~56.8 (3.75)	0.43~23.4 (6.45)	0.092~267 (7.69)	0.18~62.9 (4.09)	0.02~150 (13.8)	0.04~54.2 (3.30)
Ni	bdl~240 (21.7)	bdl~45.0 (8.51)	bdl~131 (33.3)	bdl~189 (24.6)	0.59~556 (25.6)	0.17~200 (10.2)	bdl~122 (11.1)	0.46~1329 (74.9)	bdl~39.2 (3.85)
Zn	490~28 489 (5650)	314~12 094 (3298)	567~10 661 (2308)	970~40 658 (6830)	258~6778 (1822)	132~48 544 (6464)	142~55 266 (3661)	157~35 773 (4674)	391~54 719 (4192)
Ga	0.43~81.4 (13.8)	0.29~101 (22.9)	3.74~1909 (351)	1.36~507 (52.4)	0.24~132 (16.3)	0.18~245 (12.7)	1.07~476 (23.8)	0.45~469.8 (80.8)	bdl~2144 (32)
Rb	0.03~3.43 (1.26)	bdl~5.57 (1.82)	0.11~2.13 (1.11)	0.45~6.93 (1.93)	0.085~2.17 (0.966)	0.40~12.9 (2.28)	0.98~19.4 (3.25)	0.66~2.31 (1.37)	0.21~3.65 (1.31)
Sr	4.12~111 (35.0)	3.21~170 (35.3)	5.88~48.3 (18.0)	2.98~550 (30.9)	2.58~3165 (276)	4.22~500 (65.0)	2.39~125 (21.0)	3.51~29.8 (14.3)	0.62~41.0 (9.71)
Y	0.17~8.09 (2.19)	0.47~58.7 (4.45)	0.75~64.4 (4.73)	0.155~20.6 (2.00)	0.13~36.2 (5.80)	0.11~17.5 (1.83)	0.26~27.5 (3.24)	0.38~6.76 (2.29)	0.02~4.83 (0.87)
Zr	bdl~71.6 (7.69)	bdl~53.1 (6.33)	0.27~13.9 (1.76)	0.217~17.5 (5.09)	0.15~65.2 (15.8)	bdl~62.1 (7.26)	0.072~102 (7.64)	0.92~36.3 (8.92)	bdl~48.7 (4.54)
Mo	1.81~182 (40.3)	2.13~156 (42.6)	2.62~297 (74.8)	3.97~488 (161)	11.4~479 (82.9)	0.89~1178 (105)	4.48~1307 (303)	62.3~547 (302)	1.11~648 (64.8)

续表 4.2

微量元素	喇叭山 ($n=64$)	文峰 ($n=69$)	丫角山 ($n=55$)	秦古 ($n=156$)	洞子沟 ($n=77$)	云盖寺 ($n=183$)	郧西 ($n=114$)	庙山寨 ($n=104$)	小东沟 ($n=81$)
Cd	bdl~110 (13.3)	bdl~3.00 (0.61)	bdl~3.22 (0.82)	0.12~61.8 (4.70)	0.07~180 (25.1)	bdl~81.8 (5.60)	0.15~726 (28.0)	0.15~25.4 (7.37)	bdl~15.6 (1.62)
Sn	bdl~4.43 (1.0)	0.43~9.55 (2.23)	0.05~7.34 (1.03)	2.61~53.3 (9.90)	5.58~13.2 (9.03)	0.46~9.84 (3.08)	0.84~6.17 (2.83)	1.34~7.21 (4.32)	bdl~2.63 (0.76)
Sb	1.85~338 (39.5)	4.82~480 (119)	1.26~249 (30.1)	19.0~753 (174)	5.13~211 (86.2)	0.16~3053 (156)	8.14~1456 (137)	2.13~844 (85.4)	2.14~1328 (96.4)
Ba	560~4260 (1649)	613~7871 (2028)	808~2818 (2022)	297~6036 (1283)	667~22699 (2870)	184~5035 (1345)	175~7766 (1444)	445~2568 (1198)	104~2431 (868)
U	14.0~734 (107)	10.9~204 (47.1)	12.6~161 (80.8)	15.8~429 (86.4)	14.7~152 (51.8)	12.9~701 (94.4)	37.6~716 (159.1)	17.5~502 (124)	11.2~310 (79.0)

注：bdl 表示含量低于仪器检测极限。

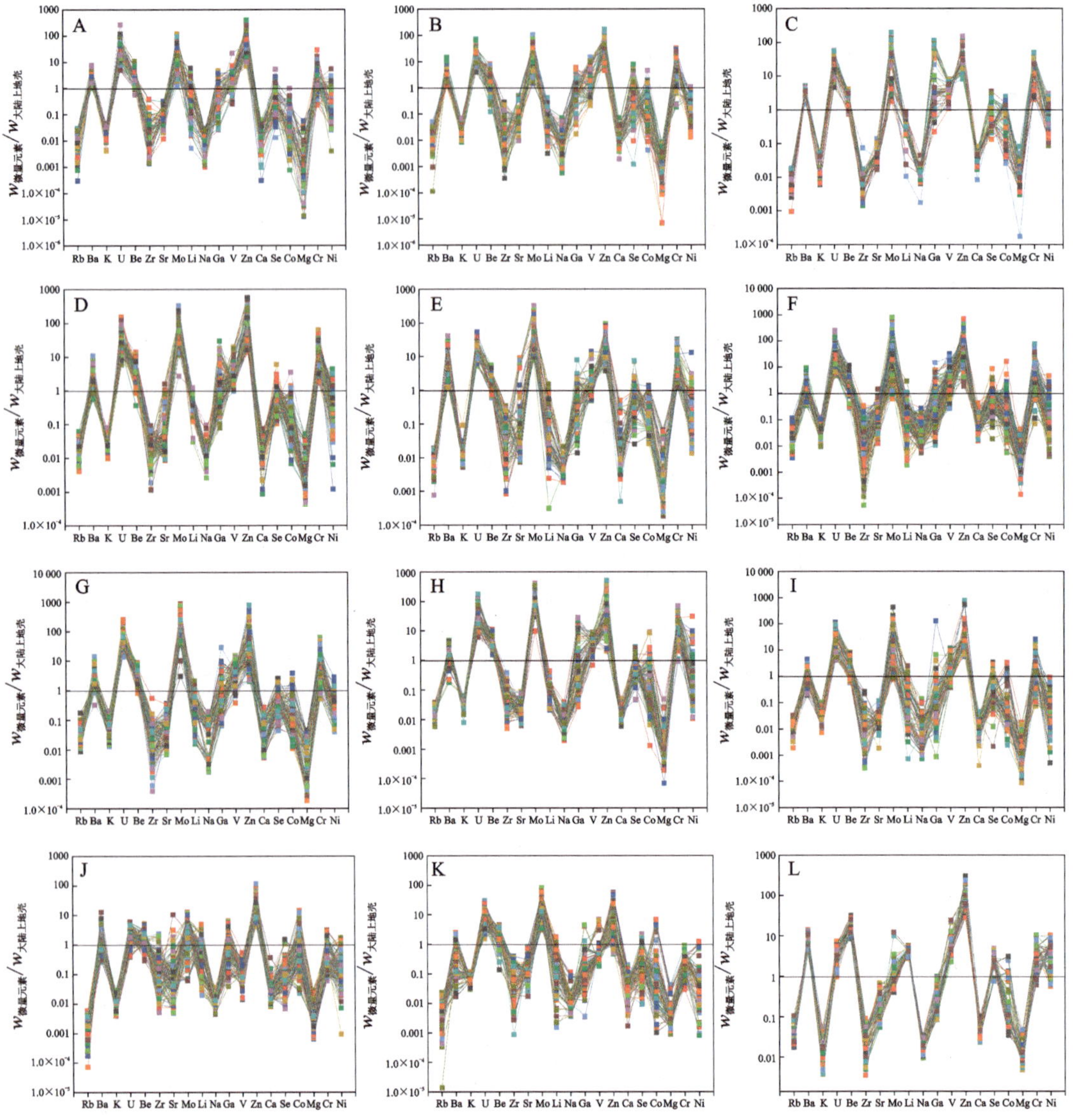

图 4.1 鄂豫陕矿区绿松石的微量元素多元素分布图

A. 喇叭山；B. 文峰；C. 丫角山；D. 秦古；E. 洞子沟；F. 云盖寺；G. 郧西19；H. 庙山寨；I. 小东沟；J. 淅川；K. 河口；L. 拐峪

Mo、Ba 和 Be 在部分样品中为强烈富集元素，在部分样品中为中等富集元素或含量接近大陆上地壳。Mo 的富集系数在 1.2~121 之间，平均富集系数为 27。Ba 的富集系数在 1~7.8 之间，平均富集系数为 3。Be 的富集系数在 0.54~11 之间，平均富集系数为 2.8。

相对于大陆上地壳，Li、Ga、V、Sc、Cr、Ni 等元素在部分样品中表现为富集，在部分样品中表现为亏损。Rb、K、Zr、Sr、Na、Ca、Co、Mg 富集系数均小于1，为贫化元素。

2. 文峰绿松石

文峰绿松石中的微量元素丰度值见表 4.2。微量元素主要有 Na、K、Ca、Ti、V、Cr、Zn、Sb、U 和 Ba 等。Na 的含量为 $(16.2\sim2024)\times10^{-6}$，平均值为 342×10^{-6}；K 的含量为 (236~

1841)×10⁻⁶,平均值为 770×10⁻⁶;少量样品中 Ca 的含量低于检出限,最大值可达 2098×10⁻⁶,平均值为 422×10⁻⁶;Ti 含量的变化范围较大,从 4.55×10⁻⁶ 变化至 9223×10⁻⁶,平均值为 1541×10⁻⁶;V 的含量介于(22.0~1565)×10⁻⁶ 之间,平均值为 337×10⁻⁶;Cr 的含量为(15.1~2727)×10⁻⁶,平均值为 964×10⁻⁶,其含量比喇叭山的稍高;Zn 的含量较高,在(314~12 094)×10⁻⁶ 之间变化,平均值为 3298×10⁻⁶,相对于喇叭山稍低;Ba 的含量为(613~7871)×10⁻⁶,平均值为 2028×10⁻⁶。U 的含量为(10.9~204)×10⁻⁶,平均值为 47.1×10⁻⁶,较喇叭山稍低。Sb 的含量为(4.82~480)×10⁻⁶,平均值为 119×10⁻⁶。Sr、Mo 等元素的含量均在 200×10⁻⁶ 以内,其中 Sr 含量的平均值为 35.3×10⁻⁶,Mo 含量的平均值为 42.6×10⁻⁶。

经大陆上地壳标准化后的微量元素多元素分布见图 4.1B。与大陆上地壳相比较,文峰绿松石样品富集 Ba、U、Mo、Zn,U、Mo、Zn 富集系数均大于 2,为强烈富集元素。U 的平均富集系数为 17,Mo 的平均富集系数为 28,Zn 的平均富集系数为 46。其中 Ba 的富集系数在 1~14.3 之间(平均富集系数为 3.7),多数样品中 Ba 为强烈富集元素,少量样品中 Ba 为中等富集元素。Be、Ga、V、Sc、Co、Cr 等元素在部分样品中表现为富集,在部分样品中为贫化元素。Rb、K、Zr、Sr、Li、Na、Ca、Mg、Ni 富集系数均小于 1,为贫化元素。

3. 丫角山绿松石

丫角山绿松石中的微量元素丰度值见表 4.2。微量元素主要有 Na、Mg、K、Ca、Ti、V、Cr、Zn、Ga、Mo、U、Sb 和 Ba 等,且元素含量变化范围较大。Na 的含量为(49.4~1266)×10⁻⁶,平均值为 371×10⁻⁶;Mg 的含量为(2.27~1068)×10⁻⁶,平均值为 214×10⁻⁶,其含量相对喇叭山和文峰较高;K 的含量为(171~1677)×10⁻⁶,平均值为 1019×10⁻⁶;Ca 的含量为(251~2439)×10⁻⁶,平均值为 1241×10⁻⁶;Ti 的含量为(30.6~7612)×10⁻⁶,平均值为 1200×10⁻⁶;V 的含量为(114~858)×10⁻⁶,平均值为 454×10⁻⁶;Cr 的含量为(166~4187)×10⁻⁶,平均值为 2017×10⁻⁶;Zn 的含量较高,在(567~10 661)×10⁻⁶ 之间变化,平均值为 2308×10⁻⁶;Ga 的含量为(3.74~1909)×10⁻⁶,平均值为 351×10⁻⁶;Ba 的含量为(808~2818)×10⁻⁶,平均值为 2022×10⁻⁶;U 的含量为(12.6~161)×10⁻⁶,平均值为 80.8×10⁻⁶;Sb 的含量范围为(1.26~249)×10⁻⁶,平均值为 30.1×10⁻⁶;Mo 的含量为(2.62~297)×10⁻⁶,平均值为 74.8×10⁻⁶;其他元素含量均在 100×10⁻⁶ 以内。

相对于喇叭山绿松石和文峰绿松石,丫角山绿松石中 Mg、K、Ca、Cr、Ga 的含量明显较高,而 Zn 和 Sr 相对较低。

经大陆上地壳标准化后的微量元素多元素分布见图 4.1C。与大陆上地壳相比较,丫角山绿松石样品富集 Ba、U、Mo、Zn、V、Cr,U、Zn 和 Cr 富集系数均大于 2,为强烈富集元素。U 的平均富集系数为 29,Zn 的平均富集系数为 33,Cr 的平均富集系数为 24。Mo、Ba 和 V 在部分样品中为强烈富集元素,在部分样品中为中等富集元素或含量接近大陆上地壳。Mo 的富集系数在 1.7~198 之间,平均富集系数为 50。Ba 的富集系数在 1.5~5.1 之间,平均富集系数为 3.7。V 的富集系数在 1.1~8 之间,平均富集系数为 4.2。Be 在大部分样品中为中等富集,少量样品中 Be 含量低于大陆上地壳,Be 的富集系数在 0.72~4 之间,平均富集系数为 2.4。

Ga、Sc、Co、Ni 等元素在部分样品中表现为富集,在部分样品中表现为亏损,其中 Ga 在大部分样品中表现为强烈富集,平均富集系数为 21,最大富集系数为 112。Rb、K、Zr、Sr、Li、Na、Ca、Mg 富集系数均小于 1,为贫化元素。

4. 秦古绿松石

秦古绿松石中的微量元素丰度值见表 4.2。微量元素主要有 Na、Mg、K、Ca、Ti、V、Cr、Zn、Sr、Mo、Sb、U 和 Ba 等。Na 的含量为 $(76.0\sim2686)\times10^{-6}$,平均值为 348×10^{-6};Mg 的含量为 $(5.55\sim686)\times10^{-6}$,平均值为 53.6×10^{-6};K 的含量为 $(274\sim2270)\times10^{-6}$,平均值为 683×10^{-6};Ca 的含量为 $(25.6\sim2150)\times10^{-6}$,平均值为 488×10^{-6};Ti 的含量为 $(0.873\sim1256)\times10^{-6}$,平均值为 220×10^{-6};V 的含量为 $(101\sim2122)\times10^{-6}$,平均值为 359×10^{-6};Cr 的含量为 $(138\sim5293)\times10^{-6}$,平均值为 1582×10^{-6};Zn 的含量较高,在 $(970\sim40\ 658)\times10^{-6}$ 之间变化,平均值为 6830×10^{-6},其含量明显高于喇叭山、文峰、丫角山等矿点绿松石的 Zn 含量。Ba 的含量为 $(297\sim6036)\times10^{-6}$,平均值为 1283×10^{-6};Ga 的含量为 $(1.36\sim507)\times10^{-6}$,平均值为 52.4×10^{-6};Sr 的含量为 $(2.98\sim550)\times10^{-6}$,平均值为 30.9×10^{-6};Mo 的含量为 $(3.97\sim488)\times10^{-6}$,平均值为 161×10^{-6};Sb 的含量范围为 $(19.0\sim753)\times10^{-6}$,平均值为 174×10^{-6};U 的含量为 $(15.8\sim429)\times10^{-6}$,平均值为 86.4×10^{-6}。其他元素的平均含量均在 100×10^{-6} 以内。

经大陆上地壳标准化后的微量元素多元素分布见图 4.1D。与大陆上地壳相比较,秦古绿松石样品富集 U、Mo、Zn、Cr,其中 U、Mo、和 Zn 富集系数均大于 2,为强烈富集元素。U 的平均富集系数为 31,Mo 的平均富集系数为 107,Zn 的平均富集系数为 96。Cr 的富集系数在 1.6~62 之间,平均富集系数为 19,Cr 属于中等至强烈富集元素。V 的平均富集系数为 3.4,在少量样品中的含量接近大陆上地壳,V 在大部分样品中表现为富集。Ba 和 Be 的平均富集系数分别为 2.3 和 4.4,这两种元素在少量样品中的含量低于大陆上地壳,在大部分样品中属于富集元素。

Ga、Sc、Ni 在部分样品中表现为富集,在部分样品中表现为亏损。Sr、Li、Co 在大部分样品中表现为亏损,在少量样品中的含量高于大陆上地壳。Rb、K、Zr、Na、Ca、Mg 富集系数均小于 1,为贫化元素。

5. 洞子沟绿松石

洞子沟绿松石中的微量元素丰度值见表 4.2。微量元素主要有 Na、Mg、K、Ca、Ti、V、Cr、Zn、Sr、Mo、U、Ga 和 Ba 等。Na 的含量为 $(52.6\sim610)\times10^{-6}$,平均值为 169×10^{-6};Mg 的含量为 $(2.36\sim867)\times10^{-6}$,平均值为 77.6×10^{-6};K 的含量为 $(143\sim2540)\times10^{-6}$,平均值为 388×10^{-6}。Ca 的含量为 $(14.7\sim14\ 377)\times10^{-6}$,平均值为 1383×10^{-6};Ti 含量较低,平均值为 65.8×10^{-6};V 的含量为 $(51.5\sim1482)\times10^{-6}$,平均值为 205×10^{-6};Cr 的含量为 $(96.3\sim2751)\times10^{-6}$,平均值为 653×10^{-6};Zn 的含量较高,在 $(258\sim6778)\times10^{-6}$ 之间变化,平均值为 1822×10^{-6},其含量相对低于喇叭山、文峰、丫角山、秦古等矿点绿松石的 Zn 含量;Ba 的含量为 $(667\sim22\ 699)\times10^{-6}$,平均值为 2870×10^{-6};Ga 的含量为 $(0.24\sim132)\times10^{-6}$,平均值

为 16.3×10^{-6}；Sr 的含量为 $(2.58\sim3165)\times10^{-6}$，平均值为 276×10^{-6}，相对于其他矿点的绿松石含量较高；Mo 的含量为 $(11.4\sim479)\times10^{-6}$，平均值为 82.9×10^{-6}；Sb 的含量范围为 $(5.13\sim211)\times10^{-6}$，平均值为 86.2×10^{-6}；U 的含量为 $(14.7\sim152)\times10^{-6}$，平均值为 51.8×10^{-6}；其他元素的平均含量均低于 100×10^{-6}。

经大陆上地壳标准化后的微量元素多元素分布见图 4.1E。与大陆上地壳相比较，洞子沟绿松石样品富集 Ba、U、Mo、Zn、Cr，其中 U、Mo 和 Zn 富集系数均大于 2，为强烈富集元素。U 的平均富集系数为 18.5，Mo 的平均富集系数为 55，Zn 的平均富集系数为 26。Ba 和 Cr 在洞子沟绿松石中可表现为轻微富集—强烈富集，Ba 的富集系数在 $1.2\sim41$ 之间，平均富集系数为 5；Cr 的富集系数在 $1.1\sim32$ 之间，平均富集系数为 7.7。

Be 和 V 这两种元素在少量样品中含量低于大陆上地壳，在大部分样品中属于富集元素。Be 的富集系数在 $0.6\sim5.5$ 之间，平均富集系数为 2.3。V 的富集系数在 $0.5\sim14$ 之间，平均富集系数为 1.9。

Sr、Li、Ga、Sc、Co、Ni 在大部分样品中表现为亏损，在少量样品中表现为富集。Rb、K、Zr、Na、Ca、Mg 富集系数均小于 1，为贫化元素。

6. 云盖寺绿松石

云盖寺绿松石中的微量元素丰度值见表 4.2。微量元素主要有 Na、Mg、K、Ca、Ti、V、Cr、Zn、Mo、Ga、Sr、Sb、U 和 Ba 等。Na 的含量为 $(155\sim7704)\times10^{-6}$，平均值为 1264×10^{-6}；Mg 的含量为 $(1.81\sim560)\times10^{-6}$，平均值为 55.9×10^{-6}；K 的含量为 $(264\sim3405)\times10^{-6}$，平均值为 902×10^{-6}；Ca 的含量为 $(454\sim12\,367)\times10^{-6}$，平均值为 2401×10^{-6}；Ti 含量的平均值为 104×10^{-6}；V 的含量为 $(27.4\sim3374)\times10^{-6}$，平均值为 444×10^{-6}；Cr 的含量为 $(5.88\sim6438)\times10^{-6}$，平均值为 614×10^{-6}；Zn 的含量较高，在 $(132\sim48\,544)\times10^{-6}$ 之间变化，平均值为 6464×10^{-6}；Ba 的含量为 $(184\sim5035)\times10^{-6}$，平均值为 1345×10^{-6}；Ga 的含量为 $(0.18\sim245)\times10^{-6}$，平均值为 12.7×10^{-6}；Sr 的含量为 $(4.22\sim500)\times10^{-6}$，平均值为 65.0×10^{-6}；Mo 元素的含量为 $(0.89\sim1178)\times10^{-6}$，平均值为 105×10^{-6}；Sb 的含量为 $(0.16\sim3053)\times10^{-6}$，平均值为 156×10^{-6}；U 的含量为 $(12.9\sim701)\times10^{-6}$，平均值为 94.4×10^{-6}。

经大陆上地壳标准化后的微量元素多元素分布见图 4.1F。与大陆上地壳相比较，云盖寺绿松石样品富集 U 和 Zn，富集系数均大于 2，Li 和 Zn 均为强烈富集元素。U 的平均富集系数为 33，Zn 的平均富集系数为 93。

Ba、Be、V 和 Cr 在少量样品中含量低于大陆上地壳，在大部分样品中属于富集元素，其平均富集系数均大于 2。

Sr、Li、Ga、Sc、Co、Ni 在大部分样品中表现为贫化，在少量样品中表现为富集，其平均富集系数均在 $0.1\sim1$ 之间。Rb、K、Zr、Na、Ca、Mg 富集系数均小于 0.1，为强烈贫化元素。

7. 郧西绿松石

郧西绿松石中的微量元素丰度值见表 4.2。微量元素主要有 Na、Mg、K、Ca、Ti、V、Cr、Zn、Ga、Sr、Sb、Mo、U 和 Ba 等。Na 的含量为 $(49.1\sim5409)\times10^{-6}$，平均值为 1254×10^{-6}；

Mg 的含量为(2.38～604)×10⁻⁶,平均值为 139×10⁻⁶;K 的含量为(359～5610)×10⁻⁶,平均值为 1513×10⁻⁶;Ca 的含量为(155～7718)×10⁻⁶,平均值为 1727×10⁻⁶;Ti 含量的平均值为 281×10⁻⁶;V 的含量为(39.6～1566)×10⁻⁶,平均值为 586×10⁻⁶;Cr 的含量为(43.3～5281)×10⁻⁶,平均值为 825×10⁻⁶;Zn 的含量较高,在(142～55 266)×10⁻⁶之间变化,平均值为 3661×10⁻⁶;Ba 的含量为(175～7766)×10⁻⁶,平均值为 1444×10⁻⁶;Ga 的含量为(1.07～476)×10⁻⁶,平均值为 23.8×10⁻⁶;Sr 的含量为(2.39～125)×10⁻⁶,平均值为 21.0×10⁻⁶;Mo 的含量为(4.48～1307)×10⁻⁶,平均值为 303×10⁻⁶;Sb 的含量范围为(8.14～1456)×10⁻⁶,平均值为 137×10⁻⁶;U 的含量为(37.6～716)×10⁻⁶,平均值为 159.1×10⁻⁶。

经大陆上地壳标准化后的微量元素多元素分布见图 4.1G。与大陆上地壳相比较,郧西绿松石样品富集 Ba、U、Mo、Zn、Cr,其中 U、Mo 和 Zn 富集系数均大于 2,为强烈富集元素。U 的平均富集系数为 55,Mo 的平均富集系数为 206,Zn 元素的平均富集系数为 57。

Ba、Be、V 和 Cr 在少量样品中含量低于大陆上地壳,在大部分样品中属于富集元素,其平均富集系数均大于 2。

Li、Ga、Sc、Co、Ni 的平均富集系数均在 0.1～1 之间,在大部分样品中表现为贫化,在少量样品中表现为富集。Rb、K、Zr、Sr、Na、Ca、Mg 为贫化元素。

8. 庙山寨绿松石

庙山寨绿松石中的微量元素丰度值见表 4.2。微量元素主要有 Na、Mg、K、Ca、Ti、V、Cr、Ga、Zn、Mo、U、Sb 和 Ba 等。Na 的含量为(55.5～1129)×10⁻⁶,平均值为 218×10⁻⁶;Mg 的含量为(0.89～305)×10⁻⁶,平均值为 23.8×10⁻⁶;K 的含量为(411～1499)×10⁻⁶,平均值为 953×10⁻⁶;Ca 的含量为(240～941)×10⁻⁶,平均值为 491×10⁻⁶;Ti 的含量为(3.43～1457),平均值为 216×10⁻⁶;V 的含量为(235～913)×10⁻⁶,平均值为 595×10⁻⁶;Cr 的含量为(345～5833)×10⁻⁶,平均值为 2344×10⁻⁶;Zn 的含量较高,在(157～35 773)×10⁻⁶之间变化,平均值为 4674×10⁻⁶;Ba 的含量为(445～2568)×10⁻⁶,平均值为 1198×10⁻⁶;Ga 的含量为(0.45～469.8)×10⁻⁶,平均值为 80.8×10⁻⁶;Mo 的含量为(62.3～547)×10⁻⁶,平均值为 302×10⁻⁶;Sb 的含量为(2.13～844)×10⁻⁶,平均值为 85.4×10⁻⁶;U 的含量为(17.5～502)×10⁻⁶,平均值为 124×10⁻⁶;其他元素含量的平均值均在 100×10⁻⁶以内。

经大陆上地壳标准化后的微量元素多元素分布见图 4.1H。与大陆上地壳相比较,庙山寨绿松石样品富集 U、Mo、Zn、Be 和 Cr。其中 U、Mo 和 Zn 富集系数均大于 2,为强烈富集元素。U 的平均富集系数为 42,Mo 的平均富集系数为 127,Zn 的平均富集系数为 31。Be 的富集系数在 1.5～11 之间,平均富集系数为 4。Cr 的富集系数在 1～69 之间,平均富集系数为 13。

Ba、Ga、V 和 Ni 在部分样品中为富集元素,在部分样品中表现为贫化。Sc 和 Co 在大部分样品中表现为贫化,在少量样品中表现为富集。Rb、K、Zr、Sr、Li、Na、Ca、Mg 富集系数均小于 1,为贫化元素。

9. 小东沟绿松石

小东沟绿松石中的微量元素丰度值见表 4.2。微量元素主要有 Na、Mg、K、Ca、V、Cr、

Zn、Mo、U、Sb 和 Ba 等。Na 的含量为 $(20.4\sim3897)\times10^{-6}$，平均值为 436×10^{-6}；Mg 的含量为 $(1.11\sim225)\times10^{-6}$，平均值为 25.0×10^{-6}；K 的含量为 $(200\sim2814)\times10^{-6}$，平均值为 702×10^{-6}；Ca 的含量为 $(11.3\sim1322)\times10^{-6}$，平均值为 392×10^{-6}；V 的含量为 $(38.6\sim1238)\times10^{-6}$，平均值为 241×10^{-6}；Cr 的含量为 $(6.10\sim2117)\times10^{-6}$，平均值为 298×10^{-6}；Zn 的含量较高，在 $(391\sim54\,719)\times10^{-6}$ 之间变化，平均值为 4192×10^{-6}；Ba 的含量为 $(104\sim2431)\times10^{-6}$，平均值为 868×10^{-6}；Mo 的含量为 $(1.11\sim648)\times10^{-6}$，平均值为 64.8×10^{-6}；Sb 的含量范围为 $(2.14\sim1328)\times10^{-6}$，平均值为 96.4×10^{-6}；U 的含量为 $(11.2\sim310)\times10^{-6}$，平均值为 79.0×10^{-6}；其他元素含量的平均值均在 100×10^{-6} 以内。

经大陆上地壳标准化后的微量元素多元素分布见图 4.1I。与大陆上地壳相比较，小东沟绿松石样品富集 U、Mo、Zn。其中 U 和 Zn 富集系数均大于 2，为强烈富集元素。U 的平均富集系数为 28，Zn 的平均富集系数为 59。Mo 在大部分样品中表现为富集，在少量样品中表现为轻微贫化或含量接近于大陆上地壳，其富集系数在 0.7～432 之间，平均富集系数为 43。

Ba、Be、V、Cr 在部分样品中表现为富集，在部分样品中表现为贫化。Ba 的富集系数在 0.2～4.4 之间，平均富集系数为 1.6。Be 的富集系数在 0.6～8 之间，平均富集系数为 2.2。V 的富集系数在 0.4～12 之间，平均富集系数为 2.2。Cr 的富集系数在 0.07～25 之间，平均富集系数为 3.5。

Li、Ga、Sc 和 Co 在大部分样品中为贫化元素，在少量样品中表现为富集。Rb、K、Zr、Sr、Na、Ca、Mg、Ni 富集系数均小于 1，为贫化元素。

4.2.1.2 中矿带绿松石微量元素特征

淅川绿松石

淅川绿松石中微量元素丰度值见表 4.3。微量元素主要有 Li、Be、Na、Mg、K、Ca、V、Cr、Zn、Sr、Ba、Ni 等。

表 4.3 淅川、河口、拐峪、哈密、马鞍山、铜陵绿松石中微量元素含量的范围

微量元素	淅川 ($n=67$)	河口 ($n=150$)	拐峪 ($n=105$)	哈密 ($n=75$)	马鞍山 ($n=146$)	铜陵 ($n=48$)
Li	54.2～115 (83.6)	0.39～95.5 (16.8)	bdl～34.6 (5.79)	0.90～583 (237)	bdl～0.49 (0.10)	bdl～4.01 (0.31)
Be	25.1～95.9 (52.1)	0.87～15.6 (5.10)	bdl～13.4 (5.65)	12.8～57.7 (28.8)	4.01～58 (17.1)	0.42～19.3 (7.03)
Na	267～1012 (569)	129～1029 (376)	101～3187 (506)	605～11 581 (2308)	0.97～143 (46.7)	28.6～479 (138)
Mg	62.3～613 (160)	8.33～383 (70.8)	11.7～559 (76.4)	1.98～3144 (126)	1.92～29.1 (10.3)	1.20～283 (45.6)

续表 4.3

微量元素	淅川 (n=67)	河口 (n=150)	拐峪 (n=105)	哈密 (n=75)	马鞍山 (n=146)	铜陵 (n=48)
K	101~1589 (434)	110~812 (261)	839~3272 (1977)	319~2529 (809)	465~1146 (702)	179~1405 (443)
Ca	674~3097 (1293)	238~10 716 (1002)	50.1~5951 (1385)	162~6978 (1290)	41.2~1216 (298)	bdl~1231 (342)
Sc	10.0~65.1 (33.2)	0.09~20.0 (2.06)	bdl~28.9 (4.74)	6.51~85.1 (16.4)	6.10~71.3 (28.1)	7.44~367 (42.7)
Ti	4.82~139 (50.0)	bdl~389 (49.5)	bdl~7188 (1140)	1.11~1677 (103)	2.32~282 (108)	bdl~549 (84.8)
V	239~2551 (669)	1.51~56.1 (13.0)	19.1~733 (95.5)	279~1407 (560)	6.15~79.6 (22.4)	4.29~1736 (151)
Cr	51.0~882 (320)	4.86~259 (55.1)	bdl~77.6 (24.3)	625~5875 (2482)	bdl~32.0 (7.95)	2.31~49.6 (14.9)
Co	0.58~52.2 (6.36)	0.38~243 (21.5)	bdl~112 (8.16)	0.08~15.6 (3.28)	0.09~16.8 (2.80)	1.71~354 (66.7)
Ni	24.2~447 (162)	bdl~76.4 (10.9)	bdl~51.1 (4.57)	bdl~62.2 (5.51)	bdl~3.37 (0.72)	bdl~11.5 (1.82)
Zn	1968~21 662 (7081)	297~8271 (2352)	32.4~4059 (623)	101~5665 (1698)	9.34~775 (221)	18.4~1000 (308)
Ga	1.44~16.8 (4.91)	0.66~107 (23.4)	bdl~76.1 (5.49)	4.97~1487 (270)	bdl~3.61 (1.18)	0.88~104 (12.5)
Rb	1.92~11.7 (3.68)	bdl~0.66 (0.23)	bdl~2.68 (0.70)	0.47~3.37 (1.32)	0.54~3.27 (1.69)	0.12~11.1 (2.08)
Sr	18.7~236 (69.4)	1.69~3627 (79.5)	5.97~284 (51.4)	4.07~545(101)	bdl~6.08 (0.71)	0.02~125 (10.8)
Y	1.60~13.2 (4.38)	0.04~11.9 (0.92)	0.31~26.3 (4.25)	0.13~5.54 (1.25)	0.02~1.83 (0.33)	0.07~11.6 (2.29)
Zr	0.66~16.7 (5.56)	bdl~442 (40.1)	bdl~72.7 (22.8)	0.33~11.2 (4.49)	bdl~86.9 (2.56)	bdl~16.9 (1.24)
Mo	0.31~18.2 (2.43)	bdl~19.2 (5.27)	4.50~125 (34.7)	0.71~139 (31.9)	bdl~14.1 (4.29)	bdl~10.8 (0.30)
Sn	0.29~5.31 (2.53)	bdl~12.0 (1.48)	bdl~9.58 (1.41)	0.59~3.26 (2.11)	bdl~30.1 (4.33)	0.16~9.37 (2.47)

续表 4.3

微量元素	淅川 ($n=67$)	河口 ($n=150$)	拐峪 ($n=105$)	哈密 ($n=75$)	马鞍山 ($n=146$)	铜陵 ($n=48$)
Sb	7.92～31.8 (16.1)	0.84～176 (31.3)	1.68～129 (40.8)	bdl～50.5 (7.39)	1.16～14.8 (6.25)	bdl～9.6 (1.14)
Ba	2010～7693 (4368)	142～6990 (1533)	9.15～1355 (319)	23.5～781 (261)	280～2047 (933)	0.05～747 (69.6)
U	bdl～20.1 (10.1)	1.08～16.2 (6.03)	4.19～85.1 (27.0)	8.33～152 (53.0)	1.18～11.5 (1.76)	0.08～13.1 (4.61)

Li 的含量为 $(54.2～115)×10^{-6}$，平均值为 $83.6×10^{-6}$；Be 的含量为 $(25.1～95.9)×10^{-6}$，平均值为 $52.1×10^{-6}$；Na 的含量为 $(267～1012)×10^{-6}$，平均值为 $569×10^{-6}$；Mg 的含量为 $(62.3～613)×10^{-6}$，平均值为 $160×10^{-6}$；K 的含量为 $(101～1589)×10^{-6}$，平均值为 $434×10^{-6}$；Ca 的含量为 $(674～3097)×10^{-6}$，平均值为 $1293×10^{-6}$；V 的含量为 $(239～2551)×10^{-6}$，平均值为 $669×10^{-6}$；Cr 的含量为 $(51.0～882)×10^{-6}$，平均值为 $320×10^{-6}$；Zn 的含量较高，为 $(1968～21\,662)×10^{-6}$ 变化，平均值为 $7081×10^{-6}$；Ba 的含量为 $(2010～7693)×10^{-6}$，平均值为 $4368×10^{-6}$；Sr 的含量为 $(18.7～236)×10^{-6}$，平均值为 $69.4×10^{-6}$；Ni 的含量为 $(24.2～447)×10^{-6}$，平均值为 $162×10^{-6}$。Mo、Sb、U 等其他元素含量的平均值均在 $100×10^{-6}$ 以内。

经大陆上地壳标准化后的微量元素多元素分布见图 4.1J。与大陆上地壳相比较，淅川绿松石样品富集 Ba、Be、Li、V 和 Zn，富集系数均大于 2，这些元素均为强烈富集元素。Ba 的平均富集系数为 8，Be 的平均富集系数为 17，Li 的平均富集系数为 4，V 的平均富集系数为 4，Zn 的平均富集系数为 100。U 富集系数在 1～7 之间，平均富集系数为 3.7，为中等富集—强烈富集元素。

Mo、Sc、Cr 和 Ni 在大部分样品中为富集，少量样品中为贫化，其平均富集系数均大于 1。Ga 和 Co 在大部分样品中表现为贫化，少量样品中表现为富集，其平均富集系数均小于 1。

Rb、K、Zr、Sr、Na、Ca、Mg 富集系数均小于 1，为贫化元素。

4.2.1.3 北矿带绿松石微量元素特征

1. 河口绿松石

河口绿松石中的微量元素主要有 Li、Na、Mg、K、Ca、V、Cr、Zn、Ba 和 Sr 等（表 4.3）。Li 的含量为 $(0.39～95.5)×10^{-6}$，平均值为 $16.8×10^{-6}$；Na 的含量为 $(129～1029)×10^{-6}$，平均值为 $376×10^{-6}$；Mg 的含量为 $(8.33～383)×10^{-6}$，平均值为 $70.8×10^{-6}$；K 的含量为 $(110～812)×10^{-6}$，平均值为 $261×10^{-6}$；Ca 的含量为 $(238～10\,716)×10^{-6}$，平均值为 $1002×10^{-6}$；V 的含量为 $(1.51～56.1)×10^{-6}$，平均值为 $13.0×10^{-6}$，含量较低；Cr 的含量为 $(4.86～259)×$

10^{-6},平均值为 $55.1×10^{-6}$;Zn 的含量为 $(297～8271)×10^{-6}$ 变化,平均值为 $2352×10^{-6}$;Ba 的含量为 $(142～6990)×10^{-6}$,平均值为 $1533×10^{-6}$;Sr 的含量为 $(1.69～3627)×10^{-6}$,平均值为 $79.5×10^{-6}$;Mo、Sb、U 等其他元素含量的平均值均在 $100×10^{-6}$ 以内。

经大陆上地壳标准化后的微量元素多元素分布见图 4.1K。与大陆上地壳相比较,河口绿松石样品主要富集 Zn,所有样品中 Zn 富集系数均大于 2,为强烈富集元素,Zn 的富集系数在 4.2～117 之间,平均富集系数为 33。

Ba、U、Be、Mo、Ga 和 Co 在部分样品中为富集元素,在部分样品中为贫化元素,其平均富集系数均大于 1。

Zr、Sr、Li、Sc、Cr 和 Ni 在少量样品中表现为富集,在大部分样品中表现为贫化。Rb、K、Na、V、Ca 和 Mg 富集系数均小于 1,为贫化元素。

2. 拐峪绿松石

拐峪绿松石中的微量元素主要有 Na、Mg、K、Ca、Ti、V、Cr、Zn、Ba、Sr、Mo、Sb 和 U 等(表 4.3)。Na 的含量为 $(101～3187)×10^{-6}$,平均值为 $506×10^{-6}$;Mg 的含量为 $(11.7～559)×10^{-6}$,平均值为 $76.4×10^{-6}$;K 的含量为 $(839～3272)×10^{-6}$,平均值为 $1977×10^{-6}$;Ca 的含量为 $(50.1～5951)×10^{-6}$,平均值为 $1385×10^{-6}$;Ti 的含量最高,可达 $7188×10^{-6}$,平均值为 $1140×10^{-6}$;V 的含量为 $(19.1～733)×10^{-6}$,平均值为 $95.5×10^{-6}$;Cr 的含量较低,最大值为 $77.6×10^{-6}$,平均值为 $24.3×10^{-6}$;Zn 的含量为 $(32.4～4059)×10^{-6}$ 变化,平均值 $623×10^{-6}$;Ba 的含量为 $(9.15～1355)×10^{-6}$,平均值为 $319×10^{-6}$;Sr 的含量为 $(5.97～284)×10^{-6}$,平均值 $51.4×10^{-6}$;Mo 的含量为 $(4.50～125)×10^{-6}$,平均值为 $34.7×10^{-6}$;Sb 元素的含量为 $(1.68～129)×10^{-6}$,平均值为 $40.8×10^{-6}$;U 元素的含量为 $(4.19～85.1)×10^{-6}$,平均值为 $27.0×10^{-6}$。

经大陆上地壳标准化后的微量元素多元素分布见图 4.1L。与大陆上地壳相比较,河口绿松石样品主要富集 U 和 Mo,所有样品中 Mo 富集系数均大于 2,为强烈富集元素,Mo 的富集系数在 3～83 之间,平均富集系数为 23。U 富集系数在 1.5～30 之间,平均富集系数为 10,为中等—强烈富集元素。

Be 和 Zn 在部分样品中为富集元素,在部分样品中为贫化元素,其平均富集系数分别为 2 和 8.8,均大于 1。

Ba、Li、Ga、V、Sc、Co 和 Ni 在大部分样品中为贫化元素,在少量样品中为富集元素,其平均富集系数均小于 1。Rb、K、Zr、Sr、Na、Ca、Mg 和 Cr 富集系数均小于 1,为贫化元素。

4.2.2 新疆矿区绿松石微量元素特征

天湖东绿松石

哈密天湖东绿松石中的微量元素有 Li、Be、Na、Mg、K、Ca、Ti、V、Cr、Zn、Ga、Sr、U、Mo 和 Ba 等(表 4.3)。

Li 的含量为 $(0.90\sim583)\times10^{-6}$，平均值为 237×10^{-6}；Be 的含量为 $(12.8\sim57.7)\times10^{-6}$，平均值为 28.8×10^{-6}；Na 的含量为 $(605\sim11\,581)\times10^{-6}$，平均值为 2308×10^{-6}；Mg 的含量为 $(1.98\sim3144)\times10^{-6}$，平均值为 126×10^{-6}；K 的含量为 $(319\sim2529)\times10^{-6}$，平均值为 809×10^{-6}；Ca 的含量为 $(162\sim6978)\times10^{-6}$，平均值为 1290×10^{-6}；Ti 的含量为 $(1.11\sim1677)\times10^{-6}$，平均值为 103×10^{-6}；V 的含量为 $(279\sim1407)\times10^{-6}$，平均值为 560×10^{-6}；Cr 的含量为 $(625\sim5875)\times10^{-6}$，平均值为 2482×10^{-6}；Zn 的含量为 $(101\sim5665)\times10^{-6}$ 变化，平均值为 1698×10^{-6}；Ga 的含量为 $(4.97\sim1487)\times10^{-6}$，平均值为 270×10^{-6}；Ba 的含量为 $(23.5\sim781)\times10^{-6}$，平均值为 261×10^{-6}；Sr 的含量为 $(4.07\sim545)\times10^{-6}$，平均值为 101×10^{-6}；U 的含量为 $(8.33\sim152)\times10^{-6}$，平均值为 53.0×10^{-6}；Mo 的含量为 $(0.71\sim139)\times10^{-6}$，平均值为 31.9×10^{-6}。

其中 Li、Ga、Mo、U 和 Cr 含量变化较大，根据 Li/Cr、Ga/Cr、Mo/Cr、U/Cr 二元图可以将哈密绿松石分为两个类型(图 4.2A—D)。其中红色圈内的样品为明显的富铬类型，Cr 的含量均在 4500×10^{-6} 以上，同时这种类型的样品中 Li、Ga、Mo 和 U 的含量也相对较高，这种微量元素的特征主要集中体现在浅绿色的绿松石样品中。

经大陆上地壳标准化后的微量元素多元素分布见图 4.2E、F。根据 Li 富集程度的差异，可以将天湖东绿松石的微量元素多元素分布图分为两种类型：Li 强烈富集型(图 4.2E)和 Li 贫化—中等富集型(图 4.2F)。与大陆上地壳相比较，这两种类型的绿松石均富集 U、Be、Mo、V、Zn 和 Cr，亏损 Rb、K、Zr、Na、Ca、Mg。Li 强烈富集型绿松石中 Ba、Sr、Co 和 Ni 在大部分样品中为贫化元素，在少量样品中表现为富集；而 Li 贫化—中等富集型绿松石中 Ba、Sr、Co 和 Ni 均为贫化元素。Ga 在 Li 强烈富集型绿松石中均富集，而在 Li 贫化—中等富集型绿松石中部分表现为贫化。此外，对比 Li 强烈富集型和 Li 贫化—中等富集型两种绿松石中 Rb、Na、Ca、Mg 和 Ni 的富集系数，可以发现这些元素在 Li 贫化—中等富集型绿松石中的富集系数更小，贫化程度更高。

4.2.3　安徽矿区绿松石微量元素特征

1. 铜陵绿松石

铜陵绿松石中的微量元素主要有 Be、Na、Ms、K、Ca、Sc、Ti、V、Cr、Zn 和 Ba 等(表 4.3)。Be 的含量为 $(4.01\sim58)\times10^{-6}$，平均值为 17.1×10^{-6}；Na 的含量为 $(0.97\sim143)\times10^{-6}$，平均值为 46.7×10^{-6}，含量较低；Mg 的含量为 $(1.92\sim29.1)\times10^{-6}$，平均值为 10.3×10^{-6}；K 的含量为 $(465\sim1146)\times10^{-6}$，平均值为 702×10^{-6}；Ca 的含量为 $(41.2\sim1216)\times10^{-6}$，平均值为 298×10^{-6}；Sc 的含量为 $(6.10\sim71.3)\times10^{-6}$，平均值为 28.1×10^{-6}；Ti 的含量为 $(2.32\sim282)\times10^{-6}$，平均值为 108×10^{-6}；V 的含量为 $(6.15\sim79.6)\times10^{-6}$，平均值为 22.4×10^{-6}；Cr 的含量较低，平均值为 7.95×10^{-6}；Zn 的含量为 $(9.34\sim775)\times10^{-6}$ 变化，平均值为 221×10^{-6}；Ba 的含量为 $(280\sim2047)\times10^{-6}$，平均值为 933×10^{-6}。U、Mo 等元素的含量均较低，

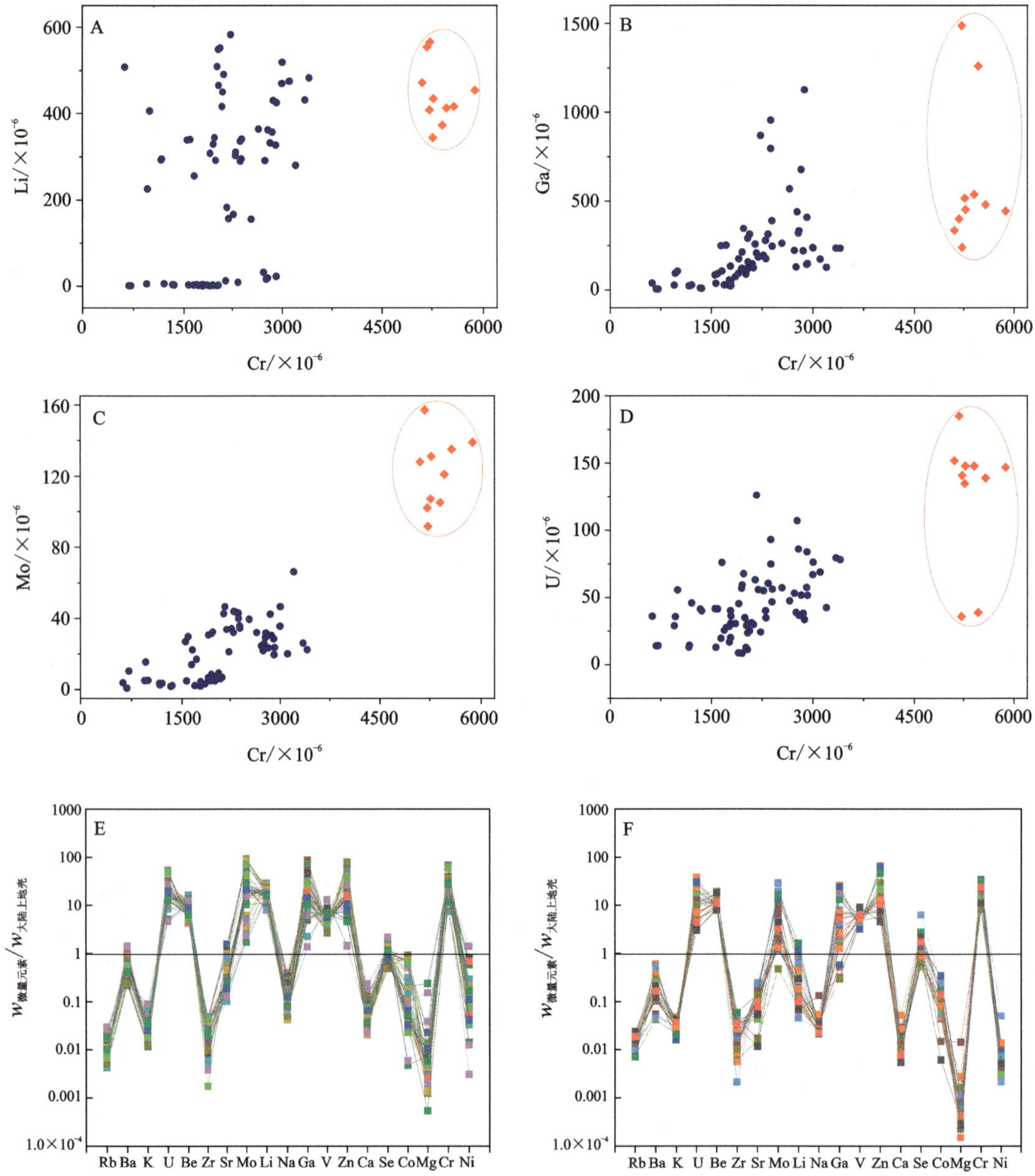

A—D 中红色的点为铬含量相对较高的样品。

图 4.2 哈密天湖东绿松石的微量元素二元图(A—D)和多元素分布图(E、F)

平均值均在 $100×10^{-6}$ 以内。

经大陆上地壳标准化后的微量元素多元素分布见图 4.3。与大陆上地壳相比较,样品主要富集 Be,Be 的富集系数在 1.3～19 之间,平均富集系数为 5.7,Be 为中等—强烈富集元素。Zn 在大部分样品中表现为富集,在少量样品中表现为贫化,其富集系数在 0.1～11 之间,平均富集系数为 3。Ba、U、Mo、Sc 在部分样品中表现为富集,在部分样品中为贫化元素,其平均富集系数均大于 1。

Rb、K、Zr、Sr、Li、Na、Ga、V、Ca、Co、Mg、Cr、Ni 富集系数均小于 1,为贫化元素。

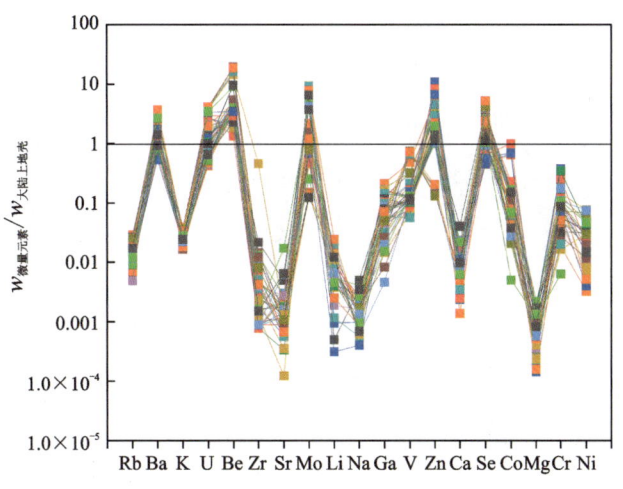

图 4.3 安徽铜陵绿松石的微量元素多元素分布图

2. 马鞍山绿松石

马鞍山绿松石中的微量元素主要有 Na、Mg、K、Ca、Sc、V、Cr、Co、Zn、Ga、Ba、Sr 等(表 4.3)。Na 的含量为 $(28.6～479)×10^{-6}$，平均值为 $138×10^{-6}$；Mg 的含量为 $(1.20～283)×10^{-6}$，平均值为 $45.6×10^{-6}$；K 的含量为 $(179～1405)×10^{-6}$，平均值为 $443×10^{-6}$；Ca 的含量在部分样品中低于检出限，最大值为 $1231×10^{-6}$，平均值为 $342×10^{-6}$；Sc 的含量为 $(7.44～367)×10^{-6}$，平均值为 $42.7×10^{-6}$；V 的含量为 $(4.29～1736)×10^{-6}$，平均值为 $151×10^{-6}$；Cr 的含量为 $(2.31～49.6)×10^{-6}$，平均值为 $14.9×10^{-6}$，含量较低；Co 的含量为 $(1.71～354)×10^{-6}$，平均值为 $66.7×10^{-6}$，较其他产地高；Zn 的含量在 $(18.4～1000)×10^{-6}$ 之间变化，平均值为 $308×10^{-6}$；Ga 的含量为 $(0.88～104)×10^{-6}$，平均值为 $12.5×10^{-6}$；Ba 的含量为 $(0.05～747)×10^{-6}$，平均值为 $69.6×10^{-6}$；Sr 的含量为 $(0.02～125)×10^{-6}$，平均值为 $10.8×10^{-6}$。U、Mo 等元素的含量较低，平均值均在 $100×10^{-6}$ 以内。

经大陆上地壳标准化后的微量元素多元素分布见图 4.4。与大陆上地壳相比较，安徽绿松石中的微量元素总体表现为相对贫化。Be、V、Zn、Sc 和 Co 的富集系数部分大于 1，部分小于 1，平均富集系数大于 1。U、Mo、Ga 在大部分样品中表现为贫化，在少量样品中表现为富集，大部分样品的富集系数小于 1，少部分样品大于 1，平均富集系数小于 1。Rb、K、Zr、Sr、Li、Na、Ca、Mg、Cr、Ni 富集系数均小于 1，为贫化元素。

根据元素的相对富集程度差异，可以将安徽马鞍山绿松石的微量元素多元素图解细分为 4 种类型。图 4.4A 和 B 显示，Ba 相对于 Rb、K 富集系数大，Rb、K 的贫化程度比 Ba 高，同时图 4.4A 显示 Mo 的富集系数大于 Sr 的富集系数，Sr 相对于 Mo 贫化程度更高，这符合大部分样品微量元素的富集规律。而图 4.4B 中 Sr 元素的富集系数稍小于 Mo 的富集系数，Mo 相对于 Sr 贫化程度稍高，主要表现在少量黄绿—蓝绿色样品中。

Be 和 Co 的富集系数均大于 1，且 Be 的富集系数大于 U。

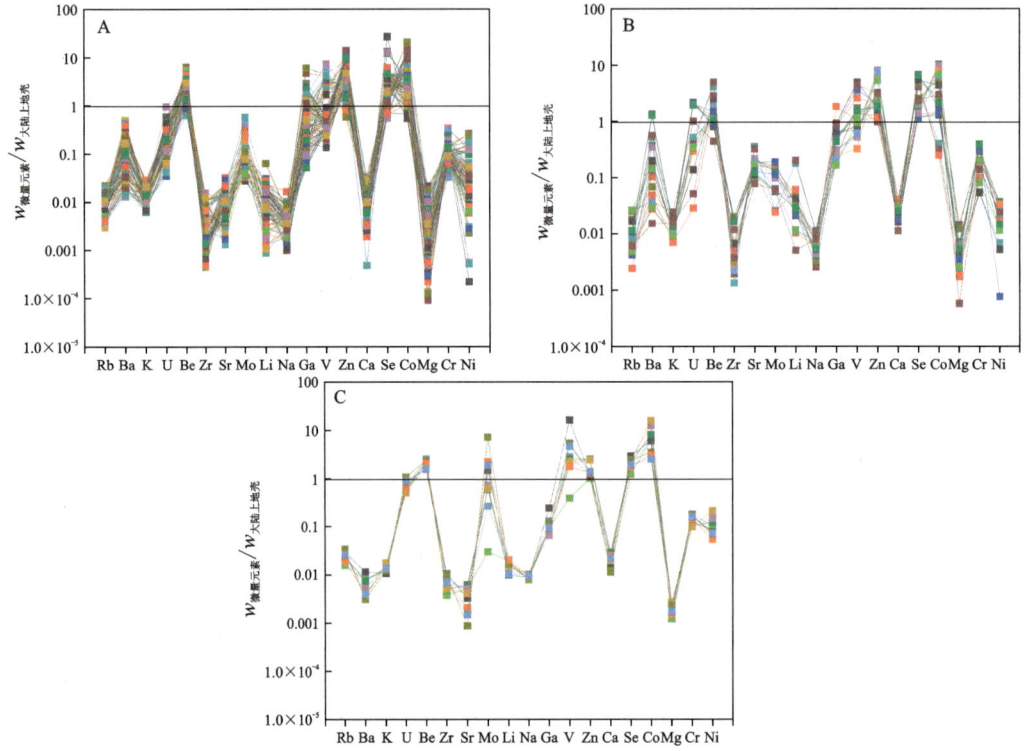

图 4.4 安徽马鞍山不同类型绿松石的微量元素多元素分布图

4.3 不同地质背景绿松石微量元素富集规律及差异性

4.3.1 不同赋矿类型绿松石微量元素富集规律

沉积变质岩型和岩浆岩型绿松石的微量元素富集规律既存在共同点,又有着明显的分异。共同点主要表现在 3 个方面:①相对于大陆上地壳,Rb、K、Zr、Na、Ca、Mg 在沉积变质岩型和岩浆岩型绿松石中均为贫化元素,含量明显低于大陆上地壳;②Zn 在大部分沉积变质岩型和岩浆岩型绿松石中表现为富集,大部分样品中 Zn 含量高于大陆上地壳;③大部分沉积变质岩型和岩浆岩型绿松石中 Be 含量高于大陆上地壳,表现为富集。

沉积变质岩型和岩浆岩型绿松石的微量元素富集规律又存在明显的差异,主要表现在以下 2 个方面。

(1)不同赋矿类型绿松石元素富集种类存在明显的不同。总体上,沉积变质岩型绿松石富集 U、Be、Mo、Zn,而岩浆岩型绿松石富集 Be、Zn、Sc。除个别矿点外,Ba、V 和 Cr 在大部分沉积变质岩型绿松石中表现为富集,而 Cr 在岩浆岩型绿松石中表现为明显的亏损,其丰度值低于大陆上地壳，Ba 在安徽马鞍山绿松石中的含量也明显低于大陆上地壳。Sc 在大部分岩浆岩型绿松石中表现为富集，其平均富集系数大于 1，丰度值高于大陆上地壳；而在沉积变质岩型的绿松石中，除淅川绿松石外，其他矿点绿松石中 Sc 的平均富集系数接近或小于 1。此外，Co 在大部分沉积变质岩型绿松石中表现为贫化，其平均富集系数小于或接近 1，大部分样品的丰度值低于或接近大陆上地壳，而在岩浆岩型的马鞍山绿松石中，Co 平均富集系数大于 1，丰度值明显高于大陆上地壳。

(2) 微量元素在沉积变质岩型和岩浆岩型绿松石中的富集程度明显存在分异。如图 4.5 所示，通过将各矿点微量元素的平均值与大陆上地壳进行比较发现，沉积变质岩型绿松石中 U、Mo、Zn、Cr、Li 的平均富集程度总体明显大于它们在岩浆岩型绿松石中的富集程度，岩浆岩型绿松石中微量元素的平均富集系数均在 10 以内，而大部分沉积变质岩型矿点的绿松石中 U、Mo、Zn、Cr 的平均富集系数大于 10。

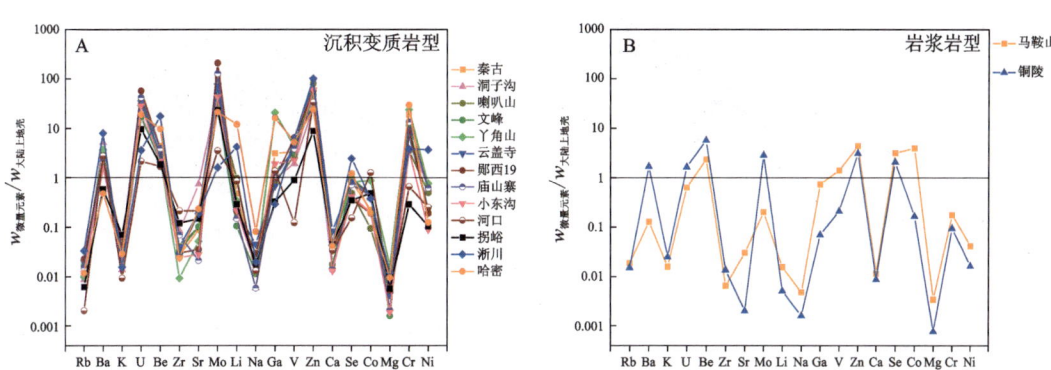

图 4.5　不同赋矿类型绿松石的微量元素多元素分布图

根据沉积变质岩型和岩浆岩型绿松石中 U、Mo、Zn、Co 相对于大陆上地壳的富集程度差异，绘制微量元素的二元判别图来指示绿松石的赋矿类型。如图 4.6 所示，图中红色的点代表岩浆岩型绿松石中 U、Mo、Zn、Co 富集的范围，黑色的点则代表沉积变质岩型绿松石微量元素富集的范围。岩浆岩型的绿松石 Zn 的富集系数均在 15 以内，Mo 的富集系数均在 10 以内，U 的富集系数均在 5 以内。

4.3.2　不同矿区绿松石微量元素富集差异

图 4.7A 为鄂豫陕矿区和新疆矿区绿松石微量元素多元素分布图，从图中可以看出，新疆矿区和鄂豫陕矿区绿松石微量元素分布的趋势线基本相似，但相对于大陆上地壳，元素的富集程度不一致，其中新疆矿区的哈密矿点 Li 的富集程度明显高于鄂豫陕矿区，Cr 的富集程度也略高于鄂豫陕矿区，新疆矿区的哈密绿松石中 Be 和 Sc 的富集系数小于淅川绿松石，但均大于鄂豫陕矿区的其他矿点，同时哈密绿松石中 Ga 的富集系数小于丫角山绿松石中 Ga 的富集系数，但均大于鄂豫陕矿区的其他矿点。此外，从图中也可以看出新疆矿区的哈密绿松石中 Ba 的富集系数小于鄂豫陕矿区各矿点绿松石中 Ba 的富集系数。

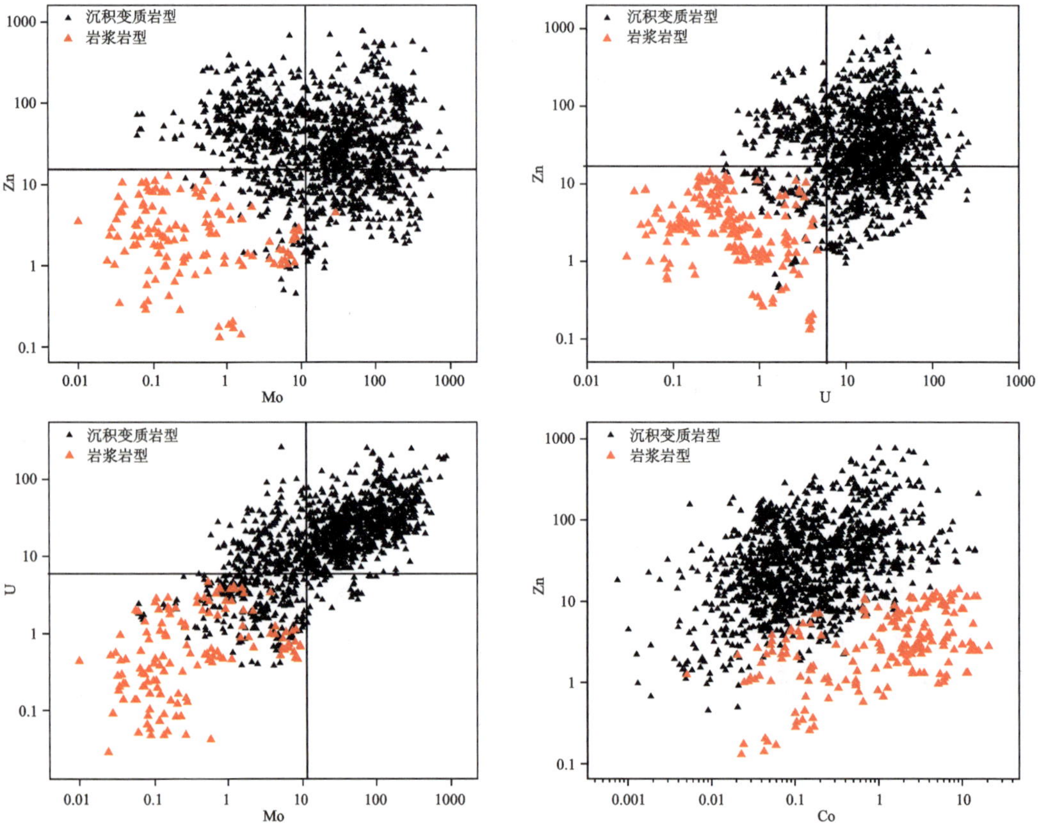

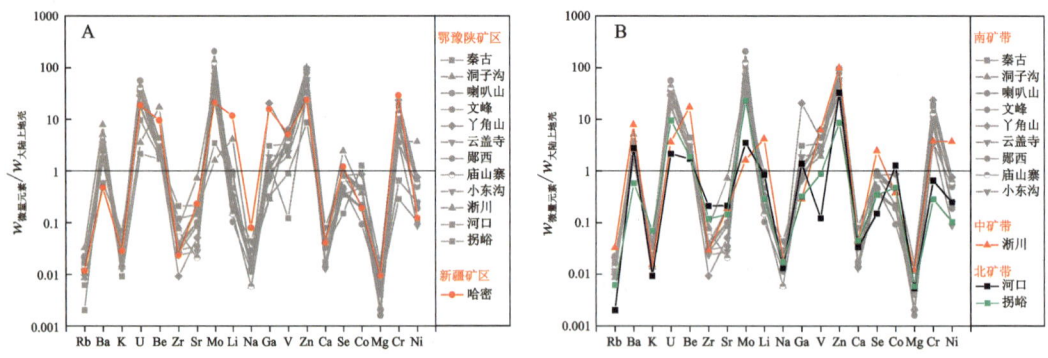

图 4.6 绿松石不同微量元素赋矿类型的二元判别图

图 4.7 不同矿区、矿带绿松石的微量元素多元素分布图
A. 不同矿区；B. 不同矿带

4.3.3 不同矿带绿松石微量元素富集差异

图 4.7B 为鄂豫陕矿区内不同矿带（南、中、北）微量元素多元素分布图。由图可以看出，

鄂豫陕矿区中矿带的淅川绿松石中 Rb、Ba、Be、Li、Sc、Ni 的富集程度明显高于北矿带和南矿带各矿点。南矿带中 U、Mo、Zn、Cr 的富集系数较大。中矿带淅川绿松石中 V 和 Zn 的富集系数较大,与南矿带绿松石接近,但均大于北矿带。同时,U、Mo 和 Ga 在中矿带淅川绿松石中的富集程度较低,其中 Mo 在中矿带淅川绿松石中的富集系数最小,比南矿带和中矿带的都小,而 U 的富集程度明显低于南矿带及北矿带的拐峪绿松石中 U 的富集程度,但高于北矿带的河口绿松石。淅川绿松石中 Ga 的富集系数明显小于南矿带及北矿带的河口绿松石,但与北矿带的拐峪绿松石富集系数接近。

北矿带中 Rb 的富集系数比南矿带和中矿带的均小,拐峪绿松石中 Ba 的富集系数小于南矿带,而河口绿松石中 Ba 的富集系数与南矿带的富集系数接近,北矿带绿松石中 Zr 的富集系数均大于南矿带和中矿带,而 V、Cr 的富集系数均小于南矿带和中矿带,北矿带拐峪绿松石中 Zn 的富集系数最小。同时北矿带内部 K 的分异较为明显,河口绿松石中的 K 的富集系数最小,小于南矿带和中矿带,以及拐峪绿松石中 K 的富集系数,但拐峪绿松石中 K 的富集系数在鄂豫陕矿区内最大,其富集程度高于南矿带和中矿带。

4.3.4 不同矿点绿松石微量元素富集差异

图 4.8 为鄂豫陕矿区内南矿带不同矿点绿松石微量元素的多元素分布图。由图可以看出,南矿带各矿点绿松石的微量元素分布图趋势线基本一致,其中较为突出的是丫角山绿松石中 Zr 的分布趋势,其富集系数最小,而 Ga、Co、Cr 的富集系数在南矿带内部最大。洞子沟绿松石中的 Ba 和 Sr 的富集系数明显比南矿带的其他矿点大,而 K 的富集系数明显比其他矿点小。郧西绿松石中的 U、Mo 和 V 的富集系数均比南矿带其他矿点的大。喇叭山绿松石中 Li 的富集系数在南矿带绿松石中最大,而 Co 的富集系数在南矿带内最小。小东沟绿松石中的 Ni 的富集程度明显低于南矿带其他矿点的绿松石。

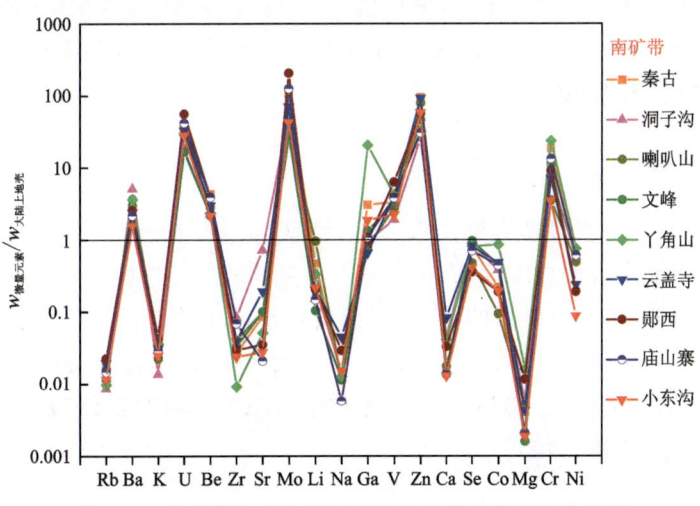

图 4.8 南矿带各矿点绿松石的微量元素多元素分布图

4.4 不同产地绿松石稀土元素特征

4.4.1 鄂豫陕矿区绿松石稀土元素特征

4.4.1.1 南矿带绿松石稀土元素特征

1. 秦古绿松石

秦古绿松石稀土元素的总质量分数(ΣREE)为$(0.137\sim20.0)\times10^{-6}$,平均值为$2.40\times10^{-6}$,稀土元素总体较低(表4.4)。$\delta Ce=0.011\sim1.72$(平均值为0.557),$\delta Eu=0.058\sim3.05$(平均值为1.04),大部分样品的Ce为负异常,Eu异常有正有负。轻稀土和重稀土比值(LREE/HREE)在$0.002\sim1.96$之间,平均值为0.351,$(w_{La}/w_{Sm})_N=0.005\sim0.710$(平均值为0.135),$(w_{Gd}/w_{Lu})_N=0.115\sim61.1$(平均值为3.74),配分曲线为左倾型,轻稀土相对亏损,重稀土相对富集(图4.9A)。

2. 洞子沟绿松石

洞子沟绿松石稀土元素的总质量分数(ΣREE)为$(0.092\sim39.1)\times10^{-6}$,平均值为$5.08\times10^{-6}$,稀土元素含量总体较低(表4.4)。$\delta Ce=0.018\sim27.5$(平均值为2.54),$\delta Eu=0.311\sim6.61$(平均值为1.22),Ce和Eu异常值变化范围较大,均有正有负。轻稀土和重稀土比值(LREE/HREE)在$0.011\sim6.18$之间,平均值为0.320,$(w_{La}/w_{Sm})_N=0.005\sim2.84$(平均值为0.228),$(w_{Gd}/w_{Lu})_N=0.041\sim23.6$(平均值为3.56),配分曲线为左倾型,轻稀土明显亏损,重稀土相对富集(图4.9B)。

3. 喇叭山绿松石

喇叭山绿松石稀土元素的总质量分数(ΣREE)为$(0.198\sim7.90)\times10^{-6}$,平均值为$1.78\times10^{-6}$(表4.4),稀土元素含量总体较低。$\delta Ce=0.022\sim2.08$(平均值为0.508),$\delta Eu=0.360\sim2.61$(平均值为1.19),大部分样品的Ce为明显负异常,Eu异常有正有负。轻稀土和重稀土比值(LREE/HREE)在$0.007\sim2.88$之间,平均值为0.340,$(w_{La}/w_{Sm})_N=0.021\sim1.52$(平均值为0.444),$(w_{Gd}/w_{Lu})_N=0.066\sim14.5$(平均值为1.53),配分曲线为左倾型,轻稀土相对亏损,重稀土相对富集(图4.9C)。

表 4.4 各产地绿松石稀土元素的范围及平均值

矿点	δCe	δEu	LREE/HREE	$\Sigma REE/(\times10^{-6})$	$(w_{La}/w_{Sm})_N$	$(w_{Gd}/w_{Lu})_N$
秦古	0.011~1.72 (0.557)	0.058~3.05 (1.04)	0.002~1.96 (0.351)	0.137~20.0 (2.40)	0.005~0.710 (0.135)	0.115~61.1 (3.74)
洞子沟	0.018~27.5 (2.54)	0.311~6.61 (1.22)	0.011~6.18 (0.320)	0.092~39.1 (5.08)	0.005~2.84 (0.228)	0.041~23.6 (3.56)
喇叭山	0.022~2.08 (0.508)	0.360~2.61 (1.19)	0.007~2.88 (0.340)	0.198~7.90 (1.78)	0.021~1.52 (0.444)	0.066~14.5 (1.53)
文峰	0.099~1.60 (0.702)	0.225~4.06 (0.814)	0.028~3.27 (0.396)	0.653~34.2 (3.83)	0.022~9.97 (0.571)	0.358~22.1 (3.27)
丫角山	0.054~3.71 (0.744)	0.360~1.87 (0.959)	0.045~1.08 (0.649)	0.425~133 (10.2)	0.000 4~0.599 (0.059)	0.281~20.1 (5.48)
云盖寺	0.035~16.6 (1.51)	0.108~12.1 (2.13)	0.011~2.69 (0.335)	0.107~17.6 (1.71)	0.005~4.61 (0.289)	0.018~17.1 (2.06)
郧西	0.087~5.47 (0.841)	0.181~3.76 (1.19)	0.002~2.13 (0.321)	0.354~42.1 (3.87)	0.004~1.43 (0.133)	0.046~13.9 (2.04)
庙山寨	0.096~5.83 (1.08)	0.143~13.9 (1.70)	0.004~3.53 (0.349)	0.189~12.7 (2.32)	0.005~1.31 (0.195)	0.098~12.7 (2.11)
小东沟	0.023~33.6 (1.52)	0.233~4.84 (1.25)	0.003~18.7 (0.853)	0.134~53.3 (1.68)	0.006~2.68 (0.212)	0.033~21.8 (2.13)
淅川	0.016~8.56 (1.00)	0.318~4.33 (2.00)	0.019~0.473 (0.101)	0.771~15.6 (2.85)	0.039~3.61 (0.569)	0.089~3.03 (0.646)
河口	0.018~3.12 (0.646)	0.172~4.82 (1.15)	0.009~4.18 (0.557)	0.040~29.8 (1.02)	0.021~2.15 (0.319)	0.044~16.0 (2.59)
拐峪	0.056~1.60 (0.724)	0.225~4.06 (0.781)	0.028~3.31 (0.461)	0.639~70.0 (6.06)	0.022~9.97 (0.704)	0.358~23.8 (3.87)
哈密	0.092~2.20 (0.725)	0.322~2.85 (1.08)	0.128~2.45 (0.538)	0.216~6.43 (1.51)	0.007~1.01 (0.109)	0.264~22.7 (3.67)
笔架山	0.088~17.0 (1.23)	0.036~4.16 (0.873)	0.013~13.5 (0.640)	0.089~16.3 (2.80)	0.001~21.6 (0.653)	0.051~58.8 (3.84)
铜陵	0.070~2.51 (0.796)	0.238~4.87 (1.79)	0.128~10.2 (1.14)	0.069~4.08 (0.70)	0.003~9.60 (1.22)	0.011~9.65 (2.33)

注:δCe 为铈异常,δEu 为铕异常。LREE 指轻稀土元素总含量,即 La—Eu 各稀土元素的含量总和;HREE 指 Gd—Lu 各稀土元素的含量总和,即重稀土元素总含量。LREE/HREE 为轻、重稀土比值,ΣREE 为稀土元素总含量,$(w_{La}/w_{Sm})_N$ 和 $(w_{Gd}/w_{Lu})_N$ 分别反映轻稀土和重稀土之间的分馏程度。

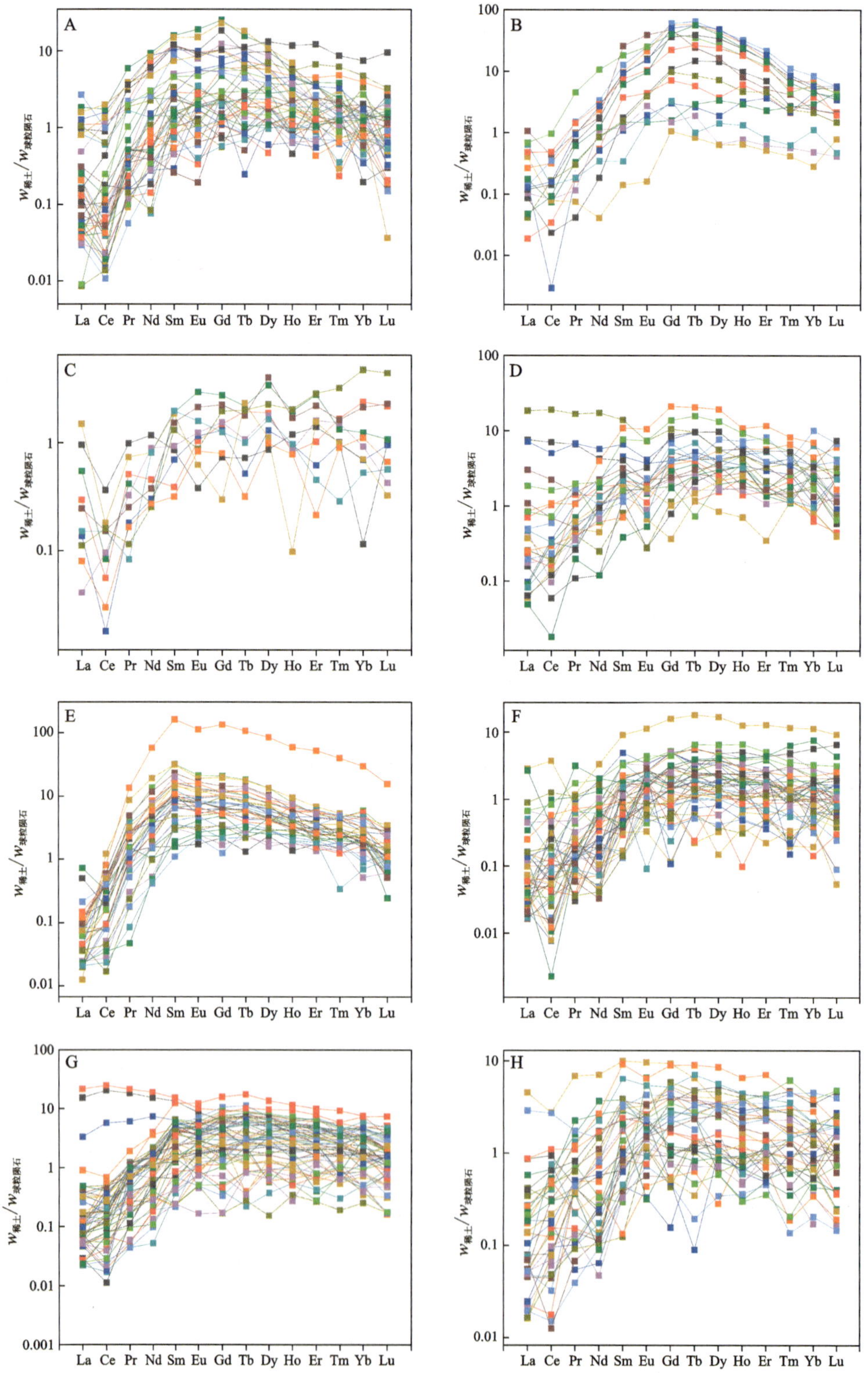

图 4.9 南矿带不同产地绿松石的稀土元素分配图

A. 秦古；B. 洞子沟；C. 喇叭山；D. 文峰；E. 丫角山；F. 云盖寺；G. 郧西；H. 庙山寨

4. 文峰绿松石

文峰绿松石稀土元素的总质量分数（ΣREE）为 $(0.653\sim34.2)\times10^{-6}$，平均值为 3.83×10^{-6}（表4.4），稀土元素含量总体较低。$\delta Ce=0.099\sim1.60$（平均值为0.702），$\delta Eu=0.225\sim4.06$（平均值为0.814），大部分样品的 Ce 和 Eu 为负异常。轻稀土和重稀土比值（LREE/HREE）在 $0.028\sim3.27$ 之间，平均值为 0.396，$(w_{La}/w_{Sm})_N=0.022\sim9.97$（平均值为 0.571），$(w_{Gd}/w_{Lu})_N=0.358\sim22.1$（平均值为3.27）。大部分样品的配分曲线为左倾型，轻稀土相对亏损，重稀土富集，少量样品的配分曲线为水平海鸥型（图4.9D）。

5. 丫角山绿松石

丫角山绿松石稀土元素的总质量分数（ΣREE）为 $(0.425\sim133)\times10^{-6}$，平均值为 10.2×10^{-6}（表4.4），其中一个样品的稀土含量总量较高，该产地绿松石稀土元素总量较其他产地绿松石高。$\delta Ce=0.054\sim3.71$（平均值为0.744），$\delta Eu=0.360\sim1.87$（平均值为0.959），Ce 和 Eu 异常有正有负，大部分样品的 Ce 为负异常，Eu 为轻微的负异常。轻稀土和重稀土比值（LREE/HREE）在 $0.045\sim1.08$ 之间，平均值为 0.649，$(w_{La}/w_{Sm})_N=0.0004\sim0.599$（平均值为0.059），$(w_{Gd}/w_{Lu})_N=0.281\sim20.1$（平均值为5.48），轻、重稀土分馏明显，配分曲线为左倾型，轻稀土明显亏损，重稀土相对富集（图4.9E）。

6. 云盖寺绿松石

云盖寺绿松石稀土元素的总质量分数（ΣREE）为 $(0.107\sim17.6)\times10^{-6}$，平均值为 1.71×10^{-6}（表4.4），稀土元素含量总体较低。$\delta Ce=0.035\sim16.6$（平均值为1.51），$\delta Eu=0.108\sim12.1$（平均值为2.13），Ce 和 Eu 异常，均有正有负。轻稀土和重稀土比值（LREE/HREE）在 $0.011\sim2.69$ 之间，平均值为 0.335，$(w_{La}/w_{Sm})_N=0.005\sim4.61$（平均值为0.289），$(w_{Gd}/w_{Lu})_N=0.018\sim17.1$（平均值为2.06），配分曲线为左倾型，轻稀土相对亏损，重稀土富集（图4.9F）。

7. 郧西绿松石

郧西绿松石稀土元素的总质量分数（ΣREE）为 $(0.354\sim42.1)\times10^{-6}$，平均值为 3.87×10^{-6}（表4.4），稀土元素总体较低。$\delta Ce=0.087\sim5.47$（平均值为0.841），$\delta Eu=0.181\sim3.76$（平均值为1.19），Ce 和 Eu 异常，均有正有负，大部分样品的 Ce 为负异常。轻稀土和重稀土比值（LREE/HREE）在 $0.002\sim2.13$ 之间，平均值为 0.321，$(w_{La}/w_{Sm})_N=0.004\sim1.43$（平均值为0.133），$(w_{Gd}/w_{Lu})_N=0.046\sim13.9$（平均值为2.04），大部分样品的配分曲线为左倾型，表现为轻稀土相对亏损，重稀土相对富集（图4.9G）。

8. 白河庙山寨绿松石

庙山寨绿松石稀土元素的总质量分数（ΣREE）为 $(0.189\sim12.7)\times10^{-6}$，平均值为 $2.32\times$

10^{-6}(表4.4),稀土元素含量总体较低。$\delta Ce=0.096\sim5.83$(平均值为1.08),$\delta Eu=0.143\sim 13.9$(平均值为1.70),Ce和Eu异常,均有正有负。轻稀土和重稀土比值(LREE/HREE)在 $0.004\sim3.53$ 之间,平均值为0.349,$(w_{La}/w_{Sm})_N=0.005\sim1.31$(平均值为0.195),$(w_{Gd}/w_{Lu})_N=0.098\sim12.7$(平均值为2.11),配分曲线为左倾型,轻稀土相对亏损,重稀土富集(图4.9H)。

9. 白河小东沟绿松石

小东沟绿松石稀土元素的总质量分数(ΣREE)为$(0.134\sim53.3)\times10^{-6}$,平均值为$1.68\times10^{-6}$(表4.4),稀土元素含量总体较低。$\delta Ce=0.023\sim33.6$(平均值为1.52),$\delta Eu=0.233\sim4.84$(平均值为1.25),Ce和Eu异常,均有正有负,大部分样品的配分曲线表现出Ce和Eu的负异常。轻稀土和重稀土比值(LREE/HREE)在 $0.003\sim18.7$ 之间,平均值为0.853,$(w_{La}/w_{Sm})_N=0.006\sim2.68$(平均值为0.212),$(w_{Gd}/w_{Lu})_N=0.033\sim21.8$(平均值为2.13),配分曲线为左倾型,轻稀土相对亏损,重稀土富集(图4.10A)。

4.4.1.2 中矿带绿松石稀土元素特征

淅川绿松石

淅川绿松石稀土元素的总质量分数(ΣREE)为$(0.771\sim15.6)\times10^{-6}$,平均值为$2.85\times10^{-6}$(表4.4),稀土元素含量总体较低。$\delta Ce=0.016\sim8.56$(平均值为1.00),$\delta Eu=0.318\sim4.33$(平均值为2.00),Ce和Eu异常,均有正有负,配分曲线表现出Ce的负异常。轻稀土和重稀土比值(LREE/HREE)在 $0.019\sim0.473$ 之间,平均值为0.101;$(w_{La}/w_{Sm})_N=0.039\sim3.61$(平均值为0.569),$(w_{Gd}/w_{Lu})_N=0.089\sim3.03$(平均值为0.646),配分曲线为左倾型,轻稀土相对亏损,重稀土富集(图4.10B)。

4.4.1.3 北矿带绿松石稀土元素特征

1. 河口绿松石

河口绿松石稀土元素的总质量分数(ΣREE)为$(0.040\sim29.8)\times10^{-6}$,平均值为$1.02\times10^{-6}$(表4.4),稀土元素含量总体较低。$\delta Ce=0.018\sim3.12$(平均值为0.646),$\delta Eu=0.172\sim4.82$(平均值为1.15),Ce和Eu异常,均有正有负,大部分样品表现为明显的Ce负异常。轻稀土和重稀土比值(LREE/HREE)在 $0.009\sim4.18$ 之间,平均值为0.557;$(w_{La}/w_{Sm})_N=0.021\sim2.15$(平均值为0.319),$(w_{Gd}/w_{Lu})_N=0.044\sim16.0$(平均值为2.59),大部分样品配分曲线为左倾型,轻稀土相对亏损,重稀土相对富集。少量样品中轻稀土和重稀土比值差异不明显(图4.10C)。

2. 拐峪绿松石

拐峪绿松石稀土元素的总质量分数(ΣREE)为$(0.639\sim70.0)\times10^{-6}$,平均值为$6.06\times$

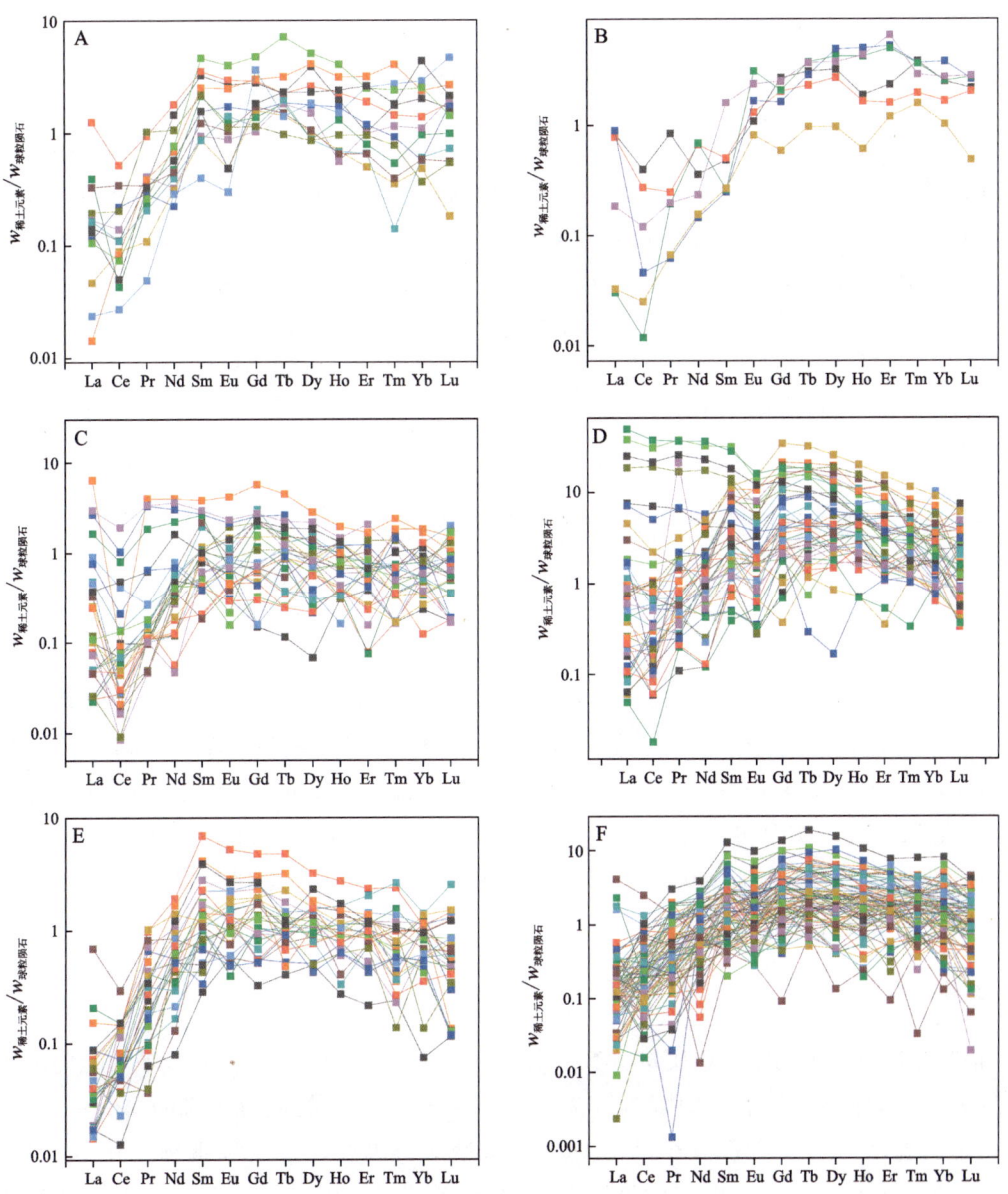

图 4.10 不同产地绿松石的稀土元素分配图
A. 小东沟;B. 淅川;C. 河口;D. 拐峪;E. 哈密;F. 马鞍山

10^{-6}(表 4.4),稀土元素含量总体较低。$\delta Ce=0.056 \sim 1.60$(平均值为 0.724),$\delta Eu=0.225 \sim 4.06$(平均值为 0.781),Ce 和 Eu 异常,均有正有负,大部分样品的 Eu 表现为明显的负异常。轻稀土和重稀土比值(LREE/HREE)在 $0.028 \sim 3.31$ 之间,平均值为 0.461;$(w_{La}/w_{Sm})_N=0.022 \sim 9.97$(平均值为 0.704),$(w_{Gd}/w_{Lu})_N=0.358 \sim 23.8$(平均值为 3.87),大部分样品的配分曲线为左倾型,轻稀土相对亏损,重稀土富集。少量样品的配分曲线为右倾型,轻稀土相对富集,重稀土亏损(图 4.10D)。

4.4.2 新疆矿区绿松石稀土元素特征

哈密绿松石稀土元素的总质量分数（ΣREE）为(0.216~6.43)×10^{-6}，平均值为1.51×10^{-6}（表4.4），稀土元素含量总体较低。δCe=0.092~2.20（平均值为0.725），δEu=0.322~2.85（平均值为1.08），Ce和Eu异常，均有正有负，大部分样品的Ce为负异常。轻稀土和重稀土比值（LREE/HREE）在0.128~2.45之间，平均值为0.538；$(w_{La}/w_{Sm})_N$=0.007~1.01（平均值为0.109），$(w_{Gd}/w_{Lu})_N$=0.264~22.7（平均值为3.67），配分曲线为左倾型，轻稀土相对亏损，重稀土富集（图4.10E）。

4.4.3 安徽矿区绿松石稀土元素特征

1. 马鞍山绿松石

马鞍山绿松石稀土元素的总质量分数（ΣREE）为(0.089~16.3)×10^{-6}，平均值为2.80×10^{-6}（表4.4），稀土元素含量总体较低。δCe=0.088~17.0（平均值为1.23），δEu=0.036~4.16（平均值为0.873），Ce和Eu异常，均有正有负，大部分样品的Eu为负异常。轻稀土和重稀土比值（LREE/HREE）在0.013~13.5之间，平均值为0.640；$(w_{La}/w_{Sm})_N$=0.001~21.6（平均值为0.653），$(w_{Gd}/w_{Lu})_N$=0.051~58.8（平均值为3.84），配分曲线为左倾型，轻稀土相对亏损，重稀土富集（图4.10F）。

2. 铜陵绿松石

铜陵绿松石稀土元素的总质量分数（ΣREE）为(0.069~4.08)×10^{-6}，平均值为0.70×10^{-6}（表4.4），稀土元素含量总体较低。δCe=0.070~2.51（平均值为0.796），δEu=0.238~4.87（平均值为1.79），大部分样品的Ce和Eu为负异常。轻稀土和重稀土比值（LREE/HREE）在0.128~10.2之间，平均值为1.14；$(w_{La}/w_{Sm})_N$=0.003~9.60（平均值为1.22），$(w_{Gd}/w_{Lu})_N$=0.011~9.65（平均值为2.33）。

4.4.4 小结

总体上，所有矿点大部分样品的稀土配分曲线均表现为左倾型，轻稀土相对亏损，重稀土相对富集。绿松石中稀土元素总量均较低，不同矿点绿松石的稀土元素特征存在细微差异。其中丫角山矿点绿松石稀土元素总量相对较高，稀土配分曲线较为一致。丫角山绿松石中$(w_{La}/w_{Sm})_N$值的平均值最小，$(w_{Gd}/w_{Lu})_N$值的平均值最大，其轻稀土和重稀土的分馏均最为明显。文峰和拐峪绿松石的稀土元素中 Eu 的负异常较为明显,而喇叭山和河口绿松石中 Ce 的负异常较为明显。洞子沟绿松石中稀土(Sm、Eu、Gd、Tb、Dy、Ho)富集程度更为明显。

4.5 不同产地绿松石锶同位素特征

中国各产地绿松石中 $^{87}Sr/^{86}Sr$ 范围及均值见表 4.5。洞子沟绿松石 $^{87}Sr/^{86}Sr$ 的变化范围为 0.711 6~0.713 3,均值为 0.712 4;秦古绿松石 $^{87}Sr/^{86}Sr$ 的变化范围为 0.712 0~0.713 0,均值为 0.712 3;秦古绿松石 $^{87}Sr/^{86}Sr$ 范围在洞子沟的范围内,且变化范围较窄。喇叭山绿松石 $^{87}Sr/^{86}Sr$ 的变化范围为 0.709 7~0.713 0,均值为 0.711 4;文峰绿松石 $^{87}Sr/^{86}Sr$ 的变化范围较大,比值在 0.710 1~0.715 3 之间,均值为 0.712 3;云盖寺绿松石 $^{87}Sr/^{86}Sr$ 比值较小,变化范围为 0.707 8~0.710 9,均值为 0.709 4;淅川绿松石 $^{87}Sr/^{86}Sr$ 的变化范围为 0.710 9~0.713 1,均值为 0.712 1;河口绿松石 $^{87}Sr/^{86}Sr$ 的变化范围为 0.711 8~0.713 2,均值为 0.712 5;拐峪绿松石 $^{87}Sr/^{86}Sr$ 比值较大,变化范围较大,其比值在 0.717 3~0.724 2 之间,均值为 0.720 0;哈密绿松石 $^{87}Sr/^{86}Sr$ 的变化范围为 0.710 9~0.712 1,均值为 0.711 3;安徽绿松石 $^{87}Sr/^{86}Sr$ 的变化范围为 0.710 4~0.711 5,均值为 0.711 0。

表 4.5 中国各矿点绿松石中 $^{87}Sr/^{86}Sr$ 的范围及平均值

$^{87}Sr/^{86}Sr$	洞子沟 ($n=17$)	秦古 ($n=17$)	喇叭山 ($n=6$)	文峰 ($n=4$)	云盖寺 ($n=35$)	淅川 ($n=23$)	河口 ($n=9$)	拐峪 ($n=26$)	哈密 ($n=28$)	安徽 ($n=4$)
最小值	0.711 6	0.712 0	0.709 7	0.710 1	0.707 8	0.710 9	0.711 8	0.717 3	0.710 9	0.710 4
最大值	0.713 3	0.713 0	0.713 0	0.715 3	0.710 9	0.713 1	0.713 2	0.724 2	0.712 1	0.711 5
均值	0.712 4	0.712 3	0.711 4	0.712 3	0.709 4	0.712 1	0.712 5	0.720 0	0.711 3	0.711 0
中位数	0.712 4	0.712 3	0.711 4	0.711 8	0.709 5	0.712 1	0.712 6	0.720 0	0.711 3	0.711 1

注:n 为测试点数。

对比各产地绿松石的 $^{87}Sr/^{86}Sr$ 比值,可以发现拐峪绿松石的 $^{87}Sr/^{86}Sr$ 比值最大,而云盖寺绿松石的 $^{87}Sr/^{86}Sr$ 比值最小(图 4.11)。河口绿松石 $^{87}Sr/^{86}Sr$ 比值大于云盖寺,但小于拐峪绿松石,介于云盖寺和拐峪绿松石之间。其中喇叭山和文峰绿松石的 $^{87}Sr/^{86}Sr$ 比值与洞子沟、秦古、云盖寺、淅川、哈密、安徽等地绿松石的 $^{87}Sr/^{86}Sr$ 比值范围重叠。安徽绿松石 $^{87}Sr/^{86}Sr$ 比值小于洞子沟、秦古、河口、拐峪绿松石,但大于云盖寺绿松石。哈密绿松石 $^{87}Sr/^{86}Sr$ 比值小于秦古、拐峪,但高于云盖寺。

总体上,$^{87}Sr/^{86}Sr$ 可有效地识别拐峪和云盖寺绿松石的产地来源,同时可以帮助将个别产地绿松石进行区分。

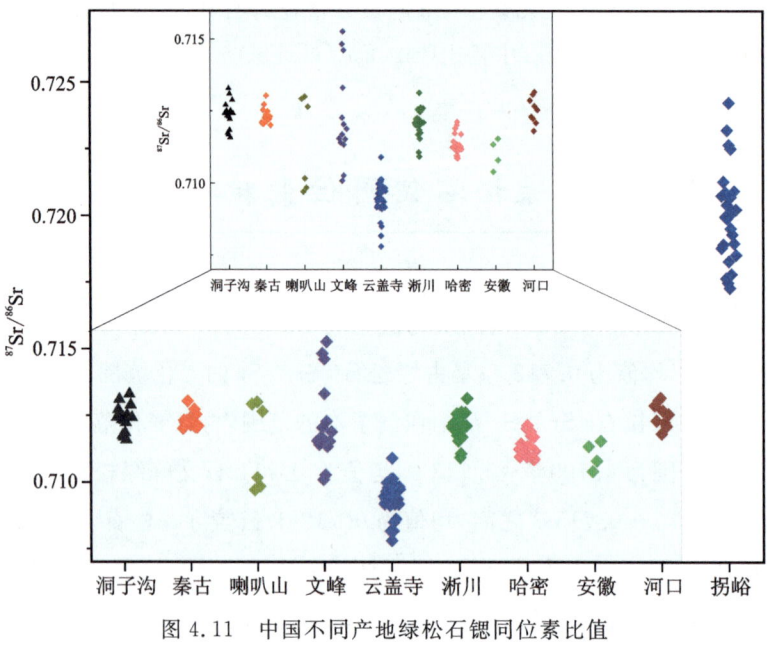

图 4.11 中国不同产地绿松石锶同位素比值

4.6 讨 论

4.6.1 不同赋矿类型绿松石微量元素特征对比

沉积变质岩型绿松石 Na、Ca、Cr、Zn、Sb、U 含量的平均值均大于岩浆岩型绿松石。此外 Sr、Mo、Zr 除个别矿点外,在其他沉积变质岩型矿点绿松石中其含量平均值均大于岩浆岩型。岩浆岩型绿松石除 Sc 和 Co 外,其他微量元素含量总体均较低。

4.6.2 不同矿区绿松石微量元素特征对比

1. 安徽矿区

(1)安徽矿区绿松石中 Sc 含量的平均值(马鞍山矿区平均值为 42.7×10^{-6};铜陵矿区平均值为 28.1×10^{-6})虽稍低于淅川绿松石中 Sc 含量的平均值(33.2×10^{-6}),但比其他产地绿松石 Sc 含量的平均值($<16.5\times10^{-6}$)高。Co 在安徽马鞍山绿松石中含量分布范围较大,其平均值在所有产地绿松石中最大,为 66.7×10^{-6};Co 在安徽铜陵绿松石中含量也较低,平均值为 2.80×10^{-6}。

(2) 安徽矿区绿松石中 Li、Na、Ca、Cr、Zn、Sr、Mo、Zr、Sb、U 的含量均较低。安徽矿区绿松石中 Li 含量的平均值小于 1×10^{-6}，而其他产地 Li 含量平均值均大于 2×10^{-6}。Na 含量的平均值也小于其他产地，马鞍山绿松石中 Na 含量平均值为 138×10^{-6}，铜陵绿松石中 Na 含量的平均值为 46.7×10^{-6}，而其他产地的平均值在 169×10^{-6} 以上。马鞍山绿松石中 Ca 含量的平均值为 138×10^{-6}，铜陵绿松石中的平均值为 46.7×10^{-6}，其他产地平均值均在 392×10^{-6} 以上。马鞍山绿松石中 Cr 含量平均值为 138×10^{-6}，铜陵绿松石中的平均值为 46.7×10^{-6}，其他产地平均值均在 392×10^{-6} 以上。马鞍山绿松石中 Zn 含量的平均值为 308×10^{-6}，铜陵绿松石中的平均值为 221×10^{-6}；其他产地平均值均在 623×10^{-6} 以上。马鞍山绿松石中 Sb 含量的平均值为 1.14×10^{-6}，铜陵绿松石中的平均值为 6.25×10^{-6}，均比其他产地的平均值（$\geqslant7.39\times10^{-6}$）低。此外 U 在安徽矿区中含量最低，马鞍山和铜陵绿松石中 U 含量的平均值分别为 1.76×10^{-6} 和 4.61×10^{-6}，其他产地平均值在 6.03×10^{-6} 以上，与前人文献结果一致[48,51,97]（表 4.6）。

此外，Sr 在马鞍山和铜陵绿松石中的含量平均值分别为 10.8×10^{-6} 和 0.71×10^{-6}，除马鞍山绿松石中 Sr 的含量平均值稍大于小东沟（平均值为 9.71×10^{-6}）外，马鞍山和铜陵绿松石中 Sr 的含量平均值比其他产地平均值（$\geqslant14.3\times10^{-6}$）均小，且铜陵绿松石中 Sr 在中国所有绿松石中含量最低。Mo 在安徽绿松石中含量也较低，其中马鞍山绿松石中 Mo 含量平均值为 0.30×10^{-6}，铜陵的平均值为 4.29×10^{-6}，除淅川（平均值为 2.43×10^{-6}）外，其平均值比其他产地均小。Zr 在安徽绿松石中含量也较低，马鞍山和铜陵绿松石中 Zr 含量的平均值分别为 1.24×10^{-6} 和 2.56×10^{-6}，除丫角山（平均值为 1.76×10^{-6}）外，其平均值比其他产地的都小。

除上述相同的特征外，铜陵和安徽绿松石微量元素也存在差异，其中马鞍山绿松石中的 V、Co 含量明显高于铜陵绿松石，而 Ba 明显低于铜陵绿松石。铜陵绿松石中 V 含量的平均值为 22.4×10^{-6}，马鞍山绿松石中 V 含量的平均值为 151×10^{-6}，除河口绿松石外（平均值为 13.0×10^{-6}），铜陵绿松石中 V 含量的平均值明显低于其他产地。Ba 在安徽马鞍山绿松石中含量最低，平均值为 69.6×10^{-6}，但在铜陵绿松石中含量相对较高，平均值为 933×10^{-6}。

2. 新疆矿区

新疆哈密矿区绿松石中 Li、Be、Na、V、Cr、Sr、Ga 含量较高。Li 含量分布范围较大，平均值为 237×10^{-6}，高于其他产地；Be 含量的平均值为 28.8×10^{-6}；Na 含量的平均值为 2308×10^{-6}；Cr 含量的平均值为 2482×10^{-6}；Sr 含量的平均值为 101×10^{-6}；Ga 含量的平均值为 270×10^{-6}。Li、Be、Na、Cr、Sr、Ga 含量的平均值均大于其他产地。V 含量的平均值为 560×10^{-6}，与鄂豫陕矿区南矿带的分布范围相当。

表 4.6 文献中不同产地绿松石微量元素信息汇总

产地			Li	Be	V	Cr	Ga	Sr	Mo	Ba	U
湖北		3个[97]	1.06~3.06 (2.37)	3.04~4.44 (3.85)	nr[b]	nr[b]	0.32~14.62 (5.37)	3.56~9.10 (6.25)	0.87~198.78 (66.97)	947~1599 (1279)	18.65~129.41 (66.36)
		6个[11]	0.10~2.20 (1.65)	5.19~7.36 (6.25)	nr	nr	2.81~12.36 (7.06)	nr	nr	nr	35.40~217.70 (91.25)
陕西		2个[11]	5.70~14.30 (10.00)	3.76~3.83 (3.80)	nr	nr	0.78~23.69 (12.24)	nr	nr	nr	12.50~70.6 (41.55)
		4个[97]	21.69~23.19 (22.48)	10.37~15.15 (13.11)	nr	nr	3.46~4.26 (3.73)	10.87~16.57 (13.95)	19.63~31.40 (27.50)	726~819 (771)	7.91~8.49 (8.09)
安徽	马鞍山	3个[97]	0.17~1.90 (0.97)	1.41~5.24 (3.94)	nr	nr	3.88~14.08 (10.21)	0.61~143.62 (88.61)	0.09~0.22 (0.14)	9.05~562 (199.68)	2.35~20.01 (8.49)
	大黄山	3个[48]	nr	1.75~10.20 (4.67)	132~149 (138)	2.31~7.11 (4.32)	6.03~9.79 (7.94)	87.60~1279 (533.20)	nr	297~672 (459)	3.93~13.60 (7.94)
	铜陵	3个[51]	nr	nr	5.72~21.20 (13.64)	3.44~8.76 (6.85)	nr	0.05~0.30 (0.16)	0.40~9.10 (3.41)	277~1870 (858)	1.01~6.15 (2.86)
河南	淅川	2个[134]	nr	nr	bdl~784.24[a]	nr	nr	3619~6266 (4943)[a]	nr	627~761 (694)[a]	nr
埃及西奈		1个[135]	103.08	29.17	14.75	88.56	7.73	8 667.38[a]	0.89	7 236.90[a]	286.75
Santa Fè S. Miguel 新墨西哥州		1个[135]	2.08	4.93	29.7	40.47	44.71	3945.56[a]	1.07	n.d.	16.75
Montebras Creuse 法国		1个[135]	690.9	141.87	0.44	1.93	30.56	94.23	0.03	195.71	169.97
Nishapur 伊朗		1个[135]	336.96	20.22	0.19	1.62	3.77	90.17	0.19	951.22	22.83

注:[a] V、Sr 和 Ba 为 EPMA 分析的数据。n.d.: 低于检出限。nr: 未报道。

3. 鄂豫陕矿区

鄂豫陕矿区不同矿带、矿点之间绿松石微量元素既有共同的特点，又存在明显的差异。相同点主要表现如下。①鄂豫陕矿区所有矿点 Ba 含量均相对较高。②Zn、Zr、Sb 除在个别矿点中含量较低外，在鄂豫陕矿区其他矿点中含量均相对较高。Zn 在拐峪绿松石中的含量较哈密绿松石低，Zr 在丫角山绿松石中含量相对较低，Sb 在淅川绿松石中含量相对较低，在鄂豫陕矿区其他矿点中含量均相对较高。③U 在河口和淅川绿松石中含量相对较低，在鄂豫陕矿区其他矿点中含量相对较高。

4.6.3　不同矿带绿松石微量元素特征对比

1. 中矿带

中矿带淅川绿松石中，Be、Sc、Ni、Ba 含量较高，Mo、Sb、U 含量相对较低。其中淅川绿松石中 Be、Ni、Ba 含量的平均值最大，含量高于中国其他所有矿点。同时在鄂豫陕矿区内，淅川绿松石 Sc、Li 含量的平均值比鄂豫陕矿区南、北矿带的所有矿点的平均值都高。淅川绿松石 Mo、Sb 含量的平均值比鄂豫陕矿区南、北矿带的所有矿点的平均值都低。淅川绿松石中 U 含量的平均值除略高于河口绿松石外，比鄂豫陕矿区内其他所有矿点的平均值都低。

2. 北矿带

北矿带绿松石中 Zr 含量相对较高，V、Cr、Cd、Sc 含量相对较低。河口和拐峪绿松石中 Zr 含量的平均值大于中国其他所有矿点的绿松石，而 Sc 含量的平均值则小于中国其他所有矿点的绿松石。在所有沉积变质岩型的绿松石中，只有鄂豫陕矿区北矿带绿松石的 V 和 Cr 含量最低，平均值均在 100×10^{-6} 以内。鄂豫陕矿区内，北矿带绿松石中 Cd 含量的平均值最小。

3. 南矿带

南矿带绿松石中微量元素种类丰富，V、Cr、Zn、Mo、U、Sb、Ba 等含量均相对较高。Cd 除了在丫角山绿松石和文峰绿松石中含量相对较低外，在南矿带其他矿点中含量均相对较高。在南矿带绿松石中，郧西绿松石的 Na、Mg、K、Ca、V、Mo、Cd、Sb、U 含量均相对较高；而丫角山绿松石中 Mg、Ti、Cr、Ga 及稀土元素总量含量均相对较高。

鄂西北水系沉积物地球化学分区图（图 4.12）显示，竹山绿松石矿点均位于 Ba、Mo、Zn 的高值区[105]。同时，南矿带绿松石矿与铀矿赋矿地层较为一致，伴生关系密切[29,30]，张健等根据物探特征发现南矿带绿松石矿多产出于 U 含量异常高值区内[29]。因此，南矿带绿松石中 Zn、Mo、U、Ba 富集与绿松石矿所在区域的地球化学背景有关。

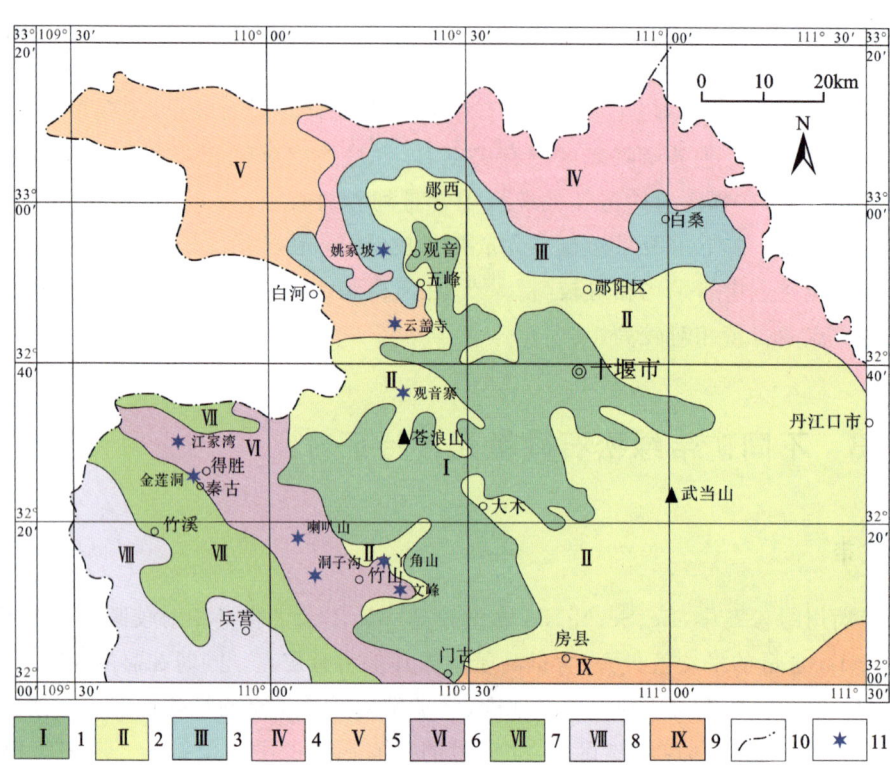

1.钠高值区;2.多元素背景区;3.铁族元素高值区;4.高钙镁低钠区;5.高硼值区;6.钡钼铜锌及铁族元素高值区;7.钾硼钙铅高值区;8.多元素高值区;9.汞砷硼钾钙高值区;10.省界;11.绿松石矿点。

图4.12 鄂西北水系沉积物地球化学分区图[105](据徐鹏等,2022修改)

4.7 本章小结

本章详细分析了中国不同产地绿松石微量元素、稀土元素、锶同位素的地球化学特征,对比不同赋矿类型,不同矿区、矿带、矿点绿松石的微量元素富集规律及差异性,可以得出以下结论。

(1)对不同赋矿类型,不同矿区、矿带、矿点之间绿松石微量元素特征进行总结:①沉积变质岩型绿松石 Na、Ca、Cr、Zn、Sb、U 含量的平均值均大于岩浆岩型绿松石。岩浆岩型绿松石 Sc 含量相对较高。②安徽矿区绿松石中 Li、Na、Ca、Cr、Zn、Sr、Mo、Zr、Sb、U 的含量均较低,而马鞍山绿松石中 Co 含量较高,且马鞍山绿松石中的 V、Co 含量明显高于铜陵绿松石,而 Ba 含量明显低于铜陵绿松石。③新疆哈密矿区绿松石中 Li、Be、Na、V、Cr、Sr、Ga 含量较高。④鄂豫陕矿区绿松石中 Ba、Zn、Zr、Sb、U 含量较高。其中鄂豫陕矿区北矿带绿松石中 Zr 含量相对较高,V、Cr、Cd、Sc 含量相对较低;中矿带绿松石中 Be、Sc、Ni、Ba 含量较高,Mo、Sb、U 含量相对较低;南矿带绿松石中微量元素种类丰富,V、Cr、Zn、Mo、U、Sb、Ba 等含量均相对较高。

(2) 对不同赋矿类型,不同矿区、矿带、矿点之间绿松石微量元素富集规律进行总结:①相对于大陆上地壳,沉积变质岩型绿松石总富集 U、Be、Mo、Zn,而岩浆岩类型的绿松石富集 Be、Zn、Sc。Ba、V 和 Cr 在大部分沉积变质岩型绿松石中表现为富集,而 Cr 在岩浆岩类型绿松石中表现为明显的亏损,同时 Ba 在马鞍山绿松石中含量也明显低于大陆上地壳。②沉积变质岩型绿松石中 U、Mo、Zn、Cr、Li 的平均富集系数明显大于岩浆岩型的绿松石。③新疆矿区哈密绿松石中 Li 和 Cr 的平均富集系数大于鄂豫陕矿区。④鄂豫陕矿区内中矿带绿松石中 Rb、Ba、Be、Li、Sc、Ni 的平均富集系数最大,而 Mo 的平均富集系数最小;北矿带中 Rb、V、Cr 的平均富集系数均小于南、中矿带,而 Zr 的平均富集系数均大于南、中矿带。⑤鄂豫陕矿区南矿带内丫角山绿松石中 Zr 的平均富集系数最小,而 Ga、Co、Cr 的平均富集系数在南矿带内部最大。洞子沟绿松石中的 Ba 和 Sr 的平均富集系数明显比南矿带的其他矿点大。

(3) 所有矿点大部分样品稀土元素总量均较低,轻稀土相对亏损,重稀土相对富集。丫角山绿松石稀土元素总量平均值最大,且轻稀土和重稀土的分馏程度均最为明显。

(4) 拐峪绿松石和云盖寺绿松石的锶同位素特征最具有典型的产地指示意义。拐峪绿松石 $^{87}Sr/^{86}Sr$ 比值最大,范围在 0.717 3~0.724 2 之间。云盖寺绿松石 $^{87}Sr/^{86}Sr$ 比值较小,变化范围为 0.707 8~0.710 9。

第 5 章

中国出土绿松石产地溯源关键技术

技术手段的多样化和广泛应用为绿松石的产地溯源提供了更多的选择,目前国内外绿松石产地溯源研究采用最多的方法是铅、锶同位素测定。美国绿松石属岩浆岩类型,其铅、锶同位素测试结果有明显的差异,可以有效地解决中美洲出土绿松石产地溯源的问题。但将这种方法应用于中国出土绿松石的产地溯源研究中有一定的弊端,主要表现在两个方面:①中国先秦绿松石主要属于沉积变质岩类型,其铅元素和锶元素含量极低,95%以上的样品均无法达到实验测试的标准,铅、锶同位素差异不明显,因此该方法无法有效地将中国绿松石的产地进行明显的区分;②铅同位素测试属于破坏性测试,在应用于出土绿松石产地溯源研究上存在较大的限制,采用铅、锶同位素测试这种单一的方法无法解决先秦出土绿松石产地溯源这一重要学术问题。

因此,需要建立一套适合中国出土绿松石产地溯源研究的方法和体系。产地溯源研究的本质是绿松石成矿地质环境条件的差异导致其围岩、杂质矿物、外观、微量元素及同位素等存在明显的差异,因此需要总结各个矿区、矿带、矿点和不同赋矿类型绿松石的宝石学、矿物学、地球化学特征的变化规律,找出能够识别各个产地绿松石的关键指纹特征,利用微量元素组合与稀土元素组合从赋矿类型、矿区、矿带、矿点逐层溯源的思路进行产地溯源交叉判断后,采用多证据交叉验证法,再利用围岩类型、杂质矿物、伴生矿物、独特花纹、品级品种、主量元素6个方面的证据进行验证,综合判断出土绿松石的产地来源。本章以前期对各个矿点绿松石产地特征研究为基础,拟建立中国出土绿松石产地溯源关键技术,为中国出土绿松石的产地溯源提供有效的技术支撑(图5.1)。

图5.1 绿松石产地溯源多证据交叉验证法(多措并举)

5.1 绿松石产地溯源指纹特征筛选

5.1.1 宝石学特征

宝石的颜色、光泽、外观形态等基础宝石学特征鉴别是区分宝石是否经过优化处理,是否为仿制品、合成品,以及产地识别最直观的窗口,也是最快速、简便的方法。深入认识不同产地绿松石宝石学特征差异,采用基础宝石学测试手段也是绿松石产地鉴别的有效手段之一。基于对中国不同产地绿松石的基础宝石学特征进行全面系统分析的基础,本节从颜色、透明度、结构、密度、围岩、花纹等要素入手,对不同产地绿松石的基础宝石学特征进行对比分析,拟筛选出对绿松石产地鉴别有价值和意义的关键特征。不同产地绿松石的基础宝石学特征归纳于表5.1。

表 5.1　中国各个产地绿松石基础宝石学特征

矿点	颜色	相对密度（部分含围岩）	外观形态结构	透明度
喇叭山	蓝色、蓝绿色、蓝白色、绿色及褐黄色	2.04～2.98	片状、板状、结核状、块状	不透明—微透明
文峰	蓝色、蓝白色、蓝绿色或浅绿色	2.21～2.99	块状、片状及结核状	不透明—微透明
庙山寨	灰蓝色、蓝色、蓝白色、绿色、黄绿色及褐黄色	2.26～2.81	块状、板状、片状及结核状	不透明—微透明
小东沟	蓝色、蓝白色、蓝绿色、黄绿色及褐黄色	2.12～2.89	脉状、片状或结核状	不透明—微透明
河口	蓝色、浅蓝色、蓝绿色及褐黄色	2.30～2.90	块状、板状、片状	不透明—微透明
拐峪	天蓝色、蓝绿色、及绿色	2.30～2.69	片状	不透明—微透明
淅川	浅蓝色和蓝色	2.28～2.67	结核状、脉状及浸染状	不透明—微透明
天湖东	蓝色、蓝白色、蓝绿色、浅绿色及褐黄色	2.51～3.04	脉状、结核状	不透明
笔架山	天蓝色、蓝色、蓝绿色、蓝白色、褐黄色	2.07～2.74	结核状、块状，片状、板状及六方柱状（磷灰石假象）	不透明—微透明
铜陵	天蓝色、蓝白色、蓝绿色	2.06～2.75	片状、板状、脉状、结核状（俗称"铜陵籽"）	不透明—微透明

1. 颜色

鄂豫陕矿区南矿带十堰地区绿松石颜色品种最丰富,除了常见的蓝色、蓝绿色、绿色、褐黄色等外,还有鲜艳的黄绿色、绿色及橙黄色,同时还有红灰色[121,136]。南矿带的陕西白河庙山寨样品中因含富硒的矿物(如单质硒、方硒铜矿、红硒铜矿),常见灰蓝色,这种颜色在其他产地的绿松石中少见。鄂豫陕矿区的中矿带和北矿带产出的绿松石,以及新疆哈密产出的绿松石颜色为常见的蓝色、蓝绿色、褐黄色等。安徽马鞍山和铜陵的绿松石颜色仍为常见的颜色,但其蓝色的色调纯净、颜色艳丽,呈天蓝色者更为常见,相比较而言,湖北绿松石的蓝色相对浓郁,且颜色均匀。宝石学领域常用"正""阳""浓""匀"描述翡翠的颜色特征,笔者认为此处也可以用来形容安徽绿松石和湖北绿松石中蓝色的差异,安徽绿松石中的蓝色以"正"和"阳"为特征,而湖北的蓝色绿松石则以"浓"和"匀"为特征。

2. 相对密度

图 5.2 为不同产地绿松石的相对密度分布范围（部分样品含围岩或杂质）。从图中可以看出绿松石的相对密度分布范围较大，在 2.0~3.0 之间。其中安徽马鞍山绿松石和淅川绿松石样品的相对密度总体相对较低，马鞍山大部分样品的相对密度在 2.64 以下，而淅川绿松石的相对密度集中分布在 2.5 左右。同时哈密绿松石的相对密度范围相对集中，样品的相对密度均在 2.5 以上。

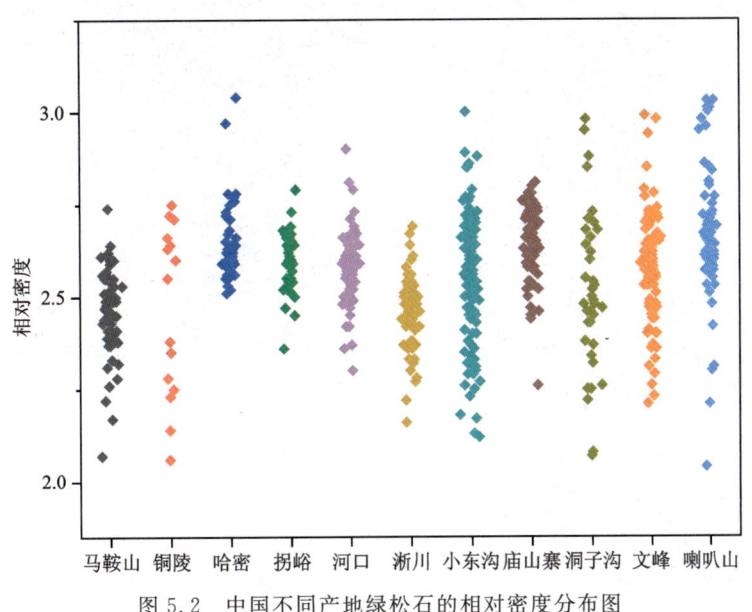

图 5.2 中国不同产地绿松石的相对密度分布图

3. 透明度和结构

鄂豫陕矿区和安徽矿区绿松石的透明度均可为不透明—微透明，结构可从疏松至致密，其中安徽马鞍山绿松石样品中常可见较多孔洞。但新疆哈密天湖东的绿松石样品均为不透明，结构相对致密，样品中未见颜色很浅、质地疏松的蓝白色"泡松"。

4. 花纹

鄂豫陕矿区绿松石杂质矿物丰富，围岩多含碳质，绿松石中常见黑色的铁线或黑色团块状花纹，这是鄂豫陕矿区绿松石的典型特征。安徽绿松石中常见"白斑"和土黄色絮状物或块状物。此外，湖北十堰绿松石还有特殊的花纹，主要包括"蛛网纹""乌兰花""水草纹""雨点纹""水波纹""唐三彩"，如图 5.3A 所示。"乌兰花""蛛网纹""唐三彩""水草纹""水波纹"均在湖北绿松石中有发现，但尚未在鄂豫陕矿区的北、中矿带产出的绿松石，以及安徽和新疆地区的绿松石中发现。其中雨点状物虽在湖北绿松石、安徽绿松石和新疆哈密绿松石中均有发现（图 5.3B—D），但在安徽绿松石中少见。

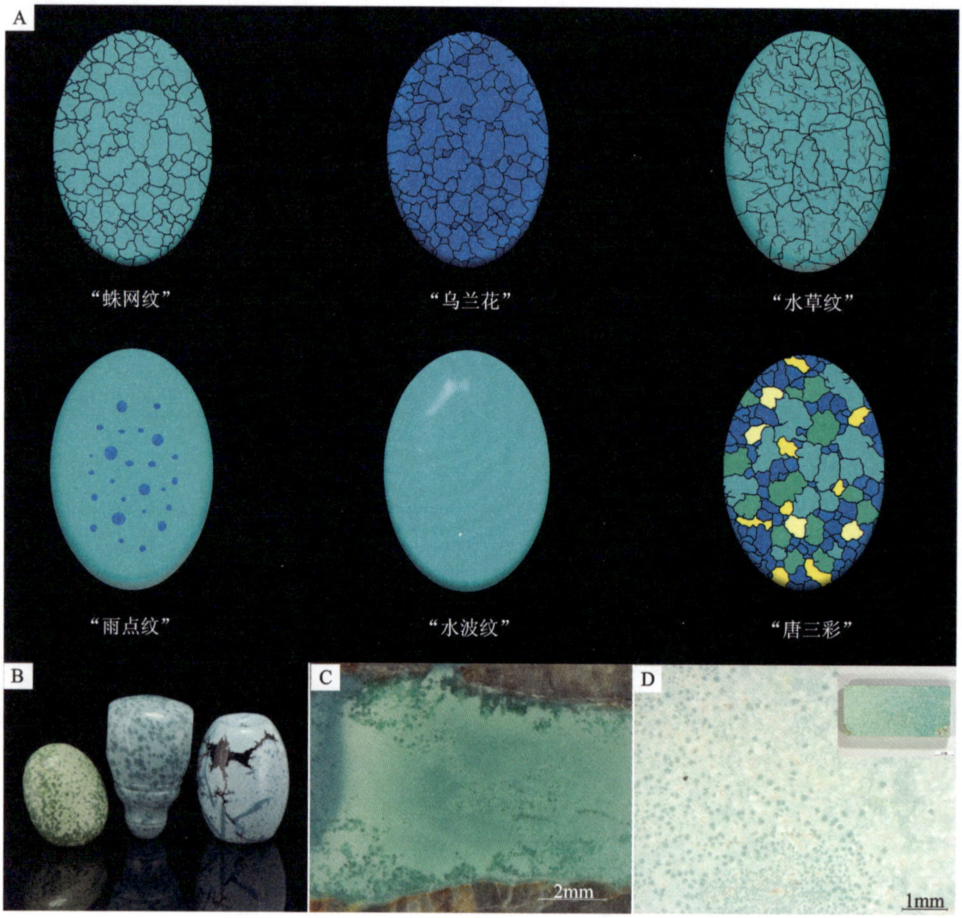

图 5.3 绿松石的特殊花纹类型

A.不同花纹类型的绿松石;B—D.湖北、哈密、马鞍山绿松石中的雨点状物

5. 围岩

中国各产地绿松石围岩特征及类型见表 5.2。从岩石类型上区分,鄂豫陕矿区和新疆矿区绿松石的围岩均为变质岩。鄂豫陕矿区南、北矿带的绿松石围岩主要为含碳质的板岩和片岩,岩石呈灰色、灰黑色、黑色或褐色;中矿带绿松石的围岩为碎裂化硅质岩,颜色呈土黄色、砖红色、褐灰色。新疆哈密绿松石的围岩为灰白色—灰色的石英岩。安徽矿绿松石由于赋矿类型的差异,其围岩为岩浆岩,其中安徽马鞍山绿松石的围岩为闪长玢岩,铜陵绿松石的围岩为强蚀变安山岩。不同矿区、矿带之间绿松石围岩的差异明显,可作为产地区分的有效手段之一。对于原石或带围岩的样品,其围岩特征有助于快速地识别绿松石所属的矿区,甚至是矿带。

表 5.2 中国各个产地绿松石围岩特征及类型

矿点	围岩颜色	围岩类型	岩石类型
喇叭山	灰黑色	碎裂状碳质石英片岩、碳质硅质板岩、条带状碳质板岩	变质岩
文峰	灰黑色	含绿泥石碳质石英片岩、黑云母石英片岩、碳质石英片岩	变质岩
庙山寨	黑色、灰褐色	碳质砂质板岩、含石英脉碳质砂质板岩、(砂质板岩)角砾岩	变质岩
小东沟	黑色、棕褐色	碳质石英片岩、含黄铁矿碳质石英片岩、碎裂角砾岩	变质岩
河口	灰色、黑色、灰褐色	纹层状含石英脉碳质粉砂质板岩、含石英脉碳质粉砂质板岩、碳质粉砂质板岩、硅质板岩	变质岩
拐峪	黑色、灰色	碳质硅质板岩、硅质碳质板岩、硅质板岩	变质岩
淅川	土黄色、砖红色、褐灰色	碎裂化硅质岩	变质岩
天湖东	灰色、灰白色	石英岩	变质岩
笔架山	灰白色	蚀变气孔状安山岩(闪长玢岩)	岩浆岩
铜陵	土黄色、灰白色	强蚀变安山岩	岩浆岩

5.1.2 显微形貌特征

中国各产地绿松石显微形貌特征见表5.3。不同产地绿松石中均发现片状、板状结构,且在鄂豫陕矿区南矿带及安徽矿区的绿松石中均有"核-边"结构的球状或结核状的集合体。同时在喇叭山、庙山寨、拐峪和马鞍山绿松石中发现有弯曲形变的微晶。从微晶的自形程度上比较,新疆天湖东绿松石微晶的自形程度整体较高,鄂豫陕矿区中矿带中的淅川绿松石微晶自形程度相对较差。

表 5.3 中国各个产地绿松石显微形貌特征

产地	矿点	微晶形态特征	弯曲形变	微晶自形程度
鄂豫陕矿区	喇叭山	板状、菱形板状、片状、螺旋状或球粒状集合体	√	中—好
	文峰	片状、板状、球状、肾状、结核状集合体		
	庙山寨	片状、板状、长柱状、放射状球状集合体	√	
	小东沟	片状、板状、柱状、厚板状、放射状球状集合体	√	
	河口	片状、板状结构		中—好
	拐峪	片状、板状、柱状结构	√	
	淅川	叶片状、板状、柱状结构		差——般
新疆矿区	天湖东	片状、板状、板柱状、针状以及菱形板状结构		好
安徽矿区	笔架山	片状、板状、球状、结核状以及花簇状集合体	√	中—好
	铜陵	片状结构、板状结构、球状集合体		

5.1.3 矿物组成特征

不同的矿物组合可以指示绿松石的赋矿类型及产地来源。岩浆岩型绿松石中均发现较多的高岭石和钠长石,而沉积变质岩型绿松石中均发现磷钙铝石、硫磷铝锶石这一类矿物,且常发现含碳的矿物,其中鄂豫陕矿区的南、北矿带均发现石墨,而哈密地区为无定形碳(表5.4)。此外,富硒的矿物(以自然硒为主)只在陕西白河和湖北绿松石中发现,因此可以作为识别鄂豫陕矿区南矿带绿松石的关键性矿物。重晶石也是鄂豫陕南矿带绿松石中常见的矿物之一,尤其是在湖北绿松石中,在安徽铜陵绿松石中也有少量的发现。在哈密绿松石中发现的氯铜矿,可作为该产地的标志性矿物。黄铁矿、高岭石和钠长石是安徽马鞍山绿松石中最常见的矿物,黄铁矿颗粒较大,自形程度较高。鄂豫陕矿区南矿带绿松石中的黄铁矿主要赋存于围岩中,在绿松石中几乎不可见。在产出沉积变质岩型绿松石的其他矿区,如哈密地区,鄂豫陕矿区的北、中矿带产出的绿松石中均未发现黄铁矿。沉积变质岩型绿松石中的含铁矿物主要为针铁矿,同时还有赤铁矿。

表5.4 中国各个产地绿松石的杂质矿物类型

杂质矿物	喇叭山	文峰	庙山寨	小东沟	河口	拐峪	淅川	天湖东	笔架山	铜陵
石英	+++	+++	+++	+++	+++	++	++	++++	++++	++
石墨		++	++	++++	+++					
无定形碳								++		
云母				++++				+++		
石膏				+	+			+		
针铁矿	++	++	++	++	++++	+++		++++	++	
赤铁矿	+			+				++	+++	
黄钾铁矾	+		+	+	++			++	++	
磷方沸石	+	+	++	+	++++	++	+++	+++		
磷灰石	+					++		++++		
磷铝石	++	++++	+	++	+				+	
重晶石	++++	+++		++						+
银星石	+			++++	+++				++	
明矾石			++		++					
富硒矿物	+	++++	+							
地开石					+					

续表 5.4

杂质矿物	喇叭山	文峰	庙山寨	小东沟	河口	拐峪	淅川	天湖东	笔架山	铜陵
叶蜡石			+		+++					
伊利石										++
高岭石							++++		++++	++++
纤蛇纹石					+++					
蓝铜矿	+			+						
孔雀石				+						
绿泥石				+						
三水胆矾								+++		
氯铜矿								+		
钠长石									++++	++++
黄铁矿									++++	
锐钛矿						+			+	+
硫铜钴矿									+	
金红石						+				

注:"+"表示出现的频率。

5.1.4 微量元素

以下为结合不同产地绿松石微量元素的分布范围(表4.2和表4.3),筛选出的具有产地指示意义的关键特征元素。

1. Li

新疆矿区绿松石中的 Li 含量总体最高,分布范围较广。鄂豫陕矿区内不同矿带、矿点绿松石中 Li 含量有差异,其中中矿带的淅川绿松石样品中 Li 含量较北矿带和南矿带的高,而北矿带和南矿带中河口矿点和喇叭山矿点绿松石中的 Li 含量相对于中矿带的低,但高于鄂豫陕矿区南北矿带的其他矿点绿松石的含量。相比较而言,安徽矿区的马鞍山和铜陵矿点绿松石中的 Li 含量最低。

2. Be

鄂豫陕矿区中矿带淅川绿松石中的 Be 含量总体最高,分布范围较广,其次是新疆哈密矿区。而鄂豫陕矿区的北矿带、南矿带和安徽矿区绿松石中的 Be 含量及分布范围相近。

3. Na

Na 在新疆哈密矿区、鄂豫陕矿区的云盖寺和郧西绿松石中含量相对较高，分布范围相对较广，而在鄂豫陕矿区的其他矿点及安徽矿区的绿松石中 Na 含量均较低。

4. Mg、K、Ca

Mg 在淅川、郧西和丫角山绿松石中的含量相对较高，且在郧西和丫角山样品中的分布范围较广。K 在拐峪和郧西绿松石中分布范围较广。Ca 在云盖寺和郧西绿松石中分布范围较广，分布范围次之的为哈密和拐峪绿松石。

5. Sc

Sc 在安徽矿区的马鞍山绿松石中分布范围最广，在铜陵和鄂豫陕矿区的中矿带淅川绿松石中次之，在河口绿松石中分布最窄。

6. Ti

Ti 在拐峪、文峰和丫角山绿松石中含量较高，分布范围较广，而在鄂豫陕其他矿点及新疆哈密和安徽矿区的绿松石中含量均较低。

7. V

V 在铜陵、拐峪和河口绿松石中含量较低，分布范围较窄，而在新疆哈密矿区及鄂豫陕矿区其他矿点的绿松石中含量均较高，变化范围也较广。

8. Cr

Cr 在安徽矿区的铜陵和笔架山矿点，以及鄂豫陕矿区的北矿带绿松石中含量较低，而在其他矿点绿松石中含量均相对较高，尤其在天湖东、庙山寨、丫角山和秦古等矿点的绿松石中含量相对较高，含量变化范围也相对较广。

9. Ni 和 Co

Ni 在淅川绿松石中含量最高，分布范围也最广，而在其他矿点绿松石中含量均较低。Co 在马鞍山绿松石中含量最高，分布范围也最广，而在其他矿点绿松石中含量均较低。

10. Zn

Zn 在马鞍山、铜陵、拐峪矿点绿松石中含量较低，而在其他矿点绿松石中含量较高，尤其在淅川、云盖寺、喇叭山、秦古等矿点绿松石中含量较高，分布范围也较广。

11. Sr

Sr 在铜陵绿松石中含量最低，变化范围最窄，在哈密、鄂豫陕矿区的北矿带（拐峪、河口）

和中矿带（淅川）及南矿带的云盖寺和溢水等矿点绿松石中含量较高，变化范围较大。

12. Mo

Mo 在安徽矿区的马鞍山、铜陵以及鄂豫陕矿区的河口和淅川矿点的绿松石中含量低，变化范围窄。相比较而言，Mo 在鄂豫陕矿区的南矿带绿松石中含量相对较高，尤其在郧西、秦古和庙山寨等矿点的绿松石中含量较高，变化范围较广。

13. Cd

Cd 在安徽矿区的马鞍山、铜陵，新疆哈密，鄂豫陕矿区的北矿带（拐峪和河口）和南矿带的丫角山、文峰矿点绿松石中含量较低，而在鄂豫陕矿区的中矿带和南矿带其他矿点绿松石中含量相对较高，尤其是在郧西、喇叭山、洞子沟等矿点中含量较高，变化范围较广。

14. Ga 和 Sn

Ga 在丫角山和天湖东矿点绿松石中含量相对较高，变化范围相对较大，而在其他矿点中含量均相对较低。Sn 在秦古和溢水矿点中含量相对较高，变化范围相对较广，而在其他矿点中含量均相对较低。

15. Zr

Zr 在鄂豫陕矿区的北矿带，即拐峪和河口矿点的绿松石中含量最高，变化范围大，其次在溢水绿松石中含量也相对较高，在安徽矿区的马鞍山和铜陵，以及鄂豫陕矿区的丫角山等矿点中含量较低，变化范围较窄。

16. Sb

Sb 在安徽矿区、新疆哈密矿区及鄂豫陕矿区的中矿带绿松石中含量均较低，而在鄂豫陕矿区的北矿带和南矿带绿松石中含量均相对较高，尤其在秦古、郧西和文峰绿松石矿点中含量相对较高，变化范围也广。

17. U

U 在安徽矿区、鄂豫陕矿区中矿带的淅川以及北矿带的河口绿松石中含量较低，而在哈密和鄂豫陕矿区的其他矿点绿松石中含量相对较高，变化范围较广，尤其是在郧西绿松石中含量均相对更高，变化范围最广。

18. Ba

Ba 在安徽矿区的马鞍山绿松石中含量最低，在新疆矿区的哈密矿点以及鄂豫陕矿区的拐峪绿松石中含量也相对较低，而在其他矿点中含量相对较高，变化范围也更广，尤其是在鄂豫陕矿区中矿带的淅川绿松石中含量最高，变化范围最广。

19. REE

稀土元素含量总体均较低，变化范围较窄，其中丫角山绿松石中稀土元素总量相对较高，轻稀土和重稀土间的分流程度最明显(表 4.4)。

综上所述，安徽矿区绿松石中 Sc 含量相对较高，且马鞍山绿松石中的 Co 总体含量相对于其他矿点绿松石含量较高，变化范围也较广。Co 对于安徽马鞍山绿松石具有关键性的产地识别意义。新疆矿区的哈密绿松石中的 Li、Na、V、Cr、Ga 对鉴别哈密矿区绿松石具有重要意义。

Zn、Sb 在鄂豫陕矿区的绿松石中含量普遍较高，是鄂豫陕矿区不同矿带、矿点绿松石具有明显差异的产地指纹特征元素。鄂豫陕矿区的中矿带淅川绿松石中 Be、Sc、Ni、Ba 含量相对较高，可有效鉴别淅川绿松石。Zr 在识别鄂豫陕矿区的北矿带绿松石时也具有重要的意义，同时 K、Ti 对北矿带中的拐峪绿松石也具有关键性的产地鉴别意义。V、Cr、Mo、Cd、U 在鄂豫陕矿区的南矿带中含量较高，其中 Cd 在文峰和丫角山绿松石中含量较低，同时 Ti 在丫角山和文峰绿松石中含量较高。Ga 在丫角山绿松石中含量也较高，分布范围较广，对丫角山绿松石具有产地识别的意义。Sn 在秦古和溢水绿松石中含量也尤为高，对这两个产地的绿松石有关键性意义。

5.1.5 锶同位素

$^{87}Sr/^{86}Sr$ 比值可作为识别云盖寺和拐峪绿松石的关键性指纹特征，可独立鉴别云盖寺和拐峪绿松石。

5.2 基于微量元素和 LDA 方法的绿松石产地溯源研究

线性判别分析(linear discriminant analysis, LDA)，也称为 Fisher 线性判别。判别分析是通过建立一定的判别准则对未知样品进行判断，将未知样品归属于已分类的组别的一种多元统计分析方法。Fisher 判别法的基本原理是将所有的数据点向一个方向投影，使得投影后的组间差距最大，组内差距最小，即使组与组之间的数据点尽可能分开，但各组内部数据点尽可能集中。因此，采用该方法需要选择最优的投影方向，建立判别函数，达到减小分组内部之间的差异，而扩大不同分组之间差异的效果。对于待分类的未知样品，将其数据点带入判别函数后与判别准则比较，再依据距离最近原则确定未知样品属于哪一组。这种多元统计的方法已广泛应用于各类宝玉石的产地溯源中，有效解决了各类宝玉石，如软玉、帕拉伊巴碧玺、红宝石、蓝宝石、橄榄石等的产地鉴别问题。

本书将线性判别分析与微量元素分析结合，尝试解决绿松石产地溯源这一关键问题。通过建立不同赋矿类型，不同矿区、矿带、矿点绿松石的产地判别模型，实现中国出土绿松石产地的逐层溯源。

1. 赋矿类型区分

根据前文所述的不同赋矿类型绿松石微量元素特征的富集规律及差异，利用筛选出的关键指纹特征元素，主要有 Na、K、Cr 和 Ba 等元素，并结合多元统计的方法首先建立区分中国绿松石不同赋矿类型的产地识别模型，见图 5.4A。蓝色代表沉积变质岩型绿松石，以安徽矿区绿松石为代表，主要包括马鞍山和铜陵两个产地的绿松石；黑色代表沉积变质岩型绿松石，主要包括新疆矿区的哈密天湖东和鄂豫陕矿区多个矿点的绿松石。通过该判别模型可以有效地将中国沉积变质岩型绿松石与岩浆岩型绿松石区分开，正确率为 100%。

2. 矿区区分

初步将沉积变质岩型绿松石和岩浆岩型绿松石进行有效区分后，再逐步对沉积变质岩型绿松石进行矿区、矿带、矿点的区分。沉积变质岩型绿松石样品主要涉及两个矿区，分别是新疆哈密矿区和鄂豫陕矿区。依据这两个矿区绿松石中微量元素特征的差异和富集规律，筛选出 Li、V、Zn 和 Ba 等产地特征元素，并结合多元统计的方法建立区分新疆矿区和鄂豫陕矿区绿松石产地的识别模型，见图 5.4B。黑色代表鄂豫陕矿区的绿松石，包括陕西、河南、湖北十堰等多个矿点的绿松石；蓝色代表新疆矿区的哈密天湖东绿松石。通过该判别模型可以有效地将新疆矿区和鄂豫陕矿区的绿松石区分开，正确率为 100%。

3. 矿带区分

在将两个矿区的沉积变质岩型绿松石进行有效区分的基础上，进一步对鄂豫陕矿区的 12 个不同矿点进行归类细分。依据矿点地理位置的分布，将陕西洛南和河南卢氏一带划分为鄂豫陕绿松石矿区的北矿带，河南淅川一带归为中矿带，陕西白河和湖北十堰的郧西、郧县及竹山等地的矿点归为南矿带，南矿带的绿松石矿点分布较为密集，也是目前绿松石的主要采矿区。依据鄂豫陕矿区内部不同矿带之间绿松石微量元素特征的差异和富集规律，筛选出 Zn、Mo 和 Ba 等产地特征元素，并结合多元统计的方法建立鄂豫陕矿区内南、中、北 3 个矿带绿松石产地区分的模型，见图 5.4C。通过该判别模型可以有效地将鄂豫陕矿区的南矿带、中矿带和北矿带的绿松石区分开，正确率为 99.2%。

4. 矿点区分

依据北矿带拐峪和河口绿松石微量元素特征的差异和富集规律，筛选出 K、V 和 Ba 等产地特征元素，结合多元统计的方法建立南矿带、拐峪、河口绿松石的产地区分的模型，见图 5.4D。通过该判别模型可以有效地将鄂豫陕矿区的南矿带绿松石与河口、拐峪绿松石区分开，正确率为 99.4%。

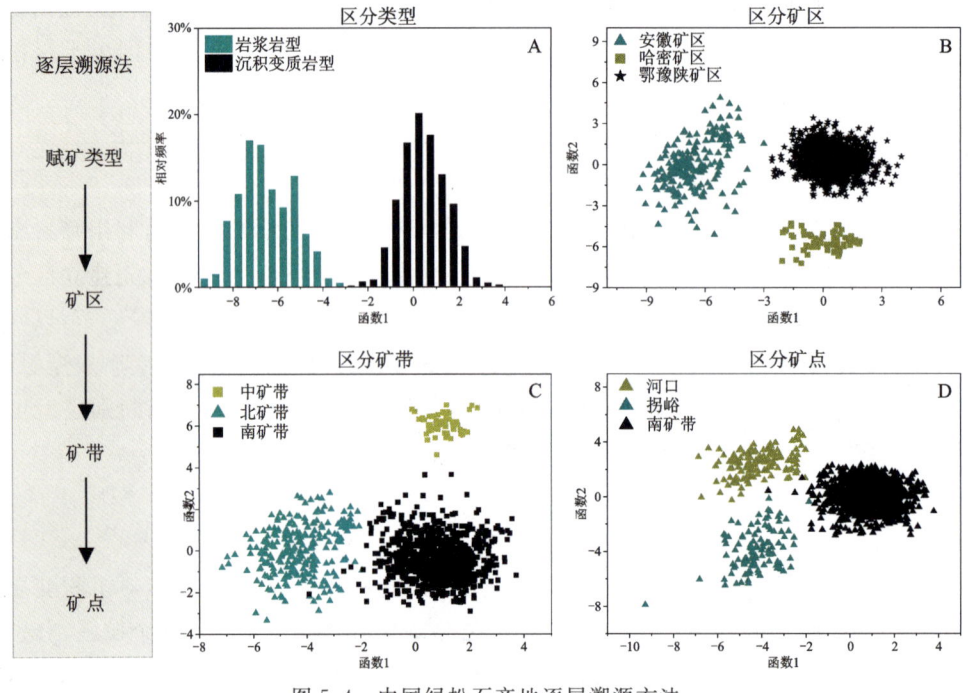

图 5.4 中国绿松石产地逐层溯源方法

5.3 基于 LA-MC-ICP-MS 分析锶同位素在出土绿松石矿源研究中的应用

5.3.1 二里头遗址出土绿松石的锶同位素特征

对 16 件二里头遗址出土的绿松石进行测试分析发现,样品 $^{87}Sr/^{86}Sr$ 比值在 0.712 1～0.715 8 之间变化,均值为 0.713 6。通过与现代矿点、古代遗址点、矿化点绿松石进行对比,发现二里头遗址出土绿松石 $^{87}Sr/^{86}Sr$ 比值未落在拐峪、云盖寺、安徽、哈密绿松石 $^{87}Sr/^{86}Sr$ 比值的范围内(图 5.5),说明该处遗址出土绿松石不是来自拐峪、云盖寺、安徽和哈密这些矿点。二里头遗址出土绿松石 $^{87}Sr/^{86}Sr$ 比值与洞子沟、秦古、喇叭山、文峰、淅川、河口等地绿松石的 $^{87}Sr/^{86}Sr$ 比值存在重叠,可能与这些产地相关。前人所测的河口(辣子崖)、二里头绿松石的 $^{87}Sr/^{86}Sr$ 比值数据与本书所测吻合,见图 5.5。

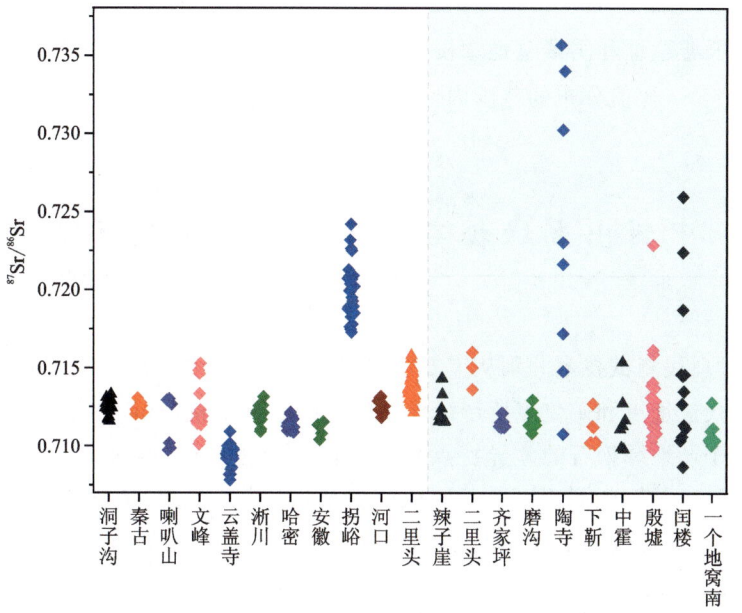

蓝色框线中辣子崖[13]、二里头[13]、齐家坪[94]、磨沟[94]、陶寺[14]、下靳[137]、中霍[138]、殷墟[14]、闻楼[139]、一个地窝南[140]数据引自李延祥等团队。

图 5.5　中国不同产地绿松石 Sr 同位素比值

5.3.2　其他遗址和墓地出土绿松石的锶同位素特征

对文献中报道的不同遗址和墓地出土绿松石锶同位素特征进行梳理归纳。遗址主要包括二里头遗址、齐家坪遗址、磨沟遗址、陶寺遗址、下靳墓地、殷墟遗址、中霍遗址、闻楼墓地和一个地窝南遗址，见表 5.5。

表 5.5　各遗址和墓地出土绿松石中 $^{87}Sr/^{86}Sr$ 比值的范围及平均值

$^{87}Sr/^{86}Sr$	二里头 (n=48)	齐家坪[94] (n=9)	磨沟[94] (n=12)	陶寺[14] (n=8)	下靳[137] (n=7)	殷墟[138] (n=31)	中霍[14] (n=7)	闻楼[139] (n=13)	一个地窝南[140] (n=9)
最小值	0.712 1	0.711 2	0.710 8	0.710 8	0.710 1	0.709 8	0.709 8	0.708 7	0.710 1
最大值	0.715 8	0.712 1	0.712 9	0.735 7	0.712 7	0.722 9	0.715 4	0.726 0	0.712 8
均值	0.713 6	0.711 5	0.711 6	0.723 4	0.710 9	0.712 5	0.711 7	0.714 6	0.710 8
中位数	0.713 5	0.711 3	0.711 4	0.722 9	0.710 8	0.711 8	0.711 3	0.713 5	0.710 4

注：n 为测试点数。二里头数据为本书测，其余为李延祥团队所测。

其中齐家坪遗址和磨沟遗址绿松石 $^{87}Sr/^{86}Sr$ 比值与拐峪和云盖寺绿松石 $^{87}Sr/^{86}Sr$ 比值不重叠，说明这两处遗址的绿松石不来自拐峪和云盖寺，同时齐家坪遗址与二里头遗址绿松

石的 $^{87}Sr/^{86}Sr$ 比值范围也不存在重叠,说明齐家坪遗址与二里头遗址绿松石产地来源不一致。陶寺遗址、殷墟遗址和闾楼墓地绿松石 $^{87}Sr/^{86}Sr$ 比值分散,变化范围较广,均有样品落在拐峪绿松石 $^{87}Sr/^{86}Sr$ 比值分布的范围内,显示其可能来源于拐峪。

5.4 中国出土绿松石矿源研究体系的构建

前文已通过现代测试技术分别从宝石学、矿物学和地球化学的角度分析了目前中国主要的现代矿点、古代遗址点和矿化点所产绿松石的基础宝石学特征、矿物组合、结构特征和成分特征,总结了各个产地绿松石的差异特点和产地特征变化规律,形成了中国主要绿松石产地的特征信息数据库,并以此筛选出了不同赋矿类型,不同矿区、矿带、矿点具有产地识别意义的产地特征信息。结合微量元素地球化学数据和多元统计方法建立了绿松石产地判别模型,可有效地区分不同矿点的绿松石,实现了从赋矿类型到矿区、矿带、矿点逐步溯源绿松石的产地。

中国出土绿松石产地溯源技术的关键在于溯源的绿松石与某个矿点产地特征一致,而与可能的其他矿点产地特征均不一致。如前所述,绿松石的产地特征包括多个方面,这些信息对出土绿松石的产地溯源均是有价值和参考意义的。因此,在对绿松石进行产地溯源时,采取"多措并举"方式,分别从宝石学、矿物学和地球化学等多个角度入手,多层次分析其产地特征,结合多证据交叉验证和逐层溯源的方法对出土绿松石的产地进行综合判断。

通过上述研究,建立一套针对未知产地的绿松石样品的产地溯源流程(图5.6),构建中国出土绿松石产地溯源体系,应用于出土绿松石的产地溯源中。对未知绿松石样品进行产地溯源的流程如下。

1. 根据样品的外观特征进行初步判断

沉积变质岩型绿松石围岩一般为黑色板岩,新疆哈密绿松石的围岩为石英岩,鄂豫陕矿区的绿松石原石常附着黑色的岩石或杂质,成品表面常见黑色"铁线",颜色种类丰富。安徽绿松石原石常呈板片状或结核状,原石及成品表面常见白色或浅黄色的土状杂质,似"白斑",表面常可见孔洞,安徽的蓝色绿松石较湖北绿松石蓝色调更纯净,湖北绿松石常见蓝绿色。因此,我们根据样品的外观特征进行初步判断:若绿松石样品表面有铁线或黑色围岩,可初步判断样品为沉积变质岩型;若样品表面有浅色土状杂质,且有较多孔洞,则可初步判断样品为岩浆岩型,可能来自安徽马鞍山或铜陵。外观特征鉴别为产地鉴别的辅助方法,样品的产地仍需要通过测试进行准确判断。

2. 根据特殊的杂质矿物进行一级鉴定

根据各个产地矿物组合的差异,石墨及无定形碳可作为识别沉积变质岩型绿松石的标识性矿物,钠长石可作为识别岩浆岩型安徽绿松石的标识性矿物,氯铜矿则可作为识别新疆哈密地区绿松石的标识性矿物,自然硒或含铜和硒的矿物可作为识别湖北和陕西白河两个产地

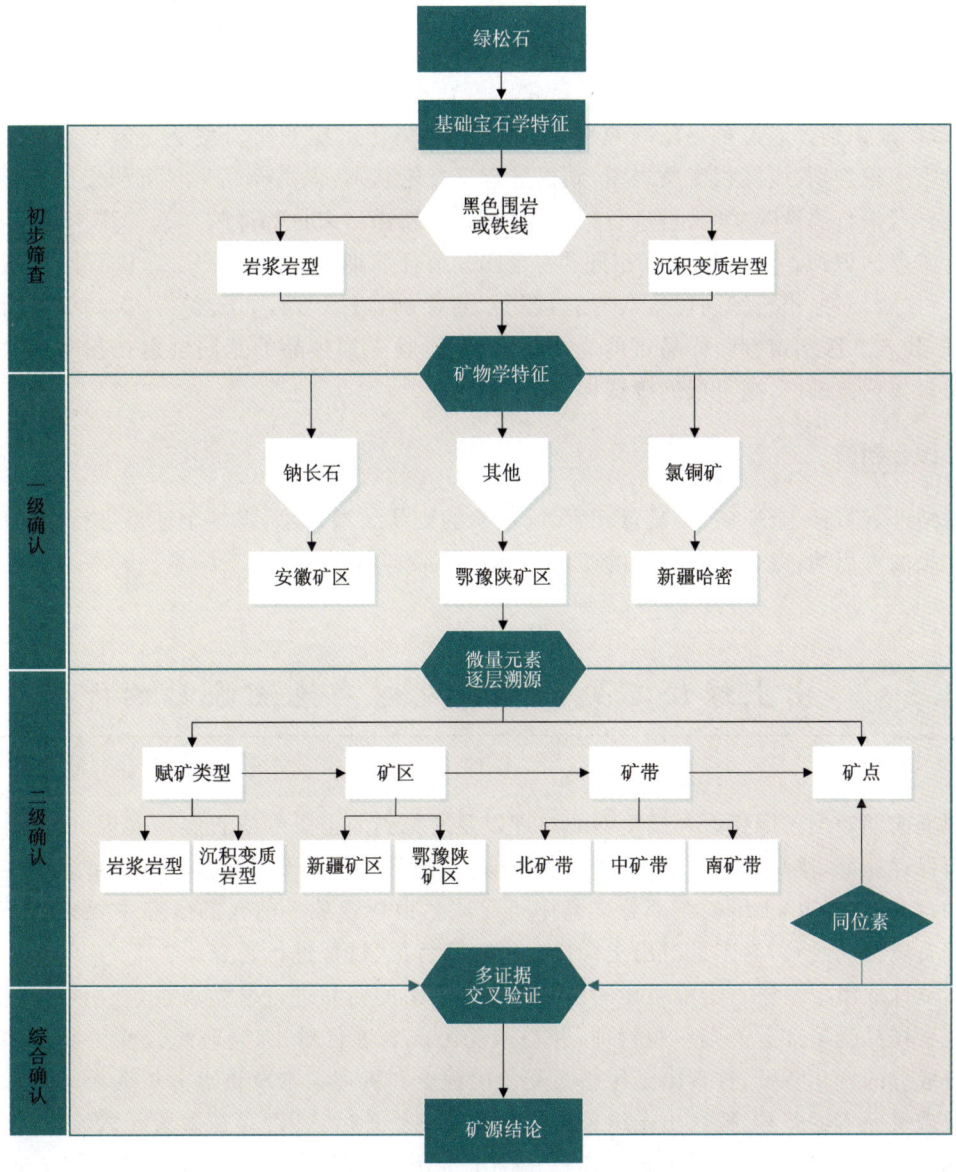

图 5.6　中国绿松石产地溯源技术流程图

绿松石的标识性矿物。在安徽绿松石中可发现颗粒较大的自形黄铁矿以包裹体形式出现在绿松石中,具金属光泽,容易识别。陕西白河和湖北绿松石样品中也可见黄铁矿,但通常出现在黑色的围岩中,而在新疆哈密、陕西洛南、河南淅川和拐峪绿松石样品中尚未发现黄铁矿。因此,如果样品表面有杂质矿物,则可以通过杂质矿物对绿松石产地进行第一轮判断;若无明显的杂质矿物,或未测出具有具体产地识别意义的特征杂质矿物,则需要进行下一轮判断。

3. 根据地球化学特征进行二级鉴定

对样品进行成分测试,根据微量元素也可初步判断绿松石产地,其中安徽、拐峪、河口绿松石中 Li、Cr、Mo、U 等微量元素含量均普遍较低,而在沉积变质岩型绿松石中微量元素含量相对较高,不同矿区、矿带、矿点微量元素种类及其含量虽存在差异,但总体上微量元素富集的种类比沉积变质岩型的多,富集程度也更高。

经过初步判断后,进一步将样品的微量元素数据带入数据库中,利用建立的产地判别模型,进行产地识别。通过第一轮的判别,可确定样品属于沉积变质岩型还是岩浆岩型。若样品经过第一轮判别,属沉积变质岩型,则再进行第二轮判别,识别样品来自沉积变质岩型的哪个矿区。若来自鄂豫陕矿区,再进行第三轮判别,判断样品来自鄂豫陕矿区的哪个矿带,最后再进行矿点的识别。对样品进行锶同位素测试,结合前期建立的各矿点绿松石同位素数据库,进行比对,对绿松石锶同位素具有直接指示意义的特殊产地,如云盖寺、拐峪等进行进一步验证,如若二级鉴定判断样品可能为拐峪绿松石,且未知样品的锶同位素在拐峪绿松石的锶同位素数据范围内,则可帮助确认样品来自拐峪。

4. 综合判断

总结外观特征、杂质矿物、微量元素、同位素的判断结果,最后将多个证据进行交叉验证,增加结果的可靠性,综合判断样品的产地,给出结论。

5.5 出土绿松石受沁特征及对产地溯源影响评估

根据前期对出土绿松石基础资料的整理以及所见到的出土绿松石实物发现,大部分出土绿松石保存完好,样品表面新鲜,其颜色和质地无明显变化,未出现严重受沁特征。但在此次研究的盘龙城遗址出土绿松石部分样品中可见明显白化现象。前人的研究主要集中于出土的透闪石质玉的受沁,尚未见对出土绿松石受沁的特征、过程进行研究。

本章选取出土绿松石受沁明显的样品和轻微受沁的样品进行显微观察,利用扫描电子显微镜观察样品受沁部分的微形貌特征,并与未受沁部分进行对比,同时结合受沁部分和未受沁部分成分的变化特征,探索出土绿松石受沁的程度和机理。本章重点分析受沁部分和未受沁部分微量元素的差异,探讨出土绿松石经墓葬埋藏受沁后,是否存在微量元素流失、沉积及吸附现象,旨在评估受沁对出土绿松石产地溯源的影响,排除受沁风化对出土绿松石产地溯源结果的干扰。

5.5.1 实验样品及方法

利用显微镜观察出土绿松石受沁部分的外观特征,分析绿松石受沁部分的形态特征和受沁程度。选取盘龙城遗址出土的2件绿松石残片,利用扫描电子显微镜观察残片断面的微形貌特征,以从风化层到新鲜层的顺序观察绿松石受沁后的结构特征变化。另外,利用扫描电子显微镜所配备的能谱仪对2件受沁程度不同的样品断面进行成分面扫,从风化层向新鲜层进行逐层分析,观察出土绿松石受沁后成分的变化。选取1件受沁明显的样品,利用LA-

ICP-MS对该样品的受沁部分和未受沁部分进行测试,分析受沁部分和未受沁部分成分的差异,实验样品及测试信息见表5.6。显微镜及LA-ICP-MS测试条件分别见第3章和第4章。利用高分辨率场发射扫描电子显微镜SU8010观察受沁严重的2件样品新鲜断面的表面微观形貌特征,并用配备的X射线能量色散谱仪进行元素的面扫描半定量分析。扫描电子显微镜的测试条件如下:工作电压为15kV,放大倍数为500～40 000倍,工作距离为14～20mm。

表5.6 实验样品及测试

样品数	测试方法/仪器	目的
所有出土绿松石样品	Leica体式显微镜	受沁外观形态特征观察
2件	SEM	受沁的微形貌观察
2件	SEM-EDS	成分面扫半定量分析
1件	LA-ICP-MS	成分定量分析

5.5.2 出土绿松石受沁质地结构变化

1. 外观特征

对盘龙城遗址出土的30件绿松石样品进行分析发现,9件样品表面为蓝白色,样品的新鲜断面显示颜色鲜艳的蓝色或蓝绿色,结构致密(图5.7A—F)。其中有3件管珠饰残片的孔内可见钻孔的螺旋纹(图5.7D),但管珠饰残片的表面及孔道均为蓝白色,而新鲜断面同样显示鲜艳的颜色,说明这批出土样品原本所用的绿松石材料质地好,但后期受墓葬埋藏、土壤环境的影响,绿松石经历了受沁风化,导致表面出现了白化现象(图5.7A—F)。

因样品埋藏环境的差异,不同样品受沁程度有差异,可分为严重受沁、中等受沁、轻微受沁、基本无受沁。图5.7A—F中的片状和管柱状绿松石制品表面、珠孔及孔道处颜色均为蓝白色,结构疏松,为严重受沁的样品。样品的新鲜断面可见表面白化层与内部新鲜层在颜色、质地、结构上的明显差异(图5.7C—F),白化层的厚度不均匀,在30～60μm之间。图5.7G中的珠孔处可见白色的螺旋纹,但珠饰表层可见蓝白色,为中等受沁的样品。图5.7H中的样品为轻微受沁的样品,样品表面可见白色线条,其摩擦痕及抛光痕处为白色。轻微受沁和基本无受沁样品的新鲜断面基本无明显的白化层(图5.7I)。

2. 微形貌特征

1) M17-37样品

利用扫描电子显微镜观察M17-37样品的新鲜断面从表层至内部的微形貌特征差异(图5.8)。在扫描电子显微镜下,风化层为浅灰色或灰白色,风化层的微晶颗粒间隙较大,微晶细小,轮廓模糊,呈杂乱无序排列(图5.8B—F)。该样品未受沁的新鲜层为深灰色,微晶为片状结构,呈叠瓦状排列(图5.8G—I)。与风化层相比,新鲜层的片状微晶堆积紧密,微晶间无明显的孔隙,结构致密,且片状微晶棱角分明,轮廓清晰。

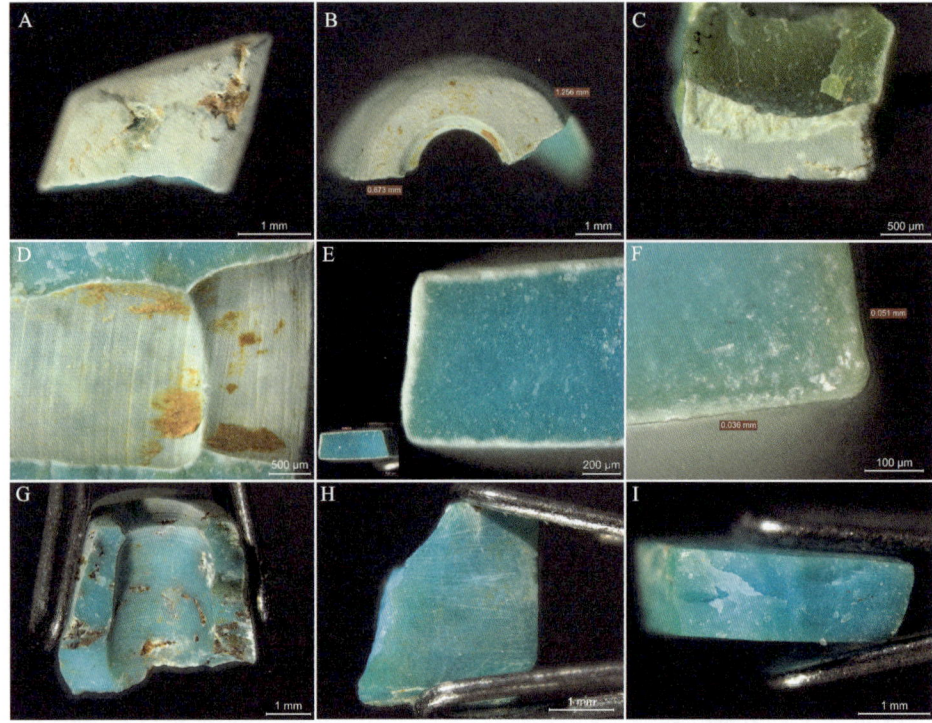

图 5.7 出土绿松石受沁的外观特征

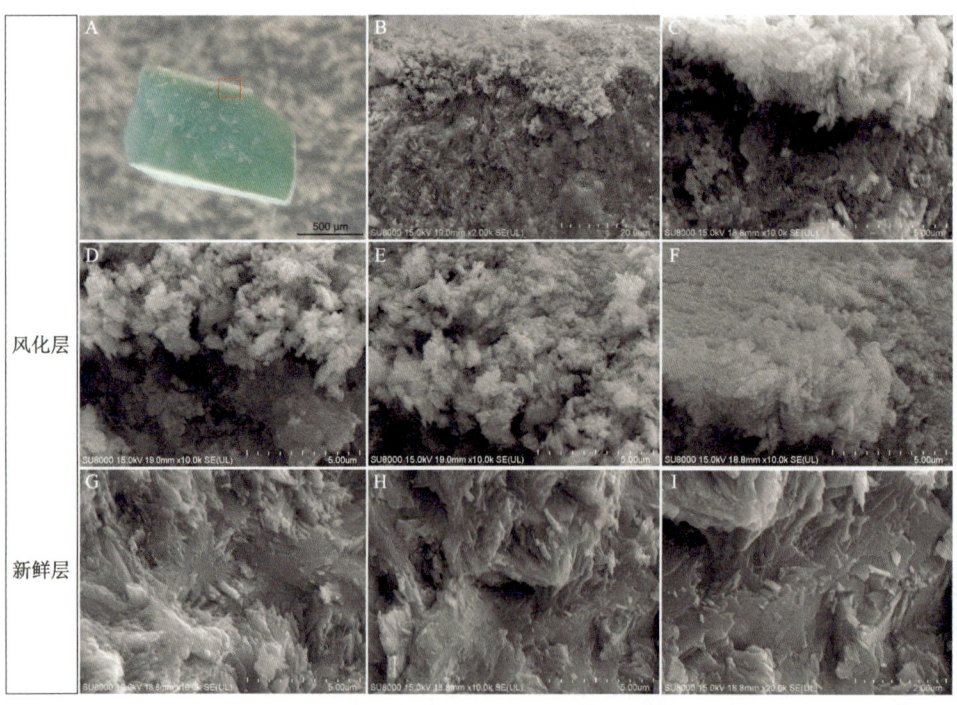

图 5.8 出土绿松石 M17-37 样品受沁风化层和新鲜层的微形貌特征

2) M17:38-3 样品

利用扫描电子显微镜观察 M17:38-3 样品的新鲜断面从表层至内部的微形貌特征差异(图 5.9)。图 5.9B、C 分别为观察区域 1 和观察区域 2 从最外层向内部逐渐变化的微形貌特征,风化层和新鲜层界线清晰,从图中可以看出观察区域 1 和观察区域 2 的分化层厚度分别为 25μm 和 42μm(图 5.9B、C)。可明显看出从新鲜层过渡至风化层的区域,微晶颗粒由粗变细(图 5.9D、E)。风化层的微晶颗粒间隙较大,孔隙多,结构疏松。微晶细小,呈他形粒状杂乱无序排列,直径在 0.11~0.16μm 之间,颗粒边缘圆滑,是受风化作用的表现(图 5.9G—I)。

该样品未受沁的新鲜层微晶可见片状及板状结构,微晶堆积紧密,微晶间可见少量的孔隙,结构较致密,且微晶棱角分明,轮廓清晰,自形程度高(图 5.9J—L)。在相同的放大倍数下比较风化层和新鲜层微晶的颗粒大小,可发现新鲜层的微晶颗粒明显大于风化层的微晶颗粒。

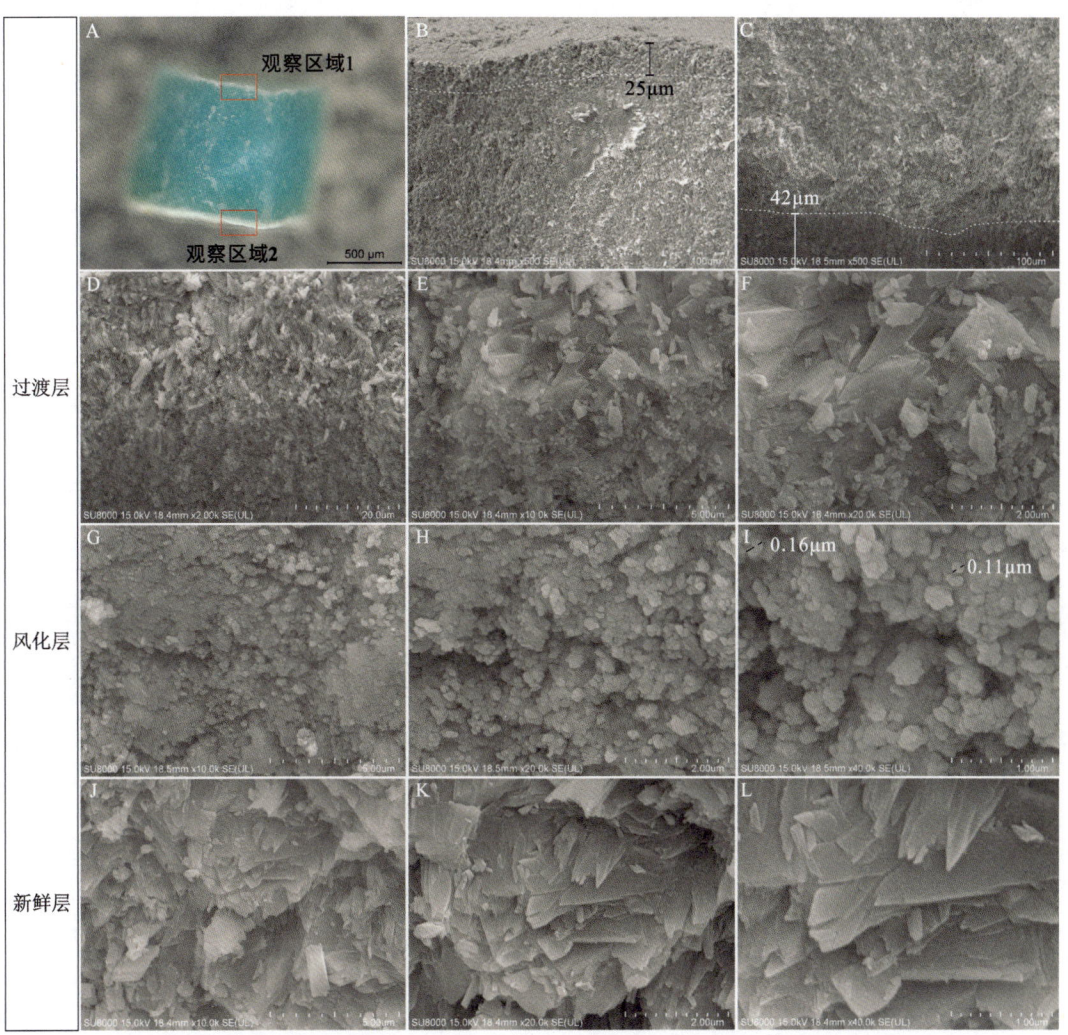

图 5.9 出土绿松石 M17:38-3 样品受沁风化层和新鲜层的微形貌特征

5.5.3 出土绿松石受沁部分化学成分变化

1. M17:38-3 样品成分面扫

该样品受沁较为严重。选取样品新鲜断面的边缘区域(图5.10A、B)。利用扫描电子显微镜所配备的能谱仪对新鲜断面从表层至内部进行成分面扫,结果如图5.10所示。风化层和新鲜层元素分布的结果显示,风化层厚度约为65μm。风化层元素的总含量明显低于新鲜层(图5.10C)。大部分元素,如Na、Mg、Al、P、Si、K、Ca、V、Cr、Ga、Ba、U、Mo在风化层区域分布稀疏,而在新鲜层分布密集,差异明显。与新鲜层Fe的分布相比,风化层Fe分布仍相对较稀疏,但相比于Al、P等元素,新鲜层与风化层Fe分布的差异相对较小,而在新鲜层与风化层Cu和Zn的分布则无明显差异,说明绿松石中的Cu和Zn相对较稳定,不易流失。

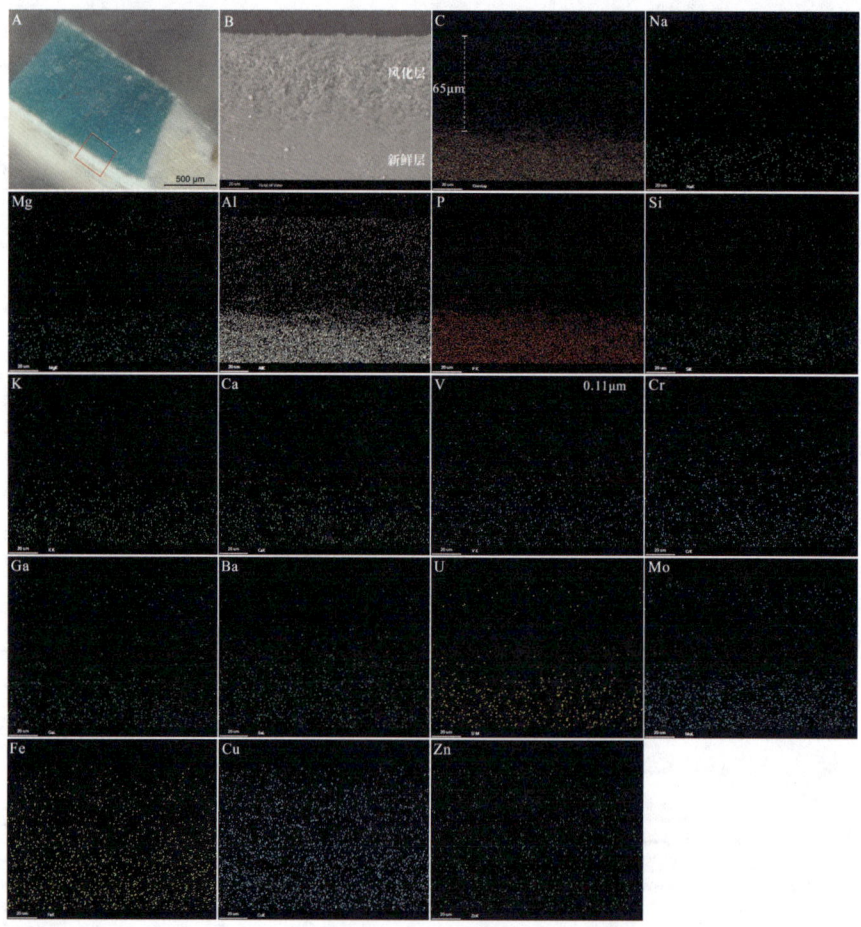

图5.10 M17:38-3样品受沁后风化层和新鲜层元素的分布特征

结果说明绿松石经过受沁后风化层部分的成分存在明显流失,且不同元素的流失量存在明显差异,根据风化层和新鲜层各元素含量分布的差异,元素的流失量由大到小排序如下:

Al、P、Na、Mg、Si、K、Ca、Ga、Ba、U、Mo＞V＞Cr＞Fe＞Cu 和 Zn。元素流失量的差异也说明绿松石受沁过程中存在化学风化。

2. M20-1 样品成分面扫

该样品为轻微受沁的出土绿松石。选取样品新鲜断面边缘的区域(图 5.11A、B)。利用扫描电子显微镜所配备的能谱仪对新鲜断面从表层至内部进行成分面扫，如图 5.11 所示。风化层和新鲜层元素分布的结果显示，风化层厚度约为 43μm。风化层元素的总含量略低于新鲜层。其中 Al、P、O 在风化层与新鲜层的分布可见较为明显的差异，而其他元素，如 Cu、Fe、Zn 及 Na、Mg、Si、K、Ca、V、Cr、Ga、Ba、U、Mo 等微量元素在新鲜层与风化层的分布则无明显差异。说明轻微受沁的出土绿松石表层仍存在元素的流失，但相对于严重受沁的样品，化学成分的流失量明显降低，流失元素主要为 Al、P、O，其他元素流失不明显。

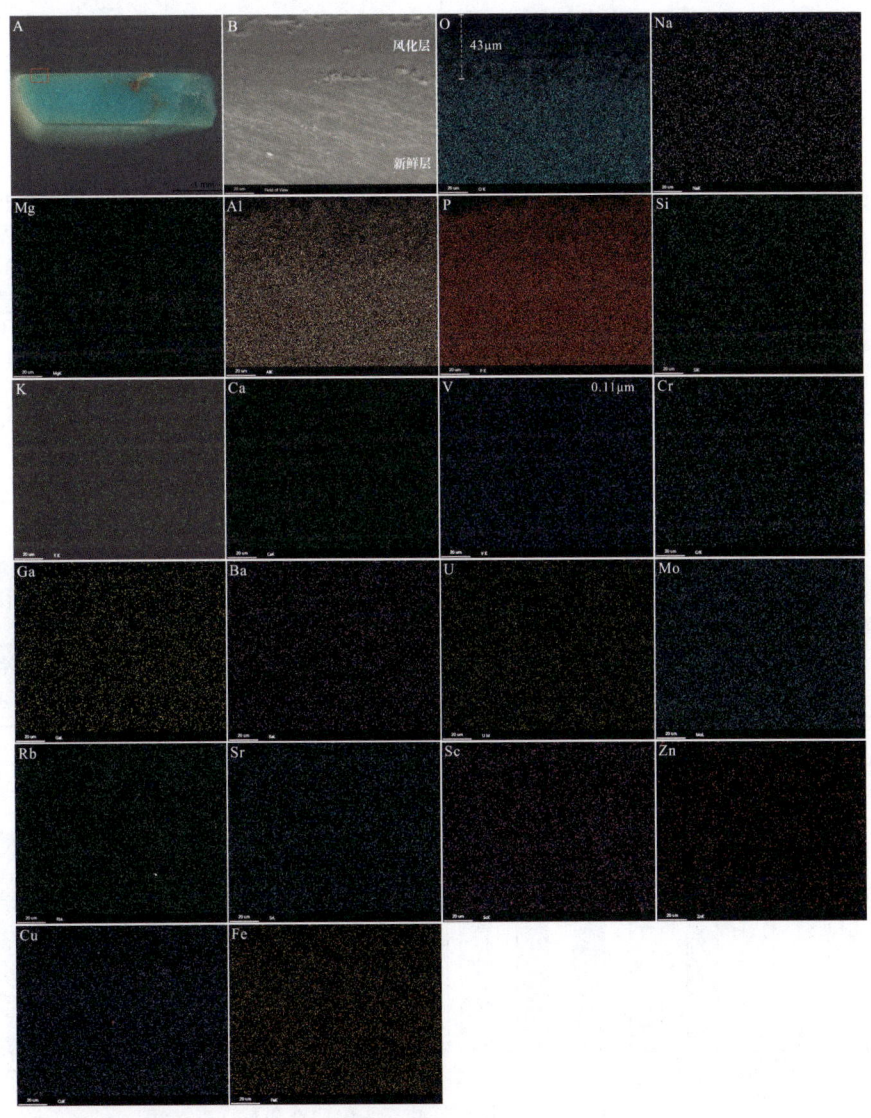

图 5.11　M20-1 样品受沁后风化层和新鲜层元素的分布特征

5.5.4 出土绿松石受沁微量元素地球化学变化

1. 元素含量变化

利用 LA-ICP-MS 对 1 件受沁的出土绿松石进行测试分析，测试点位从受沁部分逐渐向未受沁部分过渡。重点对比受沁部分和未受沁部分微量元素的含量差异，以此为基础探讨并评估绿松石受沁后对产地溯源的影响。

与未受沁部分相比，受沁部分含量明显低的元素有 Al、Cr、Co、U、Ti、Ba（图 5.12），说明

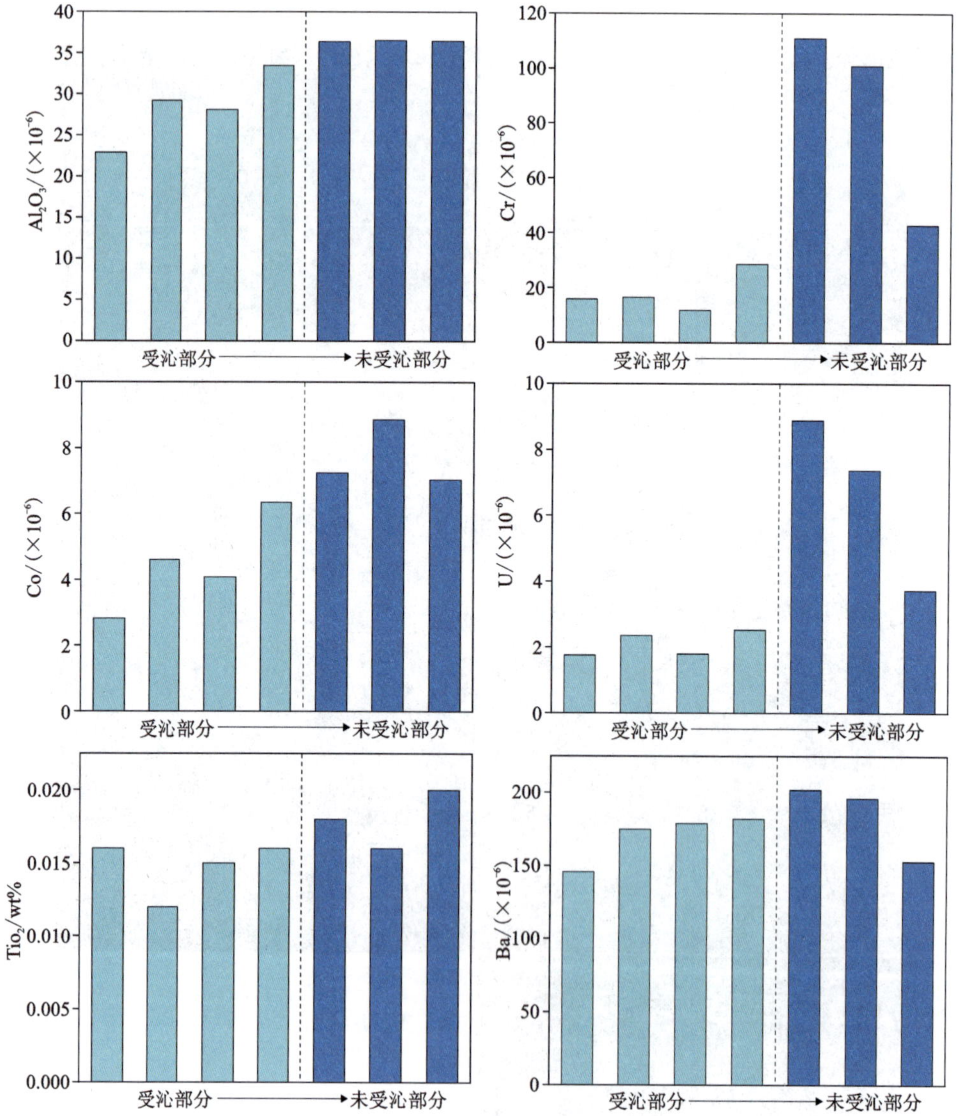

图 5.12 出土绿松石受沁部分和未受沁部分元素含量差异

这些元素发生明显流失。而 Ni、Be、Na、Mg、K、Ca、Pb、Th 在受沁部分含量明显高于未受沁部分(图 5.13),说明存在化学元素吸附。此外,P、Fe、Cu、Zn、Ga、Sr、Sc 含量在受沁部分与未受沁部分也存在差异。

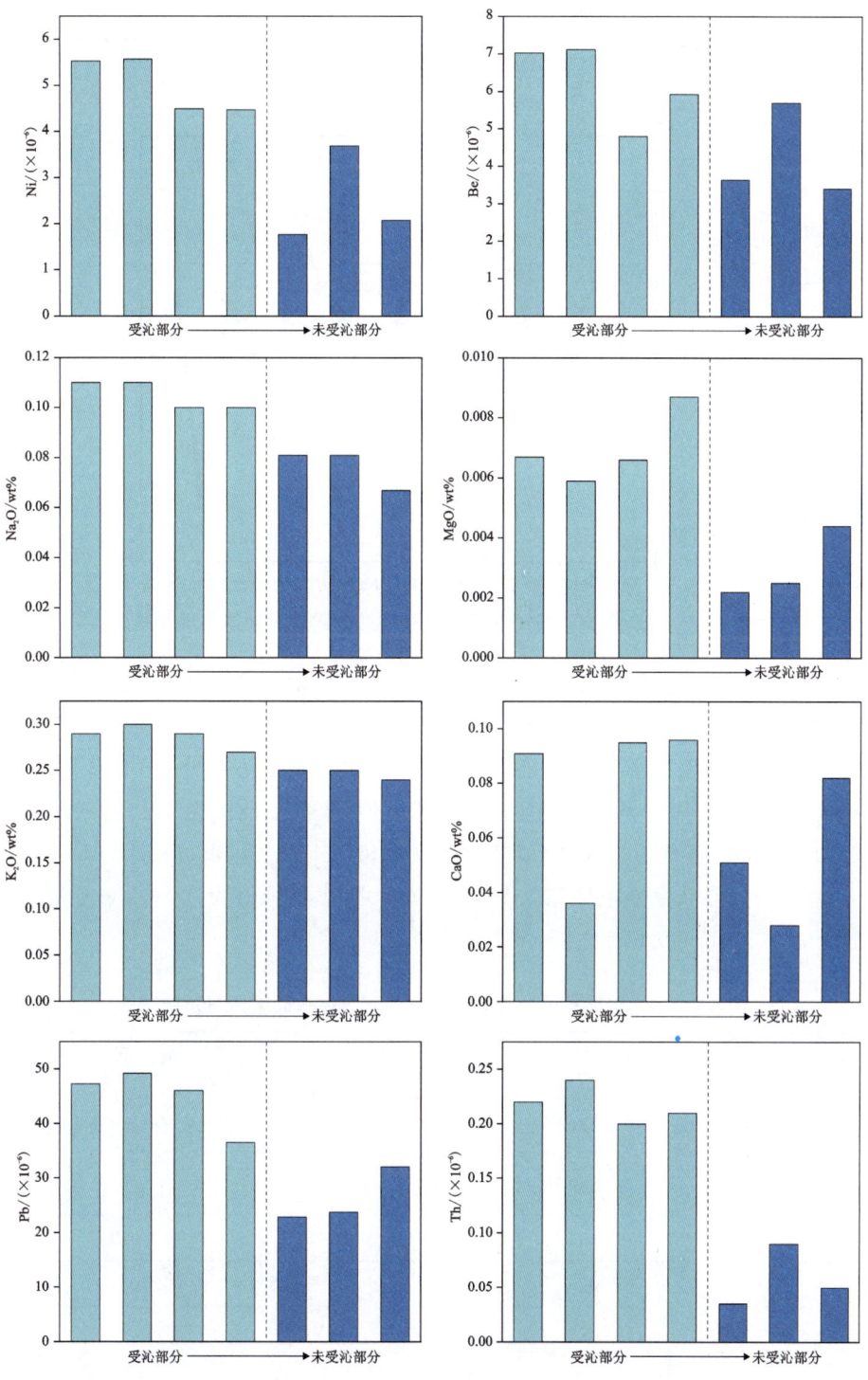

图 5.13　出土绿松石受沁部分和未受沁部分元素含量差异

2. 微量元素富集规律变化

经大陆上地壳标准化后出土绿松石受沁部分和未受沁部分的微量元素多元素分布见图 5.14。绿松石受沁后，微量元素 Th、U、Cr 的富集系数变化最明显，Ni、Mg、Na、Pb、K 的富集系数也存在一定的差异。受沁部分和未受沁部分其他元素的富集系数虽有变化，但差异相对较小。

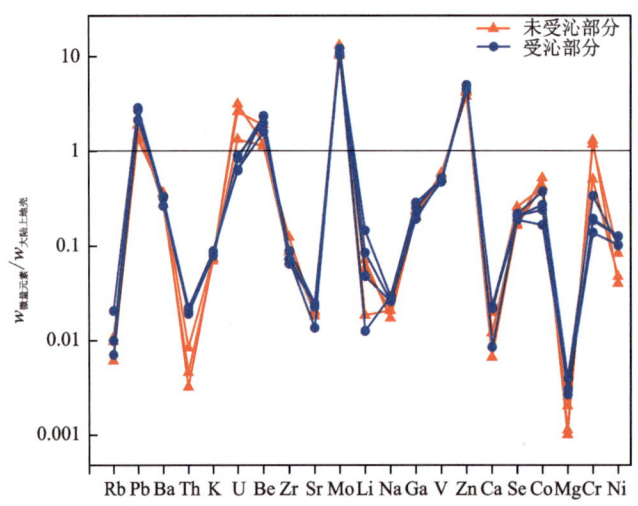

图 5.14　出土绿松石受沁部分和未受沁部分微量元素富集规律差异

未受沁部分 U 的富集系数在 1.33~3.17 之间，平均值为 2.38（表 5.7），经过受沁风化后，U 的富集系数均小于 1，其富集系数在 0.624~0.903 之间，平均富集系数为 0.752。受沁部分 Cr 的富集系数也明显小于未受沁部分的富集系数，未受沁部分 Cr 的富集系数范围在 0.505~1.30 之间，平均值为 1.00；而受沁部分 Cr 的富集系数范围在 0.138~0.336 之间，平均值为 0.213。此外，虽然受沁部分 Co 的富集系数相对于未受沁部分较小，但其差异相对较小。受沁部分 Co 的富集系数范围在 0.166~0.374 之间，平均值为 0.263；未受沁部分 Co 的富集系数范围在 0.415~0.522 之间，平均值为 0.454。

表 5.7　出土绿松石受沁部分和未受沁部分微量元素富集系数范围

微量元素	受沁部分			未受沁部分		
	最小值	最大值	平均值	最小值	最大值	平均值
Rb	0.000 0	0.020 5	0.009 4	0.006 1	0.010 8	0.008 9
Pb	2.15	2.89	2.63	1.35	1.88	1.54
Ba	0.265	0.331	0.310	0.279	0.367	0.334
Th	0.019	0.022	0.020	0.003	0.008	0.005
K	0.079	0.089	0.085	0.069	0.075	0.073
U	0.624	0.903	0.752	1.33	3.17	2.38

续表 5.7

微量元素	受沁部分			未受沁部分		
	最小值	最大值	平均值	最小值	最大值	平均值
Be	1.60	2.37	2.07	1.14	1.90	1.42
Zr	0.064	0.088	0.074	0.078	0.125	0.097
Sr	0.014	0.025	0.021	0.018	0.021	0.020
Mo	10.3	12.1	11.0	10.3	13.2	11.4
Li	0.013	0.146	0.073	0.019	0.071	0.049
Na	0.026	0.029	0.028	0.017	0.021	0.020
Ga	0.192	0.287	0.235	0.200	0.236	0.215
V	0.473	0.518	0.497	0.508	0.585	0.539
Zn	4.49	5.01	4.75	3.82	4.41	4.14
Ca	0.008	0.023	0.019	0.007	0.020	0.013
Sc	0.189	0.217	0.205	0.165	0.258	0.199
Co	0.166	0.374	0.263	0.415	0.522	0.454
Mg	0.002 7	0.003 9	0.003 2	0.001 0	0.002 0	0.001 4
Cr	0.138	0.336	0.213	0.505	1.30	1.00
Ni	0.101	0.127	0.114	0.040	0.084	0.057

出土绿松石受沁部分 U、Cr、Co 富集系数的减小，说明受沁后存在 U、Cr、Co 的流失，且 U 和 Cr 的流失程度大于 Co。

受沁部分 Pb、Th、Mg、Ni、Na、K 的富集系数大于未受沁部分的。其中未受沁部分 Pb 的富集系数在 1.35~1.88 之间，平均值为 1.54，经过受沁风化后，Pb 的富集系数在 2.15~2.89 之间，平均富集系数为 2.63，其富集系数均大于 2，为强烈富集元素。未受沁部分 Th 的富集系数在 0.003~0.008 之间，平均值为 0.005，经过受沁风化后，Th 的富集系数在 0.019~0.022 之间，平均富集系数为 0.020。未受沁部分 Mg 的富集系数在 0.001 0~0.002 0 之间，平均值为 0.001 4，经过受沁风化后，Mg 的富集系数在 0.002 7~0.003 9 之间，平均富集系数为 0.003 2。未受沁部分 Ni 的富集系数在 0.040~0.084 之间，平均值为 0.057，经过受沁风化后，Ni 的富集系数增大，其范围为 0.101~0.127，平均富集系数为 0.114。此外，经受沁后 Na 和 K 的富集系数也有所增大，但变化差异相对较小。受沁部分 Na 的富集系数范围为 0.026~0.029，平均值为 0.028；未受沁部分 Na 的富集系数范围为 0.017~0.021，平均值为 0.020。受沁部分 K 的富集系数范围为 0.079~0.089，平均值为 0.085；未受沁部分 K 的富集系数范围为 0.069~0.075，平均值为 0.073。

出土绿松石受沁部分 Pb、Th、Mg、Ni、Na、K 富集系数的增大，说明受沁后存在 Pb、Th、Mg、Ni、Na、K 的吸附，且 Th、Mg、Ni 的吸附程度明显高于 Pb、Na、K。

出土绿松石受沁过程中元素的流失与吸附,部分微量元素富集程度有虽有一定变化,但未改变微量元素分布图的趋势。

5.5.5 出土绿松石受沁风化过程

1. 物理风化

出土绿松石受沁的外观特征和微形貌特征显示,出土绿松石在长期的墓葬埋藏过程中,侵蚀风化作用使绿松石表层发生了溶解,微晶颗粒变细小,颗粒边缘圆滑,微晶之间的孔隙变大,这是绿松石表层结构疏松,产生白化现象的本质原因。

2. 化学风化

出土绿松石断面风化层和新鲜层成分分布特征差异表明,风化层部分流失的主量元素为 Al 和 P,绿松石中主量元素 Cu 和 Fe 的流失量明显低于 Al 和 P,出土绿松石在受沁过程中 Al 和 P 属于易流失的元素,而 Cu 和 Fe 属于稳定元素,不易流失。出土绿松石在受沁过程中主量元素流失程度的差异,说明绿松石在受沁过程中除了经过物理风化作用外,还经过化学风化作用,其墓葬环境有利于主量元素 Al 和 P 的溶解,同时伴有 Cr、Co、U 等微量元素的流失,主量元素 Cu 和 Fe 保持相对稳定,残留在风化层的微孔隙中,流失量很小。

3. 化学吸附

出土绿松石受沁部分和未受沁部分的元素定量分析以及微量元素富集规律的差异表明,出土绿松石表层受沁的部分存在 Pb、Th、Mg、Ni、Na、K 的吸附,且 Th、Mg、Ni 的吸附程度明显高于 Pb、Na、K。这 6 种元素仍为微量元素,吸附量小,对特定元素的选择性吸附说明该吸附为化学吸附。

5.5.6 出土绿松石受沁风化对产地溯源影响评估

绿松石产地溯源技术中的逐层溯源方法是以微量元素为基础,经过对未受沁部分和受沁部分成分的分布特征、元素含量的差异及微量元素地球化学富集规律的研究,发现绿松石在受沁过程中,存在元素的流失及吸附,且不同元素的流失程度和吸附量有差异,绿松石在受沁过程中部分微量元素富集规律发生明显变化,部分元素富集规律无明显差异。

在此基础上,考虑部分微量元素的流失、吸附及富集规律的变化可能影响产地溯源结果,因此本小节分别对受沁部分和未受沁部分的数据进行投点分析,以验证经受沁微量元素富集规律发生一定变化后,评估受沁部分和未受沁部分产地溯源投点的差异,是否存在溯源结果误判的情况。

受沁部分和未受沁部分产地溯源投点结果见图 5.15。如前文所述,依次从赋矿类型、矿区、矿带、矿点对受沁部分和未受沁部分的数据进行逐步溯源。结果显示,受沁部分和未受沁部分数据的投点位置在小范围内虽有差异,但总体上受沁部分投点的结果与未受沁部分一致。受沁部分和未受沁部分的数据均投在了沉积变质岩类型所在的区域(图 5.15A),同时均属于鄂豫陕矿区(图 5.15B),且投点结果接近。在矿带和矿点的投图中,受沁部分和未受沁部分均投在北矿带的拐峪矿点(图 5.15C、D),说明受沁部分与未受沁部分产地溯源结果一致。

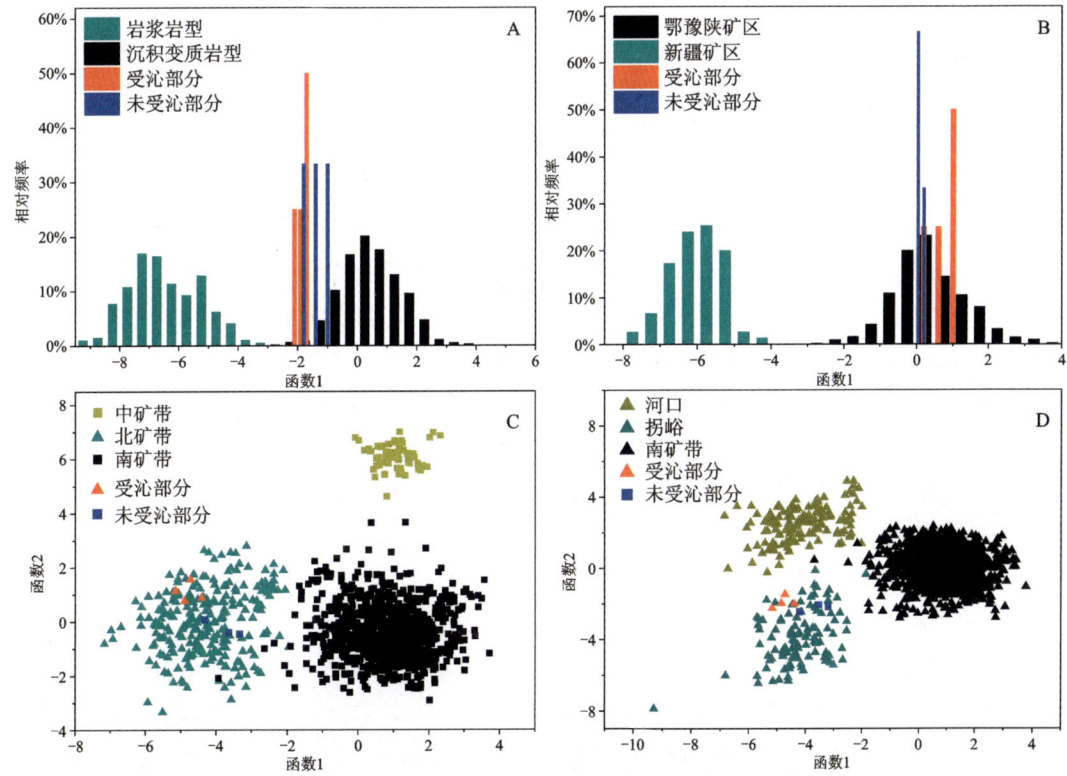

图 5.15 出土绿松石受沁前后产地投点结果

上述研究结果显示,出土绿松石经过受沁后,微量元素富集规律虽发生了一定的变化,但受沁部分与未受沁部分逐层溯源的结果始终保持一致。因此,出土绿松石受沁后对产地溯源的结论基本无影响。

5.6 本章小结

本章构建了一套完整的中国出土绿松石产地溯源体系。在解决绿松石产地溯源问题上,提出采用"多措并举"的方式,结合宝石学、矿物学、光谱学、地球化学分析测试手段科学提取绿松石的产地特征信息,在基于中国绿松石产地溯源数据库的基础上,筛选出各个产地绿松石具有产地诊断意义的关键特征信息,实现多证据交叉验证出土绿松石的产地。并结合化学计量法和多元统计分析法提出绿松石产地的逐层溯源方法,实现了依次从赋矿类型、矿区、矿带至矿点对出土绿松石进行溯源。并通过对比受沁部分和未受沁部分的外观、微形貌及成分特征差异,探讨了绿松石受沁的过程。在此基础上可以得出以下结论。

(1)沉积变质岩型绿松石围岩均为变质岩,多含碳质成分,呈深色,且绿松石表面多具有黑色铁线。杂质矿物均发现磷钙铝石、磷方沸石、硫磷铝锶石类的矿物和石墨或无定形碳,含铁矿物以针铁矿最为常见,绿松石中少见黄铁矿,但在小东沟和文峰绿松石的围岩中可发现黄铁矿。微量元素 Na、Ca、Cr、Zn、Sb、U 含量的平均值均大于岩浆岩型绿松石。沉积变质岩型绿松石总富集 U、Be、Mo、Zn,其含量大于大陆上地壳,Ba、V 和 Cr 在大部分沉积变质岩型绿松石中表现为富集,U、Mo、Zn、Cr、Li 的平均富集系数明显大于岩浆岩型绿松石。

(2)岩浆岩型绿松石围岩为浅色的安山岩和闪长玢岩,绿松石表面常具有"白斑",马鞍山绿松石的密度相对较低,蓝色绿松石颜色以"正"和"阳"为特征。杂质矿物以"高岭石+钠长石"的组合最为典型,同时安徽马鞍山绿松石多含黄铁矿。岩浆岩型绿松石中 Sc 含量相对较高,同时安徽绿松石中 Co 含量相对较高,分布范围较广,其他微量元素含量均相对较低。相对于大陆上地壳,岩浆岩类型绿松石富集 Be、Zn、Sc。

(3)鄂豫陕矿区和新疆矿区绿松石除具上述特征外,鄂豫陕矿区南矿带绿松石中常见重晶石,可见硒的独立矿物呈黑色斑点状,且可见多种特殊花纹。鄂豫陕矿区绿松石中 Ba、Zn、Zr、Sb、U 含量较高。新疆矿区天湖东绿松石结构较致密,相对密度均在 2.5 以上,微晶自形程度高,未见微透明和蓝白色的疏松样品,可见具有产地诊断意义的氯铜矿,微量元素 Li、Be、Na、V、Cr、Sr、Ga 含量较高。

(4)出土绿松石的产地溯源可分为 4 步:第一步根据宝石学特征进行赋矿类型的初步诊断,第二步根据杂质矿物特征进行一级鉴定,第三步根据微量元素和同位素进行准确溯源,第四步综合各方面的产地特征,判断出土绿松石的产地。

(5)出土绿松石在墓葬埋葬过程中,经历了物理风化和化学风化的作用,导致出土绿松石表层微孔隙增多,出现白化现象,形成风化层。风化层的颗粒变细,主量成分 Al 和 P 存在溶解和流失,且伴有微量元素 Cr、Co、U 的流失。出土绿松石表面风化层也发生了化学吸附,主要包括 Pb、Th、Mg、Ni、Na、K 6 种微量元素的吸附。出土绿松石受沁过程中虽有元素的流失与吸附,但基于前期建立的绿松石产地逐层溯源方法,受沁部分和未受沁部分产地溯源结果仍一致。绿松石受沁对产地溯源结果无影响。

第 6 章

产地溯源技术在先秦出土绿松石矿源研究中的应用

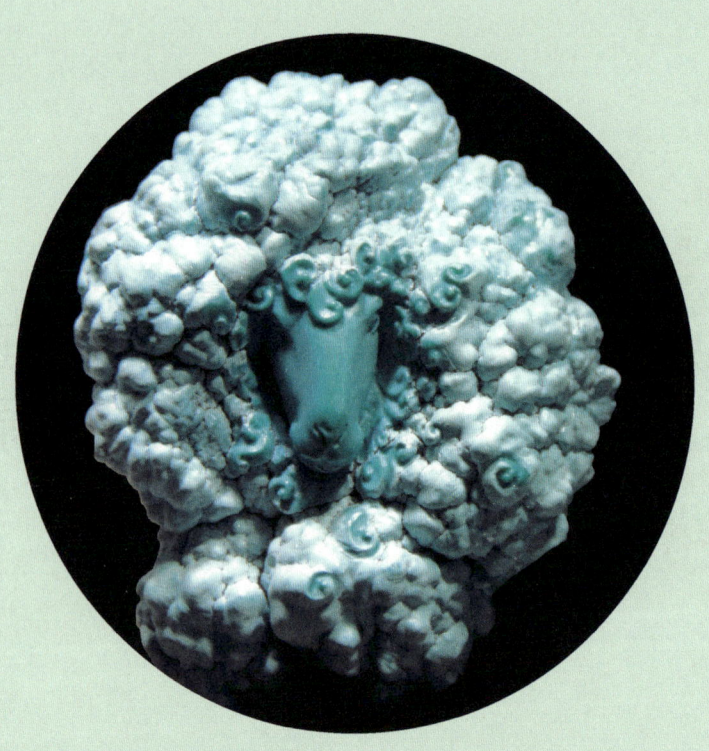

6.1 良渚文化遗址出土绿松石

1936年,施昕更先生最早在浙江发现了良渚。1959年,夏鼐先生提出"良渚文化"[141]。良渚文化距今5300～4300年,核心分布区在环太湖流域,共有8个遗址群:良渚遗址群、桐乡-海宁遗址群、临平遗址群、德清遗址群、海盐-平湖遗址群、吴县-昆山遗址群、青浦遗址群和常州遗址群[142],发现1000余处良渚文化遗址[141]。良渚文化显示当时社会等级分化明显,社会结构清晰,反山、瑶山、武进寺墩、福泉山等为第一等级社会代表,第二等级以新地里、庄桥坟、玉架山等为代表,其次为普通小墓或一般遗址[143]。

本书对良渚文化不同遗址出土的绿松石样品进行分析,主要包括反山遗址、钟家港遗址、新地里遗址、皇坟头遗址、玉架山遗址、庄桥坟遗址的出土绿松石,共计40件样品(表6.1),采用微量元素测定结合多元统计的方法对其产地进行溯源。

表6.1 良渚文化各遗址分析样品列表

遗址	样品数量/件
反山遗址	10
钟家港遗址	15
新地里遗址	12
皇坟头遗址	1
玉架山遗址	1
庄桥坟遗址	1

6.1.1 反山遗址

反山遗址位于杭州市余杭县长命乡雉山村,分布在良渚古城内莫角山的西北方向,于1986年5月开始发掘[144],出土玉器数量(单件3500余件)且种类极其丰富,是良渚文化等级地位最高的贵族墓地[144]。良渚文化最大的"玉琮王"和"玉钺王"就出自反山12号墓[143],其上雕刻的神人兽面纹也是良渚文化琢玉工艺最高水平的代表[145]。M12是良渚文化中期最高统治者的"王"墓[145]。反山遗址共出土10件绿松石,均来自M21,其中9件绿松石镶嵌片,1件球形隧孔珠(图6.1),属于良渚文化晚期遗物[145]。

图6.1 反山遗址出土的绿松石样品

6.1.2 钟家港遗址

钟家港古河道位于浙江省杭州市余杭区良渚古城内莫角山宫殿区以东,也是良渚古城内的南北主干道,总长度约1000m,宽为18～80m,分为南、中、北3段,河道两岸分布有人工修筑的台地[143]。2015年下半年至2018年,浙江省文物考古研究所对钟家港古河道进行了考古发掘,发现钟家港南段东岸的钟家村台地是玉石器制作的手工业作坊区,有红烧土、玉料、燧石片、玉钻芯、石钻芯等遗物[146]。钟家港南段玉器主要有锥形器、镞、片、珠、坠及具有切割打磨痕迹的玉料,同时发现有绿松石饰和绿松石碎块(图6.2),属于良渚文化晚期的遗物[143]。

图 6.2 钟家港遗址出土的绿松石样品

6.1.3 新地里遗址

新地里遗址于2000年11月发现于浙江省桐乡市留良乡湾里村4组,下限年代在距今4300年前后,其良渚文化属于嘉兴-沪南地区良渚文化的中晚期[147]。2001—2002年,浙江省文物考古研究所和桐乡市文物管理委员会在新底里遗址发掘了140座良渚文化墓葬及丰富的遗迹,出土了近2000件(组)文物,其中有1800件(组)良渚文化的遗物[147]。出土450余件(组)玉器,包括透闪石质玉、叶蜡石、绿松石、萤石等,绿松石制品在新地里的第4段开始出现,有珠饰和镶嵌片两种[147]。M114属于第4段墓葬,出土2颗扁鼓形绿松石珠;M23属于第5段墓葬,出土1件扁薄椭圆形的绿松石镶嵌片;M140属于新地里第6段使用葬具、墓坑规模较大、随葬品较丰富的墓葬,出土4片扁薄椭圆形、2片圆形、2片凹弧长方形的镶嵌片。H36是该遗址中最大最深的灰坑,出土1件扁薄圆角长方形镶嵌片,共12件(图6.3)。

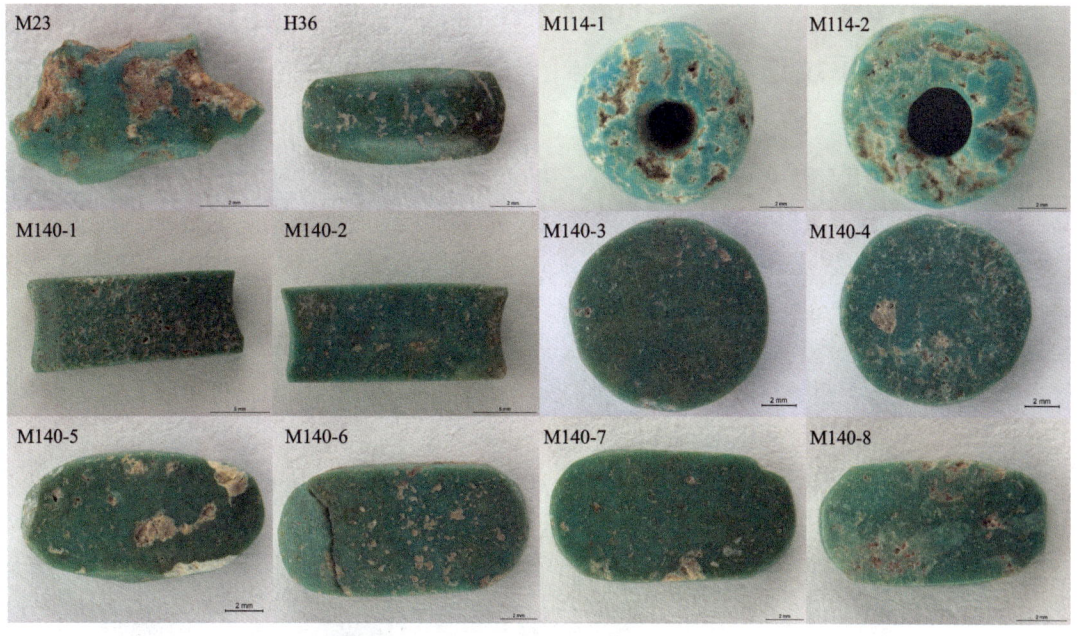

图 6.3 新地里遗址出土的绿松石分析样品

6.1.4 皇坟头遗址

皇坟头遗址位于浙江省海宁市海昌街道张家堰村,2006 年被发现,2008 开始对其进行考古发掘工作,发现从崧泽文化晚期至良渚文化时期的墓葬,其中良渚文化的墓葬多为良渚文化中期平民墓葬,出土 1600 余件随葬品,主要是陶器和石器,同时还有小件玉器、骨器和象牙器等,并发现较多的多孔石刀及叠石圈遗迹,呈现出鲜明的特点[148]。皇坟头遗址出土 1 件蓝色绿松石锥形饰(图 6.4A)。

6.1.5 玉架山遗址

玉架山是良渚文化首次发现的以玉架山遗址为中心,由 6 处环壕组成的完整聚落群[149],位于浙江余杭区临平街道小林村,其年代跨越整个良渚文化时期,是长江流域新石器时代聚落考古的重要发现。从 2008 年 10 月开始,发掘良渚文化墓葬 397 座,出土 4000 余件(组)遗物。其墓葬根据随葬品类型可分为 3 个等级:高等级墓葬随葬有琮、璧、钺、三叉形器等玉礼器;其次为出土锥形器、坠饰、珠管等普通玉器的墓;低等级墓葬随葬品只有少量陶器,显示出明显的社会分化及清晰稳定的社会结构[149]。玉架山遗址出土 1 件蓝绿色绿松石珠(图 6.4B)。

6.1.6　庄桥坟遗址

庄桥坟遗址年代跨度集中在距今 4000～4500 年,位于浙江省平湖市东南部林埭镇群丰村,是新石器时代良渚文化中晚期的大型聚落遗址,也是良渚文化最大的墓地之一[150]。2003 年 5 月该遗址因被盗而发现。2003—2006 年,浙江省文物考古研究所和平湖市博物馆对其进行了两次考古发掘[151,152],发现 271 座墓葬,出土石器、玉器等 3000 余件(组)器物[150]。其中玉器主要有玉璧、玉钺、镯环、锥形器、坠、珠等[151],并在陶器、石器等 240 多件器物上发现了刻画符号及迄今为止中国最早的原始文字[150,153],为中国文字的起源研究提供了重要参考资料。庄桥坟遗址出土 1 件蓝绿色绿松石近椭圆形片,边缘有破损(图 6.4C)。

图 6.4　不同遗址出土的绿松石分析样品
A.皇坟头遗址;B.玉架山遗址;C.庄桥坟遗址

6.1.7　良渚文化遗址出土绿松石矿源研究

1. 反山和钟家港

对反山和钟家港遗址出土绿松石进行产地溯源分析投点,发现二处遗址出土绿松石均属于沉积变质岩型(图 6.5A),且来自鄂豫陕矿区(图 6.5B)。在进一步对矿带和矿点的分析中发现,反山和钟家港遗址出土绿松石均落在鄂豫陕矿区的南矿带(图 6.5C),但两个遗址出土的绿松石均只有少量样品投点落在南矿带现有矿点中(图 6.5D),且反山和钟家港遗址出土绿松石数据均比较集中,说明其来源单一。无论是对矿带和矿点的溯源,两处遗址出土的绿松石投点均存在较大程度的重叠,说明其来自同一产地的可能性较大。

2. 新地里

对新地里遗址出土绿松石进行产地溯源分析投点,发现该遗址出土绿松石均属于沉积变质岩型(图 6.6A),投点同时落在鄂豫陕矿区南、北矿带的交界区域(图 6.6B、C)。在矿带溯源中,新地里遗址出土绿松石数据较为分散;在矿点溯源中,新地里遗址出土绿松石与河口绿松石投点较为接近,只有少量样品投点落在南矿带分布的区域(图 6.6D)。因此,新地里遗址出土绿松石矿源可能分布在与河口更为接近的地带。

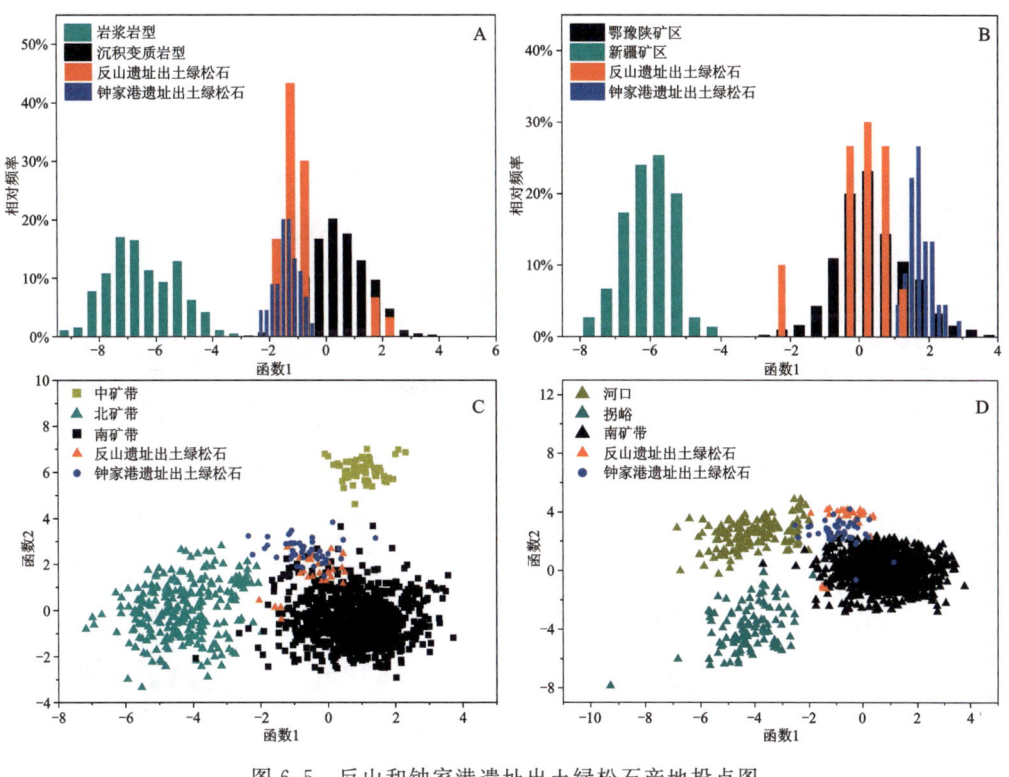

图 6.5 反山和钟家港遗址出土绿松石产地投点图

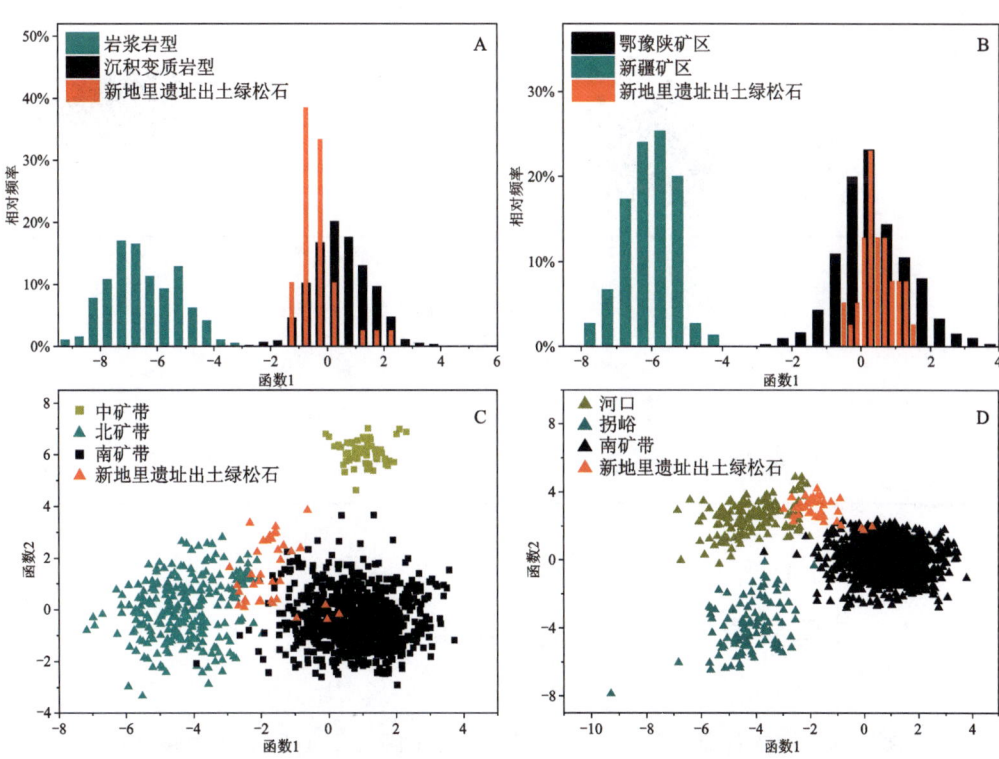

图 6.6 新地里遗址出土绿松石产地投点图

3. 皇坟头、玉架山和庄桥坟

对皇坟头、玉架山和庄桥坟遗址出土绿松石进行产地溯源分析投点，发现其均属于沉积变质岩型（图6.7A），且均来自鄂豫陕矿区（图6.7B）。其中玉架山和皇坟头遗址出土绿松石投点均同时落在鄂豫陕矿区北矿带，而庄桥坟遗址出土绿松石投点则落在距离北矿带更为接近的区域（图6.7C）。同时，玉架山和皇坟头遗址出土绿松石投点均落在河口绿松石分布的范围内（图6.7D）。因此，可以说明玉架山和皇坟头遗址出土绿松石来自洛南河口，而庄桥坟遗址出土绿松石来自鄂豫陕矿区北矿带的可能性更大。

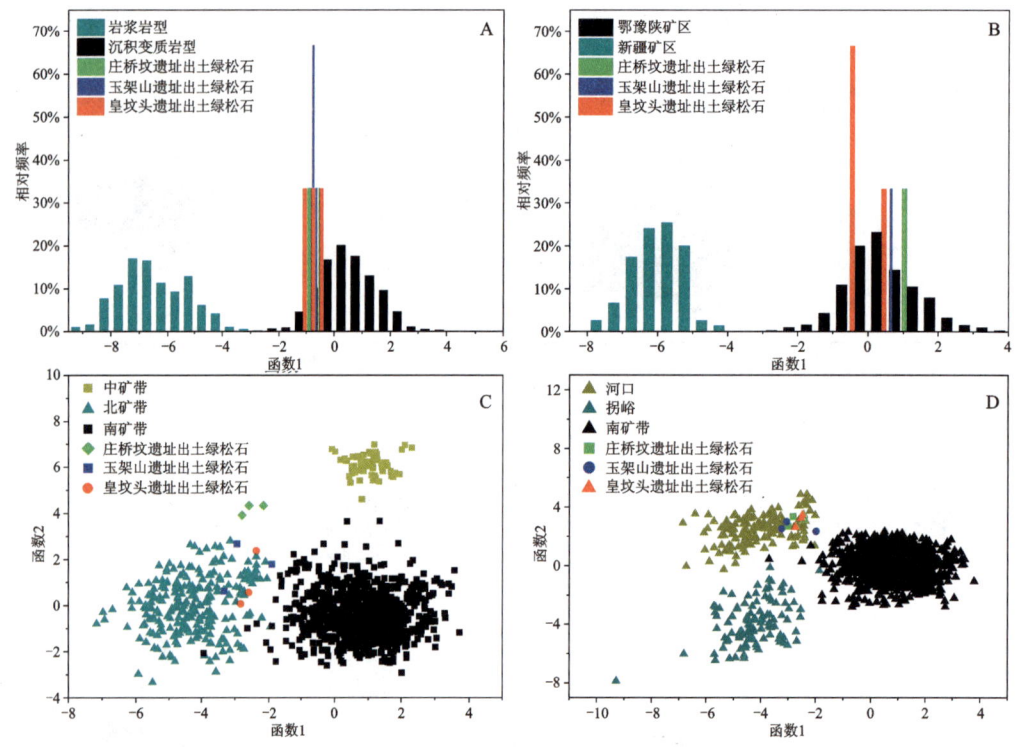

图6.7 皇坟头、玉架山、庄桥坟遗址出土绿松石产地投点图

6.2 夏商时期出土绿松石

6.2.1 二里头遗址出土绿松石矿源研究

二里头遗址位于河南偃师，于1959年被发现，是中国最早也是夏朝中晚期的王朝都城遗

址[154]。距今3800～3500年,二里头的先民使用了大量的绿松石,二里头遗址出土了绿松石龙形器及铜牌饰等重要器物[155]。许宏等将绿松石称为夏王朝的"国玉"。二里头遗址出土绿松石的产地溯源研究一直是学者们关注的焦点,学者们进行了诸多尝试。叶晓红等认为二里头遗址出土的绿松石来自云盖寺[12]。先怡衡等认为二里头遗址出土的绿松石与河南河口的绿松石关系密切[13,43]。二里头遗址出土绿松石的产地来源还存在争议。因此,本书采用宝石学、光谱学及地球化学分析的方法,对二里头遗址出土的20件绿松石制品进行矿源研究。

6.2.1.1 实验样品及方法

研究所用样品取自二里头遗址,共20件绿松石样品。5件镶嵌片和5件破损的镶嵌片来自二里头75V朱砂墓;10件原石碎料来自灰坑H290,其中3件带黑色—黑褐色围岩,余7件样品围岩为土黄色、褐黄色(图6.8)。样品质量在0.030～0.537g之间,相对密度在2.485～2.965之间,质地总体较好,其中90%样品达到致密—极致密等级。样品颜色为蓝色、蓝绿色和绿色,颜色正而均匀,在透射光下,18件样品呈微透明,呈现较好的质地,另2件不透明。

利用红外光谱仪(仪器型号:Bruker Optics Hyperion 3000)进行红外光谱测试,采用反射法,测试条件如下:分辨率为$4cm^{-1}$,测量范围为$400\sim4000cm^{-1}$,扫描时间为64s,扫描次数为64。数据经过K-K变换处理。采用紫外可见光谱仪(仪器型号:Gem UV-100)对样品进行分析测试。测试方法为反射法,测试范围为220～900nm,积分时间为100ms,平均次数为8次。显微拍照、拉曼光谱及LA-ICP-MS测试方法参考第3章和第5章。

图6.8 二里头遗址出土绿松石样品

6.2.1.2 实验结果

1. 绿松石及围岩特征

部分样品结构致密,呈微透明,颜色均匀(图6.9A)。部分呈颗粒胶结状(图6.9B)、鲕粒状(图6.9C)、蠕虫状(图6.9D)。绿松石表面围岩部分呈褐红色或褐黑色(图6.9E、F),部分为灰色和土黄色相间、质地坚硬的硅质岩(图6.9G、H),也有部分表面为黑色碳质板岩(图6.9I)。

2. 杂质矿物特征

二里头绿松石样品杂质矿物丰富,拉曼光谱测试发现主要矿物有黄钾铁矾、磷灰石、明矾石、针铁矿、赤铁矿、磷方沸石、石英、石墨等(图6.10),矿物组合样品为沉积变质岩型。黄钾铁矾和磷灰石呈浅黄色、不规则形态(图6.9J)。明矾石具有两种外观:一种为浅黄绿色半透明不规则团块状,分布在绿松石中(图6.9K);另一种为乳白色不透明状,位于绿松石和黑色围岩间(图6.9L)。针铁矿为褐黄色—红色,呈团块状、网脉状分布(图6.9E)。赤铁矿呈褐黑色(图6.9F)。磷方沸石为灰色半透明细脉状(宽20~30μm),分布于绿松石中(图6.9M)。

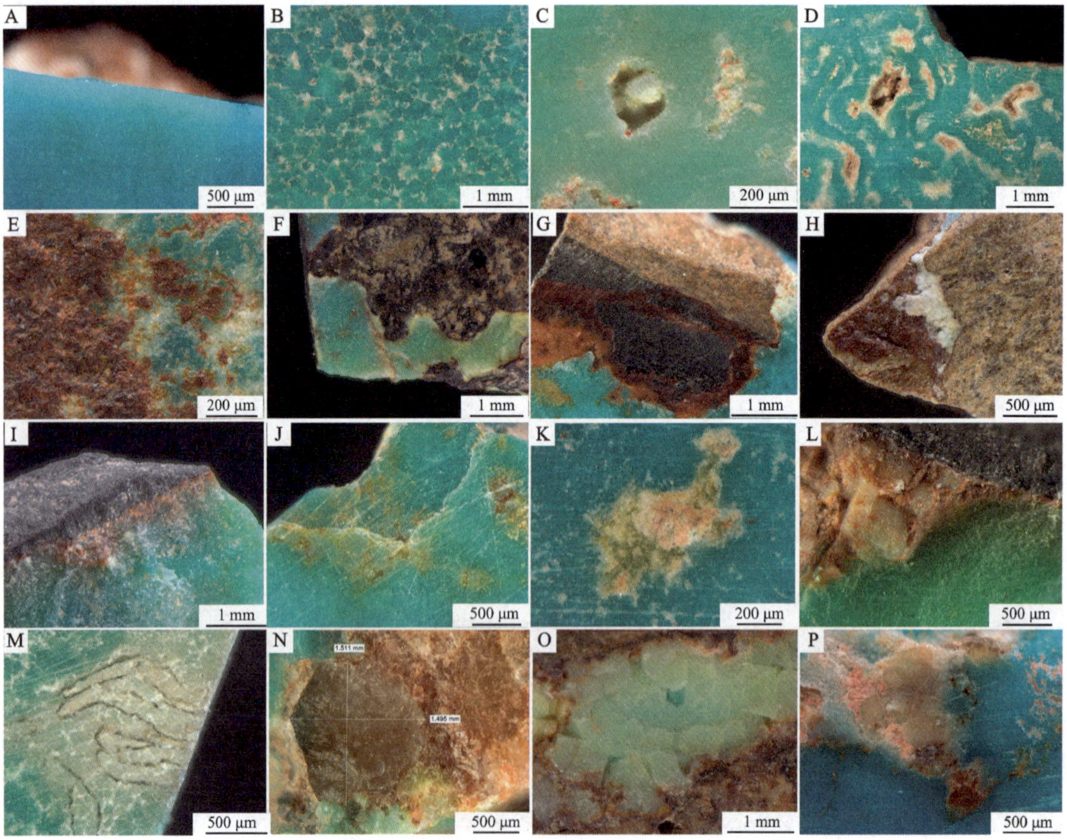

图6.9 二里头遗址出土绿松石及其围岩特征

石英为无色—浅黄色，可见不规则形态和自形的石英颗粒，可见垂直 c 轴的横截面六边形形态，大小为 1.511mm×1.495mm（图 6.9N）。另有石墨与石英、无定形碳混合于黑色围岩中（图 6.9G）。另可见浅绿色微透明粒状矿物及乳白色不透明矿物分布于绿松石及围岩中（图 6.9O、P）。

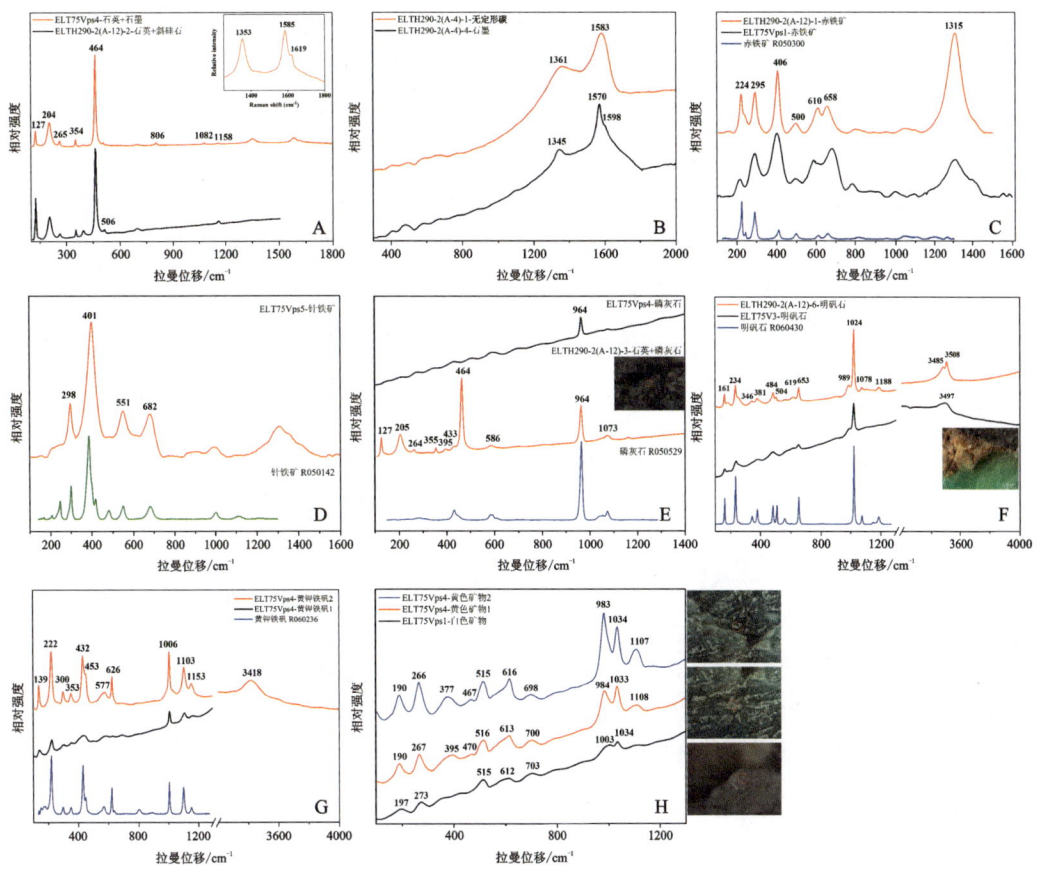

图 6.10　二里头遗址出土绿松石杂质矿物的拉曼光谱图

ELT75VPS-3 样品中灰色微透明脉状矿物磷方沸石的主量成分 Al_2O_3 含量为 42.5%，P_2O_5 含量为 34.2%，CaO 的含量为 16.1%，FeO 的含量为 1.54%，SiO_2 含量为 2.75%。此外，还有少量的 Na_2O、MgO、CuO 和 ZnO。微量元素主要有 $Sr(7361×10^{-6})$、$Y(1187×10^{-6})$、$Ba(1854×10^{-6})$、$Pb(484.4×10^{-6})$、$U(212×10^{-6})$ 及稀土元素（$\Sigma REE=2606×10^{-6}$）等。详情见表 6.2。

表 6.2　二里头遗址 ELT75VPS-3 样品杂质矿物的成分含量

主、微量元素	Na_2O/%	MgO/%	Al_2O_3/%	SiO_2/%	P_2O_5/%	K_2O/%	CaO/%	FeO/%	CuO/%	ZnO/%	Sr/(×10^{-6})	Y/(×10^{-6})	Ba/(×10^{-6})	Pb/(×10^{-6})	U/(×10^{-6})
	0.14	0.055	42.5	2.75	34.2	0.27	16.1	1.54	0.63	0.028	7361	1187	1854	484.4	212
稀土元素	La/(×10^{-6})	Ce/(×10^{-6})	Pr/(×10^{-6})	Nd/(×10^{-6})	Sm/(×10^{-6})	Eu/(×10^{-6})	Gd/(×10^{-6})	Tb/(×10^{-6})	Dy/(×10^{-6})	Ho/(×10^{-6})	Er/(×10^{-6})	Tm/(×10^{-6})	Yb/(×10^{-6})	Lu/(×10^{-6})	ΣREE/(×10^{-6})
	145	307	77.5	630	287	72.4	426	67.2	404	57.3	97.9	6.82	26.4	2.41	2606

3. 绿松石红外光谱特征

红外光谱图显示样品均为绿松石，吸收峰位于 3498cm^{-1}、3462cm^{-1}、3445cm^{-1}、3248cm^{-1}、3050cm^{-1}、1642cm^{-1}、1193cm^{-1}、1116cm^{-1}、1060cm^{-1}、1015cm^{-1}、899cm^{-1}、840cm^{-1}、784cm^{-1}、650cm^{-1}、584cm^{-1}（图 6.11）。其中 3498cm^{-1}、3462cm^{-1}、3445cm^{-1}、3248cm^{-1}、3050cm^{-1} 由 ν(OH)伸缩振动所致，1642cm^{-1} 归属于 δ(H_2O)弯曲振动峰，由 ν_3(PO_4)伸缩振动引起的吸收峰位于 1193cm^{-1}、1116cm^{-1}、1060cm^{-1}、1015cm^{-1}，δ(OH)弯曲振动致的吸收峰则位于 840cm^{-1}，位于 650cm^{-1}、584cm^{-1} 的吸收峰则是由磷酸根基团 ν_4(PO_4)弯曲振动所致[156]。此外，所有绿松石嵌片和破损的绿松石嵌片正反面均可见 2923cm^{-1}、2352cm^{-1} 有机物的吸收峰（图 6.11A），为镶嵌绿松石嵌片所用的黏接剂所致。

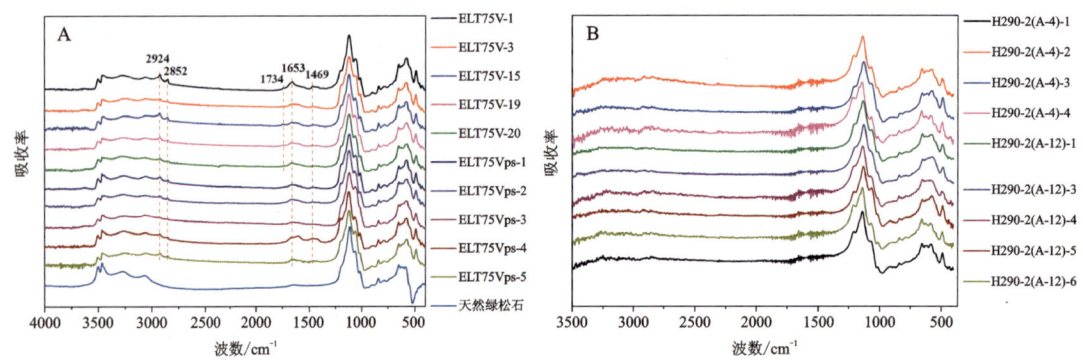

图 6.11 二里头遗址绿松石红外光谱
A.嵌片及破损嵌片样品的红外光谱；B.原料样品的红外光谱

4. 绿松石拉曼光谱特征

19 件样品的拉曼光谱均显示了标准绿松石的拉曼光谱特征，其峰位主要位于 209cm^{-1}、229cm^{-1}、331cm^{-1}、383cm^{-1}、416cm^{-1}、476cm^{-1}、547cm^{-1}、590cm^{-1}、638cm^{-1}、810cm^{-1}、989cm^{-1}、1041cm^{-1}、1102cm^{-1}、1153cm^{-1}、3450cm^{-1}、3472cm^{-1}、3499cm^{-1}（图 6.12A、B）。样品的主峰位于 1041cm^{-1} 处，并在 1153cm^{-1}、1102cm^{-1} 有弱的谱峰，由 ν_3(PO_4)伸缩振动所致，810cm^{-1} 处的拉曼谱峰由 H_2O 振动所致，547cm^{-1}、590cm^{-1}、638cm^{-1} 的拉曼谱峰可归属于 ν_4(PO_4)弯曲振动，而 416cm^{-1} 的拉曼谱峰则归属于 ν_2(PO_4)的弯曲振动。由 ν(OH)伸缩振动所致的拉曼谱峰则位于 3450cm^{-1}、3472cm^{-1}、3499cm^{-1}[156]。

H290-2(A-12)-1 样品的拉曼光谱峰主要位于 129cm^{-1}、219cm^{-1}、327cm^{-1}、416cm^{-1}、468cm^{-1}、582cm^{-1}、635cm^{-1}、820cm^{-1}、1013cm^{-1}、1029cm^{-1}、1097cm^{-1}、1152cm^{-1}、3468cm^{-1}（图 6.12C、D）。该样品的拉曼光谱特征与磷铜铁矿的拉曼光谱特征较为一致，且其主要成分 FeO(13.35%～15.05%)含量较高，Al_2O_3(22.74%～24.34%)含量较低，属绿松石族中的亚种。绿松石的化学式为 $CuAl_6(PO_4)_4(OH)_8 \cdot 4H_2O$，当铁含量较高，可替代铝时，形成磷铜铁矿 $Cu(Fe^{3+}, Al^{3+})_6(PO_4)_4(OH)_8 \cdot 4H_2O$。H290-2(A-12)-3 和 H290-2(A-12)-4 样品也在 1017cm^{-1} 处有弱的吸收肩峰，与铁含量较高有关。

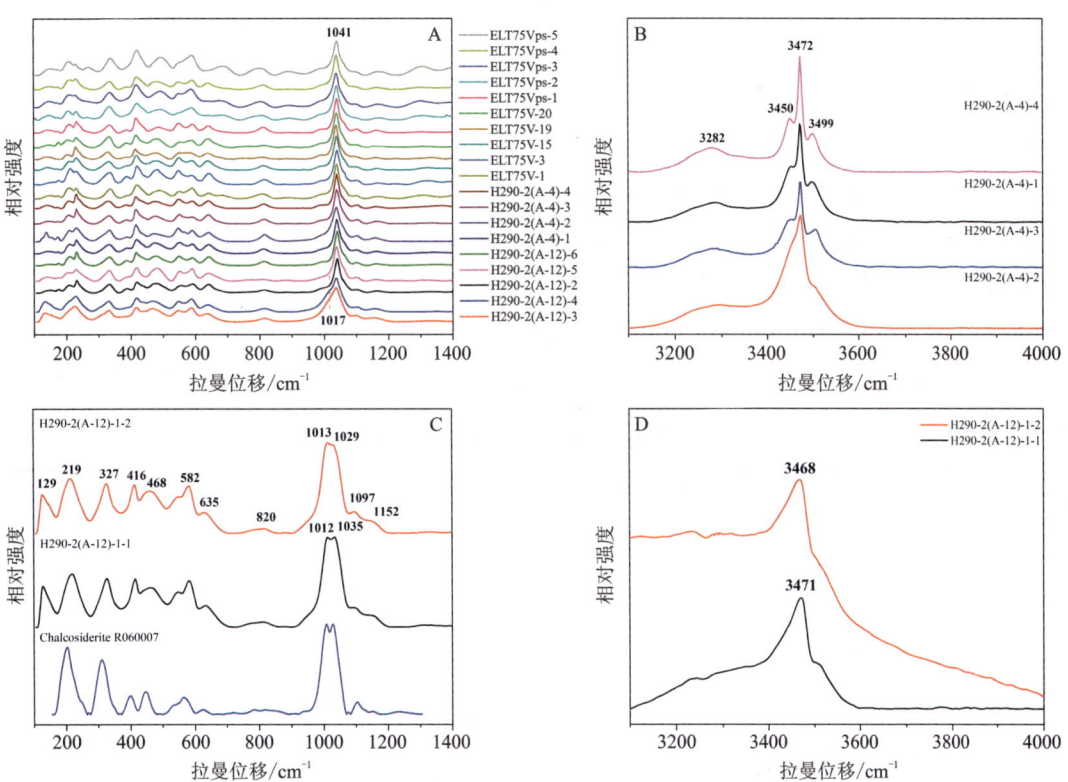

图 6.12　二里头遗址样品拉曼光谱

A 和 B 分别为绿松石样品的拉曼光谱;C 和 D 为磷铜铁矿样品的拉曼光谱

5. 主、微量成分分析

二里头遗址出土绿松石样品的主量成分 Al_2O_3 的含量在 22.7%～35.4%之间,P_2O_5 含量在 33.0%～40.1%之间,CuO 的含量在 5.86%～9.65%之间,FeO 的含量在 0.44%～15.05%范围内变化(表 6.3)。此外,还有少量的 SiO_2 和 ZnO,其含量范围分别为 0.46%～4.18%和 0.007%～1.569%。

表 6.3　二里头遗址绿松石样品主微量成分含量

	Li/($\times 10^{-6}$)	Al_2O_3/%	SiO_2/%	P_2O_5/%	K_2O/%	V/($\times 10^{-6}$)	Cr/($\times 10^{-6}$)	FeO/%	CuO/%	ZnO/%	Sr/($\times 10^{-6}$)	Ba/($\times 10^{-6}$)
最小值	102	22.7	0.46	33.0	0.088	10.9	9.5	0.44	5.86	0.007	20.0	125
最大值	331	35.4	4.18	40.1	0.230	150.2	279.8	15.05	9.65	1.569	170.3	1392
平均值	176	32.5	0.95	36.5	0.156	81.9	77.0	2.76	8.49	0.370	75.3	565

此外,样品中还含有 Li、V、Cr、Sr、Ba 等微量元素(表 6.3)。Li 的含量为 $(102\sim331)\times 10^{-6}$,平均值为 176×10^{-6};V 的含量为 $(10.9\sim150.2)\times 10^{-6}$,平均值为 81.9×10^{-6};Cr 的含量为 $(9.5\sim279.8)\times 10^{-6}$,平均值为 77.0×10^{-6};Sr 的含量为 $(20.0\sim170.3)\times 10^{-6}$,平均值

为 75.3×10^{-6};Ba 的含量为(125~1392)×10^{-6},平均值为 565×10^{-6},其含量变化范围较大。

6. 稀土元素分析

二里头遗址出土绿松石样品稀土元素的总质量分数(∑REE)在(0.340~33.58)×10^{-6}之间,平均值为 4.198×10^{-6},稀土元素总体较低。轻、重稀土比值(LREE/HREE)在 0.022~27.85 之间,平均值为 1.623,部分呈重稀土富集,部分呈轻稀土富集。$(w_{La}/w_{Sm})_N$=0.001~16.82(平均值为 2.469),$(w_{Gd}/w_{Lu})_N$=0.142~14.28(平均值为 2.477),δCe=0.050~7.249(平均值为 0.874),δEu=0.159~1.985(平均值为 0.731),Ce 和 Eu 略微负异常。样品的稀土元素数据见表 6.4。

表 6.4 二里头遗址出土绿松石样品稀土元素特征

	δCe	δEu	LREE/HREE	∑REE/×10^{-6}	$(w_{La}/w_{Sm})_N$	$(w_{Gd}/w_{Lu})_N$
最小值	0.050	0.159	0.022	0.340	0.001	0.142
最大值	7.249	1.985	27.85	33.58	16.82	14.28
平均值	0.874	0.731	1.623	4.198	2.469	2.477

6.2.1.3 矿源讨论

对二里头遗址出土的 20 件绿松石矿料来源进行溯源分析,结果显示样品均属于沉积变质岩型绿松石(图 6.13A);从矿区的投点来看,19 件来自鄂豫陕矿区,另有 1 件虽然更接近哈密矿区,但未落在哈密矿区分布的区域(图 6.13B),推测可能来自鄂豫陕和哈密矿区以外其他的沉积变质岩型的矿区。目前,中国的沉积变质岩型的绿松石矿除了鄂豫陕和新疆哈密外,在青海乌兰、新疆的黑山岭、内蒙古阿拉善贝浩如等地也发现了沉积变质岩型的绿松石矿。

对 19 件来自鄂豫陕矿区的样品进行南、中、北 3 个矿带的投点,结果显示 17 件样品均落在北矿带分布的区域(图 6.13C)。另 2 件落在南、中、北 3 个矿带均未覆盖的区域,但距离北矿带较近,且数据比较集中(图 6.13C),说明这两件样品矿料来源一致,但与目前所研究的鄂豫陕分布的矿点均无关联,也许北矿带除了河口、拐峪以外还有尚待发现的其他矿点。因此,二里头遗址出土绿松石至少来自 3 个不同的矿区,其中北矿带是主要矿料来源地。

6.2.2 盘龙城遗址出土绿松石矿源研究

盘龙城遗址位于湖北省武汉市黄陂区,是目前长江中游地区等级最高的商代前期遗址,也是商代在南方设立的最重要的军事据点和中心聚落,在探讨商文化在长江流域的传播,以及长江流域文明的发展方面具有重要学术意义和价值[157]。自 1954 年盘龙城遗址被发现以

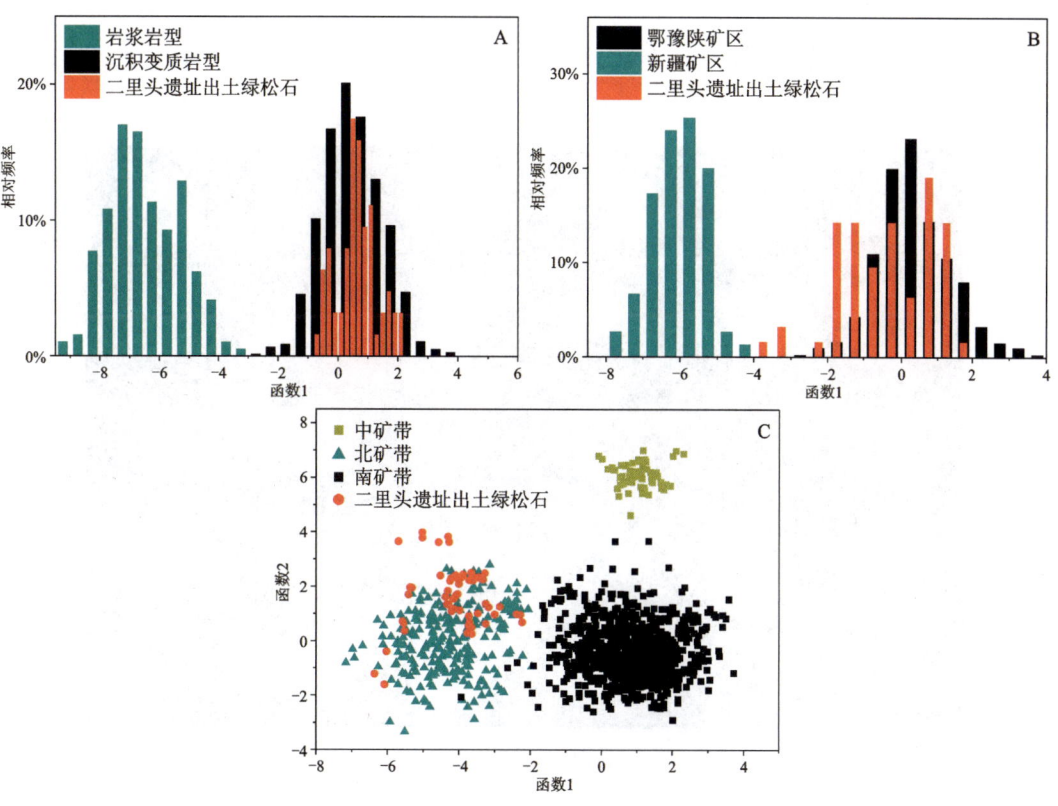

图 6.13 二里头遗址出土绿松石产地投点图

来,出土了丰富的遗迹和遗物,其中包括较多的玉器,绿松石管、片等重要器物。其中,2013 年武汉大学历史学院和盘龙城遗址博物院在盘龙城杨家湾遗址 17 号墓发现了商文化系统中发现的年代最早、出土单位明确的金片绿松石兽面形器。该器由 500 余片不规则绿松石片和 5 片金片组成[158],孙卓和唐际根等分别对其进行了复原和原貌重建研究[159,160]。鉴于盘龙城遗址与中原地区商文化关系密切,盘龙城遗址出土的金片绿松石兽面形器及相关的绿松石制品存在来自中原地区的可能性。因此,本书拟对来自盘龙城遗址的 30 件出土绿松石制品进行测试研究,利用宝石学、光谱学及地球化学分析的方法研究出土绿松石的产地来源,试图通过对盘龙城遗址出土绿松石进行科技分析,为夏商时期长江中游地区和中原地区的文化交流提供佐证。

6.2.2.1 实验样品

研究所用样品共 30 件(图 6.14),其中有 3 件为绿松石管残片,20 件为绿松石嵌片残片,5 件为绿松石嵌片,1 件为绿松石管,另有 1 件绿松石的相似品。其中 1 件来自 M20,2 件来自 M11,27 件来自 M17。绿松石样品质量在 0.003~0.156g 之间,相对密度在 2.491~2.990 之间(部分样品太小无法测)。部分样品表面有白化现象,白化层厚度为 0.036~0.051mm。29 件绿松石样品中,27 件颜色为蓝色,2 件为蓝绿色。样品结构致密,在透射光下,样品为微透明(图 6.15),呈现较好的质地。初步观察认为盘龙城遗址出土制品所用的绿松石品质较优。另有 1 件绿松石相似品,质量为 0.740g,相对密度为 1.732,正面为蓝绿色,微透明,反面为军绿色,不透明。

图 6.14　盘龙城遗址出土绿松石样品

图 6.15　样品在透射光下呈微透明

6.2.2.2 实验结果

1. 显微特征

盘龙城遗址出土绿松石常见的杂质矿物可分为3种类型。第一种为棕褐色具有金属光泽的针铁矿,附在绿松石表层或以杂质矿物的形式包裹在绿松石中(图6.16A—C)。第二种为黄色透明的石英,形态不规则(图6.16D—F)。石英和针铁矿为盘龙城遗址出土绿松石中最常见的杂质矿物。样品表面局部还可见黄色围岩,其中分布有黑色脉状矿物(图6.16G)。第三种为在少数样品表面的黑色矿物,呈斑点状或细脉状,似黑色铁线(图6.16H、I)。

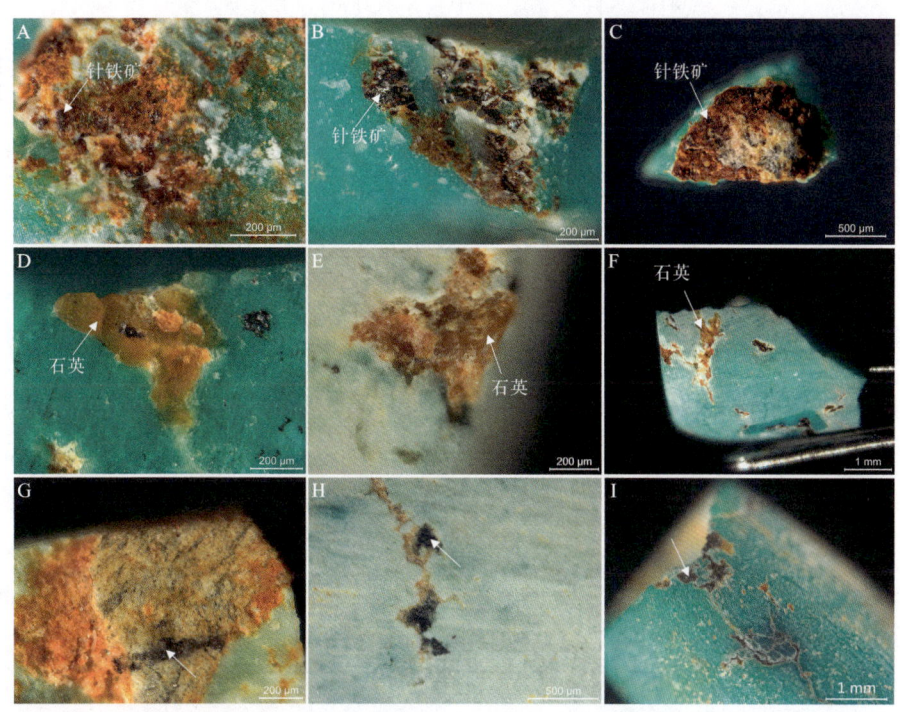

图6.16 盘龙城遗址出土绿松石杂质矿物特征
A—C:棕褐色针铁矿;D—F:石英;G:浅黄色围岩内分布黑色脉状矿物;H和I:黑色含碳质矿物

2. 拉曼光谱分析

29件样品的拉曼光谱均显示标准绿松石的拉曼光谱特征,其峰位主要位于209cm^{-1}、229cm^{-1}、331cm^{-1}、383cm^{-1}、416cm^{-1}、476cm^{-1}、547cm^{-1}、590cm^{-1}、638cm^{-1}、810cm^{-1}、989cm^{-1}、1039cm^{-1}、1102cm^{-1}、1153cm^{-1}、3443cm^{-1}、3469cm^{-1}、3497cm^{-1}(图6.17)。样品的主峰位于1039cm^{-1}处,并在1102cm^{-1}、1153cm^{-1}处显示弱的谱峰,由$\nu_3(PO_4)$伸缩振动所致,810cm^{-1}处的拉曼谱峰由H_2O振动所致,547cm^{-1}、590cm^{-1}、638cm^{-1}处的拉曼谱峰可归属于$\nu_4(PO_4)$弯曲振动,而416cm^{-1}处的拉曼谱峰则归属于$\nu_2(PO_4)$的弯曲振动。由$\nu(OH)$伸缩振动所致的拉曼谱峰则位于3443cm^{-1}、3469cm^{-1}、3497cm^{-1}[156]。

此外，M11:17-2样品为绿松石相似品，测试结果显示正面蓝绿色半透明部分的拉曼光谱峰主要位于445cm^{-1}、578cm^{-1}、609cm^{-1}、959cm^{-1}、1023cm^{-1}、1068cm^{-1}；而反面绿色不透明部分的拉曼光谱峰位于430cm^{-1}、436cm^{-1}、590cm^{-1}、959cm^{-1}、1068cm^{-1}（图6.17）。M11:17-2样品蓝绿色半透明和绿色不透明部分主峰的拉曼位移一致，而次级峰位存在略微差异，通过与RRUFF数据库对比，蓝绿色半透明和绿色不透明部分均为磷灰石。由于磷灰石中存在类质同象现象，因而可分为氟磷灰石、氯磷灰石和羟基磷灰石亚类，其拉曼光谱也存在差异。M1:17-2样品蓝绿色半透明和绿色不透明部分为磷灰石的不同的亚种，颜色、透明度及结构截然不同。

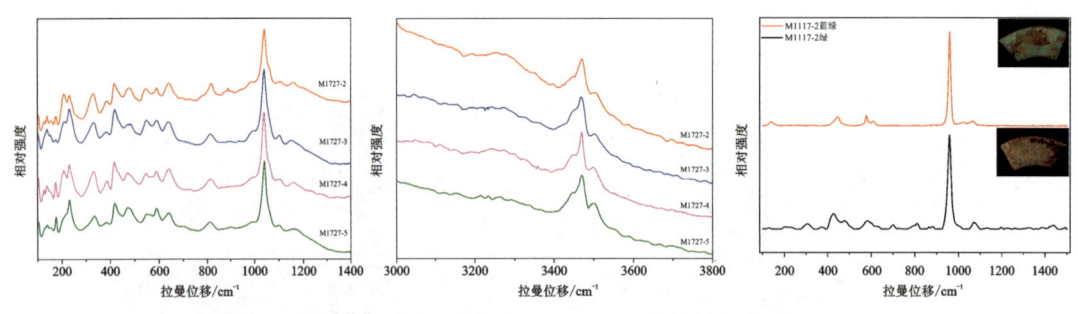

图6.17　绿松石样品和M11:17-2的拉曼光谱图

3. 红外光谱分析

红外光谱图显示29件样品均为绿松石，吸收峰位于584cm^{-1}、650cm^{-1}、784cm^{-1}、840cm^{-1}、899cm^{-1}、1015cm^{-1}、1060cm^{-1}、1116cm^{-1}、1193cm^{-1}、1642cm^{-1}、3050cm^{-1}、3248cm^{-1}、3445cm^{-1}、3462cm^{-1}、3498cm^{-1}（图6.18）。其中3050cm^{-1}、3248cm^{-1}、3445cm^{-1}、3462cm^{-1}、3498cm^{-1}由$\nu(OH)$伸缩振动所致，由$\nu_3(PO_4)$伸缩振动致的吸收峰位于1015cm^{-1}、1060cm^{-1}、1116cm^{-1}、1193cm^{-1}，$\delta(OH)$弯曲振动致的吸收峰则位于840cm^{-1}，位于650cm^{-1}、584cm^{-1}的吸收峰则是由磷酸根基团$\nu_4(PO_4)$弯曲振动所致[156]。

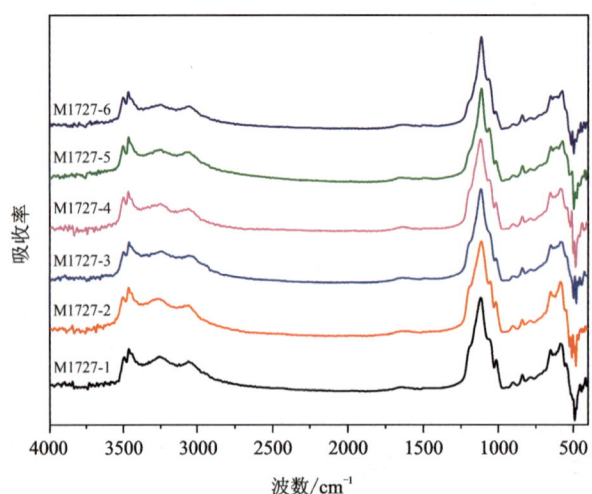

图6.18　盘龙城遗址出土绿松石样品的红外光谱图

4. 主、微量成分分析

此次研究的盘龙城遗址出土绿松石样品的主量成分 Al_2O_3 的含量范围为 28.3%～39.3%，P_2O_5 含量在 29.3%～42.5% 之间，CuO 的含量在 7.08%～10.74% 之间，FeO 的含量在 0.67%～4.12% 范围内变化。此外，样品中还有 V、Cr、Zr、Ba 等微量元素，其含量范围变化较大（表6.5）。M11:17-2 样品的主量成分为 P_2O_5 和 CaO，其中 P_2O_5 的含量为 42.6%，CaO 的含量为 54.0%，并含有 Na、Mg、Cu、Sr 等微量元素，其成分特征与拉曼光谱测试分析结果均符合磷灰石的特征。

表 6.5　盘龙城遗址出土样品的主、微量元素数据

		Al_2O_3/%	SiO_2/%	P_2O_5/%	K_2O/%	FeO/%	CuO/%	ZnO/%	V/($\times 10^{-6}$)	Cr/($\times 10^{-6}$)	Zr/($\times 10^{-6}$)	Ba/($\times 10^{-6}$)
绿松石	最小值	28.3	0.17	29.3	0.034	0.67	7.08	0.008	29.7	35.3	0.18	8.02
	最大值	39.3	1.44	42.5	0.208	4.12	10.74	0.924	165.1	551.6	223.9	833.9
	平均值	31.2	0.45	38.3	0.081	2.08	9.70	0.221	60.9	128.8	66.23	286.6
		Na_2O/%	MgO/%	SiO_2/%	P_2O_5/%	K_2O/%	CaO/%	FeO/%	CuO/%	ZnO/%	Sr/($\times 10^{-6}$)	Ba/($\times 10^{-6}$)
M11:17-2		0.49	0.12	0.19	42.6	0.011	54.0	0.032	0.62	0.045	239	25.4

5. 稀土元素分析

盘龙城遗址出土绿松石样品稀土元素的总质量分数（$\sum REE$）在 $(0.361～8.660)\times 10^{-6}$ 之间，平均值为 2.552×10^{-6}，稀土元素总体较低。轻重稀土元素比值（LREE/HREE）在 0.017～4.499 之间，平均值为 0.742，轻重稀土元素分异不明显，$(w_{La}/w_{Sm})_N = 0.032～38.755$（平均值为 2.065），$(w_{Gd}/w_{Lu})_N = 0.068～5.090$（平均值为 1.080），$\delta Ce = 0.040～3.427$（平均值为 1.150），Ce 异常不明显。$\delta Eu = 0.224～2.043$（平均值为 0.743），Eu 略微负异常。样品的稀土元素数据见表6.6。

表 6.6　盘龙城遗址出土的绿松石样品的稀土元素特征

	δCe	δEu	LREE/HREE	$\sum REE/\times 10^{-6}$	$(w_{La}/w_{Sm})_N$	$(w_{Gd}/w_{Lu})_N$
最小值	0.040	0.224	0.017	0.361	0.032	0.068
最大值	3.427	2.043	4.499	8.660	38.755	5.090
平均值	1.150	0.743	0.742	2.552	2.065	1.080

6.2.2.3 矿源讨论

盘龙城遗址出土绿松石的矿料来源

盘龙城遗址出土绿松石与哈密、陕西、河南、湖北等地的绿松石同属沉积变质岩型（图6.19A）。同时，盘龙城遗址出土绿松石投点落在鄂豫陕绿松石分布的区域，与哈密绿松石距离较远，指示盘龙城遗址出土绿松石来自鄂豫陕矿区（图6.19B）。并且出土样品落在鄂豫陕北矿带和南矿带分布的区域，而与中矿带淅川绿松石分布的区域距离较远，完全不重叠，说明此次研究的样品来自北矿带和南矿带（图6.19C），其产地与中矿带河南淅川无关。对南矿带与北矿带进一步细分，发现所分析的29件样品中有16件投在南矿带绿松石所分布的区域，2件样品落在河口绿松石所在的区域，3件样品落在拐峪绿松石分布的区域，仍有8件样品落在南矿带与拐峪、河口的中间区域（图6.19D），这部分样品可能来自北矿带，详见下面讨论。

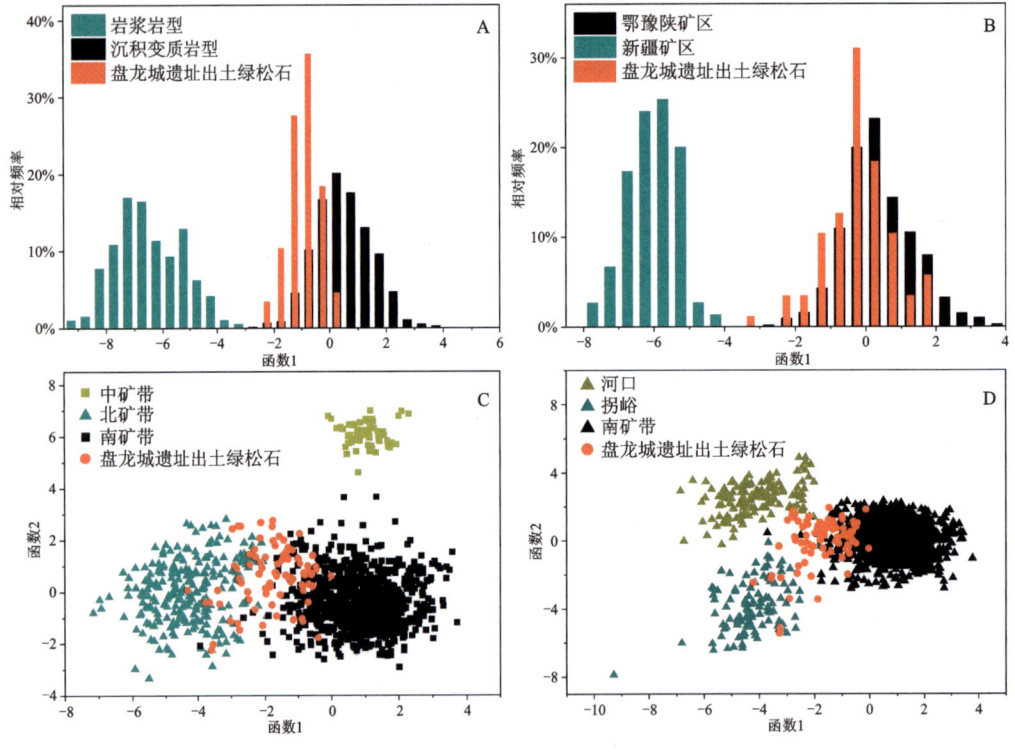

图6.19 盘龙城遗址出土绿松石产地投点图

由于研究所涉及的南矿带矿点包括郧县、郧西、竹山及白河等地，系现代绿松石主产区，收集样品的矿点覆盖已较为全面，遗漏矿点的可能性较小。北矿带的绿松石含矿量小，属于矿化点，难以达到现代开采的品位，目前仅发现河口、拐峪两个古代遗址点，对其他地区尚未做系统的地质勘察，也许还有古代开采矿点未被发现。因此，这8件落在南矿带与拐峪、河口绿松石分布的中间区域样品来自北矿带的可能性较大。

6.3 两周时期出土绿松石

6.3.1 叶家山墓地出土绿松石矿源研究

叶家山墓地位于湖北省随州经济开发区淅河镇蒋寨村八组,2010 年底,村民在土地里发现了铜器[161,162]。2011—2013 年,湖北省文物考古研究院先后对其进行了两次考古发掘,共发掘 140 座墓葬和 7 座马坑,出土了铜器、陶器、原始瓷器、玉器漆器和皮制品等丰富的文物[161,163,164]。李伯谦等认为叶家山墓地是保存最好,规模最大的西周早期曾国墓地,为西周曾国的研究提供了丰富的资料[164-166]。叶家山墓地出土绿松石多为镶嵌片,也可见穿孔的管珠和坠饰。叶家山 M111 发掘简报公布的资料显示在棺内墓主下腹部的 3 件玉柄形器下端及周围共发现 240 余片绿松石嵌片,并伴有多件玉牙饰(图 6.20)。

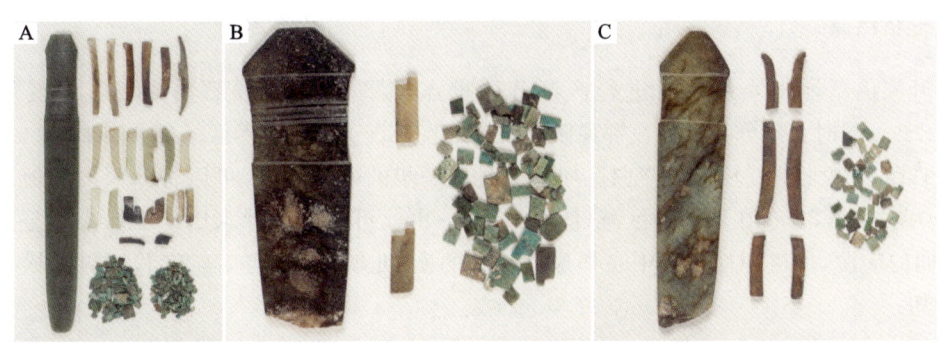

图 6.20　叶家山墓地 M111 出土的玉柄形器、绿松石嵌片及玉牙饰[167]
A. M111:688 有 120 余片小绿松石片;B. M111:689 有 70 余片小绿松石片;C. M111:690 有 50 余片小绿松石片

1. 实验样品

选取 31 件叶家山墓地出土的绿松石制品,样品多为蓝绿色,不透明(图 6.21)。其中 15 件样品出土于 M65,9 件样品出土于 M111,均为长方形、近长方形或不规则形状的嵌片,表面可见抛光痕。另有 2 件样品出土于 M132,5 件样品出土于 M135,为穿孔的管珠或随形坠饰,表面可见黑色的铁线。M65 和 M111 均为曾国国君墓葬,M65 为第一期的大型墓葬,墓主为曾侯谏[161],M132 为第二期墓葬,M111 和 M135 为第三期墓葬,其中 M111 是叶家山规模最大的墓葬,墓主为最后一代曾侯(曾侯犺)[161]。

图 6.21 叶家山墓地出土绿松石分析样品

2. 分析结果

对叶家山墓地出土绿松石进行产源分析投点,发现此处绿松石均属于沉积变质岩型(图 6.22A),同时大部分投点落在鄂豫陕矿区南、北矿带分布的交界区域(图 6.22、图 6.23C),另有 2 件落在离北矿带较近的空白区域。通过进一步的矿点区分,可以将叶家山墓地出土绿松石分为 3 个组,分布在不同的区域(图 6.22D)。由此可以看出叶家山出土绿松石至少存在 3 处不同的矿源,但矿源地仍集中在鄂豫陕矿区的南、北矿带,且与南矿带和河口绿松石关系较为密切。

6.3.2 乔家院墓地出土绿松石矿源研究

乔家院墓地位于湖北省十堰市郧县五峰乡肖家河村,发现于 1958 年,分别于 1990 年、2001 年、2006 年经过 3 次发掘,发现春秋时期和东汉的墓葬[168]。在 2006 年发掘的 4 座春秋殉人墓中,发现的随葬遗物有铜器、陶器、玉器、石器、骨器、贝器、铁器、绿松石器、玛瑙器、水晶器、牙器、珍珠和鹿角器等[168]。

郧县乔家院古属麇国地,据相关文献记载,乔家院墓地为古麇国的都城"锡穴"所在地,约在春秋中期为楚所灭[169]。乔家院所见楚墓是一批春秋中晚期的,应是楚灭麇后楚人入主麇地后的楚墓[169]。乔家院墓地是首次在鄂西北经科学发掘的高规格的春秋墓葬,对研究楚文化的西进旅程及楚麇关系至关重要[169]。因此,本书拟对来自乔家院墓地的 10 件出土绿松石制品进行测试研究,利用宝石学、光谱学及地球化学分析的方法对样品进行矿源研究。

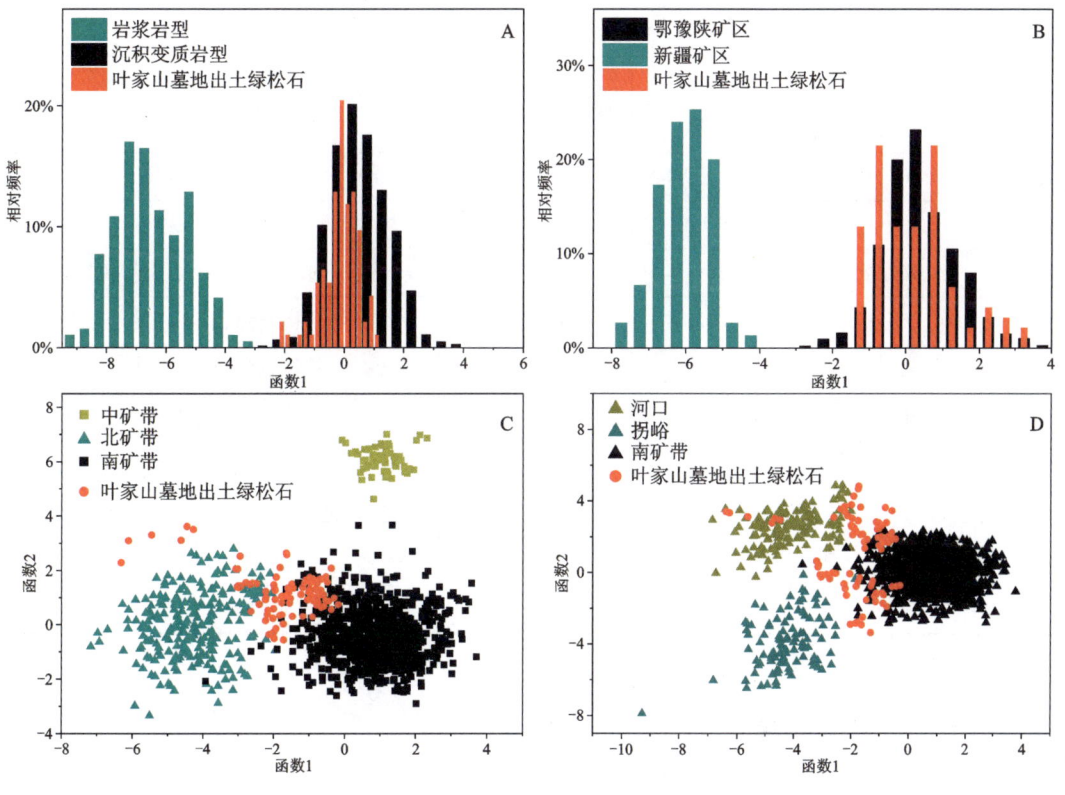

图6.22 叶家山墓地出土绿松石产地投点图

6.3.2.1 实验样品

此次研究的样品为乔家院墓地出土的10件绿松石样品,均为嵌片。嵌片大小形态不一致,部分嵌片宽度不一致,侧面棱不平直,呈弧形,如QJY-4样品。颜色有浅绿色、绿色、蓝绿色和褐黄绿色,结构较为致密,均不透明(图6.23)。样品质量在0.164~0.388g之间,相对密度在2.615~2.913之间,样品信息详见表6.7。

图6.23 乔家院墓地出土绿松石样品

表 6.7 乔家院墓地出土绿松石样品信息

编号	尺寸/mm			质量/g	相对密度	外观特征描述
	长	宽	厚			
QJY-1	19.36	7.26	0.98	0.338	2.676	浅绿色,不透明
QJY-2	15.3	7.4	1.4	0.388	2.615	浅绿色,不透明
QJY-3	14.36	8.34~7.7	1.56~0.66	0.363	2.643	浅绿色,不透明,表面可见黄色网脉状花纹
QJY-4	14.56	7.4~8.1	1.08	0.312	2.683	褐黄绿色,不透明
QJY-5	14.58	6.4	1.16	0.283	2.768	浅蓝绿色,不透明
QJY-6	11.38	5.8	1.18	0.184	2.913	蓝绿色,不透明
QJY-7	10.1	6.0	1.38~0.6	0.169	2.676	浅绿色,不透明
QJY-8	10.4	5.4	1.2	0.164	2.682	浅绿色,不透明,局部可见切割痕迹
QJY-9	7.0	7.7	1.1	0.185	2.839	蓝绿色,不透明
QJY-10	7.1	6.3	1.48	0.186	2.695	蓝绿色,不透明

6.3.2.2 实验结果

1. 红外光谱特征

红外光谱图显示样品均为绿松石,吸收峰位于 584cm^{-1}、650cm^{-1}、784cm^{-1}、840cm^{-1}、899cm^{-1}、1015cm^{-1}、1060cm^{-1}、1116cm^{-1}、1193cm^{-1}、1642cm^{-1}、3050cm^{-1}、3248cm^{-1}、3445cm^{-1}、3462cm^{-1}、3498cm^{-1}(图 6.24A)。其中位于 3050cm^{-1}、3248cm^{-1}、3445cm^{-1}、3462cm^{-1}、3498cm^{-1} 的吸收峰由 $\nu(OH)$ 伸缩振动所致,1642cm^{-1} 归属于 $\delta(H_2O)$ 弯曲振动峰,由 $\nu_3(PO_4)$ 伸缩振动致的吸收峰位于 1015cm^{-1}、1060cm^{-1}、1116cm^{-1}、1193cm^{-1},$\delta(OH)$ 弯曲振动致的吸收峰则位于 840cm^{-1},位于 584cm^{-1}、650cm^{-1} 的吸收峰则是由磷酸根基团 $\nu_4(PO_4)$ 弯曲振动所致[156]。

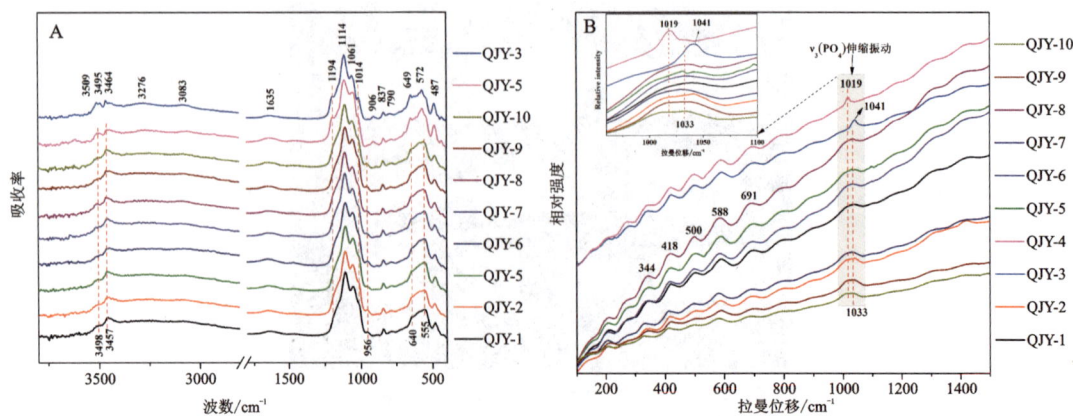

图 6.24 乔家院墓地出土绿松石的红外光谱(A)和拉曼光谱(B)图

2. 拉曼光谱特征

拉曼光谱结果(图 6.24B)显示 QJY-3 样品的光谱特征符合绿松石的拉曼光谱特征,其主峰位于 $1041cm^{-1}$ 处,由 $\nu_3(PO_4)$ 伸缩振动所致。QJY-4 样品的拉曼光谱主峰位于 $1019cm^{-1}$ 处,与磷铜铁矿的拉曼光谱特征一致[170,171]。其余样品均在 $1019cm^{-1}$ 和 $1035cm^{-1}$ 附近有拉曼散射峰,为绿松石与磷铜铁矿的过渡态。

3. 杂质矿物特征

乔家院墓地出土绿松石样品中的杂质矿物较简单(图 6.25),通过拉曼光谱测试发现主要有少量的石英、明矾石、石墨及铁质矿物(图 6.26)。样品中的石英为浅灰色透明的不规则形态(图 6.25A、C、E 和 F),颗粒较小,另有部分石英与石墨或无定形碳混合呈黑色(图 6.25A)。明矾石在样品中呈浅灰色半透明不规则形态,常与石墨混合呈黑色(图 6.25B—D)。

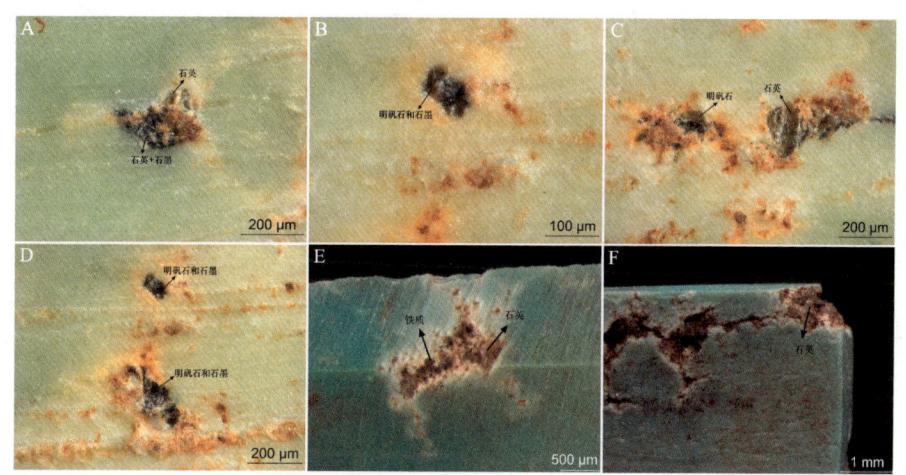

图 6.25 乔家院墓地绿松石杂质矿物特征

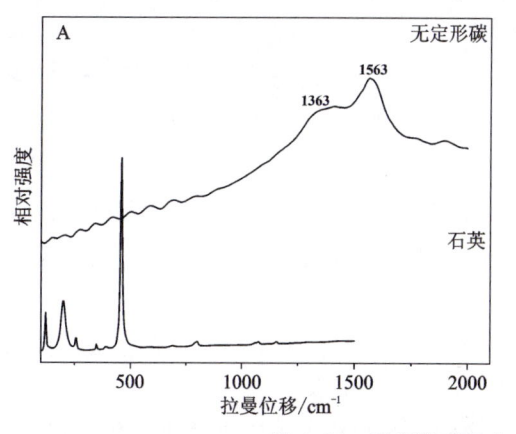
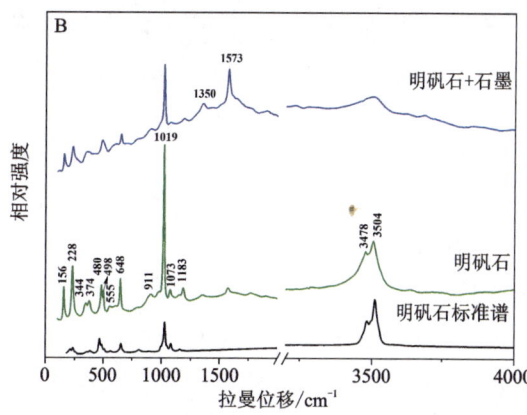

图 6.26 乔家院墓地出土样品中杂质矿物的拉曼光谱

A.石英和无定形碳;B.明矾石和石墨

4. 主量成分分析

乔家院墓地出土绿松石样品的主量成分 Al_2O_3 的含量范围为 27.5%～40.2%，平均值为 30.5%；P_2O_5 含量在 39.0%～43.8% 之间，平均值为 40.8%；CuO 的含量在 7.15%～11.2% 之间，平均值为 10.4%；FeO 的含量在 1.42%～19.3% 范围内变化，平均值为 14.9%。另外 SiO_2 和 ZnO 的含量范围分别为 0.33%～3.72% 和 0.15%～4.12%（见表 6.8）。其中 Al_2O_3、CuO、FeO 和 ZnO 含量变化较大，除 QJY-3 样品外，其余样品的 Al_2O_3 的含量范围在 27.5%～31.6% 之间，FeO 的含量在 14.0%～19.3% 之间，与标准绿松石主量成分含量相比，Al_2O_3 较低而 FeO 含量较高。结合拉曼光谱测试结果，FeO 含量较高是由于这些样品中 Al 元素被 Fe 元素替代，形成了绿松石和磷铜铁矿的固溶体系列。QJY-3 样品中的主量成分为绿松石，且部分 Cu 元素被 Zn 元素替代，其中 CuO 含量的平均值为 7.31%，ZnO 含量的平均值为 3.78%；其他主要成分 Al_2O_3 含量的平均值为 40.0%，P_2O_5 含量的平均值为 42.9%，FeO 含量的平均值为 1.61%。此外，还有其他次要成分，如 Na_2O、MgO、K_2O、CaO 等。

表 6.8 乔家院墓地出土绿松石样品主量成分含量　　　　单位:%

成分	Na_2O	MgO	Al_2O_3	SiO_2	P_2O_5	K_2O	CaO	FeO	CuO	ZnO
最小值	0.043	0.009	27.5	0.33	39.0	0.08	0.09	1.42	7.15	0.15
最大值	0.307	0.044	40.2	3.72	43.8	0.44	0.33	19.3	11.2	4.12
平均值	0.086	0.019	30.5	1.60	40.8	0.15	0.18	14.9	10.4	0.63

5. 微量元素分析

乔家院墓地出土绿松石样品中主要有 Li、V、Cr、Sr、Zr、Mo、Sb、Ba、U 等微量元素（表 6.9）。Li 的含量为 $(61.3\sim89.9)\times10^{-6}$，平均值为 77.0×10^{-6}；V 的含量为 $(248\sim600)\times10^{-6}$，平均值为 306×10^{-6}；Cr 的含量为 $(346\sim3000)\times10^{-6}$，平均值为 750×10^{-6}，其含量范围变化较大；Sr 的含量为 $(31.2\sim57.6)\times10^{-6}$，平均值为 46.6×10^{-6}；Zr 的含量为 $(11.1\sim36.4)\times10^{-6}$，平均值为 23.9×10^{-6}；Mo 的含量为 $(92.4\sim651)\times10^{-6}$，平均值为 159×10^{-6}；Sb 的含量为 $(9.33\sim43.6)\times10^{-6}$，平均值为 33.8×10^{-6}；Ba 的含量为 $(702\sim1152)\times10^{-6}$，平均值为 941×10^{-6}；U 的含量为 $(28.6\sim123)\times10^{-6}$，平均值为 42.6×10^{-6}。其中 QJY-3 样品中 V、Cr、Mo、U 的含量明显高于其他样品，且 Cr 尤为明显，其他样品中 Cr 的平均含量为 474×10^{-6}，而 QJY-3 样品 Cr 的含量为 $(2889\sim3000)\times10^{-6}$，平均含量高达 2959×10^{-6}，远高于其他样品。

样品的微量元素经大陆上地壳标准化后分布表现出一致性（图 6.27）。该处绿松石样品富集 Ba、U、Be、Mo、Li、V、Zn、Cr 等元素且亏损 Rb、K、Zr、Sr、Na、Ga、Ca、Sc、Co、Mg、Ni 等元素。与大陆上地壳相比较，U、Be、Mo、Li、V、Zn、Cr 的富集系数均大于 2，为强烈富集元素；Ba 的富集系数在 1～2 之间，为中等富集元素；Rb、K、Zr、Sr、Na、Ga、Ca、Sc、Co、Mg、Ni 的富集系数均小于 1，为贫化元素。其中 QJY-3 样品中的强烈富集元素 U、Mo、Zn、Cr 的富集系数明显大于其他样品，V 略大于其他样品。QJY-3 样品中的贫化元素 Co 的富集系数也明显大于其他样品，而 Sc 的富集系数则略小于其他样品。

表 6.9　乔家院墓地出土绿松石样品微量元素丰度　　　　　　　　　　单位：$\times 10^{-6}$

元素	Li	V	Cr	Sr	Zr	Mo	Sb	Ba	U
最小值	61.3	248	346	31.2	11.1	92.4	9.33	702	28.6
最大值	89.9	600	3000	57.6	36.4	651	43.6	1152	123
平均值	77.0	306	750	46.6	23.9	159	33.8	941	42.6

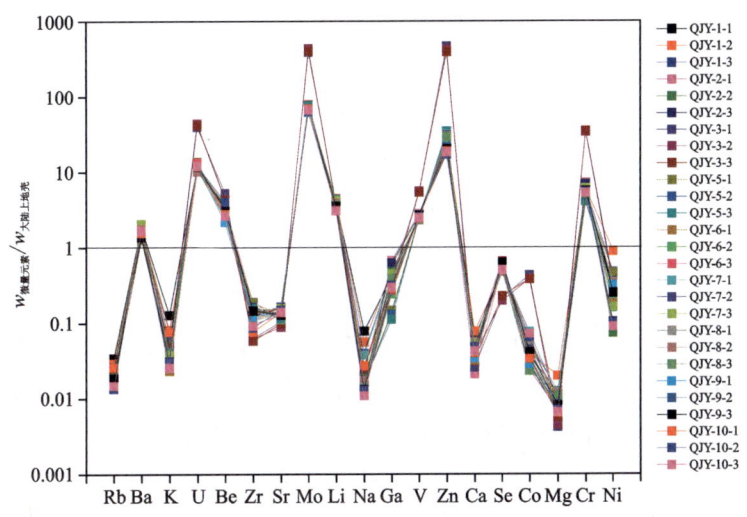

图 6.27　乔家院墓地出土绿松石样品的微量元素多元素分布图

6. 稀土元素分析

乔家院墓地出土绿松石样品稀土元素的总质量分数（$\sum$REE）为 $(0.490 \sim 6.995) \times 10^{-6}$，平均值为 1.909×10^{-6}，稀土元素含量总体较低。轻重稀土比值（LREE/HREE）在 $0.169 \sim 0.762$ 之间，平均值为 0.456。$(w_{La}/w_{Sm})_N = 0.430 \sim 13.210$（平均值为 4.216），$(w_{Gd}/w_{Lu})_N = 0.167 \sim 5.679$（平均值为 1.609），$\delta Ce = 0.271 \sim 1.829$（平均值为 0.753），$\delta Eu = 0.081 \sim 3.455$（平均值为 0.741），Ce 和 Eu 异常值变化范围较大，大部分样品 Ce 和 Eu 为负异常。样品的稀土元素数据见表 6.10。

表 6.10　乔家院墓地绿松石样品稀土元素特征

	δCe	δEu	LREE/HREE	$\sum REE/\times 10^{-6}$	$(w_{La}/w_{Sm})_N$	$(w_{Gd}/w_{Lu})_N$
最小值	0.271	0.081	0.169	0.490	0.430	0.167
最大值	1.829	3.455	0.762	6.995	13.210	5.679
平均值	0.753	0.741	0.456	1.909	4.216	1.609

乔家院墓地出土绿松石稀土元素配分曲线可分为两种类型,但均有明显的 Gd 正异常(图 6.28)。QJY-3 样品表现为左倾型,轻稀土明显亏损,重稀土富集,且 Ce 明显负异常(图 6.28 左),而其他样品的稀土元素配分曲线为水平海鸥型(图 6.28 右)。

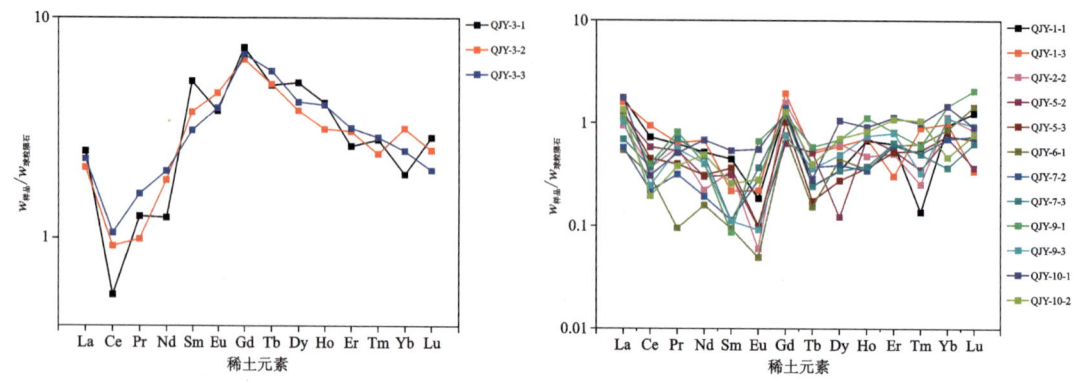

图 6.28 乔家院墓地出土绿松石样品的稀土元素分配图

6.3.2.3 矿源讨论

对乔家院墓地出土的 20 件绿松石的矿源进行分析,结果显示该处绿松石均属于沉积变质岩型绿松石(图 6.29A),且均来自鄂豫陕矿区(图 6.29B)。进一步对乔家院墓地出土绿松石进行溯源,发现所有样品绿松石投点均落在鄂豫陕矿区的南矿带绿松石分布的区域,与中、北矿带区分明显,说明它们来自鄂豫陕矿区的南矿带(图 6.29C、D)。

建立郧县云盖寺、竹山与郧西绿松石产地区分的方法,将乔家院墓地出土绿松石进一步进行投点,发现样品投点均落在竹山绿松石所分布的区域(图 6.29E)。将竹山的 5 个矿点(秦古、洞子沟、丫角山、文峰、喇叭山)进行进一步区分,并将乔家院墓地出土绿松石进行投点,发现样品数据分布比较分散,但显示与洞子沟和丫角山区分明显,而落在秦古、文峰、喇叭山及未涉及的区域(图 6.29F),说明它们并非来自洞子沟和丫角山。

建立秦古、文峰与喇叭山绿松石产地的区分方法,将乔家院墓地出土绿松石进行进一步投点,发现除 QJY-3 样品外,其余样品投点均聚集在一起(图 6.29G),且所有样品投点均未落在秦古、喇叭山、文峰 3 个产地绿松石分布的中心区域,而落在距离秦古和喇叭山较近的位置。结合上述分析,乔家院墓地出土绿松石来自湖北竹山,且其矿点来源与丫角山、洞子沟、文峰无明显关联,而与喇叭山和秦古接近。

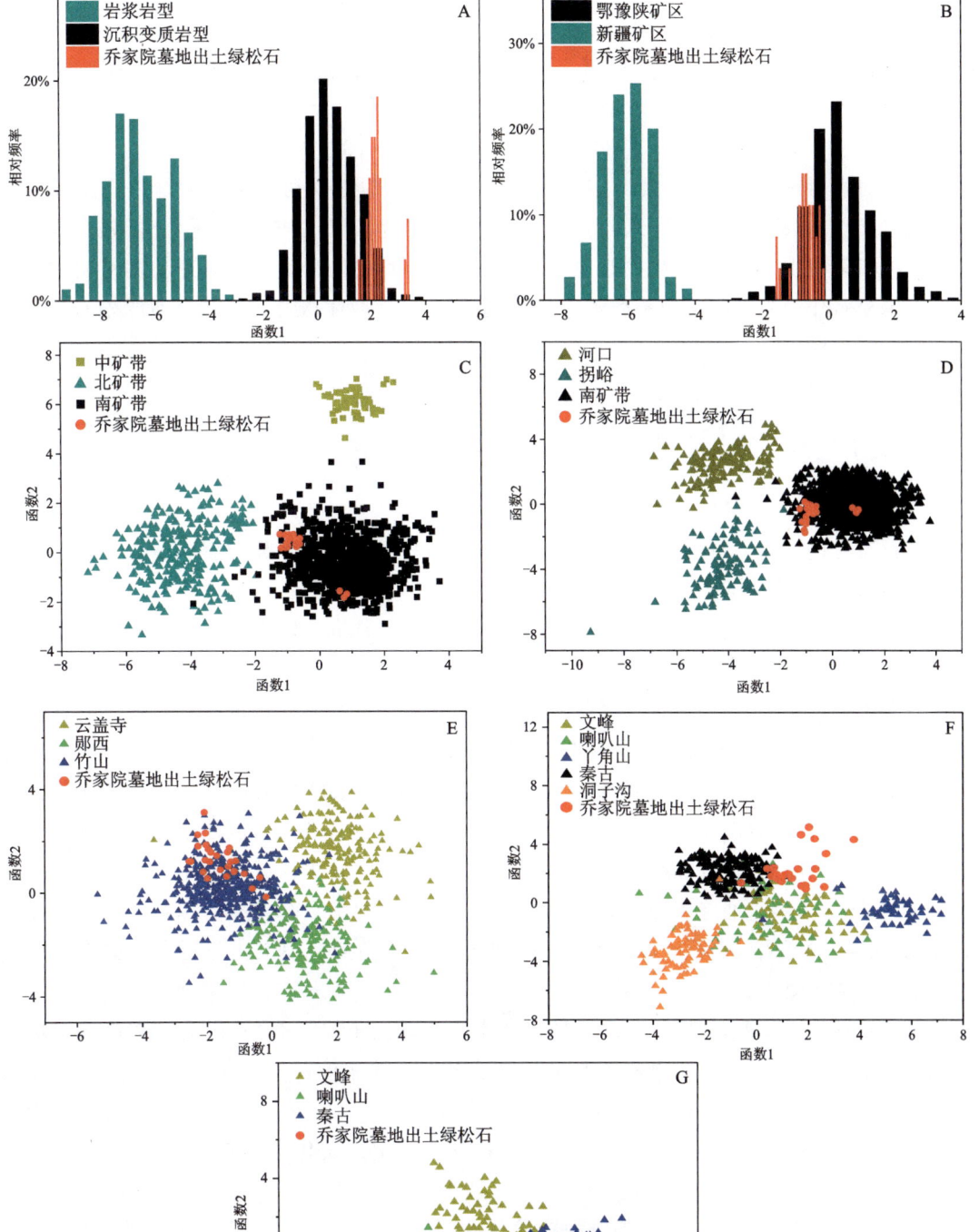

图 6.29 乔家院墓地出土绿松石产地投点图

6.4 矿源视角下先秦绿松石资源流通讨论

从历时性讨论绿松石资源的矿产开发与利用,从共时性探讨不同时期绿松石的流通路线。以绿松石矿源研究为视角,通过探讨绿松石资源的流通和去向等问题,分析先秦各个时期先民的活动范围,为先秦文化的近域交流、远距离的跨文化交流或贸易互动提供实物交流证据。绿松石作为先秦时期的一种贵重资源,也可以此为载体探讨当时社会对绿松石资源的控制与分配问题。

6.4.1 新石器时代中期

新石器时代中期贾湖遗址出土绿松石近千件,且墓葬中出现绿松石置于墓主人眼窝及遍布全身的现象,说明贾湖先民对绿松石可能存在独特的精神追求。而在裴李岗、长葛石固、郏县水泉、新郑沙窝李遗址中,出土绿松石均只有零星出现,从同一时期遗址中绿松石的出土情况来看,绿松石在贾湖文化中呈现出独树一帜的文化内涵,其出土数量最大,使用特点在同一时期的文化中也尤为突出,显示出贾湖是新石器时代中期绿松石使用的中心。贾湖遗址发掘者认为贾湖文化与周边的裴李岗文化存在部分共同文化因素[172],如在贾湖和裴李岗的墓葬中都发现了随葬的陶壶,以及陶壶、深腹罐等陶器器型的相似性等都是两个文化彼此相互影响的表现[172]。同时贾湖文化与裴李岗文化存在地域交错的特点[172],因此不能排除绿松石从贾湖向周边裴李岗传播的可能性,但这一推测仍需要通过科技手段分析裴李岗、长葛石固、郏县水泉、新郑沙窝李遗址这4处遗址出土绿松石与贾湖遗址出土绿松石矿源是否一致予以证实,若能证实,则可从绿松石矿源角度说明在新石器时代中期贾湖文化与裴李岗文化可能存在近距离的文化交流。

从考古发掘情况来看,除了贾湖遗址及裴李岗遗址出土绿松石外,彭头山文化八十垱遗址也出土了1件绿松石璧,北福地一期文化遗址出土4件绿松石。考古资料显示贾湖-裴李岗文化与彭头山文化和北福地一期文化也存在着密切联系。张居中等通过文化因素分析对比了贾湖文化和彭头山文化的异同,发现彭头山文化与贾湖文化中都有稻作文化遗存,同时生活方式和宗教习俗也存在相似性或共同点,认为两种文化间存在相互交流的可能性[173]。余西云认为彭头山文化中双耳壶等典型器类的出现是裴李岗文化南进的确切证据[174]。张居中分析了贾湖文化与磁山文化的关系,发现两种文化之间存在共同的文化因素,提出除了大部分具有共同的时代特征外,另有少量共同的文化因素可能是两种文化相互影响和交流的反映[175]。韩建业认为磁山文化中壶、钵类泥质器物的大量出现,是裴李岗文化北向影响的证据[176]。余西云先生也提出裴李岗文化中典型的小口双耳壶在磁山文化中出现,主要是受裴李岗文化的持续影响[174]。北福地一期文化和磁山文化分别分布在冀中和冀南地区,段宏振等认为两个文化均属于"直腹盆盂"系统文化[177],是密切的亲属文化[178]。鉴于贾湖-裴李岗文化与彭头山文化和磁山-北福地文化之间的密切联系,不排除八十垱遗址和北福地遗址出土的绿松石来自贾湖的可能性,笔者推测可能是通过文化间的远距离物质文化交流或产品交换的方式获得的,但仍需进一步考量。若通过矿源溯源研究证实北福地遗址、八十垱遗址及贾湖遗址出土的绿松石来源一致,从绿松石角度即可阐明在新石器时代中期可能存在跨越上千公里的物质文化交流,为贾湖-裴李岗文化与彭头山文化、磁山-北福地文化间的相互交流或影响提供新的物证。

6.4.2 新石器时代晚期

随着新石器时代中晚期文化的传播,绿松石的生产与使用方法以中原为中心向其他地区传播,并被其他地区逐渐接受。新石器时代晚期,绿松石主要沿着黄河流域和长江流域分布,随着绿松石的使用范围扩大,北方地区和珠江流域也有分布。

良渚文化绿松石主要来自鄂豫陕矿区的南矿带,少部分来自北矿带,虽然距离良渚遗址较近的安徽地区有绿松石矿源,但在古代尚未被开采。良渚文化与大汶口文化交往频繁,两种文化之间存在相互影响[179]。大汶口文化的花厅遗址同时存在大汶口和良渚两种文化因素,尤其在玉器、陶器等方面表现出"文化两合现象"[180]。花厅遗址出土有绿松石耳坠、绿松石饰片(M50:29)及镶嵌绿松石的彩绘木器[181]。其中绿松石饰片(M50:29)与良渚文化的反山、新地里、福泉山、邱成墩遗址出土绿松石的形制相似,为扁圆形、近椭圆形或弧形长方形的镶嵌片;镶嵌绿松石彩绘木器在大汶口文化中心尚未发现,但在良渚文化的福泉山、瑶山遗址均发现了镶嵌细小玉粒的彩绘木器[180]。

高广仁提出与其他区系相比,绿松石在大汶口文化中更受喜爱,绿松石镶嵌物也是海岱玉业的特点之一[180]。新地里遗址的发掘者提出良渚文化的绿松石镶嵌玉片是远途交流的证据,认为出土的绿松石制品是引进原料并接受周边文化影响后在本地加工制作的产物[147],因为绿松石镶嵌技术最早起源于大汶口文化晚期[182]。根据目前整理的已发掘出土绿松石的分布来看,这一历史时期,出土绿松石制品主要沿黄河流域和环太湖流域分布,同时由于海岱地区与中原地区从裴李岗文化至龙山文化一直存在密切的文化交流[183]。因此对于良渚文化绿松石来源的路径,不排除中原地区先民在鄂豫陕矿区的南、北矿带获取了绿松石资源后,将其传播至海岱地区的大汶口,途经花厅再传入至良渚的可能性。这一推测仍有待更多证据予以支持。

良渚文化不同遗址出土的绿松石来源较为集中,可能是良渚的先民通过文化交流、商品交换或贸易从大汶口获得了来自鄂豫陕矿区的绿松石原料后,由"中央"实行统一管理后,再由良渚古城内的王室贵族分配或赏赐给其他次级聚落或各个地方中心。从器型上看,良渚文化的绿松石制品具有良渚文化本地玉器制作的特征,如皇坟头的绿松石锥形器、反山的绿松石球形隧孔珠等很可能是在本地的制玉作坊加工制作完成的,因为在整个良渚文化遗址中出土了大量这类型的器物,且钟家港和新地里遗址均发现了制玉作坊,曹骏等认为钟家港遗址的钟家村是由良渚古城内的统治者直接控制,为王室或贵族制作高端玉器的专业作坊[184]。钟家港遗址出土的绿松石碎块很可能是工匠为古城内的反山和瑶山(出土2件半球形遂孔珠)等王室贵族制作绿松石的残料。从这个角度也可以理解反山遗址出土绿松石与钟家港遗址出土绿松石来源密切的原因。

6.4.3　夏-商-西周时期

夏、商和西周时期的绿松石主要出土于王朝都城遗址附近,与中原王朝有文化交流的地区也有少量发现。秦小丽认为二里头文化时期绿松石发挥了中原王朝联络周边地区上层社会的作用[185],她通过整理研究发现在二里头文化区的伊川南寨、登封南洼、淅川下王岗、郑州大师姑等遗址,以及周边地区鹤壁刘庄、东下冯、老牛坡、朱开沟、大甸子遗址均有绿松石出土,且器型以管珠类和嵌片为主,与二里头遗址出土的绿松石相似[185]。王青以绿松石铜牌饰为切入点,结合考古学文化背景研究了二里头、齐家坪、三星堆等遗址出土同类型铜牌饰的起源与传布问题[186](图6.30)。韩鼎认为二里头文化立足中原又辐射四方,二里头文化的绿松石铜牌饰吸收了龙山时代不同区域的文化因素,而天水、三星堆的铜牌饰及大甸子陶器上的神面纹则是二里头文化"强势辐射"影响的结果[187]。二里头遗址出土绿松石主要来自鄂豫陕矿区的北矿带,北矿带位于洛河上游,距离二里头遗址最近,获取资源更便捷。

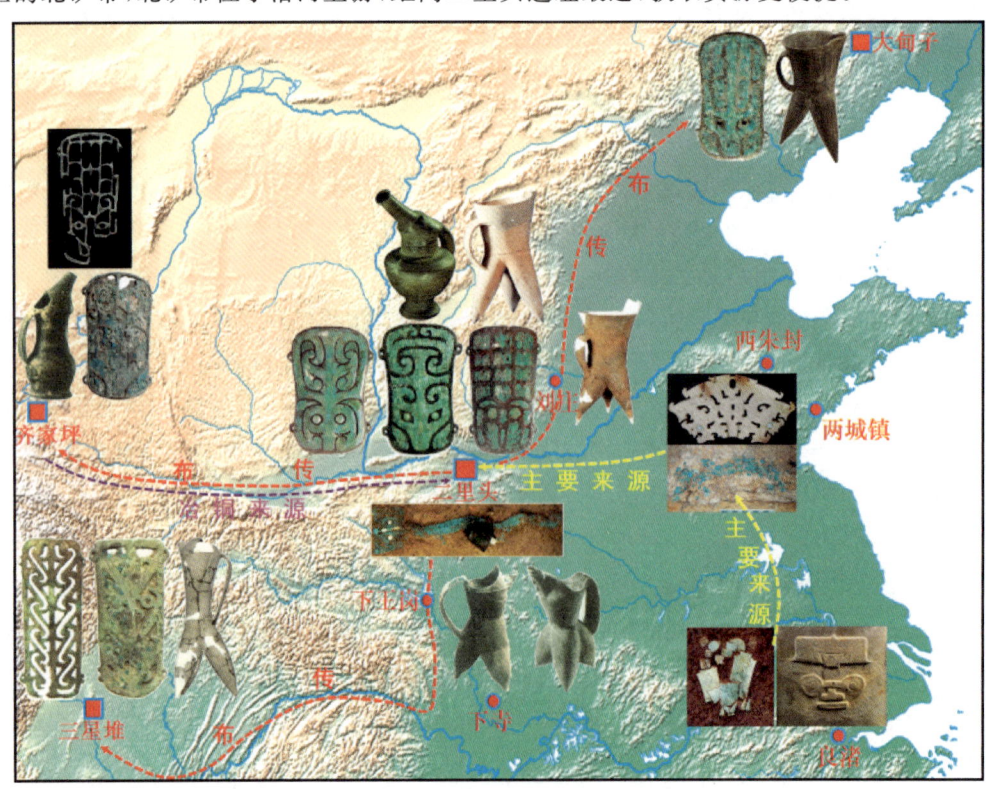

图6.30　绿松石铜牌饰起源和传布态势图[186]

盘龙城遗址位于汉江流域,与中原地区商文化存在密切的关系。盘龙城遗址出土的青铜器和玉器等和中原地区二里岗文化遗址出土器物的风格非常相似[157,188,1859],盘龙城遗址出土了内嵌圆形绿松石的玉柄形器[190],同样的器型在郑州商城也有出土[191],另在郑州商城也发现一件形似夔纹形金片[191]。盘龙城遗址出土的绿松石,产自南矿带的比例较大,表明商早期,绿松石的开采地点已由北向南扩展至鄂豫陕矿区的南矿带。但盘龙城遗址出土的绿松石很可能是由中原地区供应的,其镶金绿松石龙形器不排除由中原地区加工好再运至盘龙城的可能性。推论如下:鄂豫陕矿区的南矿带含矿量明显比北矿带高,开采效率会更高,开采地域也比北矿带近,如果自行开采,就不会出现北矿带所产的绿松石。盘龙城遗址出土的绿松石仍有将近一半来自北矿带,表明虽然南矿带绿松石已有开采,但北矿带的绿松石资源仍在利用。这一阶段,中原地区对绿松石原料很可能实行了集中管理后再分配、赏赐的策略,从而出现南、北矿带所采的绿松石混杂使用现象。

在新疆、内蒙古、陕西和河南等地区均发现了西周时期的古矿采矿遗址,这一时期由于绿松石需求的增加,绿松石资源很可能被进一步扩大开发并利用。叶家山墓地出土绿松石显示有多处来源,其矿料可能并非自己开采所得。因为商早期鄂豫陕矿区南矿带的绿松石已被开发利用且资源丰富,如果是曾国自己开采,其矿料应集中来自南矿带。叶家山墓地绿松石很可能是通过分配、赏赐或交换等方式获得的,笔者推测其来源可能存在两种路径。

第一,根据张昌平的观点,叶家山墓地属于西周周文化系统[164],同时发掘者认为曾国作为中转站,承担着向西周王朝政治中心输送重要物资(铜料、原始瓷)的角色[164]。因此,叶家山墓地出土的绿松石器有可能是西周王朝从多个矿源地获取原料后赏赐或分发给曾国的首领或贵族。

第二,发掘者也提出叶家山墓地位于随枣走廊东部,是中原文化与南方文化交流的中继之地[164],其出土的徽识铭文铜器、铜锭、原始瓷器及高砂脊文化陶鼎等随葬品反映了中原文化与南方文化交流密切[164]。李伯谦等也曾提到叶家山墓地出土的大量原始瓷器有可能来自长江下游的浙江地区[166]。因此,在此文化背景下,笔者不排除叶家山墓地出土的绿松石器是当时曾国与其他地区文化密切交流产物的可能性。

6.4.4 春秋战国时期

春秋战国时期,绿松石在各诸侯国之间传播,使用范围再次扩大,至战国末期呈现"遍地开花"之势。该时期绿松石多为器具的点睛装饰,或镶嵌于青铜、金等贵重材质之上,或与透闪石玉、玛瑙等材料组合出现,不再作为单独文化承载材料客体出现于讨论之中。春秋战国时期各诸侯国出土绿松石器型有的追逐了中原文化,有的融入了当地特色。吴、越等边陲诸侯国墓葬出土了密布的绿松石管珠组饰,这种既与中原文化区密切互动,又保留区域文化特征的地区性特征现象也值得关注。春秋中晚期,乔家院墓地绿松石来自鄂豫陕矿区南矿带的竹山。

6.5 本章小结

通过对良渚文化时期、夏商时期及两周时期典型遗址出土绿松石的矿源进行研究后可以发现,鄂豫陕矿区的南、北矿带是这一阶段绿松石矿料的主要来源地。不同时期绿松石资源开采地虽有差异,但先秦时期先民还是采取"就地取材"的方式获取绿松石资源。

参考文献

[1] 邓聪,许宏,赵海涛,等.中墨绿松石嵌片制作技术对比研究[J].江汉考古,2022(4):114-122.

[2] SHIRDAM B,SHEN A H,YANG M,et al. Persian turquoise:the ancient treasure of Neyshabur[J]. Gems & Gemology,2021,57(3):240-257.

[3] KOSTOV R I. Archaeomineralogy of turquoise in Eurasia[M]. Oxford:Arcaheopress,2019.

[4] 杨玉璋,张居中,蓝万里,等.河南舞阳县贾湖遗址2013年发掘简报[J].考古,2017(12):3-20+125.

[5] 庞小霞.中国出土新石器时代绿松石器研究[J].考古学报,2014(2):139-168.

[6] 秦小丽.跨文化视角下的绿松石与镶嵌礼仪饰品研究[J].中原文化研究,2020,8(6):12-19.

[7] WEIGAND P C,HARBOTTLE G. The role of turquoises in the ancient Mesoamerican trade structure[M]//ERICSON J E,BAUGH T G. The American southwest and Mesoamerica systems of prehistoric exchange. Boston:Springer US,1993.

[8] HARBOTTLE G,WEIGAND P C. Turquoise in Pre-Columbian America[J]. Scientific American,1992,266(2):78-85.

[9] WEIGAND P C. Turquoise:Formal economic interrelationships between Mesoamerica and the North American Southwest[J]. Archaeology without Borders,2008:343-353.

[10] CARÒ F,SCHORSCH D,SMIESKA L,et al. Non-invasive XRF analysis of ancient Egyptian and near eastern turquoise:a pilot study[J]. Journal of Archaeological Science:Reports,2021,36(4):102893.

[11] 佘玲珠,秦颖,罗武干,等.利用稀土等微量元素示踪鄂西北一带古代绿松石的产地[J].稀土,2009,30(5):59-62.

[12] 叶晓红,任佳,许宏,等.二里头遗址出土绿松石器物的来源初探[J].第四纪研究,2014,34(1):212-223.

[13] 先怡衡,樊静怡,李欣桐,等.陕西洛南绿松石的锶同位素特征及其产地意义——兼论二里头出土绿松石的产源[J].西北地质,2018,51(2):108-115.

[14] 李延祥,张登毅,何驽,等.山西三处先秦遗址出土绿松石制品产源特征探索[J].文

物,2018(2):86-91.

[15] HULL S,FAYEK M,MATHIEN F J,et al. A new approach to determining the geological provenance of turquoise artifacts using hydrogen and copper stable isotopes[J]. Journal of Archaeological Science,2008,35(5):1355-1369.

[16] THIBODEAU A,CHESLEY J T,RUIZ J,et al. An alternative approach to the prehispanic turquoise trade[M]. London:Archetype Publications,2012.

[17] THIBODEAU A M,KILLICK D J,HEDQUIST S L,et al. Isotopic evidence for the provenance of turquoise in the Southwestern United States[J]. GSA Bulletin,2015,127(11-12):1617-1631.

[18] 李延祥,先怡衡,陈坤龙,等.陕西洛南河口绿松石矿遗址调查报告[J].考古与文物,2016(3):11-17+55.

[19] 王英.河南省卢氏县竹园沟绿松石采矿遗址的调查研究[D].西安:西北大学,2020.

[20] 李延祥,谭宇辰,贾淇,等.新疆哈密两处古绿松石矿遗址初步考察[J].考古与文物,2019(6):22-27.

[21] 李延祥,于建军,先怡衡,等.新疆若羌黑山岭古代绿松石矿业遗址调查简报[J].文物,2020(8):4-13.

[22] 曹建恩,孙金松,孙建军,等.内蒙古阿拉善右旗浩贝如古代绿松石矿业遗址调查简报[J].考古与文物,2021(3):23-32.

[23] 唐宝山,黄武,李成香.湖北省绿松石产业的现状、问题与建议[J].资源环境与工程,2018,32(3):489-493+503.

[24] 先怡衡.陕西洛南辣子崖采矿遗址及周边绿松石产源特征研究[D].北京:北京科技大学,2016.

[25] 陕西白河县月儿潭绿松石矿概况[J].西北地质,1972(5):12-14.

[26] 赵新科,李金良,刘亚莉,等.安康市白河绿松石矿资源概况及成因浅析[J].陕西地质,2017,35(2):46-51.

[27] 石振荣,蔡克勤.陕西白河县月儿潭绿松石与次生磷钙铝矾研究[J].岩石矿物学杂志,2008,27(2):164-170.

[28] 石振荣,蔡克勤.月儿潭绿松石及其风化分解产物特征分析[J].超硬材料工程,2007,19(4):56-60.

[29] 张健,余学中,李逸川.武当隆起西北缘淋滤型绿松石成矿远景区预测[J].物探与化探,2019,43(2):273-280.

[30] 涂怀奎.绿松石与铀矿找矿方向的研究[J].甘肃地质学报,1997,6(1):75-80.

[31] 姜泽春,陈大梅,王辅亚,等.湖北、陕西一带绿松石的热性能及其共生矿物[J].矿物学报,1983(3):198-206+247.

[32] 王家生,颜慰宣,魏清.鄂西云盖寺地区固态流变构造群落及其对绿松石矿的控制作用[J].湖北地质,1996,10(2):62-70.

[33] CHEN Q L,YIN Z W,QI L,et al. Turquoise from Zhushan County,Hubei

Province,China[J].Gems & Gemology,2012,48(3):198-204.

[34] 陈全莉,丁薇,徐丰舜,等.湖北竹山"油松"的红外光谱特征及其成分研究[J].光谱学与光谱分析,2021,41(4):1246-1252.

[35] 库雅伦,杨明星.湖北十堰蓝色"水波纹"绿松石的谱学特征[J].光谱学与光谱分析,2021,41(2):636-642.

[36] 库雅伦,杨明星,李妍.湖北竹山黄绿色—绿色绿松石伴生矿的谱学研究[J].光谱学与光谱分析,2020,40(6):1815-1820.

[37] 库雅伦,杨明星,刘佳.湖北十堰红褐色条纹绿松石的谱学特征[J].光谱学与光谱分析,2020,40(11):3639-3643.

[38] 薛源,邓旺晖,何雪梅,等.鄂陕地区绿松石宝石学特征分析[C]//国土资源部珠宝玉石首饰管理中心,中国珠宝玉石首饰协会,2013中国珠宝首饰学术交流会论文集,2013.

[39] 李江力,刘文文,周晓宁,等.湖北竹溪徐家湾绿松石矿成矿地质条件及找矿方向探讨[J].中国非金属矿工业导刊,2022(3):25-29+54.

[40] 谢家涛,韩岭,徐鹏,等.湖北省竹山县观山寺绿松石矿床成因及控矿因素[J].矿产勘查,2022,13(11):1656-1666.

[41] 罗远飞.陕西洛南绿松石的宝石矿物学研究[D].北京:中国地质大学(北京),2017.

[42] 罗远飞,余晓艳,周越刚,等.陕西洛南绿松石的结构构造特征研究[J].岩石矿物学杂志,2017,36(1):115-123.

[43] 先怡衡,梁云,樊静怡,等.洛南河口遗址出产绿松石产地特征研究[J].第四纪研究,2021,41(1):284-291.

[44] 任经午.河西甸子与哈密绿松石[J].地球,1985(1):30.

[45] 陈建华.新疆哈密采出宝石级绿松石[J].宝石和宝石学杂志,2000(3):42-66.

[46] 栾秉璈.新疆哈密黑山岭绿松石古矿山考察记[J].中国宝玉石,2001(4):66-67.

[47] 刘喜锋,林晨露,李丹丹,等.新疆哈密绿松石的矿物学和光谱学特征研究[J].光谱学与光谱分析,2018,38(4):1231-1239.

[48] 沈崇辉.安徽省大黄山假象绿松石矿物学特征与成因[J].矿物学报,2020,40(3):313-322.

[49] 沈崇辉,赵恩全.安徽省笔架山绿松石矿床矿石矿物特征及矿床成因[J].吉林大学学报(地球科学版),2019,49(6):1591-1606.

[50] 魏道贵,管荣华.马鞍山地区绿松石矿的分布、成因及标志[J].矿业快报,2003,412(10):19-20.

[51] 刘佳,王雅玫,刘芳丽,等.安徽铜陵绿松石的宝石矿物学特征[J].宝石和宝石学杂志,2019,21(6):58-65.

[52] 周彦,亓利剑,戴慧,等.安徽殿庵山绿松石的宝石学特征研究[J].宝石和宝石学杂志,2013,15(4):37-45.

[53] 左锐,戴慧,黄文清,等.安徽铜陵绿松石的紫外-可见光谱特征及颜色表征[J].宝石和宝石学杂志,2020,22(1):13-19.

[54] 左锐,戴慧,王枫,等.铜陵绿松石的红外光谱特征及矿物组成[J].安徽地质,2018, 28(4):316-320.

[55] 陈全莉,亓利剑,袁心强,等.具磷灰石假象绿松石的热性能[J].地球科学(中国地质大学学报),2008,33(3):416-422.

[56] 陈全莉,张琰.具磷灰石假象绿松石的宝石矿物学特征[J].宝石和宝石学杂志, 2005,7(4):13-16+32.

[57] 戴慧,周彦,张青,等.安徽马鞍山磷灰石假象绿松石的矿物谱学特征[C]//国土资源部珠宝玉石首饰管理中心,中国珠宝玉石首饰协会,珠宝与科技——中国珠宝首饰学术交流会论文集(2015),2015.

[58] 申广耀,卢保奇,亓利剑.具磷灰石假象绿松石的岩石矿物学及谱学特征[J].上海国土资源,2013,34(4):96-100.

[59] 岳德银.安徽马鞍山地区假象绿松石的研究[J].岩石矿物学杂志,1995,14(1): 79-83.

[60] 张青,戴慧,阳珊,等.安徽马鞍山假象绿松石、磷铝石成因探讨[J].安徽地质, 2016,26(2):153-157.

[61] 沈崇辉,赵恩全.安徽省笔架山绿松石矿床矿石矿物特征及矿床成因[J].吉林大学学报(地球科学版),2019,49(6):1591-1606.

[62] 沈崇辉.宁芜盆地马鞍山绿松石矿带典型矿床成因研究[D].北京:中国地质大学(北京),2020.

[63] 王华田,章纯荪,贺菊瑞.宁芜、庐枞火山岩地区几种表生磷酸盐矿物特征及形成机理[J].矿物学报,1990,10(1):58-65+102.

[64] 杨晓勇,王奎仁,刘向华.马鞍山地区不同类型绿松石稀土元素地球化学研究[J]. 稀土,1997,18(4):3-5+31.

[65] TU H K. Study on prospecting targets of turquois and uranium mineralization[J]. Acta Geological Gansu,1997,6(1):74-79.

[66] 黄宣镇.绿松石矿床的成矿特征及找矿方向[J].中国非金属矿工业导刊,2003(6): 50-51.

[67] HEDQUIST S L,THIBODEAU A M,WELCH J R,et al. Canyon Creek revisited: new investigations of a Late Prehispanic turquoise mine, Arizona, USA[J]. Journal of Archaeological Science,2017,87(11):44-58.

[68] JOHNSTON B. A Newly discovered turquoise mine of prehistory, Mohave County,Arizona[J]. KIVA,1964,29(3):76-83.

[69] WELCH J,TRIADAN D. The Canyon Creek turquoise mine,Arizona[J]. KIVA, 1991,56(2):145-164.

[70] WEBER R H. Turquoise in New Mexico[J]. New Mexico Geology,1979,1(3):39-40.

[71] LUETH V W. Two diverse origins for turquoise at the Orogrande mining district,

Otero County, New Mexico[C]. 18th Annual New Mexico Mineral Symposium, Socorro: New Mexico Bureau of Geology & Mineral • Resources, 1997.

[72] CROOK J C, LUETH V W. A geological and geochemical study of a sedimentary-hosted turquoise deposit at the Iron Mask Mine, Orogrande, New Mexico[C]//RAWLING G, MCLEMORE V I, TIMMONS S, et al. 65th Annual Fall Field Conference Guidebook, Socorro: New Mexico Geological Society, 2014.

[73] TAGHIPOUR B, MACKIZADEH M A. The origin of the tourmaline-turquoise association hosted in hydrothermally altered rocks of the kuh-zar Cu-Au-turquoise deposit, Damghan, Iran[J]. Neues Jahrbuch für Geologie und Paläontologie-Abhandlungen, 2014, 272(1): 61-77.

[74] AHMADIROUHANI R, TAHERI J, GHOLAMZADEH M, et al. A Review on gemstone potentials of Khorasan Razavi Province, Northeast of Iran: a special focus on turquoise gems[J]. Iranian Journal of Geoscience Museum, 2019(1): 57-71.

[75] SHIRDAM B, SHEN A, MINGXING Y, et al. A comparative study of geology and petrology of turquoise from Neyshabur turquoise mine and Meyduk porphyry copper mine, Iran[J]. Journal of Gem & Gemmology, 2019, 21(S1): 85-86.

[76] GANDOMANI E M, RASHIDNEJAD-OMRAN N, EMAMJOMEH A, et al. Electron microprobe study of turquoise-group solid solutions in the Neyshabour and Meydook mines, northeast and southern Iran[J]. The Canadian Mineralogist, 2020, 58(1): 71-83.

[77] MEGAHED M M. Archaeo-mineralogical characterization of ancient copper and turquoise mining in south Sinai, Egypt[J]. Archeomatica, 2018, 9(4): 24-33.

[78] POGUE J E. The turquoise: a study of its history, mineralogy, geology, ethnology, archaeology, mythology, folklore, and technology[M]. Washington D C.: National Academy of Sciences, 1915.

[79] HULL S K, FAYEK M. Cracking the code of pre-columbian turquoise trade and procurement strategies[M]. London: Archetype Publications, 2012.

[80] HARBOTTLE G, WEIGAND P C. Turquoise in pre-Columbian America[J]. Scientific American, 1992, 266(2): 78-78.

[81] WEIGAND P C, HARBOTTLE G, SAYRE E V. Turquoise sources and source analysis: mesoamerica and the southwestern U. S. A[M]//EARLE T K, ERICSON J E. Exchange systems in prehistory. San Diego: Academic Press, 1977.

[82] MATHIEN F J. Identifying sources of prehistoric turquoise in north America: problems and implications for interpreting social organization[J]. BEADS: Journal of the Society of Bead Researchers, 2000, 12: 17-37.

[83] SIGLEO A C. Turquoise mine and artifact correlation for Snaketown site, Arizona[J]. Science, 1975, 189(4201): 459-460.

[84] SIMON A, CRIDER D, MURAKAMI T, et al. Arizona Salado turquoise: source

studies with proton-induced X-ray emission and X-ray diffraction[J]. Open Journal of Archaeometry,2013,1(1):10.

[85] KIM J,SIMON A,RIPOCHE V,et al. Proton-induced X-ray emission analysis of turquoise artefacts from Salado Platform Mound sites in the Tonto Basin of central Arizona [J]. Measurement Science and Technology,2003,14(9):1579.

[86] FAYEK M,RICIPUTI L,MILFORD H. Sourcing turquoise using oxygen and hydrogen isotopes[J]. Geological Society of America Abstracts with Programs,2002,34 (6):396.

[87] HULL S,FAYEK M,MATHIEN F J,et al. Turquoise trade of the Ancestral Puebloan:chaco and beyond[J]. Journal of Archaeological Science,2014,45(5):187-195.

[88] OTHMANE G,HULL S,FAYEK M,et al. Hydrogen and copper isotope analysis of turquoise by SIMS:calibration and matrix effects[J]. Chemical Geology,2015,395(2):41-49.

[89] THIBODEAU A M,LÓPEZ L L,KILLICK D J,et al. Was Aztec and Mixtec turquoise mined in the American Southwest? [J]. Science Advances,2018,4(6):eaas9370.

[90] 徐良高,赵春燕."绿松石之路"的价值及其探索的可行性讨论[J]. 三代考古,2011 (1):497-502.

[91] 方辉. 东北地区出土绿松石器研究[J]. 考古与文物,2007(1):39-45+66.

[92] 冯敏,毛振伟,潘伟斌,等. 贾湖遗址绿松石产地初探[J]. 文物保护与考古科学, 2003,15(3):9-12.

[93] 毛振伟,冯敏,张仕定,等. 贾湖遗址出土绿松石的无损检测及矿物来源初探[J]. 华夏考古,2005(1):55-61.

[94] 李延祥,赵绚,贾淇,等. 甘肃齐家坪遗址和磨沟遗址出土绿松石产源探索[J]. 广西民族大学学报(自然科学版),2021,27(3):1-3.

[95] 先怡衡,李欣桐,周雪琪,等. 新疆两处遗址出土绿松石文物的成分分析和产源判别 [J]. 光谱学与光谱分析,2020,40(3):967-970.

[96] 先怡衡,樊静怡,李欣桐,等. 巴里坤西沟遗址1号墓出土绿松石制品来源初探[J]. 边疆考古研究,2020(1):445-454.

[97] 王荣,王昌燧,冯敏,等. 利用微量元素探索绿松石的产地[J]. 中原文物,2007(2): 101-106.

[98] 先怡衡,李延祥,谭宇辰,等. 初步运用LA-ICP-AES区分不同产地的绿松石[J]. 光谱学与光谱分析,2016,36(10):3313-3319.

[99] 先怡衡,李延祥,王炜林,等. 便携式X荧光光谱结合主成分分析鉴别不同产地的绿松石[J]. 考古与文物,2016(3):112-119.

[100] 佘玲珠,秦颖,冯敏,等. 绿松石显微拉曼光谱及产地意义初步分析[J]. 光谱学与光谱分析,2008,28(9):2107-2110.

[101] 毛新武,叶琴,廖明芳,等. 湖北省大地构造单元划分与讨论[J]. 资源环境与工程,

2014,28(S1):6-15+34.

[102] 张国伟,董云鹏,姚安平.秦岭造山带基本组成与结构及其构造演化[J].陕西地质,1997,15(2):1-14.

[103] 王根宝.秦岭简史[J].陕西地质,2020,38(2):1-6.

[104] DONG Y,ZHANG G,NEUBAUER F,et al. Tectonic evolution of the Qinling orogen,China:review and synthesis[J]. Journal of Asian Earth Sciences,2011,41(3):213-237.

[105] 徐鹏,李欢,谢家涛,等.鄂西北地区海相火山岩型铁矿成矿规律及找矿方向[J].矿产勘查,2022,13(5):548-566.

[106] 王亚帅.豫西南下寒武统水沟口组黑色岩系层序特征及含矿性研究[D].北京:中国地质大学(北京),2016.

[107] 左鹏飞.豫西南中元古代—早古生代构造演化和黑色岩系成矿作用[D].北京:中国地质大学(北京),2016.

[108] 李自民,马东峰,冯亚举,等.豫西煤窑沟组钒的地质地球化学特征[J].四川有色金属,2013(1):42-46.

[109] 程洁萍.浅析新疆哈密市天湖东铁矿床的断裂-裂隙充水特征[J].新疆有色金属,2016,39(1):60-62.

[110] 王利军.新疆哈密市天湖东铁矿地质特征及找矿方向[J].甘肃冶金,2015,37(3):110-111.

[111] 毛景文,段超,刘佳林,等.陆相火山-侵入岩有关的铁多金属矿成矿作用及矿床模型——以长江中下游为例[J].岩石学报,2012,28(1):1-14.

[112] 张乐骏.安徽庐枞盆地成岩成矿作用研究[D].合肥:合肥工业大学,2011.

[113] 周涛发,范裕,袁峰.长江中下游成矿带成岩成矿作用研究进展[J].岩石学报,2008,24(8):1665-1678.

[114] 周涛发,范裕,袁峰,等.安徽庐枞(庐江-枞阳)盆地火山岩的年代学及其意义[J].中国科学(D辑:地球科学),2008,38(11):1342-1353.

[115] 邓江洪,杨晓勇,池月余,等.庐枞盆地中生代岩浆岩岩石地球化学特征及大地构造环境[J].矿床地质,2010,29(S1):1083-1084.

[116] 杜玉雕,魏国辉.安徽庐枞盆地枞阳地区玄武质火山岩地球化学特征及其地质意义[J].华东地质,2019,40(3):188-198.

[117] 周涛发,王彪,范裕,等.庐枞盆地与A型花岗岩有关的磁铁矿-阳起石-磷灰石矿床——以马口铁矿床为例[J].岩石学报,2012,28(10):3087-3098.

[118] 张舒,吴明安,汪晶,等.安徽庐枞盆地与正长岩有关的成矿作用[J].地质学报,2014,88(4):519-531.

[119] KAMPF A R,ADAMS P M,BARWOOD H,et al. Fluorwavellite,$Al_3(PO_4)_2(OH)_2F \cdot 5H_2O$,the fluorine analog of wavellite[J]. American Mineralogist,2017,102(4):909-915.

[120] YANG X,ZHENG Y,YANG X,et al. Mineralogical and geochemical studies on the different types of turquoise from Maanshan area, east China[J]. Neues Jahrbuch für Mineralogie-Monatshefte,2003,2003(3):97-112.

[121] 刘玲.中国绿松石颜色的成因、影响因素及分级研究[D].武汉:中国地质大学(武汉),2018.

[122] ARCURI T,BRIMHALL G. The chloride source for atacamite mineralization at the Radomiro Tomic porphyry copper deposit,northern Chile[J]. Economic Geology,2003,98(8):1667-1681.

[123] CAMERON E M,LEYBOURNE M I,PALACIOS C. Atacamite in the oxide zone of copper deposits in northern Chile:involvement of deep formation waters?[J]. Mineralium Deposita,2007,42(3):205-218.

[124] 李新英,姜勇,张永革.干旱气候条件下寻找全国矿床的指示矿物——氯铜矿[J].新疆有色金属,2003(3):13-14+17.

[125] 涂怀奎.陕鄂相邻地区绿松石矿地质特征[J].陕西地质,1996,14(2):59-64.

[126] 温汉捷,肖化云.硒矿物综述[J].岩石矿物学杂志,1998(3):69-74.

[127] 李静贤,刘家军.硒矿资源研究现状[J].资源与产业,2014,16(2):90-97.

[128] 张飘,尹京武,张振华,等.陕西岚皋浦家沟铜矿床中硒矿物的赋存状态研究[J].电子显微学报,2016,35(6):496-501.

[129] 梁有彬,朱文凤,王宗学.我国黑色岩系中硒矿资源及其前景分析[J].矿产与地质,1994(4):266-272.

[130] 张援军,王佳武.陕南秦巴山区富硒矿泉水形成条件分析[J].陕西地质,2018,36(2):91-96.

[131] 徐春燕,丁晓英,闫加力.湖北省富硒资源的地质特征及利用区划[J].世界地质,2018,37(1):140-147.

[132] 朱建明,郑宝山,苏宏灿,等.恩施渔塘坝自然硒的发现及其初步研究[J].地球化学,2001,30(3):236-241.

[133] 涂怀奎.绿松石与铀矿找矿方向的研究[J].甘肃地质学报,1997(1):75-80.

[134] 李欣桐,先怡衡,樊静怡,等.应用扫描电子显微镜-X射线衍射-电子探针技术研究河南淅川绿松石矿物学特征[J].岩矿测试,2019,38(4):373-381.

[135] ROSSI M,RIZZI R,VERGARA A,et al. Compositional variation of turquoise-group minerals from the historical collection of the Real Museo Mineralogico of the University of Naples[J]. Mineralogical Magazine,2017,81(6):1405-1429.

[136] 何翀,曹扶芳,狄敬如,等.国家标准《绿松石 分级》解读[J].宝石和宝石学杂志,2018,20(6):7-17.

[137] 张登毅,李延祥,黄可佳,等.山西临汾下靳墓地出土绿松石制品的矿源研究[J].矿物岩石,2022,42(3):1-6.

[138] 张登毅,李延祥.安阳殷墟出土绿松石矿源初探[J].文物,2022(5):78-82.

[139] 张登毅,李延祥,郁永彬,等.河南驻马店闰楼墓地出土绿松石制品矿源特征探索[J].华夏考古,2022(4):85-89.

[140] 张登毅,李延祥,席光兰.甘肃金塔一个地窝南遗址绿松石矿源研究[J].矿物岩石,2022,42(1):1-7.

[141] 浙江省文物考古研究所.浙江考古(1979—2019)[M].北京:文物出版社,2019.

[142] 中村慎一:良渚文化的遗址群,古代文明[M].北京:文物出版社,2003.

[143] 浙江省文物考古研究所.良渚古城综合研究报告[M].北京:文物出版社,2019.

[144] 王明达.浙江余杭反山良渚墓地发掘简报[J].文物,1988(1):1-31.

[145] 浙江省文物考古研究所.反山[M].北京:文物出版社,2005.

[146] 王永磊,陈明辉,朱雪菲,等.杭州市余杭区良渚古城钟家港中段发掘简报[J].考古,2021(6):15-34.

[147] 浙江省文物考古研究所,桐乡市文物管理委员会.新地里[M].北京:文物出版社,2006.

[148] 国家文物局.2012中国重要考古发现[M].北京:文物出版社,2013.

[149] 赵晔.浙江余杭临平遗址群的聚落考察[J].东南文化,2012(3):31-39+129.

[150] 浙江省文物考古研究所,平湖市博物馆.平湖庄桥坟遗址刻画符号图集[M].北京:文物出版社,2013.

[151] 徐新民,程杰.浙江平湖市庄桥坟良渚文化遗址及墓地[J].考古,2005(7):10-14.

[152] 程杰,杨根文,徐新民.浙江平湖庄桥坟遗址再度发掘[N].中国文物报,2006-12-22(02).

[153] 朱海洋,陆健.中国最早原始文字在浙江被发现[N].光明日报,2013-07-09(09).

[154] 赵海涛,许宏,王振祥,等.二里头遗址发现60年的回顾、反思与展望[J].中原文物,2019(4):45-55.

[155] 许宏,李志鹏,赵海涛.河南偃师二里头遗址发现大型绿松石龙形器[N].中国文物报,2005-01-21(01).

[156] ČEJKA J,SEJKORA J,MACEK I,et al. Raman and infrared spectroscopic study of turquoise minerals[J]. Spectrochimica Acta Part A:Molecular and Biomolecular Spectroscopy,2015,149(10):173-182.

[157] 廖航."盘龙城与长江文明国际学术研讨会"综述[J].江汉考古,2014(6):120-123.

[158] 武汉大学历史学院,盘龙城遗址博物馆.武汉市盘龙城遗址杨家湾商代墓葬发掘简报[J].考古,2017(3):15-25+2.

[159] 孙卓.盘龙城杨家湾M17出土青铜牌形器和金片绿松石器的复原[J].江汉考古,2018(5):132-138.

[160] 唐际根,吴健聪,董韦,等.盘龙城杨家湾"金片绿松石兽形器"的原貌重建研究[J].江汉考古,2020(6):57-66+141.

[161] 湖北省文物考古研究所,随州市博物馆.湖北随州市叶家山西周墓地[J].考古,2012(7):31-52.

[162] 湖北省文物考古研究所,随州市博物馆.湖北随州叶家山M65发掘简报[J].江汉考古,2011(3):3-40.

[163] 湖北省文物考古研究所,随州市博物馆.随州叶家山西周墓地第二次考古发掘的主要收获[J].江汉考古,2013(3):3-6.

[164] 湖北省博物馆,湖北省文物考古研究所,随州市博物馆.随州叶家山:西周早期曾国墓地[M].北京:文物出版社,2013.

[165] 李学勤,李伯谦,朱凤瀚,等.湖北随州叶家山西周墓地笔谈[J].文物,2011(11):64-77.

[166] 李伯谦,王巍,朱凤瀚,等.随州叶家山西周墓地第二次发掘笔谈[J].江汉考古,2013(4):58-63.

[167] 湖北省文物考古研究所,随州市博物馆.湖北随州叶家山M111发掘简报[J].江汉考古,2020(2):3-86.

[168] 湖北省文物考古研究所,湖北省文物局南水北调办公室.湖北郧县乔家院春秋殉人墓[J].考古,2008(4):28-50+99-101.

[169] 黄凤春,黄旭初.湖北郧县乔家院墓群考古取得重大收获[N].中国文物报,2007-01-10(02).

[170] FROST R,REDDY B J,MARTENS W,et al. The molecular structure of the phosphate mineral turquoise:a raman spectroscopic study[J]. Journal of Molecular Structure,2006,788(1-3):224-231.

[171] FROST R L,XI Y,SCHOLZ R,et al. The molecular structure of the phosphate mineral chalcosiderite:a vibrational spectroscopic study[J]. Spectrochimica Acta Part A:Molecular and Biomolecular Spectroscopy,2013,111(7):24-30.

[172] 张居中.试论贾湖类型的特征及与周围文化的关系[J].文物,1989(1):18-20.

[173] 张居中,王象坤.贾湖与彭头山稻作文化比较研究[J].农业考古,1998(1):108-117.

[174] 余西云.裴李岗时代奠定中华文明根基[N].中国社会科学报,2022-09-23(05).

[175] 河南省文物考古研究所.舞阳贾湖(上卷)[M].北京:科学出版社,1999.

[176] 韩建业.论新石器时代中原文化的历史地位[J].江汉考古,2004(1):59-64.

[177] 段宏振,张渭莲.北福地与磁山——约公元前6000~前5000年黄河下游地区史前文化的格局[J].文物,2006(9):52-61.

[178] 河北省文物研究所.北福地:易水流域史前遗址[M].北京:文物出版社,2007.

[179] 杜金鹏.关于大汶口文化与良渚文化的几个问题[J].考古,1992(10):915-923.

[180] 高广仁.花厅墓地"文化两合现象"的分析[J].东南文化,2000(9):25-30.

[181] 南京博物院.花厅:新石器时代墓地发掘报告[M].北京:文物出版社,2003.

[182] 刘文强.史前绿松石镶嵌工艺的起源和发展[J].艺术设计研究,2021(6):84-90.

[183] 何德亮.海岱与中原地区史前文化的交流[J].海岱考古,2013(00):433-447.

[184] 曹峻,杨金东.生产模式与良渚社会的玉石手工业[J].东南文化,2022(3):80-87.

［185］秦小丽.二里头文化时期绿松石饰品的生产与流通[J].中原文物,2022(2):64-74.

［186］王青.试论镶嵌铜牌饰的起源和传布——从日照两城镇遗址的新发现说起[J].三代考古,2018(00):151-177.

［187］中国社会科学网.二里头镶嵌绿松石铜牌饰折射"多元一体"格局的形成[EB/OL](2022-05-21)[2023-5-30].http://www.cssn.cn/kgxc/kgxc_kgxl/202209/t20220930_5545261.shtml.

［188］张昌平.夏商时期中原与长江中游地区的文化联系[J].华夏考古,2006(3):54-60.

［189］张昌平.关于盘龙城的性质[J].江汉考古,2020(6):53-56.

［190］湖北省文物考古研究所.盘龙城:一九六三年——一九九四年考古发掘报告[M].北京:文物出版社,2001.

［191］河南省文物考古研究所.郑州商城:一九五三年——一九八五年考古发掘报告[M].北京:文物出版社,2001.